지구시대의
대 학 연 구

위기의
대학을
넘어서

지은이

윤지관(尹志寬, Yoon, Jikwan)_ 서울대 영문학과를 졸업하고 1985년부터 현재까지 덕성여대 영문학과 교수로 재직하면서 문학평론가이자 번역가로 활동해왔다. 미국 버클리대 초빙교수, 영국 케임브리지대 방문펠로우, 한국문학번역원장 등을 지냈다. 근년에는 2014년 창립된 한국대학학회 초대회장을 역임하면서 대학 문제를 주로 연구해왔다. 저서로『대학정책, 어떻게 바꿀 것인가』(공저),『근대사회의 교양과 비평』,『리얼리즘의 옹호』,『놋쇠하늘 아래서』,『세계문학을 향하여』등이 있고, 번역서로『오만과 편견』,『이성과 감성』,『폐허의 대학』등이 있다.

위기의 대학을 넘어서 지구시대의 대학연구

초판인쇄 2019년 2월 20일 **초판발행** 2019년 2월 28일

지은이 윤지관 **펴낸이** 박성모 **펴낸곳** 소명출판 **출판등록** 제13-522호

주소 서울시 서초구 서초중앙로6길 15, 1층

전화 02-585-7840 **팩스** 02-585-7848 **전자우편** somyungbooks@daum.net **홈페이지** www.somyong.co.kr

값 19,000원 ⓒ 소명출판, 2019

ISBN 979-11-5905-376-4 03330

지구시대의
대학연구

윤지관 지음

위기의
대학을
넘어서

BEYOND THE UNIVERSITY
IN CRISIS
A STUDY OF THE UNIVERSITY
IN THE AGE OF GLOBALIZATION

소명출판

책머리에

대학이 그 어느 때보다 더 큰 어려움에 처해 있는 시기에 이 책을 내게 된 저자의 마음은 각별하고도 착잡하다. 대학이 위기에 빠져 있다는 언설이 넘쳐날뿐더러 그 조종이 울린 지도 꽤 지난 지금이다. 1996년 이미 빌 레딩스는 『폐허의 대학The University in Ruins』에서 오늘날의 대학은 국민국가의 문화적 기반이자 시민 양성의 산실이라는 전통적인 역할에 종지부를 찍고 지구자본주의 체제 아래서 관료주의적 기업체로 변모했다고 분석했다. 대학이 폐허화되었다는 레딩스의 진단은 비록 1980년대 후반 이후 북미의 대학들을 대상으로 한 것이지만, 효율과 생산성에 따라 평가받고 관료적 운영이 일상화된 우리 대학의 현실도 그와 멀지 않다. 레딩스도 지적하다시피 이 같은 흐름은 1990년대부터 본격적으로 전개된 자본주의적 지구화의 여파가 대학에 미친 결과라고 할 수 있다. 이런 상황에서 대학의 의미를 다시 생각하고 그 본령을 회복하고자 하는 시도는 대학을 폐허로 만들고 있는 지구화의 온갖 요인들과의 끊임없는 싸움을 동반할 수밖에 없다.

이 책이 저자에게 각별한 의미를 가지는 것은 대학이라는 문제에 초점을 두어온 근래 공부의 결과물인 점 외에도 대학 현장에서 부딪치는 실천의 과제들과 대면하는 가운데 얻은 성과이기 때문이다. 이 책에 실린 글들은 모두 2010년대에 들어서 올해까지 쓰인 것으로 대학을 둘러 싼 이 시기의 쟁점들을 다루었고 저자 자신의 행보와도 뗄 수 없이 연관 되어 있다. 돌이켜보면 영문학자인 저자가 최근 10년 가까이 본업인 영 문학을 접어두다시피 하고 대학 문제에 몰두하게 된 연유도 대학 현장 에서 피할 수 없었던 참여와 실천의 요구에 있다. 저자가 현재 재직 중 인 덕성여대에 부임한 때는 1980년대 말의 정치적 격동을 앞둔 1985 년 봄이었고, 이후 광범하게 일어난 반독재투쟁의 흐름에 힘입어 저자 는 당시 젊은 학자이자 교수로서 동료들과 대학 민주화를 위한 싸움에 나섰다. 곧이어 극심한 분규로 이어진 덕성여대 사태는 거의 10년이 지 난 후 구재단이 퇴출되고 관선이사가 파견됨으로써 해소되었으며, 저 자도 각종 농성을 일삼던 '비정상적' 교수생활에서 벗어날 수 있었다. 그러나 2008년 이명박 정부가 들어서서 관선이사체제로 운영되던 전 국 20여 개 사립대학들을 '정상화'한다는 명분으로 과거에 문제를 일으 키고 퇴출되었던 구재단의 복귀를 추진하자 대학의 분위기는 급변하였 다. 영남대를 필두로 전국 대학들의 구재단 복귀가 가시화되면서 덕성 여대의 학내 분위기도 이를 기정사실로 받아들이는 방향으로 선회하기 시작한 것이다. 저자가 50대 중반의 나이에 다시 교내에서 구재단 복귀 반대투쟁의 선봉에 서게 되고, 상지대, 대구대 등 당시 유사한 상황에서 싸움을 벌이던 다른 대학의 교수들과 함께 구재단 복귀 저지를 위한 전 국조직(이후 '사학개혁을 위한 국민운동본부'로 개편)을 결성하여 항의시위, 거리농성, 교육부와 국회 항의 방문 등 교육운동의 현장에 나서게 된 것 은 이 같은 시대상황을 그대로 받아들일 수 없다는 교수로서의 책임의 식이 크게 작용하였다.

이후 수 년에 걸쳐 지속된 저지 투쟁에도 불구하고 이명박 정부는 결국 전국의 20여 개에 달하는 사립대학들에 종전이사가 주도권을 가지는 정이사체제를 구성함으로써 구재단 복귀를 관철시켰으며 저자의 대학도 예외가 아니었다. 이 싸움의 과정에서 저자는 사학문제가 한국사회의 기득권 질서와 깊이 결합되어 비단 문제사학만이 아니라 전체 한국 대학의 구조를 왜곡시키고 있는 현실을 더욱 실감할 수 있었다. 동시에 개인적인 공부의 부족도 부족이지만 사학문제의 심각성에 비하면 학계 전체로서도 이에 대한 조사나 연구가 태부족하다는 것을 새삼 깨닫게 되었다. 저자가 문제의식을 공유하는 40여 명의 교수들과 함께 2012년 초 '사학문제 해결을 위한 연구회'(사해연)를 조직하고 정기적인 세미나를 비롯한 연구활동과 아울러 학술행사나 정책토론회 개최, 그리고 사학문제에 대한 회원들의 연구결과를 종합한 단행본(『사학문제의 해법을 모색한다』, 실천문학사, 2012) 출간 등 대학 문제에 더 깊이 개입하게 된 것은 이 때문이었다. 그리고 사해연은 그간의 활동을 토대로 이어 시작된 제18대 대통령선거 국면에서 사학문제에 대한 당시 야당의 정책공약 수립에 그 나름의 기여를 할 수 있었다.

그러나 주지하다시피 그 해의 대선은 박근혜 정부의 탄생으로 귀결되었으며 보수정권이 재창출됨으로써 구재단복귀로 야기된 대학의 혼란을 바로잡을 길이 봉쇄되다시피 하였고, 사학의 기득권 구조는 더 강화되는 듯 보였다. 그리고 박근혜 정부의 출범과 더불어 대학의 환경을 근본적으로 뒤바꾸어놓을 변수가 부각되었으니 그것이 바로 2013년 말부터 본격적으로 시작된 정부주도의 대학구조조정이다. 학령인구의 급격한 감소가 대학에 영향을 미치면서 정부는 '선제적' 대응방침을 내세워

10년에 걸친 대학구조조정 정책을 수립하고 전국적으로 설명회를 열기 시작했고, 사해연은 민주화를 위한 전국교수협의회(민교협), 한국사립대학교수회연합회(사교련), 전국교수노동조합(교수노조)과 공조하여 이에 맞서는 전국 교수토론회를 조직하였다. 저자는 그 운영위원장을 맡아서 전국을 돌며 순회토론회를 개최하였고 이듬해 그 결과를 종합하여 국회에서 보고회를 겸한 정책토론회를 통해 대안적인 구조조정 정책을 제시하였다. 그리고 이같은 사태 변화에 직면하여 저자는 사학문제 해결이 결국 대학의 구조조정에 대한 해법과 별개로 이루어질 수 없음을 인식하였고, 학계에서도 대학 문제를 더 심도 있게 연구하고 대학구조조정에 총체적으로 대응해야 한다는 공감대가 확산되면서, 2016년 6월 교수단체들의 지원을 발판으로 사해연을 확대 개편하여 한국대학학회를 창립하기에 이른 것이다.

학회의 초대회장을 맡게 된 저자는 박근혜 정부에서 추진한 '신자유주의적' 대학구조조정을 대체할 대안정책의 수립이라는 당면과제는 물론이고, 한국 대학의 실상에 대한 조사와 대학 담론의 형성을 위한 이론적 논의를 동시에 진행해 나가야 하는 책무를 떠안게 되었다. 학회는 구조조정 하의 전국 대학의 실태조사를 겸한 지역별 집담회를 조직하는 한편, 향후 대학정책의 방향 수정을 위한 논의를 집중적으로 진행하여 단행본(『대학정책, 어떻게 바꿀 것인가』, 소명출판, 2017)을 출간하는 동시에, 대학 담론의 형성을 목표로 한 비판적 저널 『대학 : 담론과 쟁점』을 창간하였다. 학회가 어려운 여건에서도 짧은 기간에 대학 위기의 현실에 대응하는 책무를 어느 정도 감당할 수 있었던 것은 그만큼 학계에서 그 필요성이 절실했음을 반증한다 하겠다. 이 과정에서 많은 훌륭한 젊은 학자들과 함께 할 수 있었던 것은 저자 개인으로도 큰 보람이었다. 이들과 같이 공부하고 토론하고 실천하면서 교수의 일원으로서 '마지막' 봉사를 하자는 마음도 컸고, 내 삶의 터전인 대학이라는 곳의 역사와 의미 그리고 그 미래를 더 궁구해보자는 연구자로서의 의욕도 없지 않았다. 이 책에 실린 논문들은 대개 이 과정에서 집필한 것들이기 때문에, 한국 대학의 위기현실을 타개해나가고자 하는 현장에서의 물음을 통해 대학의 미래를 사유하고자 한 한 실천지향 연구자의 중간결과물로 읽어주면 좋겠다.

영문학이 주전공인 까닭에 대학 문제에 '전문성'이 있다고 자신하기는 주저되지만 그간의 활동을 거치면서 대학이라는 주제에 관한 한 모든 것에 통달한 무슨 전문가가 따로 있기보다 이 분야야말로 학제적 협업을 필요로 한다는 점도 분명해진 셈이다. 더구나 영문학 가운데서도 문화이론을 주된 연구영역으로 삼아온 저자에게는 대학이라는 주제가 이와 동떨어진 것은 아니거니와, 좁은 의미의 전문성과 무관하게 대학을 총체적으로 연구하고 사고하는 데는 여전히 '인문적'인 사유가 긴요하다는 점도 되새기고자 한다. 그럼에도 불구하고 주로 현안을 중심으로 한 글들이어서 대학이라는 문제를 더 깊이 있게 성찰함에서는 역시 부족하다는 점이 마음에 걸리는 것은 어쩔 수 없겠다. 그렇지만 이 같은 미진함보다 더 직접적으로 착잡한 대목은 이 글들이 역점을 두어 주장해온 정책대안들이 과연 우리 정치현실 속에서 얼마나 구현될 수 있는지가 불투명하다는 점이다. 주지하다시피 촛불정부로 일컬어지는 현 정권이 지금까지 선택해온 대학정책은, 일부 개선에도 불구하고, 근본적으로 과거 정부의 정책방향을 거의 그대로 답습하고 있는 것이 현실이기 때문이다. 그리고 대학개혁의 이 같은 지지부진함은 우리 사회의 진정한 개혁이 여전히 어려운 난관들에 부딪혀 있음을 말해준다. 이런 가운데 대학의 변화가 과연 가능할 것인지 해묵은 회의주의가 힘을 얻게 된다. 그러나 부정할 수 없는 것은 이 어둠 속에서도 대학은 우리 사회를 갱신해나감에 있어 결코 포기할 수 없는 중요한 제도이자 공간이라는 점이다. 저자 개인적으로는 이 시점에서 대학에 관한 책을 내는 일의 '착잡함'이 더 깊은 공부를 위한 동력이 될 수 있기를 희망해본다.

최근 10년간 대학 현장에 개입하고 이 문제를 주제로 발표한 10여편의 논문을 비롯한 글들을 모은 단행본을 내게 된 마당이니 이를 매개로 그간 일어났던 일들과 만났던 얼굴들이 주마등처럼 지나간다. 지난 보수정부들이 심화시켜 놓은 사학문제와 노골화된 신자유주의적 대학 구조조정 정책에 맞서면서 함께 했던 많은 선후배 교수-연구자들의 모습이 떠오른다. 정부와 사학의 부당한 정책이나 처사에 대한 항의의 현장에서 같이 싸우기도 했고, 투쟁노선이나 이념을 두고 논쟁하기도 하는 가운데서 현장에서 있기 마련인 곡절과 오해도 없지 않았지만, 저자의 진정성에 변함없는 신뢰를 보여주었던 동료학자들이 떠오른다. 또 어려운 시기에 학회의 운영이나 학회지의 편집을 맡아서 함께 일했던 여러 젊은 교수-연구자들의 헌신과 협력이 없었다면, 저자는 이나마의 작업을 추진해갈 힘마저 얻지 못했을 것이다. 지금도 이렇다 할 대가도 없이 꾸준히 학회를 지켜주고 있는 서강목 회장을 비롯한 운영진에게는 특히 감사를 표하고 싶다. 아울러 대학정책에 관한 저자의 의견에 지난 7년간 발표지면을 마련해준 창비주간논평 편집진에게도 감사드린다. 무엇보다도 한국대학학회의 학문적인 실천에 관심을 가지고 학회의 대학정책포럼을 재작년에 책으로 엮어준 소명출판에서 이 책을 출간하게 된 것을 기쁘게 생각하며, 박성모 대표님의 후의와 편집부 여러 분들의 노고에 깊은 감사를 전한다.

2019년 2월

윤지관

차례

변혁기 대학체제 개편과
국공립대통합네트워크 담론 비판

1. 대학통합론에 대한 현 시점에서의 재검토

대학 문제는 대학 내부만이 아니라 사회 전체의 구조와 결합되어 있기 때문에 한국 대학의 위기에 대응하는 방안은 복합적일 수밖에 없다. 더구나 지금은 교육 전반의 문제가 대학에 집중되어 나타나고 있는 시기다. 무엇보다 인구 감소로 인한 전면적인 구조조정이 대학의 지각변동을 예고하고 있고, 신자유주의의 득세 이후로 서열구조는 더 악화되어 대학 자체가 사회 불평등구조를 확대재생산하는 기관이라는 비판이 일반화되어 있다. 고액등록금, 입시경쟁과 사교육의 팽창, 고질적인 사학문제 등은 국가의 공교육 기반을 취약하게 만들 뿐 아니라 한국사회의 미래 전망을 어둡게 하는 요인이다. 이런 상황은 가령 입시제도 개선이나 등록금 동결, 사학비리 엄단과 같은 '대중적인' 처방만으로 대학 문제가 해결될 수 없음을 말해준다. 사회불평등구조를 그대로 반영하고 재생산하는 한국 대학의 현실은 근본적인 차원에서의 체제 변화를 요구하고 있는 것이다. 수년 전 민교협에서 펴낸 『입시·사교육 없는 대학체제』의 서문의 표현처럼 "대학체제의 혁파 없이 교육 정상화는 없다"고 해도 무방하다.[1]

대학체제 개편 구상 가운데 가장 혁신적인 담론으로 자리잡아온 것이 국공립대통합네트워크 구축과 국립교양대학설립안이라고 할 수 있으며 민교협의 단행본도 이를 중심으로 하고 있다. 진작부터 꾸준히 제기되어오던 '대학평준화' 기획은 2003년 정진상 교수의 국립대 통합네트워크안으로 구체화된 이후 주로 진보학계에서 논의되어 왔고 역대 선거에서 대선공약으로 내세워지기도 했으며, 지난 대선에서도 서울대 폐지(박원순) 혹은 국공립대 공동입학 및 공동학위제 도입(문재인)이라는 명제로 제기되기도 했다. 아울러 제19대 대통령으로 당선된 문재인 후보 진영의 교육공약에는 국공립대 통합을 '장기적으로' 추진한다는 내용이 들어 있다.

대학통합을 통한 평준화 실현이라는 오랜 정치적 어젠다가 이처럼 지속되어온 것 자체가 애초 이 기획을 통해 혁신하고자 한 한국 대학의 서열구조가 더욱 강고해진 현실을 환기시킨다. 그러나 공약에서도 당장의 추진보다 '장기적'인 과제로 설정하여 논의의 여지를 두고 있거니와 민주정권이 들어섰다지만 대학 평준화를 그 이념적 기반으로 하는

---

1 민교협, 『입시·사교육 없는 대학체제―대학개혁의 방향과 쟁점』, 한울, 2014, 11쪽.

대학체제 개편안이 실행되기는 현실적으로 쉽지 않고 원칙적으로도 짚어볼 점이 적지 않다. 오랜 기간 고등교육 영역에서 진보담론을 형성해 온 이 대학통합론이 과연 현재의 국면에서 어떤 의미를 가지며 실효성은 있는지 검토해볼 시점에 있는 것이다. 대학평준화 이념은 서열화가 대학의 구조적 병폐로 고착되어 있는 한국사회에서 여전히 살아 있는 쟁점일 수밖에 없지만, 이 담론이 처음 제기된 20년 전과는 크게 달라진 국내외 여건임에도 불구하고 담론의 골격 자체가 거의 변화하지 않고 있다는 점은 우선 짚어야 할 것이다.

무엇보다 국내적으로 대학은 대규모 구조조정의 국면에 들어서 있어서 향후 15년 동안 한국 대학 정원이 현 정원의 3분의 2 혹은 심하면 2분의 1로 축소될 것이 예상된다. 지원자가 넘치고 대학이 속속 새로 설립되면서 팽창 중이던 20년 전과는 정반대의 상황에 처해 있는 것이다. 또한 1990년대 이후 본격화된 지구화의 진행으로 대학도 세계적 차원에서의 경쟁구도 속에서 사회적 책무성을 중심으로 한 역할의 조정을 요구받고 있다. 이런 여건에서 탈근대 시대 대학의 미래상을 더 근본적으로 고민하는 가운데 변화하는 환경에 대응하는 새로운 대학체제 개편 담론이 모색될 필요가 있다. 과거 담론의 문제의식은 살리되 그 현재성을 재검토하는 것이 필수적인 시기다.

대학통합네트워크안은 정진상의 선도적인 작업 이후 대학의 평준화를 통한 서열구조 해소와 과도한 입시경쟁 완화를 목적으로 한 다양한 논의들로 이어졌으되, 전국 국공립대학을 하나의 네트워크로 통합하여 공동으로 선발하고 공동학위를 수여한다는 기본구도는 공통적이고 그 실천방안으로 전국 국립교양대학 설치안이 추가되었다. 후자는 국립대

통합네트워크를 가동하기 위한 필수적인 학제로 제시되었으며 통합네트워크에 입학하는 학생들이 공통적으로 거쳐야 하는 일반교양 과정이다.[2]

지난 대선국면에서 좀더 구체화된 실천방안이 제시되기로는 전교조 및 사회적 교육위원회안과 서울시교육청안이 있다. 전자는 강남훈 교수를 비롯 진보교수단체에서 오래전부터 제안해온 국공립대통합네트워크 구축과 국립교양대학 설치를 중심으로 하는 것으로, 전국의 국공립대학을 통합 운영하여 대학별 입시를 없애고 국공립대학의 공동선발·공동운영·공동학위제롤 도입하자는 것이다. 자격시험이나 내신성적을 통해 국공립대네트워크에 입학한 학생들을 대상으로 각 지역에 소재한 국립교양대학을 다니게 하고 대학 성적을 토대로 네트워크 내의 대학으로 진학하게 한다는 구상이다. 나아가서 사립대학 공영화를 추진하여 궁극적으로는 공영형 사립까지 포함한 대다수 대학을 하나의 네트워크로 통합한다는 것이다.[3] 서울시교육청안은 조희연 교육감이 주도하여 제시한 소위 '대학 공유네트워크'안으로 일차적으로 10개 거점국립대학을 통합하여 공동선발한 후 이 단위 내에서 국립교양대학과정을 이수케 하고, 다음으로 각 권역별로 거점국립대·지역중심 국립대·공영형 사립대를 연합하고, 최종적으로 여기에 독립형 사립대까지 포함하여 한국의 대학 전체를 네트워크화한다는 것이다. 전자가 국공립대 및 공영형 사립대를 포함한 공공대학을 전체적으로 통합한다는 발상인 데 비해서, 후자는 거점국립대는 통합하고 기타 국공립과 사립

---

2   위의 책, 30~44쪽.
3   사회적 교육위원회는 지난 4월 대선국면에서 전교조를 비롯한 진보적 교육단체가 꾸린 협의기구로 이 위원회의 안은 강남훈 등의 논의에 기반해 있다. 강남훈, 「대학교육 혁신을 위한 대학체제 개편안─교양과정 후 공동학위제」, 『문화과학』 67, 2011, 171~190쪽.

은 인적 물적인 자원을 공유하는 연합체를 구상한다.[4]

한국 대학의 고질적인 서열구조와 그로 인한 교육적 사회적 폐해 및 비용을 고려하면 이 같은 혁신적인 대학체제 개편에 대한 모색이 가지는 의미는 크다. 대학의 평준화를 지향하는 이 같은 방안들은 애초 프랑스 파리대학의 평준화 사례를 벤치마킹한 것으로 이해된다. 서울시교육청안에서는 프랑스 파리의 국립대 통합네트워크가 1968년 혁명 이후 촉발된 것처럼 촛불 시민혁명이 "단지 정치적 반대만이 아니라 현재의 불평등한 사회현실과 교육현실에 대한 반대와 저항에서 발생"했다는 점에서 다시 한번 그 유비성을 강조하고 있다.[5] 그런데 서울시교육청안의 경우 거점국립대의 입학조건을 학생부 등 내신 상위 10%에게 부여하는 방안이 제안되고 있다시피 한국의 국립대 통합네트워크는 자격시험을 통과한 학생들에게 입학상의 선별을 허용하지 않는 프랑스 파리대학과는 근본적으로 상치되는 면이 있다. 오히려 이는 미국 캘리포니아 주립대학체제, 즉 주 내의 주립대학들을 연구중심 4년제 대학(University of California, UC), 교육중심 4년제 대학(California State University, CSU), 2년제 커뮤니티칼리지(California Community College, CCC)로 3분하여 체계화하되 이 가운데 UC와 CSU 지원 자격을 각각 고교성적 8분의 1 상위권과 3분의 1 상위권에 한정하는 방식과 상통한다. 실제로 국공립대통합안들이 나오던 시초부터 프랑스 파리대학의 통합과 아울러 캘리포니아 주립대학체제가 모델로 종종 거론되기도 했다. 그런 점에서 파리대학의 개편과 캘리포니아 주립대학체제 수립의 과정

---

4   서울시교육청, 「서울시교육청 교육개혁 제안」, 2017.3, 30쪽.
5   위의 글, 26쪽.

및 의미를 살펴보는 것은 한국에서의 대학 통합을 구상함에서 필수적
이다. 저자는 우선 두 대학의 체제 개편 사례를 살펴보고 이를 통해 지
금 국면에서 다양하게 제기되고 있는 한국 대학의 통합네트워크 안을
검토해보고자 한다.

2. 프랑스 및 미국의 대학체제 개편과 그 의미
─1960년대 파리대와 캘리포니아 주립대의 경우

프랑스 파리대학체제 구축과 미국 캘리포니아 주립대학체제의 개혁
은 시기상으로 1960년대에 있었다. 두 대학의 개혁이 일어난 1960년
대는 유럽과 미국을 포괄하는 범 유럽적 사회변혁의 움직임이 강하게
일어나던 시기이기도 하다. 프랑스의 경우 1968년 5월혁명의 여파로
그 해 11월 전면적인 대학개혁 조치가 이루어졌다. 미국 캘리포니아주
는 그 이전부터 논의해 오던 대학개편안이 1960년 의회를 통과함으로
써 캘리포니아 주립대학체제가 구축되었다. 미국도 68혁명의 영향을
받았고 특히 캘리포니아 주립대 가운데 버클리대학이 그 중심지 가운
데 하나가 되었지만, 대학체제 개편은 이와는 별도로 1920년대부터 시
행해오던 캘리포니아 특유의 3분체제를 새로운 여건에서 대폭 정비한
것이다. 그러나 대학교육의 기회를 확대하고 대학운영의 자율성과 민
주주의를 확보하게 한 점에서는 그 정신과 이념이 상통하는 점은 있다

고 할 수 있다. 파리대학과 캘리포니아대 체제 모두 비록 1990년대 이후 지구화의 새로운 환경 속에서 어려움을 겪거나 개혁의 요구에 직면하고 있음에도 대체로 당시 구축된 대학체제의 기본골격이 지금도 거의 그대로 유지되고 있는 점도 공통적이다.

1960년대의 변혁운동이 프랑스의 대학개혁에 결정적인 영향을 미쳤지만 대학체제의 변화를 추구할 수밖에 없었던 더 커다란 사회적 맥락은 대학진학자의 급증현상이었다는 점은 주목할 필요가 있다. 전후의 베이비붐 세대가 대학진학 연령에 도달하면서 프랑스의 대학입학생 수는 1960년 21만 명 수준에서 1967년 51만 명으로 한해 평균 4만 명 이상 증가추세였고 이에 따라 정부의 고등교육 예산도 증액되었다. 그러나 시설부족과 열악한 교육환경 때문에 당시 드골 정부는 1964년 선별입학시험제를 도입해서 전체 대학생 수를 조절하려고 했으며, 이 같은 고등교육 개혁안이 논란을 불러일으키는 가운데 대학개혁 방향을 둘러싼 격렬한 논쟁이 벌어졌다. 결국 선별 입학제도 시행이 포기되고 프랑스 대학이 대입자격고사에 합격한 모든 학생들에게 대학입학 기회를 개방하는 동시에 대학운영의 민주적 거버넌스를 도입하는 방향으로 대학개혁이 이루어진 것은 변혁운동의 이념이 관철된 결과라고 할 수 있다.

새로운 파리대학의 출현은 68혁명이 프랑스 대학에 미친 변화 가운데 가장 극적인 것으로 받아들여진다.[6] 대개 포르법Faure loi으로 일컬어지는 고등교육기본법에 따라서 프랑스에서는 1968년 이전 단과대로

---

6   박단, 「68혁명과 '새로운 파리 대학'의 출현」, 『서강인문논총』 41, 서강대 인문과학연구소, 2014, 7쪽.

분리되어 있던 느슨한 기존의 대학체제가 종합대학으로 재편되고, 이 과정에서 학제적인 성격을 띤 학과가 600여 개 생겼으며 이를 토대로 60여 개의 종합대학이 탄생하는 가운데 파리대학도 13개의 종합대학으로 재구성된다. 즉 기존의 8개 대학에 5개의 새로운 대학을 설립하고 거기에 일련의 번호를 붙여서 68혁명의 평등이념을 구현하고자 한 것이다. 기존의 전공학과 중심의 단과대학들은 각자의 학문적 강점을 가진 독립된 대학으로 재편되고 뱅센느대학과 같은 민주적이고 진보적인 실험대학도 창설되었다.

포르법은 이 같은 체제 개편과 동시에 1968년 5월혁명의 와중에서 대학개혁의 원칙을 밝힌 학계와 시민사회의 대학선언의 주요 내용을 수용하였다. 즉 대학은 권력으로부터 독립된 비판의 중심으로 기능하며, 대학교육은 국가의 책임으로 등록금을 폐지하고, 선별 없이 평등하게 대학을 개방하며, 교수와 함께 학생이 교육내용을 자유롭게 검토할 수 있어야 한다는 것이다. 이 같은 자율과 참여의 원칙과 아울러 기존의 학과벽을 무너뜨리고 학제적 접근을 가능케 하는 다학문성이 포르법의 3대 원칙이라고 일컬어진다.[7]

미국 캘리포니아주가 1960년 고등교육 마스터플랜을 수립하고 대학체제 개편을 단행하게 된 계기 또한 당시의 인구 증가와 경제적 팽창 국면에서의 사회적 필요에서였다. 실제로 1975년이 되면 대학생 수가 3배로 늘어날 정도로 매년 급증하는 추세였고, 이 같은 고등교육 수요를 소화하고 주 경제가 필요로 하는 인력을 공급하는 일이 시급해졌다.

---

7   원윤수·유진현, 『프랑스의 고등교육』, 서울대 출판부, 2002, 47쪽.

이 국면에 적절하게 대응하기 위해 전문가 및 행정가들로 구성된 위원회는 캘리포니아에서 이전부터 시행되던 고등교육의 3분체제(연구중심 4년제, 교육중심 4년제, 2년제 전문대)를 토대로 새로운 환경에 걸맞은 개혁안을 내놓았다. 즉 이 개혁안은 노동의 분업에 입각한 인력 배출을 목표로 3분체제를 유지하되, 대학교육의 수월성을 높이는 동시에 대중화되어가는 고등교육에 대한 기회를 확대하는 방향으로 대학의 재편과 신설 및 운영에 관한 폭넓은 개혁조치를 담고 있다.

상위권 학생들을 수용하고 대학원의 박사학위 수여권을 가지는 연구중심대(UC)의 경우는 학부의 선별기준을 전보다 높여서 고등학교 성적 상위 12.5%에게만 응시자격을 부여하고, 학부교육 중심의 교육중심대(CSU)는 석사까지 허용하되 학부 입학 자격은 고교 성적 33.3% 내로 하였으며, 한편 성적과 무관하게 입학할 수 있는 2년제 커뮤니티칼리지(CCC)를 확대 지원하여 등록금을 거의 면제하고 직업교육과 아울러 4년제 대학 진학을 위해 학습할 기회를 제공하였다. 세 범주의 대학들 가운데 하위 두 대학에 입학한 학생들에게는 상위대로의 편입을 폭넓게 허용하여 기회의 평등권을 보장코자 하였다. 캘리포니아 대학 체제 개혁이 60년대의 변혁운동과 직접적인 관계가 없음에도 미국 특유의 민주주의 지향을 고등교육 체제 개편에 접목시킨 성공적인 사례로 평가받아온 것은 이 같은 개방성을 통해서다.[8]

1960년대 파리대학 재편과 캘리포니아 주립대학체제 형성은 둘 다 학생 수의 급증과 고등교육의 대중화와 아울러 대학졸업자에 대한 사

---

8   Douglass, John Aubery, *The California Idea and American Higher Education : 1850 to the 1960 Master Plan*, Stanford : Stanford UP, 2000, pp.12~13.

회적 산업적 수요가 커짐에 따라 이 환경에 대응하는 대학체제의 개편이라는 점에서 공통된다. 더 많은 학생들에게 고등교육의 혜택을 주는 동시에 팽창하는 경제가 필요로 하는 인력을 공급하기 위해서 고등교육 예산을 증액하고 행정 체제를 효율화하는 조치가 취해졌다. 아울러 대학의 자율성을 높이고 민주적 거버넌스를 확보하게 함으로써 대학의 창발적인 역량을 높이고 사회가 필요로 하는 시민적인 민주의식을 훈련시키는 장이 되도록 하였다. 프랑스의 대학 거버넌스가 학생을 주축으로 한 교수 이외의 구성원들의 참여를 보장하게 된 것은 68혁명의 자연스러운 효과라고 할 수 있고, 캘리포니아대 마스터플랜의 경우에도 대학, 특히 연구중심대의 자율성은 대학의 기능을 원활하게 하는 요건으로 간주되었다.[9] 이 두 대학체제는 형성 이후 지금까지 큰 골격이 변하지 않고 유지 작동되어 왔고 이를 통해 대중화 단계에 접어든 고등교육의 사회적 필요에 능률적으로 대응할 수 있었다고 평가된다.

두 나라의 대학체제의 개편은 공통점도 있지만 개편의 배경 및 상이한 교육제도로 인한 차이도 있다. 프랑스의 대학체제 개편은 68혁명의 직간접적인 영향으로 입시와 등록금 폐지 및 대학내부의 기성 위계질서를 혁파하는 등 정치적이고 평등주의적 지향이 강한 반면, 미국의 경우는 팽창하는 고등교육 수요와 캘리포니아의 경제환경에 대응하는 예산 배정 등 행정혁신에 초점이 있었다. 그러나 선별시험을 폐지하고 모든 학생에게 대학을 개방한 프랑스의 평등주의적 개혁은 일반대에 한정되었고 그랑제콜Grandes Écoles이라고 일컬어지는 엘리트 교육기관들

9　위의 책, pp.8~11.

은 여기에서 제외되었다. 한편 미국은 대학의 기능에 따른 선별의 기준을 확고하게 정하여 대학교육의 수준을 지키는 동시에 입학이 모든 고교졸업자에게 개방된 2년제 커뮤니티칼리지를 시스템의 토대로 두고 상위 대학으로의 진입장벽을 대폭 낮춤으로써 기회의 평등성을 보장하고자 하였다.

　여전히 그 골격은 작동하고 있지만 이후 각 체제가 가지고 있는 문제점들에 대한 개혁의 필요성이 끊임없이 제기되어온 것도 눈여겨 볼 필요가 있다. 1980년대 접어들어 경제가 하강기에 접어들고 특히 1990년대 이후 세계화와 더불어 수월성과 국제경쟁력, 그리고 사회적 책무를 강조하는 흐름이 프랑스와 미국 공히 대세를 이루었다. 프랑스의 경우 일반대에서 선별시험을 폐지한 결과 과다한 학부학생 수로 인한 문제들이 불거지고 중도탈락자 비율이 70%를 넘기는 등 평준화 방침으로 인한 대가를 치러왔다. 이를 혁신하기 위해 한편으로는 선별시험을 도입해야 한다는 요구와 아울러 국립대학의 경직성을 벗어나서 예산 등 대학운영에서의 자율성을 높이고자 하는 개혁요구가 2000년대 들어와서 꾸준히 제기되어 왔다. 2007년 보수정권의 페크레스법(대학자율화법)과 2013년 진보정권의 피오라조법 등은 지구화 추세에 대응하기 위한 유럽대학의 체제정비라고 할 볼로냐 협약과 맞물려 보수 진보 가릴 것 없이 현행의 평준화시스템을 개혁하려는 흐름이 지속되고 있는 것이다.[10] 캘리포니아 주립대학체제 또한 4년제 학위자에 대한 사회적 수요의 증대에도 불구하고 선별입학제도는 그대로 유지해왔다. 이

10　이송이, 「프랑스의 대학 개혁과 대학 평가 연구」, 『프랑스 문화연구』 33, 한국프랑스문화학회, 2016, 385~391쪽.

는 상위 대학의 수월성을 유지하는 이점은 있으나 대학교육이 대중화 단계를 넘어서 보편화되는 추세임에도 기회의 평등성의 여건은 점차 악화되어서, 한 논자는 이를 '캘리포니아 이념California Idea'의 종언으로 까지 받아들이고 있다.[11] 전반적으로 대학에 대한 예산지원이 삭감되면서 커뮤니티칼리지도 지원자를 모두 수용하지 못하는 상황에 처하고 있고 4년제 대학졸업률도 다른 주에 비해서 오히려 떨어지고 있어 이 비율을 높이는 것이 캘리포니아 고등교육의 과제가 되고 있다.

3. 한국 대학의 대학체제 개편과제에 대한 시사점

한국의 대학체제 개편이 반드시 이들 나라의 방식을 따를 필요는 없 겠지만 우리 현실에 적합한 방안을 모색함에 있어 이 두 사례의 의미는 각별하다. 대학체제 개편방안의 핵심을 이루는 국공립대통합네트워크 의 발상 자체가 프랑스 파리대학의 통합을 모델로 하고 있거니와 한 도 시가 아니라 전국적인 다多 캠퍼스를 기반으로 하는 대학통합체제는 캘 리포니아 주립대학체제를 염두에 두고 있는 것이 분명하기 때문이다. 어떤 점에서는 한국형 대학통합 시도는 이 두 사례를 우리 상황에 절충 적으로 적용한 면이 없지 않다. 이 두 체제 개편을 지금 우리의 현실과

---

11 Simon Marginson, *The Dream is Over : The Crisis of Clark Ker's California Idea of Higher Education*, Oakland : U. of California P., 2016, pp.178~180.

대비해서 그 차이를 살펴보고 시사점을 가늠해볼 필요가 있는 것이다.

우선 이 두 체제 개편이 한국 대학의 국공립대통합 프로젝트와는 두 가지 면에서 전혀 다른 여건에서 추진되고 이루어졌다는 점을 짚어야 할 것이다.

첫째, 파리대학과 캘리포니아 주립대학체제 개편은 둘 다 1960년대 대학이 팽창하던 국면에서 필요성이 제기되고 고등교육의 대중화 단계로의 도약을 준비하는 성격을 가지고 있었다. 프랑스의 경우 60년대 베이비붐 세대의 대학입학 적령기가 도래하면서 대학의 절대수 부족과 정원 제한으로 교육 수요를 감당하기 어려워졌다. 변화된 현실에도 불구하고 기존 파리대(소르본 대학)는 전통적인 칼리지 방식으로 운영되고 있었고 시대에 맞지 않는 굳어진 교과과정과 권위주의 및 위계질서가 지배하고 있었다. 이에 대한 학생들의 반발이 커지고 있는 상황에서 대학은 '혼잡'과 '질식'으로 표현될 정도로 근대대학다운 정비가 필요한 상태였다.[12] 이에 따라 증가하는 학생들을 수용하기 위해 낭테르 대학이 파리 근교에 설립되는 등 수요부족에 대응하는 동시에 고등교육 대중화시대에 걸맞은 행정개혁이 필수적인 것이 되었다. 캘리포니아주 또한 학생 수의 급증에 대비하여 기존 3분체제를 더 공고히 하고 커뮤니티칼리지의 확대를 통해서 대중수요에 대응하는 한편으로 4년제 대학의 입학 자격을 전보다 강화함으로써 교육의 질을 유지하고 적절한 예산배정 등 행정적인 효율성을 도모하였다. 이 같은 두 대학의 체재개편 요구의 시대적 배경은 인구 감소로 급격한 규모 축소를 겪고 있는

---

12 박단, 앞의 책, 10쪽.

한국 대학의 상황과는 상반되기 때문에, 이로 인한 상충지점들이 살펴질 필요가 있다.

둘째, 두 나라의 대학통합 시스템이 작동하고 그것이 프랑스의 경우 평준화 효과를, 미국의 경우 공교육 강화와 대중의 수요 및 사회적 필요에 부응하는 효과를 거두게 된 것은, 이 두 나라 공히 고등교육이 주로 국가나 지방정부의 주도로 이루어지는 환경 때문이다. 프랑스는 일부 사립을 제외하고는 거의 모든 고등교육기관이 국립이며, 그랑제콜을 제외한 일반 종합대의 경우는 등록금이 거의 없이 국가예산으로 운영되고 있다. 캘리포니아의 경우에는 공립과 자립이 병존하고 있으나 학생의 4분의 3이 3분체제로 이루어진 주립대에 재학하고 있어서 대학의 체제 개편이 교육 전반에 미치는 영향은 거의 절대적이라고 할 수 있다. 즉 프랑스의 무시험 입학제도와 대학의 평준화, 그리고 캘리포니아 주립대의 입학 자격 제한 및 편입 개방 같은 체제 개혁 작업은 중고교 교육을 비롯한 교육 전반에 실질적인 영향을 주고, 사회의 인력수급 등 대학의 책무성을 진작하는 데도 중요한 동력이 된다. 반면 한국의 경우는 특수하게도 국공립이 채 20%에 지나지 않고 대다수의 학생들이 사립에 재학하고 있기 때문에, 국공립의 통폐합을 주축으로 하는 개편작업이 가지는 의미는 이들 나라에 비해서 현격하게 줄어들 수밖에 없다.

파리대 통합과 캘리포니아대 마스터플랜이 이처럼 한국과는 판이한 환경에서 추진되었다는 것은 한국의 국공립대통합 담론이 형성된 기원을 돌이켜보게 한다. 20년 전 발상되어 이후 발전되는 과정에서 국공립대통합 담론 및 기획이 목표하는 바는 이를 통해 공교육을 강화하고 일정한 대학평준화로 교육과정 전체를 정상화하자는 것이다. 망국병이라고도 불리는 입시경쟁과 학벌주의가 근거하고 있는 서열화 구조를 해체하고자 하는 목적 자체는 합당할뿐더러 일정한 개선을 넘어선 획기적이고 근본적인 체제 개편을 모색하는 것도 당연하다. 다만 대학교육의 현장에서 그것이 어떻게 실현가능한지 혹은 실현된다고 하더라도 한국사회나 대학의 현실에서 바람직한 결과를 빚을 것인지에 대한 좀 더 본원적인 질문은 남는다. 워낙 국공립대 통합 발상 자체가 평준화의 이념이 뒷받침되어 있거니와, 대학환경은 이 담론이 제기되던 당시의 팽창 분위기와는 정반대로 심각한 조정국면에 들어서 있기 때문이다.

대학들의 지각변동이 예상되는 국면이기 때문에 대학체제의 개편은 필수적이지만, 과연 그 개편의 방향을 국공립대 통합을 중심으로 구성하는 것이 합당한지는 재검토해볼 시점이라고 하겠다. 파리대와 캘리포니아 주립대학체제의 형성이 대학의 팽창 국면에서 대학졸업자에 대한 사회적 수요를 해결하는 과정에서 자연스럽게 이루어진 것에 비해서, 한국의 국공립대 통합기획은 대학의 축소국면에서 인위적으로 이루어질 수밖에 없다. 전자가 대학 팽창 국면에서 사회적 수요에 부응하는 개혁인 점에서 사회적 합의 도출에 큰 문제가 없었다면, 후자는 애초부터 대학통합의 발상 자체가 대학을 사회문제로 바라보고 이를 해결하고자 하는 이념적 지향에서 출발하고 있기 때문이다. 20년 전 신자유주의 정책으로 대학이 팽창하던 시기에 두 외국 대학의 사례가 참조틀이 될 수 있었다 하더라도, 정반대의 여건이 조성된 시점에서 동일한 담론을 유지하고 정책으로 추진하는 것은 문제를 야기할 수밖에 없다. 더 근본적으로는 설령 전국의 국공립대 통합이 이루어진다하더라도 서열화 구조의 해체라는 그 목적이 과연 얼마나 달성될 수 있을지 충분한 검토가 이루어진 바도 없다.[13]

이와 관련해서 서울시교육청이 내놓은 대학공유체제 안이 이 문제를 정면으로 거론하고 있어 주목할 만하다. 즉 거점국립대의 수준을 높이고 통합하게 되면 서열경쟁을 없앨 수는 없어도 현재 서열구조의 정점에 있는 세칭 스카이(서울대, 연고대)를 대상으로 한 경쟁을 완화하는 효과를 가진다는 것이다. 거점국립대의 통합을 통해 현재처럼 1만여 명의 극도로 좁은 문이 아니라 통합국립대를 포함한 3만 7천 명 수준으로 일류대를 향한 경쟁의 문을 넓힐 수 있다는 논리다.[14]

그 효과의 발생 여부도 더 따져보아야겠지만 근원적인 재검토의 입장에서 보자면 서열화로 인한 '일류병' 문제를 일류대의 범위를 더 넓힘으로써 해결하자는 발상이 과연 바람직한 것인가라는 의문이 제기된다. 지방거점대를 지원하여 지방명문대로 육성함으로써 지역균형발전을 기하고자 하는 목적 자체는 의미 있다 해도 거점대끼리의 통합을 통해 '스카이'에 버금가는 일류대 군을 형성하겠다는 것은 더 근본적인 문제를 야기한다. '일류대' 지향과 그것을 중심으로 한 정책방향은 그대로인 것이다. 서열화 구조의 해소가 중요하지만 이 구조와 연동된 계급문제에 대한 천착이 없는 기획은 그 의미가 크게 약화될 수밖에 없다. 대학 서열화만을 따로 떼어서 문제화하고 그 완화를 목적으로 삼는

---

13 최근 국공립대 통합이 실행될 경우 일어날 수 있는 문제점들을 정리한 한 교육활동가는 ① 사립명문대들의 새로운 학벌형성 ② 대학원 입시 경쟁과 대학교육의 왜곡 ③ 입시경쟁 구조 온존 등을 든다. 정병오, 「대학통합네트워크가 더 고민해야 할 부분들」, 『교육비평』 39, 2017, 100~103쪽.
14 서울시교육청, 앞의 글, 25쪽.

시각은 일류대 진학이라는 욕망에 지배되는 계층과는 다른, 즉 서열화 현상의 '바깥'의 국민이나 학생의 존재를 망각하게 한다. 단적으로 서열문제를 가장 우위에 두는 발상은 40%에 가까운 학생들이 재학하는 전문대를 고려의 대상에서 제외한다. 아울러 4년제의 경우에도 일류대 진학과는 무관한 대다수의 학생들의 현실과도 유리된다. 즉 이 같은 발상은 모든 대학지망자를 잠재적인 일류대 지원자로 가정하는 것으로 그 자체가 '일류병'에 역으로 묶여 있는 결과를 빚는다.

오히려 서열화 구조가 이처럼 고착되고 심화된 배경에는 전문기술 교육 체제가 제대로 구축되지 못한 현실이 있다. 한 경제학자(장수명)는 기술교육에 대한 국가의 빈약한 지원과 국가지원체제의 미비가 4년제 대학에 대한 편향을 낳았고 이것이 일류대 지향의 사회풍토를 더 악화시켜왔다고 지적한다.[15] 사실 정부의 대학에 대한 재정지원은 일반대에 85% 이상이 몰려 있고 전문대에 대한 지원은 대학 수에 비해 현저하게 낮다. 또 전문대는 98%가 사학으로 운영되고 있어서 기술교육을 정부에서 책임지는 세계적인 추세와는 정반대다. 국가의 재정지원의 대부분이 세칭 일류대인 상위 대학들에 집중되어 있는 것이다. 서열화 구조에 대한 비판과 그것을 해결하고자 하는 대학통합 담론 자체는 애초 사회의 불평등구조를 해결하자는 정당한 문제의식에서 출발한 것은 사실이다. 그러나 대학의 서열화가 더 굳어지고 점점 더 경제적 여건에 따른 진학경향이 강해져 가는 현실을 감안할 때, 상위대의 범위를 늘리는 방식의 정책방향은 불평등구조 해소라는 애초의 문제의식을 오히려

15　한국대학학회, 『대학정책, 어떻게 바꿀 것인가』, 소명출판, 2017, 77~85쪽.

흐리는 면이 있다.[16]

현재의 상위층 중심의 재정지원의 재편성이 없고는 아무리 국공립대학을 통합하여 네트워크를 형성해도 불평등구조는 개선되지 않으며 일류병도 해소되지 않을 것이다. 가령 4년제 대학에 대한 선별입학제도를 유지하고 있는 캘리포니아 주립대학체제가 큰 문제없이 작동해온 것은 대학들의 통합 자체보다 각급 대학의 특성을 구분하고 무엇보다 2년제 커뮤니티칼리지를 토대로 하위층의 고등교육 수요를 충족하는 동시에 상위대로의 편입을 쉽게 하는 방식으로 두 번째 기회를 주고 있기 때문이다. 이에 비해서 한국형 국공립대통합네트워크안에는 전문대는 아예 빠져 있고 상위대로의 편입이 극히 제한적이어서 시스템의 작동원리 자체가 다르다. 평준화 이념을 기반으로 하면서도 파리 대학의 무시험 전형도 아니거니와 캘리포니아대학처럼 폭넓은 편입제도가 갖추어지지 않은 여건에서 이 두 대학의 통합운영 사례만을 벤치마킹하고자 한다면, 서열화의 구도에 별다른 균열이나 변화를 초래하지 못하고 결국 기존의 계급구조를 재생산하는 결과를 빚을 공산이 크다.

---

16 윤지관, 「새 정부 대학정책, 어떻게 바꿀 것인가」, 『대학 : 담론과 쟁점』 4, 2017.8, 10 ~16쪽.

4. 대학개혁 방향, 평준화인가 특성화인가

대학통합네트워크의 구축이라는 기획은 대학뿐이 아니라 한국 교육의 문제를 일거에 해결할 수 있는 방안으로 제기되어왔고, 지금도 추구되고 있다. 대학평준화와 통합을 통해 사회 전체의 불평등과 결합되어 있는 서열화 구조를 해소하고자 하는 신념과 그 높은 이상을 부정할 사람은 없을 것이다. 또한 그 같은 기획을 발전시키는 가운데 한국 대학의 변화를 추동해낼 수 있을 여러 가지 방안들이 제안되고 모색되는 성과도 있었다. 그러나 대학평준화의 이념에 충실한 이 같은 대안으로는 '탈근대'의 달라진 여건에서 대학의 미래상을 그려나가고 구현해내는 데는 한계가 있다. 이 오래된 근대적 기획도 살려낼 것은 살려내고 버릴 것은 버리는 지혜가 필요하다.

한국의 대학은 전근대적인 사학체제를 비롯한 적폐들이 누적되어 근대적인 대학의 본령을 회복해야 할 필요도 큰 만큼 대학의 공공성 강화와 전근대성 극복이 대학개혁의 기본임은 분명하다. 그러나 2020년대를 앞두고 있는 지금 한국 대학의 상황은 1960년대 파리대학과 캘리포니아대학의 체제 개편이 이루어지던 시기와는 전혀 다르다. 21세기의 대학은 1990년대부터 본격화된 지구화로 대학들에 국제경쟁력이 요구되고, 4차산업혁명으로 대변되는 포스트시대 대학의 자리와 사회적 책무를 사고하지 않을 수 없는 환경에 직면해 있다. 그럼에도 불구하고 한국 대학은 사학재단을 중심으로 한 기득권 구조의 틀을 벗어나지 못하고 있는 현실이다. 한국 대학의 개혁은 이 같은 전근대적 요소를 극복하고 근대대학의 본령을 회복하려는 노력과 함께 탈근대적 상황에 대처하는 '이중적인 과업double task'이 될 수밖에 없다. 사학비리를 비롯한 적폐를 해소하고 대학 내부의 민주적 거버넌스를 확립하고 각 구성원 주체들의 협치가 이루어지도록 대학을 민주화하는 '근대적' 과제를 수행하면서, 새로운 시대의 학문적 요구에 부응하여 학제적 틀을 새롭게 짜고 주체적인 연구의 기반을 구축함으로써 미래사회(민족적으로는 통일시대)의 요구에 부응하고자 하는 '탈근대적' 노력도 병행되어야 하는 것이다.

대학평준화 추구만으로는 이 이중과제를 감당하기 어렵거니와 평준화를 통해 구현하고자 하는 서열화 극복을 위해서도 오히려 대학들을 특성화하는 방향에 더 역점을 둘 필요가 있다. 1960년대 프랑스와 미국의 대학체제 개편 사례를 토대로 국공립대 통합을 통한 평준화와 서열화 해체라는 담론이 형성되었지만, 따지고 보면 이 두 나라의 대학체제도 평준화가 아니라 특성화에 기반을 두고 있다고 보아야 한다. 프랑스의 경우 무시험 전형과 파리대학의 통합으로 대학이 '평준화'되었다고 하나 기실 교육차원에서는 평준화된 일반대학과는 구별되는 그랑제콜이 존재하고 있고, 교육기능으로 특화되어 있는 대학과 별도로 연구기능의 많은 부분은 국립연구소가 맡고 있다.[17] 캘리포니아 주립대학 체제도 연구중심, 교육중심, 직업교육 중심 등 각각의 특성과 역할을 분명히 하고 그 비중을 면밀히 따져서 이에 합당한 구분 및 지원을 통해 대학개혁의 성공사례로 부각될 수 있었다. 우리의 경우에도 대학체

---

17   Pak, Michael, *Academia Americana : The Transformation of a Prestige System*, Manuscript for Publication of Ph. D. Dissertation at Harvard U., 2000, pp.13~19.

제의 개편에 있어 평준화와 특성화 가운데 어디에 중점을 둘 것인지에 대한 논의가 필요한 국면이다. 또 무엇보다 국립 혹은 주립이 고등교육의 중심을 이루는 두 나라와 달리 한국의 대학이 기형적인 사학 중심의 체제를 이루고 있다는 점도 염두에 두어야 할 것이다.

현재 한국의 대학이 구조조정의 와중에 있음을 감안하면 특성화에 역점을 두는 가운데 사학 중심의 대학편제를 국공립이 중심이 되는 편제로 바꾸어나가는 것이 대학체제 개편의 핵심이 될 수밖에 없다. 구조조정은 무엇보다 한국의 대다수를 이루는 사립대학들에 집중될 것이기 때문에 신정부의 대학개혁의 관건은 사학의 공영화를 어떻게 이루어내는가에 달려 있다고 해도 과언이 아니다. 대학의 체제 개편이 향후 10년 이상 지속될 대학의 구조조정 과정을 떠나서는 이루어질 수 없는 현실에서 기획 내부에 구조조정 문제가 제대로 결합되어 있지 않은 국공립대통합네트워크 구상은 한계를 가질 수밖에 없다. 구조조정은 결국 과도한 비중을 차지하는 사학들에 대한 정비의 성격을 가질 수밖에 없기 때문에 어떤 경로를 거치든 사학 중심의 대학체제는 일정정도 해체될 것이 예상된다. 이 축소 조정이 앞으로의 대학체제 개편의 가장 큰 현안인 상황에서 이 문제를 소홀히 하고는 어떤 체제 개편 담론도 추상적일 수밖에 없을 것이다.

물론 구조조정 과정에서 대학의 통폐합이나 연합이 불가피할 것이므로 지역 내에서든 지역을 가로질러서든 대학 간의 연합은 다양한 형태로 시도될 것이다. 지역의 거점대학을 중심으로 한 지역별 대학연합은 지난 정부에서 추진되어 왔고, 이 같은 연합은 사학공영화의 진행과 무관하게 추진될 공산이 크다. 이 과정에서 역시 가장 중요한 관건은 대학의 특성화를 통한 역할 분담으로, 지역 단위로 보자면 연구중심으로서의 지역 거점대학과 지역의 교육중심 4년제 대학 및 2년제 전문대의 특성을 각각 분명히 하는 것이다. 지역 차원을 넘어서도 한국의 대학들은 앞으로 특성을 중심으로 재편될 필요가 있다. 즉 4년제 대학을 연구중심대학과 교육중심대학으로 나누어 취업 및 기술교육 중심의 전문대와 함께 특성을 분명히 하도록 정책적 재정적으로 유도해야 한다. 구조조정과정에서 연구중심대는 과도한 학부정원을 감축하는 동시에 실질적인 대학원중심대학이 될 수 있도록 개편하고, 교육중심대는 불필요한 박사과정 분야를 줄이거나 없애고 학부교육에 치중하게 하여 대학원 교육을 연구중심대로 집중시키는 것이다. 지역의 국공립네트워크도 실상 가능한 것부터 시작하자면 지역의 거점국립대를 중심으로 그 지역의 대학원을 통합해서 운영하는 방안을 고려함직하다.[18]

이 같은 변화는 입시철폐, 공동입학, 공동학위 도입 방식의 '혁명적인' 변화를 의도하는 대학통합안에 비해 점진적이고 미흡한 것으로 여겨질 수도 있다. 그러나 통합안이 목적으로 하는 서열구조의 개혁을 위해서도 대학의 대규모 구조조정이 이루어지는 현실을 고려한 실질적인 대학체제 개편이 더 필요한 시기다. 실제로 대학의 특성화를 통한 서열극복의 지향성 자체는 가령 일반대학은 주로 각각 분야적인 강점을 가지는 학부 교육을 중심으로 하고 연구기능의 많은 부분은 국립연구소들에 부여하고 있는 프랑스의 고등교육체제나, 연구중심대학과 교육중심대학을 제도적으로 구분한 캘리포니아 주립대학체제가 가지는 특징

---

18 한국대학학회, 앞의 책, 85쪽.

이기도 하다. 구조조정의 위기는 각 대학들이 자신의 특성을 분명히 하고 강점을 개발해나갈 기회가 될 수 있다. 대학의 특성에 따라 학생들이 자신의 조건 및 필요와 희망에 가장 잘 어울리는 대학과 전공을 선택할 수 있을 때 대학 서열구조의 개선 또한 기대할 수 있을 것이다.

참고문헌

강남훈, 「대학교육 혁신을 위한 대학체제 개편안-교양과정 후 공동학위제」, 『문화과학』 67, 2011.

박 단, 「68혁명과 '새로운 파리 대학'의 출현」, 『서강인문논총』 41, 서강대 인문과학연구소, 2014.

민교협, 『입시 사교육 없는 대학체제-대학개혁의 방향과 쟁점』, 한울, 2014.

서울시교육청, 「서울시교육청 교육개혁 제안」, 2017.

원윤수·유진현, 『프랑스의 고등교육』, 서울대 출판부, 2002.

윤지관, 「새 정부 대학정책, 어떻게 바꿀 것인가」, 『대학 : 담론과 쟁점』 4, 2017.

이송이, 「프랑스의 대학 개혁과 대학 평가 연구」, 『프랑스 문화연구』 33, 한국프랑스문화학회, 2016.

정병오, 「대학통합네트워크가 더 고민해야 할 부분들」, 『교육비평』 39, 2017.

한국대학학회, 『대학정책, 어떻게 바꿀 것인가』, 소명출판, 2017.

Douglass, John Aubery, *The California Idea and American Higher Education : 1850 to the 1960 Master Plan*, Stanford : Stanford UP, 2000.

Marginson, Simon, *The Dream is Over : The Crisis of Clark Ker's California Idea of Higher Education*, Oakland : U of California P, 2016.

Pak, Michael, *Academia Americana : The Transformation of a Prestige System*, Manuscript for Publication of Ph. D. Dissertation at Harvard U, 2000.

현단계 한국 대학의 위기양상과 대학체제 개편 논의

1. 대학 위기의 근원 – 문제는 무엇인가

한국의 대학은 국립대 사립대를 막론하고 심각한 위기에 직면해 있다. 모든 대학이 정부 주도의 일방적인 구조조정의 와중에서 대학의 본령이라고 할 자율성이 심각하게 훼손되고 '질'과 '경쟁력' 제고와는 무관한 혼란만 가중되고 있으며, 사회적 책무성을 요구받고 있지만 대학의 국가적인 책임이라고 할 기초학문의 발전과 민주적 시민 양성은 오히려 위축되고 있다. 특히 현 정부 들어와서 국립대는 국립대대로 총장 직선제 폐지 방침과 총장 임명 보류가 이어지면서 대학 자율에 대한 간섭과 통제가 극심해지고, 사립대는 사립대대로 구조조정을 빌미로 한 족벌재단의 횡포로 사학 분규가 전국적으로 재연되고 있다. 이러한 위기 상황에서 대학 사회가 권력의 대학 자율권 침해에 맞서서 정책 전환을 요구하고 나선 것은 당연하다.

동시에 작금의 현실은 이 같은 항의와 실천의 차원을 넘어선 좀더 본원적인 질문, 즉 이 시대에 대학의 존재 가치가 무엇이고 사회적 책임은 무엇인지, 한국 대학은 그 역할을 제대로 하고 있는지의 질문을 야기하고 있다. 목전에 닥친 현 정부의 대학 자율성 억압과 비교육적인 방식의 구조조정, 그리고 족벌 사학재단의 횡포에 맞서는 일이 시급한 상황임은 말할 것도 없다. 그럼에도 과연 국립대 법인화를 막고 총장 직선제를 복원한다고 해서 현 시대 대학이 직면한 위기가 해소될 것인가도 물어보아야 한다. 사립대도 마찬가지다. 현재 상지대를 비롯한 비리사학 사태가 사회문제로 부각되고 있지만 분규가 해소된다고 해도 위기 자체는 그대로 남는다. 흔히 말하는 '대학의 위기'도 그 위기의 본질을 무엇으로 보는가에 따라서 해결이나 극복의 방향이 달라질 수밖에 없다.

대학을 둘러싼 대립 구조의 근간에는 대학에 대한 국가와 사회의 요구로서의 책무성accountability과 대학이라는 기관의 바탕이라고 할 자율성autonomy의 충돌이 있다. 국립이든 사립이든 대학이 사회적 기구이고 공공적인 성격을 가지는 이상 사회로부터의 자율만을 내세울 수 없고 사회적 책무를 수행할 의무가 있다.[1] 그런 점에서 책무성과 자율성 사

---

[1] 국립대는 기초학문과 민주 시민 양성의 국가적 목적에 부합하는 반면 사립대는 사적 목적이 우선이고 '국가적 보편성'에서 벗어나 있다는 이분법적 관점(백종국)은 고등교육이 보편화된 현대 사회에서 공사립 모두 '공공적 목적'에 충실해야 한다는 일반적인 인식과 어긋난다(백종국, 『국가발전과 국립대학』, 경상대 출판부, 2014, 29쪽). 우리와 같이 공사립 공존 체제를 가지고 있는 미국 대학에서 사립대학의 공적 성격이 분명하고 우리

이의 충돌이나 갈등 자체는 대학이 늘 감당할 수밖에 없었다. 문제는 현 정부 정책에서 그 책무성이 경제적 차원의 기여와 효율성 및 생산성을 높이는 방향으로 과도하게 경사된 결과 대학의 공적 책임과 기능이 위축되고 있다는 것이다. 근대사회에서 대학은 학문과 과학의 발전에 대한 기여와 근대사회에 걸맞은 민주적 문화의 확산과 시민 양성을 임무로 해왔다. 대학을 기업화하고 경제 발전의 도구로 환원시키려는 정책방향이 대학의 전통적 역할을 지키려는 힘과 부딪치고 있는 것이다.

신자유주의적인 시장주의에 편향된 대학정책에 맞서서 고등교육의 '공공성'을 제고할 것을 요구하는 것은 필수적이다. 다만 현재 한국 대학이 당면한 위기가 '공공성'을 회복한다고 해서 풀리지 않는다는 점은 염두에 둘 필요가 있다. 우선 한국 대학이 지식의 창조적 생산이라는 기본 기능에 얼마나 충실한가를 물어보자. 인문 분야든 과학 분야든 한국의 학문 활동이 서구 특히 미국학계에 종속적이고, 대부분의 대학 교수가 지식 중개상에 불과하다는 비판이 제기되고 있듯이,[2] 사실 한국 대학의 연구 기능 자체가 항상적이고 심각한 위기 상황 속에 있다. 정부 지원을 늘리고 '공공성'을 높인다고 이 같은 학문 종속성이 극복된

경우에도 사학에 대한 정부 재정지원이 대학 예산의 15~20%에 이른다. 이는 사학의 공적인 역할에 대한 인정이자 요구를 반영한 것이라고 할 수 있다.

2 한국 대학의 대미 종속성에 대한 지적은 적지 않으나, 특히 최근 이 관점에서 대학의 기득권 구조를 분석한 연구로는 김종영의 『지배받는 지배자―미국 유학과 한국 엘리트의 탄생』(돌베개, 2015)이 있으며, 초점은 좀 다르지만 2015년 서울대 공대에서 펴낸 백서는 공학 연구가 단기적인 프로젝트 위주의 소모적인 경향을 보여 왔음을 자성한다. 서울대 우희종 교수는 이와 관련하여 "대규모 재정지원사업에서도 어떻게 가지고 있는 지식을 풀어내느냐에 집중된 겁니다. 대학의 책무나 목적이 무엇인지에 대한 고민이 부족해요. 그러다 보니 교수나 연구자가 지식 중개인이나 전달자에 머물고 더 이상의 질문이 없습니다"(한국대학학회, 「한국 대학의 선 자리 갈 길」, 『대학 : 담론과 쟁점』 창간호, 2016, 88쪽)라고 말했다.

다는 인과관계는 없다. 교수 사회가 미국 유학 출신의 압도적 다수로 편향된 현실을 개선하고 미국 대학 학위자를 교수 채용에서 우선하는 관행이 바뀌지 않고는 국내 대학원이 활성화되기도 어렵다. 학계의 뿌리 깊은 기득권 구조가 혁파되지 않는 한 진정한 의미의 대학의 공공성이 실현되리라고 기대할 수는 없다.

문제는 이 같은 한국 대학의 학문적 종속성이 개별 연구자의 성향이나 한계의 차원을 넘어서 한국이라는 국민국가가 자본주의 세계 체제에서 차지하는 위상과 결합되어 있다는 것이다. 자본주의 체제로의 지구화 과정은 지식생산에서 중심부의 지배성이 주변부에 관철되는 현상을 동반하게 된다. 한국 대학의 대미 종속성이 심화된 것은 해방 이후 미국 헤게모니가 작동한 결과이지만 이는 크게 보아 우리 사회가 자본주의 세계 체제에 본격적으로 편입되는 과정의 한 양상이기도 하다. 현시기의 자본주의 체제에서 한국은 주변부라기보다 세계 체제론자인 월러스틴Immanuel Wallerstein이 말하는 반半주변부의 위상을 가지고 있다. 반주변부의 대학은 중심부 대학이 가지는 이점, 가령 대학 자산의 축적과 주도적이고 주체적인 연구를 가능하게 하는 환경, 민주적 전통에 바탕한 대학 기구의 자율성 확보 및 세계 시장에서의 경쟁력 등을 보장받지 못하기 마련이다. 그러나 다른 한편 중심부와 주변부의 중간에 놓인 반주변부의 입지 자체가 한국 대학이 어느 정도의 물적 토대를 바탕으로 중심부와는 다른 어떤 주체적이고 독자적인 영역이나 모델을 창출할 수 있는 기회를 제공하기도 한다.[3] 그러나 한국 대학의 80%가 사학

---

3   백낙청, 「근대 세계체제, 인문정신, 그리고 한국의 대학」, 『대동문화연구』 63, 성균관대 대동문화연구원, 2008, 30쪽.

이고 그 운영 방식이 대개 전근대적인 족벌 형태라는 점에서도 엿보이듯, 한국 대학의 실상은 경제적 위상과도 현격하게 차이가 날 정도의 후진성을 벗어나지 못하고 있다. 정부가 세계화의 현실에서 대학의 '질'과 '경쟁력'을 높이는 것을 대학구조조정의 목적이라고 아무리 내세워도, 이 뿌리 깊은 구조적 병폐에 대한 해법을 도외시하고는 공염불에 불과한 것이다.

　물론 최근 대학의 현안인 정부의 국립대 총장 선출 개입이나 기업체식 대학구조조정의 강행으로 대학의 기본 기능조차 심각하게 훼손된 것은 현 국가권력의 부정적 과잉 상태에 기인한 점이 크다. 대학 자율성이나 학내의 민주주의 문제가 쟁점으로 부각된 것도 전반적인 민주주의 수준의 퇴행과 무관하지 않고, 그만큼 이에 대한 학계의 반발도 당연하다. 그러나 동시에 짚어야 하는 것은 대학의 개혁 방향이나 그 전망을 세움에 있어 과잉 권력의 현실을 기준으로 삼을 경우 그 '과잉'을 걷어낸 '정상' 상태에서도 여전히 존재할 뿐만 아니라 더욱 압력이 거세지고 있는 전 지구적인 차원의 변화에 대응하는 실천에서는 취약할 수밖에 없다는 점이다. 현재의 과잉 상태에 대한 대응이 지구적 자본주의가 초래하고 한국의 반주변부적 성격이 부과하는 더욱 큰 도전에 대한 무책임의 알리바이가 되어서는 안 될 것이다.

　이 글은 이와 같은 관점에서 국립대와 사립대의 최근 주요 현안들을 살펴보고, 특히 국립대 문제를 중심으로 지금까지 제기된 대학체제 개편 논의를 현 국면에 비추어 검토해 보고자 한다.

2. 국립대 및 사립대의 최근 현안에 대하여

근년 국립대에서 대학의 범주를 넘어서 사회적 문제로 부각된 것은 국립대 선진화 방안에 따른 총장 직선제 폐지 강요 및 대학총장 선임 거부 등 국가권력의 대학 자율성에 대한 직접적인 간섭과 개입의 극대화다. 사립대의 경우는 대학 전체에 걸쳐 진행되는 구조조정과 특히 지방 사립대의 위축 등 전반적인 추세를 논외로 하면 상지대를 비롯한 사학 분규와 이와 연관된 교수 해임 등 교권 탄압이라고 할 수 있다. 이 두 사안은 단식 등 항의 시위와 대학교수의 투신자살까지 초래한 극단적인 대립으로 사회문제화하였고 해당 국립대 혹은 사립대에서는 단순히 대학의 민주적 운영 여부만이 아니라 대학의 존재 가치를 둘러싼 본질적인 싸움으로 받아들여졌다.

그럼에도 불구하고 대학 사회에서 총장 직선제 문제는 사립대 교수들에게, 사학 분규 문제는 국립대 교수들에게 그다지 중시되지 않거나 별 관심사가 아니다. 사립대 교수의 입장에서 총장 직선제는 국립대에서 주로 이루어지던 총장 선출 제도로 대개 재단이사회의 결정 구조를 가지고 있는 사립대와는 무관하고, 국립대 교수의 입장에서 사학 분규는 일부 문제 사학들에서 발생하는 지엽적인 현상으로 국가 지원 및 관리하에 있는 국립대와는 무관하기 때문이다. 그렇지만 두 사안 모두 대학 민주주의와 거버넌스라는 대학의 자율적 운영 방식에 대한 국가권력 혹은 그 뒷받침을 받은 사학재단의 억압과 통제에서 비롯된 것으로, 현 정부의 국가주의적 과잉이 빚은 문제라는 점에서 서로 상통한다.

사학 분규에 대한 국립대 교수들의 무관심은 대개 그것을 일부 문제 사학의 '예외적인' 상황으로 이해하는 일반의 상식과 맥을 같이한다. 이 같은 이해는 고질적인 사학문제가 한국 대학의 역사 및 구조상의 왜곡과 유관하며 이 되풀이되는 예외 상황이 좀더 근원적인 한국 대학의 구조적 병폐의 증상일 뿐임을 외면하게 한다. 세계적으로도 사례가 없다시피 한 한국 대학 특유의 이 고질화된 사학문제는 개별 대학의 운영자나 운영 방식의 문제만이 아니라 대학의 체계 자체가 제대로 근대화되지 못한 결과 빚어진 일로, 한국 고등교육의 80%를 담당하고 있는 사학 가운데 많은 부분의 그 같은 전근대적인 지배 관행은 한국사회 전체의 기득권 구조와 밀접하게 결합되어 있다. 사학 분규가 대학 내부의 대립에 그치지 않고 결국 기득권 구조와의 끝이 없어 보이는 싸움으로 이어지기 일쑤인 것은 그 때문이다.[4]

그렇기 때문에 사학 분규가 개별적으로 해결되더라도 그 분규를 배태한 사학 지배 구조 및 그와 결합된 사회질서의 변화가 없고는 문제는 그대로 남는다. 해당 대학 또한 비리 재단 축출에 성공한다 해도 사학 일반이 처해 있는 위기, 즉 당면한 구조조정이나 열악한 교육 환경 및 사학 지배 구조의 온존 등이 초래하는 위기까지 벗어난 것은 아니다. 문제 사학과의 싸움이 한국 대학의 체제 개편을 위한 동력이 될 수 있는 것은 그것이 사학 지배 구조의 해체와 개편을 추동하는 힘으로 변용되고 나아가서 한국 대학의 새로운 공공적 모델을 창출하려는 노력으로 이어질 경우이다.[5] 앞으로 구조조정이 본격화될수록 부실 사학재단

---

4   이에 대해서는 윤지관 외, 『사학문제의 해법을 모색한다』, 실천문학사, 2012 참조.
5   그런 점에서 1999년부터 시작된 상지대의 시민대학 모델 시도는 지금도 유효한 의미를

과 구성원의 갈등은 더 심화되고 분규 대학 수도 급증할 것이 예상된다. 사학 분규는 사학이 중심을 이룬 한국 대학의 전면적인 체제 개편을 둘러싼 전초전에 해당한다. 이것이 소모적인 것이 아니라 한국 대학 체제의 전근대성을 극복할 힘이 될 수 있을지의 여부야말로 그 성패의 관건이 될 것이다.

국립대의 총장 직선제를 둘러싼 정부와 대학 사이의 갈등은 현재 부산대를 제외하고 모든 국립대가 간선제를 받아들임으로써 표면상으로는 해소된 듯 보인다. 국립대가 총장을 교수 직선으로 뽑는 제도를 정착시킨 것은 1987년 6월항쟁 이후 민주화의 한 성과이며 군부독재의 극단적인 대학 통제를 벗어나 대학 자율권의 확보와 대학 민주화에 기여하였다. 그러나 그 역사적 의미를 인정한다고 해서 총장 직선제 제도 자체가 대학 민주화의 필수 요건이 되는 것은 아니다. 대학의 민주적 운영체제의 기본은 대체로 공유 거버넌스shared governance라고 할 수 있고 대학 사회의 특성상 이 거버넌스에서 교수 집단이 중심 역할을 맡는 것은 당연하다. 그러나 이 공유의 주체에는 교수 외에 학생과 직원을 비롯한 여타 구성원도 포함되기 때문에 어떤 형태로든 대학 운영에 이들의 참여가 보장될 필요가 있다. 총장은 교수만이 아니라 학생, 직원 등 대학 구성원들을 전체적으로 대변하는 동시에 지역사회와도 긴밀한 관계를 유지해야 하는 입지에 있으므로 선출 과정에서 이들의 역할이

가진다고 본다. 상지대는 분규 이후 대학을 정상화하는 과정에서 대학과 원주 시민사회의 합의를 통해 상지대를 시민이 재정을 부담하고 공동 운영에 참여하면서 시민사회의 가치를 실현하는 시민대학으로 정립하고자 하였다. 상지대는 이를 추진하기 위한 최고 의사 결정 기구로 시민대학운영협의회를 발족하여 시민 모금을 시작하고 이를 토대로 2004년 정이사 체제를 갖추었으나(정지환, 『사학이 사는 길─상지대학교 성공 이야기』, 시민의신문, 2006), 2007년 대법원이 임시이사회에 의한 정이사 선임을 무효화함으로써 좌절되었다.

나 지분이 반영되는 것이 바람직하다.

총장 직선제 수호를 위한 국립대 교수들의 싸움이 결국 성공하지 못한 데는 정부의 소위 국립대 선진화 방안 관철 의지가 집요하기도 했고 교수 집단의 내부 역량 부족이나 현실추수주의가 작용한 점도 있겠지만, 명분에 있어서도 오히려 정부의 논리에 뒤지기 때문인 점도 없지 않다. 정부가 내세운 직선제의 폐해는 논란의 여지가 있다 하더라도 정부 안이 다른 구성원의 참여를 전제한다는 점에서는 세계적인 추세에 더 부합하는 것도 사실이다.[6] 물론 그 관철 과정에서 정부의 과잉 권력이 작용한 만큼 이에 맞서는 총장 직선제 고수를 위한 싸움의 정치적 의미는 분명하다. 그러나 과잉 권력에 대한 대응이라는 차원을 넘어서 대학의 민주적 거버넌스를 주체적으로 구축하려는 노력으로 이어질 때야 비로소 이 싸움도 대학개혁의 이념에 더욱 부합하는 것이 될 것이다.

또 다른 국립대 현안인 법인화 문제는 더 많은 논의거리를 내장하고 있다. 서울대 법인화 이후 여타 국립대의 법인화는 각 대학의 자발적 선택에 맡기는 식으로 물밑에 가라앉아 있지만, 여전히 뜨거운 감자인 면이 없지 않다. 정부의 국립대 선진화 안에서 법인화가 장기적인 목표로 설정되어 있거니와, 현재 추진하고 있는 지역별 국립대 연합 방안은 법

---

6 서구의 경우 총장 선출에서 교수 직선제는 물론이거니와 교수 집단이 결정적인 역할을 하는 경우도 거의 없으며 대체로 구성원과 외부 인사가 포함된 위원회의 추천을 통해서 이루어진다. 영미권의 경우 미국은 학생을 포함시키는 경우가 많지 않지만 영국은 학생 참여가 열려 있고, 독일은 교수만이 아니라 조교(연구원) 및 학생의 참여가 보장되어 있다(황홍규, 「대학거버넌스에 관한 비교법학적 연구」, 한양대 박사논문, 2010 참조). 국내 사립대에도 학생 등 교수 외 구성원의 참여를 통한 총장 간선제가 정착되어 있는 대학들 중 가령 고려대의 경우, 총장추천위원회(30명)는 교수 15명, 학생 3명, 직원 3명, 법인 4명, 교우회 5명으로 구성된다(「대학 민주화와 총장선출제도—주요대학 거버넌스 실태와 개혁방향」, 『심포지엄 자료집』, 한국대학학회, 2015, 14쪽).

인화를 위한 포석으로 이해되고 있다. 법인화 반대의 일차적인 이유는 국립대 법인화가 고등교육의 공공성 훼손 내지 후퇴를 초래하고 있다는 것으로 명분은 총장 직선제 경우보다 더 분명하다. 실제로 법인화가 정부의 직접적인 통제에서 벗어나 대학의 자율성을 높인다는 취지를 앞세우고 있지만, 이 자율성의 이면에 대학을 효율과 생산을 앞세우는 신자유주의적 구도 속에 편입하려는 의도가 숨어 있다. 한국의 대학체제상 국공립대가 20% 수준에 머물고 고등교육 재원의 70% 이상을 사적인 재원, 즉 학부모가 감당하는 열악한 공교육 현실에서 더 강화되어야 할 국립대의 위상과 역할을 위축시킬 것이라는 의구심도 당연하다.[7]

그럼에도 불구하고 부정할 수 없는 것은 과거 독재 시절 국립대의 정부 종속과 관료 지배가 극심하였고, 이후에도 정부의 성격에 따라 정도의 차이가 있는 대로 직접 통제 방식이 통용될 수 있는 것이 국립대 구조라는 사실이다. 반면, 정부 지원이 국립대 수준으로 유지되고 실질적 자율권이 보장되는 방식의 국고 지원 체세가 반드시 악은 아니다. 미국 주립대의 경우도 그렇거니와 영국의 대다수 대학들은 50% 수준의 국고 지원을 받는 기관이면서 이사회 혹은 법인을 통한 자율 운영의 구조를 가지고 있다. 영미권의 이 같은 운영 형태가 대학의 공공성을 해치고 있다는 증거는 어디에도 없으며, 오히려 정부가 지원은 하되 간섭하지 않는다는 원칙을 제도적으로 구현하는 틀이라고 할 수 있다. 국립대가 중심을 이루는 유럽권 대학들은 사정이 다르긴 하나, 독일의 경우 1998년 「대학기본법」을 개정하여 주 법이나 학칙 개정을 통해 국립대

---

7   배현, 「국립대 법인화의 문제점과 대안」, 『교육비평』 29, 2011, 10~38쪽.

가 재단법인 형태로 전환할 수 있도록 하였고 이에 따라 2002년 일부 주(가령 니더작센주)가 법인화를 위한 법 개정을 하였으며, 핀란드는 2010년 대학을 국립에서 법인으로 전환하였다. 일본의 국립대들은 2003년 전면적으로 법인화되었다.

각국의 국립대 법인화 움직임은 지구화에 대응하는 대학개혁의 일환이라는 점에서 읽을 필요가 있다. 특히 국립대 체제를 중심으로 하는 유럽 대학들의 법인화 전환이나 허용은 지구화에 대응하는 한 방안이기도 하다. 이는 유럽 연합 소속 국가들이 1999년 볼로냐 협약을 토대로 각국의 대학 제도를 표준화하는 등 대학 간의 교류를 확산하고 개방하고자 하는 흐름과도 일맥상통한다. 지구화가 국민국가의 경계가 흐려지고 세계가 하나의 시장으로 통합되는 현상을 지칭한다면, 근대국가의 문화적 토대이자 민족 이념의 구현체로서의 대학의 기능을 대변하는 국립대학은 지구시대의 탈근대적인 유동성에 제한을 가하는 형태일 수 있다. 국가와 대학의 관계가 재설정되는 과정에서 법인화는 시장의 힘이 대학 운영에 작용할 수 있는 폭을 넓혀 놓는 효과를 가진다. 법인화가 지구화 시대의 이데올로기라고 할 신자유주의의 구현 방식이라는 비판이 나오는 것도 이런 맥락에서이다.

그렇지만 다른 한편으로 국가와 대학 사이에 이 같은 시장 요소의 개입을 단순히 부정하는 것만으로는 지구적 자본주의 현실의 엄중함에 대처하는 방식이 될 수 없다. 대학이 이미 기업이 되고 대학 자본주의 academic capitalism에 지배되고 있다는 비판이 팽배하다시피 이미 시장은 대학의 일부로 편입되어 있고 국가와 대학 사이의 관계에서 주요 요소로 작용한다. 국가가 대학을 통제하는 방편으로 시장을 내세울 수도 있지만, 국가의 개입을 차단하는 방식으로 대학이 시장을 활용할 수도 있는 것이다.[8] 또 국가는 시장 논리를 대학에 강요할 수도 있지만 시장의 과도한 대학 지배에 개입하여 공적 기능을 강화하는 역할을 할 수도 있다. 법인화의 목적으로 내세워진 대학의 자율성은 이처럼 양날의 칼이며, 결국 대학이 자율성을 활용하여 그 고유의 사명을 구현하느냐 시장 논리나 국가 통제에 종속되느냐는 대학의 주체적 역량 문제와 유관하다. 즉, 법인화냐 아니냐보다 오히려 대학의 민주적 거버넌스를 어떻게 구축하고 또 운영하는가가 더 핵심에 놓여 있는 것이다. 국립대 체제를 유지하더라도 정부 간섭이 강하면 실질적인 공공성을 지켜낼 수 없고, 법인화가 되더라도 진정한 자율성이 확보되면 국가주의를 벗어난 공공성을 더 키울 수 있기 때문이다.

물론 국가권력 과잉의 현재의 상황에서 법인화는 더욱 교묘한 정부 통제가 되거나 시장 논리를 대학에 강요하는 측면이 강한 것이 사실이다.[9] 주립대 혹은 국립대의 형태로 대학의 공공적 틀이 확보되어 있는 중심부 대학들의 시장 요소 도입과는 달리 사학 중심으로 편제되어 있는 한국 대학의 현실에서 법인화의 전면 도입은 대학의 시장 종속을 더

---

8 Taylor, J., "The State and Higher Education Institutions : New Pressures, New Relationships and New Tensions", R. Goodman · K. Takehiko · J. Taylor Eds., *Higher Education and the State : Changing Relationship in Europe and East Asia*, Oxford : Symposium Books, 2013, pp.12~13.

9 가령 법인이 된 서울대의 경우, 원래의 취지와는 달리 자율성이 훼손되고 있는 것은 교수 사회의 발언권이 정부 주도로 이루어진 이사회 구성에 의해서 약화되고 있다는 우려와 비판에서 드러나고, 최근 물의를 일으키고 있다시피 총장선거에 국가권력이 개입한 정황에서 엿보이듯 오히려 대학 민주주의에 역행하기도 한다. 법인화가 자율성을 보장할 수 있는가의 문제를 서울대의 사례를 통해 살펴보고 그 '불확실성'을 지적한 글로는 전영한, 「법인화에 따른 자율성효과의 불확실성─서울대학교 사례」, 『행정논총』 52-4, 서울대 행정대학원, 2014, 79~109쪽이 있다.

욱 부추기는 결과를 낳을 것이다.[10] 또한 탈근대 시대로 지칭되는 지구화 이후의 현실에서 세계 시장의 하나로 편입되는 가운데 국민국가의 경계가 흐려지는 현상이 강조되고 있지만, 그럼에도 이 같은 세계 체제도 결국 국가 간 체제interstate system이며 국민국가의 범주가 그 구성원들의 삶에서 가지는 결정적인 의미가 사라진 것도 아니다. 그런 점에서 국립대의 형태로 발현되는 대학의 전통적인 기능이 한국 대학의 토대가 될 필요는 여전하다. 서울대의 법인화가 국립대학의 위상을 유지하는 방식으로 이루어진 것도 구성원의 반발도 반발이지만 이 같은 사회적 요구의 반영이라고 보아야 할 것이다.

그러나 역대 정권의 국립대 법인화 기획은 대학 조직의 자율성을 제고시킴으로써 공공적인 관리 기능을 효율화하고자 하는 세계적인 추세와 연동되어 있다. 비록 과도한 시장주의가 지배하는 현재의 교육 환경에서 국립대의 전면적 법인화에 대한 반대가 타당하다고 하더라도, 장기적인 관점에서 한국사회 및 대학의 구조적 변화와 아울러 법인화 문제를 포함한 국립대 체제의 개편 가능성은 상존하고 있다고 할 것이다. 가령 지금의 과잉 국가권력이 해소 혹은 완화되고 대학구조조정 과정을 통해서 공공적 대학의 비율이 높아지는 대학 편제의 변화가 진전되는 경우, 지구화 여건에 대응하는 반주변부 국가의 대학의 진로와 대응을 모색하는 과정에서 국립대 체제를 어떻게 개편해 나갈 것인가의 질문은 더 실질적이 되리라고 본다.

---

10 미국 주립대의 경우 지구화가 본격화된 1994년부터 2009년까지 15년 동안 대학 예산에서 정부 대학 재정지원이 차지하는 비중은 51%에서 49%로 불과 2% 줄었다(Cohen, A.·Ksken, C., *The Shaping of American Higher Education*, San Francisco : Jossey-Bass, 2010, pp.533~536).

3. 대학구조조정과 국립대 중심 대학체제
개편 방안 재검토

　한국 대학의 개혁 과제에서 국가적인 방향은 김영삼 정부의 1995년 5·31교육개혁방안 이후 지금까지 일관되어 왔다고 할 수 있다. 세계화 국면에 대처한다는 문민정부의 고등교육 개혁 방안은 "대학의 다양화와 특성화"를 일차적 과제로 설정하고 대학 설립과 정원 및 학사 운영의 자율화를 통해 대학의 국제 경쟁력을 키운다는 취지로 추진되었다. 이 '신자유주의적' 교육개혁은 이후 국민의 정부 및 참여정부를 거쳐 이명박, 박근혜 정부에 이르기까지 대학정책의 기조를 이루어 왔다. 20여 년 동안 지속된 이 같은 흐름이 가져온 가장 큰 폐해는 한국 대학이 일률적 평가에 따른 상호 지표 경쟁에 매몰되고, 경쟁을 통한 차등 지원의 구조 속에서 서열화가 심화되었으며, 정부의 대학에 대한 통제권이 커지는 한편 대학의 자발적인 연구 역량은 위축되었다는 것이다. 여기에 학령인구의 감소로 대학에 대한 구조조정이 본격화되는 가운데 시장 편향적인 대학정책이 강화됨으로써 기초학문 발전과 민주 시민 양성이라는 근대대학의 기본이 와해되고 있다는 위기감이 고조되어 있다.

　이 같은 정부의 일방적인 정책방향에 대한 대안 모색이 진보 진영을 비롯한 학계에서 꾸준히 이루어져 왔는데, 그 가장 대표적인 것은 국립대 통합네트워크 및 국립교양대학안이고, 이와 좀 다른 각도에서 거점 국립대를 중심으로 한 지역 연합 대학안이 제기되었다. 이 안들은 2012

년 지난 대선 국면에서 정책 의제로 제시된 이후 더 구체화되지는 않았으나 지금까지도 이들을 대체할 만한 대학체제 개편 대안 정책은 나오지 않았다. 이 두 가지 안을 간략하게 재론하면서 현 국면에서 그 이념적 입지와 실효성을 검토하고자 한다.

국립대 통합네트워크 안은 논자마다 약간씩의 편차는 있지만 공통적인 것은 ① 전국 국립대를 하나의 네트워크로 구성하여 공동선발하고 공동학위를 수여한다. ② 학문 간 서열을 조장하는 법학 등은 학부를 폐지하고 전문대학원으로 전환한다는 것이며, 그 실천 방안의 하나로 국립교양대학 설치 안이 이 구상에 보태어졌다.[11] 국립교양대학은 국립대 통합네트워크를 가동하기 위한 필수적인 학제로 국립대 통합네트워크에 입학한 학생들이 공통적으로 거쳐야 하는 일반교양 코스다. 이 제안은 학벌 위주 사회와 과도한 입시, 사교육비, 수도권 집중 문제, 입시 위주 교육 문제를 해소할 수 있는 대안으로 제시되었으며, 동시에 교수직을 얻지 못한 박사 학위자들을 국립교양대학 교수로 채용하여 후속 세대 연구자의 적체 문제를 해결한다는 것이다.

이 가운데 국립대 통합네트워크 구축안(국립교양대학안은 제외)은 당시 야당 후보의 공약으로 채택되기도 했으나 이 기획은 몇 가지 근본 문제가 있어서 발상 자체에 대한 재검토 내지 재론이 필요하다고 본다. ① 이 국립대 체제 개편 기획은 사립이 80% 이상을 차지하는 한국 대학의 편제를 부차적인 문제로 돌린 점에서 전체적인 대학체제 개편으로는 기본

---

11 정진상, 『국립대 통합네트워크』, 책세상, 2004; 정진상, 「학벌주의 이데올로기 깨뜨리기 −국립대 통합네트워크 톺아보기」, 『우리교육』, 2012.가을호; 김상곤 외, 『경제학자, 교육혁신을 말하다』, 창비, 2011.

적인 한계를 가진다. 물론 사립도 단계적으로 이 네트워크에 편입한다는 조건이 있으나, 한국사회에서 사립대학의 비중에 따른 개편의 현실적 어려움을 과소평가하여 결국 문제를 단순화하고 있다. ② 대학체제 개편 기획이 교육적인 논리가 아니라 평준화 달성을 통한 사회문제 해결이라는 정치적인 논리에서 발원한 결과 다양한 층위에서 발생하는 한국 교육의 제 문제를 대학체제의 개편이라는 고등교육 분야로 축소 환원하여 다루는 오류를 범하고 있다.[12] ③ 통합네트워크와 묶여 있는 국립교양대학 발상에서 두드러지듯이 기획 자체는 국가주의적인 요소가 강하다. 시민의 교양화가 국가의 임무이자 본령인 점은 있으되 교양교육 실행은 대학을 통해 자율적으로 이루어지는 것이 바람직하다. 국가가 직접적인 교양교육의 담당자로 나서게 되면 국가를 이상화하는 결과를 빚고 정부의 성격에 따라 대학이 국가주의에 침윤될 위험성이 높아진다. ④ 무엇보다 이 국립대 중심 체제 개편안은 당시 임박해 있었고 현재 본격화된 대학구조조정의 국면에 대한 고려가 부족하다. 차후 10년의 구조조정 과정에서 많은 대학들이 존폐의 기로에 서게 되는 변화가 예상되나, 이 방안에는 이 중요한 대학 환경의 악화라는 변수가 거의 반영되어 있지 않다.

그러나 대학체제의 근본 개혁을 추구하는 이 같은 발상 자체의 의미가 아주 소진된 것은 아니다. 그만큼 한국 대학의 병폐는 지엽적인 개선이 아니라 체제 개편에 해당하는 변화를 요구하는 수준이기 때문이다. 국립대 통합네트워크 안을 담은 대학 개혁안은 이후 단행본으로 엮

---

12 이 항목은 조상식 교수의 지적 참조. 조상식, 「국립대 통합네트워크의 네 가지 쟁점—실현을 위한 선결과제들」, 『우리교육』, 2012.가을호.

어지기도 했지만[13] 논의의 진전도 없거니와 서울대의 법인화를 비롯한 상황의 변화로 '표류'하고 있다고 할 수 있다. 그런 가운데 최근 김종엽 교수가 이 통합안 구상을 수도 이전 프로젝트와 결합하여 되살리고 있는 점은 주목된다. 법인화된 서울대를 제외하고 세종시를 중심으로 비수도권의 국립대학들의 통합네트워크를 구축하여 수도권에 맞설 수 있는 또 다른 중심을 형성하자는 것이다.[14] 지방분권의 과제를 교육 체제와 연결 지어 큰 그림을 그려내는 시도 자체에 큰 의미가 있거니와 이 같은 제안이 대학체제 개편 문제를 정치적인 의제로 올리는 계기가 될 수도 있다. 물론 서울대를 제외한 새로운 통합안이더라도 앞에서 기술한바 전국 국립대 통합네트워크 안에 내재된 문제점에서 자유로운 것은 아니다. 또 아직은 발상 차원이기 때문에 더 구체화하려면 그 현실성이나 효과 등을 엄밀하게 따져볼 필요가 있을 것이다. 다만 이 제안은 국립대 통합네트워크의 전망을 차후 한국 대학의 체제 개편 과정에서 다양한 방식으로 그리고 단계적으로 활용할 수 있는 여지를 열어 둔다는 점에서 의미 있다고 할 것이다.

국립대 통합네트워크 안보다 더 현실에 근접한 제안이 거점국립대 중심의 지역 대학 연합 구상이다. 국립대학 통합안이 대학을 평준화하는 사회주의적 기획으로 비현실적이라는 비판적 관점에서 출발한 이 구상은 전국을 광역권으로 나누어 권역별로 서울대 수준의 연구 중심 대학을 육성하고 이를 거점으로 교육 중심 대학 및 특수 목적 대학과 연합 운영하는 방안이다.[15] 이 구상 또한 등록금 인하 및 대학 서열화

---

13 민교협 편, 『입시·사교육 없는 대학체제—대학 개혁의 방향과 쟁점』, 한울, 2014.
14 김종엽, 「지구적 자본주의에 도전하는 교육개혁의 길」, 『창작과비평』 183, 2016.

해소와 지역 균형 발전, 입시 과열 해소를 그 효과로 하면서 동시에 지역 명문대를 육성함으로써 국제 경쟁력을 키울 수 있다는 점을 부각시킨다. "자유시장적 경쟁이나 강제적 평준화로 인한 비효율성"을 피하면서도 광역권에서는 대학의 특성에 따른 분업과 평등권 보장이 가능하다는 것이다.[16]

이 구상은 전국 국립대 네트워크 안보다 실질적인 점이 있다. 국공립대 총학장협의회의 2012년 제안에 토대를 두고 있고 현 정부가 추진하고 있는 국립대 지역 연합의 형성과 상통하기 때문이다. 그러나 정부의 연합 대학 형성이 종국적으로 법인화를 지향하고 있는 점에서 시장중심적인 데 비해, 대학 연합은 이와는 달리 국립대 체제를 유지하면서 지역적 통합을 추구한다는 점에서 '신자유주의'가 아닌 '공동체주의'를 지향하고 있다는 것이다.[17] 정부의 연합 대학 방안이 구조조정의 한 방편이라면 이 대학 연합의 방식은 대학별 독립성을 지키면서 유기적 연합을 이루는 것으로, 미국 캘리포니아 주립대학체제를 그 모델로 하고 있다. 즉, 국립대 체제하에서 연구 중심 대학, 교육 중심 대학, 특수 목적 대학의 특성에 따른 지역적 분할을 내세운다.

---

15   백종국, 『국가발전과 국립대학』(경상대 출판부, 2014)의 주요 논지이며, 이 책은 2012년 9월 발간된 『국립대발전방안연구』를 정리한 것으로 이 연구에는 저자를 비롯하여 김용일, 김용, 반상진, 이승훈 등 교육학자들이 참여하였다. 최근 이와 유사한 맥락에서 지역 균형 발전의 요건으로 '서울대 수준 혹은 그 이상의' 연구 중심 지역 거점국립대 형성을 체제 개편의 방안으로 제시한 경우는 장수명, 「지역과 대학의 선순환 균형발전」, 『대학 : 담론과 쟁점』 창간호, 2016, 54쪽 참조.

16   백종국, 앞의 책, 55쪽.

17   위의 책, 51쪽. 실제로 정부의 연합 대학정책을 뒷받침하고 있는 한 교과부 정책연구보고서(2009)는 연합 대학이 "캠퍼스별 교육 연구 조직별로 연구 중심 대학, 학부 중심 대학, 특성화 대학 등으로 특화하고 종국에 하나의 법인으로 화학적 융합을 도모한다는 복안"이라고 정리한다(이향철 외, 「한국형 연합대학 지배구조 모델에 관한 연구」, 2009, 15쪽).

그러나 이 방안도 사학문제를 지엽적인 사안으로 돌린다는 점에서는 전국 국립대 통합네트워크 안의 근본 한계를 되풀이하고 있다. 장기적으로 지역의 사학도 공영화하여 특성에 따라서 이 대학 연합에 합류시키는 방식이지만, 실제로 이 같은 사학 구조조정 및 공영화 전환 자체가 또 다른 체제 개편의 규모를 가지고 있는 점은 소홀히 취급된다. 아울러 두 방안 모두 지방 거점국립대의 "서울대 수준 혹은 그 이상"의 국가 재정지원을 전제로 하고 있어, 고등교육 예산의 추가 확보나 배분 문제가 난관이자 해결 과제가 될 수밖에 없다. 교육부의 올해 고등교육 지원 예산은 국립대 운영비 지원과 국가장학금 지원을 제외한 재정지원사업 총예산 2조 9,334억 원 가운데 4,552억 원이 서울대 출연 지원으로 편성되어 있다. 이 예산 규모는 대부분의 거점국립대의 경우 등록금 수입을 포함한 전체 예산에 해당하기 때문에,[18] 고등교육 예산을 거점국립대 중심으로 편중하여 편성하지 않은 이상 현재로서는 실현성이 의문시된다.

이러한 문제점들은 이 기획들이 서구의 사례를 모델로 하여 구성되는 과정에서 단순 적용의 폐해를 해결하지 못한 결과이기도 하다. 국립대 통합네트워크는 프랑스 파리대의 평준화 사례를, 지역 연합 대학안은 미국 캘리포니아 주립대학체제를 모델로 하여 구상되었다. 그러나 두 경우 모두 시대적 상황이나 사회적·교육적 여건이 우리와는 판이한 환경에서 추진된 제도이기 때문에 그 차이들이 충분히 검토된 연후에 참조할 필요가 있다. 파리대의 통합 운영이나 캘리포니아대 마스터

---

18 반상진, 「정부 대학지원정책 비판과 대학격차 문제」, 『2016년 학단협 연합 심포지움 자료집』, 2016, 125쪽.

플랜은 둘 다 1960년대 대학의 대중화 추세와 팽창 국면에서 이에 대처하는 방안으로 시행된 것으로, 현재 심화되는 지구화 환경에서 심각한 구조조정을 겪고 있는 한국 대학의 상황에 대입하는 것은 무리가 있다. 또 프랑스는 모든 대학이 국립의 형태이고 캘리포니아도 70% 이상의 학생들이 주립대에 재학하고 있어서 통합이나 연합 방식의 시스템이 실효적으로 작동할 기반이 갖추어져 있다. 반면, 국립대가 전체 대학의 20~25% 수준인 한국 대학의 상황에서 그 같은 연합이 성사되어도 특성화 및 평준화의 효과는 크게 떨어질 수밖에 없다. 더구나 프랑스의 경우 일반 대학은 교육 중심으로 각각 분야별로 특성화되어 있고 연구는 국가 연구기관이 주도적으로 하는 이원적인 시스템을 가지고 있어서,[19] 연구와 교육이 통합되어 있는 한국 대학의 구조와 맞지 않는다. 캘리포니아 주립대학체제의 경우 반 수 가까운 학생들이 2년제 커뮤니티칼리지에서 대학 생활을 시작하고 교육 중심 대학이나 연구 중심 대학으로의 편입 문호가 열려 있는 방식이어서,[20] 전문대가 포함되지 않은 권역별 국립대 연합 방식과는 시스템 자체가 달리 작동한다.

그렇다면 현 국면에서 가장 필요할뿐더러 또 실현 가능성이 큰 대학체제 개편 방안은 무엇인가? 무엇보다 한국 대학의 체제 개편이라는 과제는 목하 본격화된 대학구조조정의 과정과 유기적으로 결합되지 않고는 제대로 이루어지기 어렵다는 점을 고려해야 한다. 앞으로 10년 혹은 그 이상 진행될 대학구조조정 과정에서 대학들의 변화는 불가피하고

---

19 Park, M. S., *Academia Americana : The Transformation of a Prestige System*, Manuscript for Publication of Ph.D. Dissertation at Harvard University, 2000, pp.13~19.

20 Douglass, J. A., *The California Idea and American Higher Education : 1850 to the 1960 Master Plan*, Stanford UP Press, 2000.

그 가운데 많은 대학들이 존폐의 위기 속에 빠질 것으로 예상된다. 주로 사립대학에 집중될 이 대학구조조정 과정에서 경영위기에 처한 사립대들을 어떻게 처리할 것인가가 교육 정책상의 필수적인 과제가 될 것이다. 대학체제 개편의 기본 토대는 결국 이 과정을 통해서 과도한 비중의 사학들을 정리하고 필요한 경우 공영화하는 과정 속에서 다져질 수 있다. 지구화의 시대에 한국의 대학들이 신자유주의의 폐해에 가장 심하게 노출된 것도 사적 재원, 즉 고액 등록금에 의존할 뿐더러 전근대적인 경영 체제를 가지고 있는 사학이 고등교육의 대부분을 담당하고 있기 때문이다. 어떤 인위적인 체제 개편 정책보다도 이 같은 필수적이고 자연스런 개편 과정이 우선되어야 하는 것은 이 때문이다.

실제로 2012년 대선 당시 야당 후보의 공약에는 현재의 국공립 대 사립 비율을 20대 80에서 임기 중 50대 50으로 조정하겠다는 내용도 들어 있다. 이는 현재의 사학 가운데 반 수 이상을 줄이거나 공립 혹은 공영형 사학[21]으로 바꾸겠다는 것으로 이것만 실현되어도 한국 대학 구성의 획기적인 변환이 이루어질 것이다. 한국 대학의 구조적인 병폐가 극심한 서열화와 사학 중심의 대학 편제로 인한 부작용이라면, 이 같은 개편은 이 고질화된 문제를 근본적으로 해소 내지 완화시킬 바탕이 되리라고 본다. 그리고 이는 박근혜 정부 들어 주기별 정원 조정 계

---

[21] 당시에는 영어의 'government dependent'라는 말을 번역하여 '정부 책임형' 혹은 '정부 의존형'으로 표현했으나 이 용어는 한국의 경우 이 유형의 사학에 대한 운영비 지원이 일부에 그치기 때문에 적절하지 않다. 한국대학학회가 발표한 구조조정 대안 정책에서는 이 유형의 사학을 20%의 운영비를 국고 지원받고 공익형 이사가 중심을 이룬다는 의미에서 '공영형' 사학으로 지칭하였다. 한국대학학회, 『대학구조조정 대안정책발표회 자료집』, 2015, 27쪽.

획이 발표됨에 따라서 더욱 현실성을 가지게 되었다. 즉, 앞으로 퇴출 혹은 폐교하는 대학들을 어떻게 처리하는가가 정책의 중요한 부분이 될 것이며, 그 가운데 지역의 여건상 살려야 하는 대학들은 국공립과 통합하거나 아니면 국공립 혹은 정부의 운영비 지원을 일부 받는 공영형 사학으로 전환하는 방법밖에 없기 때문이다. 일부 진통은 있을지라도 이 같은 전환을 통해 족벌 재단의 상당수가 퇴출의 수순을 밟을 것이 예상되고, 사학들의 다수가 공영화되어 자연스럽게 국민의 등록금 부담이 경감되면 고등교육에서 차지하는 과도한 사적 재원이 줄어들 것이다. 또한 사학들이 순차적으로 공영화되면서 광역권의 국공립 및 공영형 사학의 연합 형태가 다각도로 모색될 수 있을 것이다. 그럴 때 지금까지 제기된 국공립대학 통합안의 여러 형태에 대한 구상들도 달라진 여건에서 실질적인 의미를 획득할 수 있을 것이다.

4. 대학 사회의 대응 – 지키기에서 이룩하기로

현재 교육부의 강화된 시장 중심 대학정책과 정권의 민주주의 퇴보가 결합하여 대학의 주체적 역량은 하락할 대로 하락해 있다. 신자유주의 정책은 김영삼 정부 이래 정부 대학정책의 일관된 흐름이나, 애초의 기획에는 자율성과 다양성을 진작하는 한편으로 사학의 민주적 운영을 위한 장치로서의 대학평의원회 설치 등이 함께 추진되었고, 실제로

2005년 참여정부의 「사립학교법」 개정이 그러하듯(재개정의 우여곡절이 있었지만) 어느 정도 경쟁 위주의 개혁 방향을 완충할 수 있는 민주적 장치에 대한 배려가 있었다. 그러나 보수 정권이 연속 집권하는 동안 이 장치는 거의 무너졌다. 국립대의 총장 직선제 수호 투쟁이나 사립대의 사학재단과의 싸움은 국립대나 사립대 공히 이 권력 과잉의 시대가 대학의 기초 질서를 위협하는 현실에 대한 피치 못할 대응이었다.

그러나 한국의 대학이 마주한 도전은 권력 과잉의 현실을 넘어서도 상존하고 또 더 거세지고 있다. 무엇보다 현 정권이 추진하는 대학의 시장중심적 개편 방향은 지구화 이후 세계 각국의 대학들이 공통적으로 겪고 있는 조정 과정과 맥을 같이 한다. 세계적으로 고등교육이 보편화되면서 일부 유럽의 대학들을 제외하고는 공교육의 토대가 튼튼한 영미권의 대학들도 공적 재원의 비중을 줄이는 한편 등록금 인상 등 사적 재원의 확대 추세를 보이고 있다. 국제적인 경쟁을 동반하는 지구화의 도전은 그만큼 한국 대학의 반주변부적인 성격을 더 심화시키는 방향으로 작용한다. 신자유주의를 비판하고 시장을 단순히 배격한다거나 대학의 공공성에 대한 견결한 주장만으로 이 파고를 넘을 수 없을 만큼 대학개혁의 필요성은 부정할 수 없을 것이다. 대학 위기의 성격에 대한 본원적인 사유와 대응이 없고서는, 과잉 권력이 초래한 사태를 넘어선 도전에 대응하기 어렵다.

대학 학령인구의 감소가 가시화되면서 대학구조조정은 필연적인 면이 있다. 그것이 국립대와 사립대, 대형 대학과 군소 대학, 수도권 대학과 지방 대학 등 대학의 형태나 규모, 소재에 따라서 저마다의 어려움을 초래하는 것도 사실이다. 그러나 이 같은 지각 변동의 시기야말로 한국 대학이 새로운 체제로 거듭날 수 있는 절호의 기회이기도 하다는 사실을 되새길 필요가 있다. 한국 대학은 이제 지구 체제의 주변부로서의 기능에 더욱 종속되느냐 아니면 대학 고유의 역할을 회복할 수 있는 체질로 변화하고 이를 통해서 중심부 대학의 형태와는 다른 독자적인 대학의 모델을 창안해 갈 수 있는가의 과제 앞에 서 있는 것이다. 이 시기를 어떻게 치러내느냐에 따라서 한국 대학의 미래는 확연히 달라질 것이다. 그런 점에서 대학개혁 운동이나 정책 대안의 모색도 '지키기'를 넘어서 새로운 '이룩하기'의 전망에 뒷받침되어야 할 것이다.

참고문헌

김상곤 외, 『경제학자, 교육혁신을 말하다』, 창비, 2011.

김종엽, 「지구적 자본주의에 도전하는 교육개혁의 길」, 『창작과비평』 183, 2016.

김종영, 『지배받는 지배자—미국 유학과 한국 엘리트의 탄생』, 돌베개, 2015.

민교협 편, 『입시 사교육 없는 대학체제—대학 개혁의 방향과 쟁점』, 한울, 2014.

반상진, 「정부 대학지원정책 비판과 대학격차 문제」, 『2016년 학단협 연합 심포지움 자료집』, 2016.

배 현, 「국립대 법인화의 문제점과 대안」, 『교육비평』 29, 2011.

백낙청, 「근대 세계체제, 인문정신, 그리고 한국의 대학」, 『대동문화연구』 63, 성균관대 대동문화 연구원, 2008.

백종국, 『국가발전과 국립대학』, 경상대 출판부, 2014.

성원용 외, 『2015 서울대학교 공과대학 백서—좋은 대학을 넘어 탁월한 대학으로』, 서울대 공과대학, 2015.

윤지관 외, 『사학문제의 해법을 모색한다』, 실천문학사, 2012.

이향철 외, 「한국형 연합대학 지배구조 모델에 관한 연구」, 2009.

장수명, 「지역과 대학의 선순환 균형발전」, 『대학 : 담론과 쟁점』 창간호, 2016.

전영한, 「법인화에 따른 자율성효과의 불확실성—서울대학교 사례」, 『행정논총』 52-4, 서울대 행정대학원, 2014.

정지환, 『사학이 사는 길—상지대학교 성공 이야기』, 시민의신문, 2006.

정진상, 『국립대 통합네트워크』, 책세상, 2004.

정진상, 「학벌주의 이데올로기 깨뜨리기—국립대 통합네트워크 톺아보기」, 『우리교육』, 2012.가을호.

조상식, 「국립대 통합네트워크의 네 가지 쟁점—실현을 위한 선결과제들」, 『우리교육』, 2012.가을호.

한국대학학회, 『대학구조조정 대안정책발표회 자료집』, 2015.

한국대학학회, 「대학 민주화와 총장선출제도—주요대학 거버넌스 실태와 개혁방향」, 『심포지엄 자료집』, 2015.

한국대학학회, 「한국 대학의 선 자리 갈 길」, 『대학 : 담론과 쟁점』 창간호, 2016.

황홍규, 「대학거버넌스에 관한 비교법학적 연구」, 한양대 박사논문, 2010.

Cohen, A. · Ksken, C., *The Shaping of American Higher Education*, San Francisco : Jossey-Bass, 2010, pp.533~536.

Douglass, J. A., *The California Idea and American Higher Education : 1850 to the 1960 Master Plan*, Stanford UP Press, 2000.

Park, M. S., *Academia Americana : The Transformation of a Prestige System*, Manuscript for Publi-
 cation of Ph.D. Dissertation at Harvard University, 2000.

Taylor, J., "The State and Higher Education Institutions : New Pressures, New Relation-
 ships and New Tensions", R. Goodman · K. Takehiko · J. Taylor Eds., *Higher Edu-
 cation and the State : Changing Relationship in Europe and East Asia*, Oxford : Symposium
 Books, 2013.

대학은 왜 바뀌지 않는가
분단체제적 인식과 대학개혁

1. 대학 문제를 바라보는 시각

올해 들어 급진전된 남북관계는 한반도에서 적대관계의 종식과 평화체제 구축이라는 전망을 열었다. 남북 및 북미 정상회담을 통해 이 같은 기본 원칙이 확인되고 북한의 비핵화와 체제보장 과정이 실질적으로 진행되면서, 한반도의 남북한 사회를 규정하고 있던 분단체제의 요동이 본격화되었다. 분단체제가 남북의 대결상황에 기반하면서도 각 사회의 지배구조를 고착·강화하는 방식으로 작동해왔다는 점을 고려하면, 이 체제의 해체 과정에 따라 우리 사회도 여러 부문에서 변화가 촉진될 것으로 예상된다. 그러나 핵폐기와 북한의 체제보장을 둘러싼 미국과 북한의 '힘겨루기'와 주변 강대국 사이의 이해관계에 따라 이 과정이 순탄치 않을 소지도 있거니와, 국내적으로도 분단체제 해체의 전망이 어떤 방식으로 한국사회의 변화에 작용할지는 아직 미지수다. 중장기적으로 그 체제에 기생하던 세력들에게 타격이 될 것은 분명하나, 사회 각 부문에 구조화된 기성질서가 쉽사리 해체되리라고 낙관하기는 이르다.

물론 기득권 구조를 해체하고 새롭고 정의로운 사회를 만들겠다는 것이 문재인 정부의 출범선언이었고 적폐청산이 시대의 흐름이 되었다. 그러나 국정농단 사태로 드러난 지난 정부의 비정상적 국가 운영 방식을 시정하고 비리당사자들을 징벌하는 것만으로 사회 속에 뿌리내린 기성 권력구조가 달라지는 것은 아니다. 최근 최저임금을 둘러싼 논란이 말해주듯 국민의 경제기본권을 확립하겠다는 대표 공약의 이행조차 경제사회 내부의 이해관계들이 충돌하면서 결국 속도 조절을 받아들일 수밖에 없었듯이, '적폐'는 마땅히 '청산'되어야겠지만 그것이 이해관계를 통해 우리의 일상 속에 얽혀 있고 심지어 우리의 심리영역조차 잠식하고 있다면, 그만큼 지난한 작업일 수 있다.

적폐청산의 이 같은 어려움을 보여주는 대표적인 분야 가운데 하나가 교육, 그 가운데서도 대학 문제라고 할 수 있다. 대학 문제에서 교육부의 대응은 여타 부문에 비해 현저하게 미진하거나 지지부진하다는 비판이 높다. 교육부의 소극성을 의심할 수도 있겠고 오랜 관료주의의 폐습 탓이라고 할 수도 있겠지만, 이는 교육부만이 아니라 새로운 정권이 과연 대학의 기득권 질서를 '변혁'할 의지나 역량이 있는지와도 연관된다. 교육 부문이야말로 가령 권력기구나 경제제도와도 달리 국민의 시민의식 수준까지 포함하는 문화와 직결되어 있으며 그만큼 기성질서의 뿌리가 깊기 때문이다. 한국 대학의 가장 큰 병폐가 서울을 중심으로 한 서열화 체제임은 누구나 인정하는 바고, 대선 당시 문재인캠프도 이를 중요한 개혁과제로 삼아 국공립대 통합을 비롯한 대학평준화 기획을 내놓기도 했다. 그러나 과연 현 정부는 서열화 체제에 정면 도전하여 근본적인 혁신을 수행할 수 있을까? 현 단계로 보자면 이념적 지향은 그럴지 몰라도 현실적으로는 매우 의심스럽다.

이 문제에 대한 교육부의 딜레마는 대학입시제도 개편 문제를 둘러싼 최근의 사태에서도 드러난다. 교육부는 수능 전과목 절대평가 도입을 입시제도 개선방침으로 정했다가 반발에 부딪히자 이를 철회하고 지난 4월 입시제도 개편방향 결정을 신설된 국가교육회의에 위임하였다. 선발 방법, 시기, 수능평가방법 등 쟁점 사안에 대해 '숙의 공론화'를 거쳐 결정해달라는 요청을 받은 국가교육회의는 다양한 이해당사자들이 포함된 공론화위원회를 구성해 여론수렴과 숙의 과정을 거쳐 지난 8월 초 결과를 발표했다. 그러나 국가예산 수십억 원을 쓰면서 국민 대표 수백 명을 모집하고 전국을 돌며 여론수렴을 거친 후 내놓은 결과는 그야말로 '태산명동에 서일필' 격으로 빈약하거니와 그것조차 정책에 반영할 정도로 유의미한 내용이 아니었다.[1] 숙의 과정을 둔 점이 단순한 여론조사와 다르기는 해도 입시제도 관련 논의는 이미 나올 대로 나와 있어서 새삼 '공론'할 사안도 아니거니와, 아무리 '집단지성'이 발휘된다지만 불과 몇 개월의 시한을 둔 시민집단의 토의로 뚜렷한 결론이 나오기는 애초부터 무망한 일이었다. 물론 대학입시 개편이 늘 학부

---

[1] 전체적으로 수능 위주 전형비율을 지금보다 높이고 중장기적으로 수능 절대평가 과목을 늘리는 것이 다수안이라고 했지만 김영란 위원장 스스로 유의미한 통계 결과가 아니라고 밝힌 바도 있거니와, 실제로 곧이어 발표된 국가교육회의의 최종안은 결국 현행 제도를 유지하면서 수능 반영비율을 높이라는 권고 정도에 그쳤다.

모들의 관심사이고 입장도 엇갈리는 만큼 여론에 입각해서 최종결정을 하자는 것이 교육부의 방침이겠으나, 구체적인 정책방안까지 여론에 맡기자는 발상 자체가 무책임하게 여겨지는 것도 사실이다. 그러나 더 근본적인 문제는 교육부가 대학입학의 '공정성'에 몰두하는 사이, 정작 대입제도 문제를 이처럼 국민적 관심사로 만든 연원을 놓칠 수 있다는 점이다. 교육부 스스로 국가교육회의에 쟁점을 이송하면서 분석하다시피 "지속적 교육 혁신 노력에도 불구하고 입시 위주 교육이 여전"하고, "학력 경쟁으로 인한 사교육이 심각한 사회문제"라면 그것이 어떻게 입시제도만의 탓이겠는가? '망국적'이라는 판에 박힌 형용어가 붙을 정도로 세칭 일류대를 향한 학벌 경쟁이 한국 교육 전반을 병들게 하고 대학입시제도 개편을 극도로 민감한 정치적 의제로 만들고 있을 뿐이다. 서열화 체제에 대한 근본적인 혁신 방안 없이 입시제도 개편에 매달리는 것은 본말을 전도한 격이다. 결국 입시제도 개편을 둘러싼 이 헤프닝은 서열화 체제의 개혁과제에 제대로 대처하지 못하는 교육부의 무능함을 감추는 방편이 아닌가 하는 혐의조차 엿보이는 것이다.

민주사회에서 여론을 중시하지 않을 수 없고 정책을 결정하는 데 시민사회의 공론과 숙의를 활성화하는 것이 나쁠 리 없다. 그러나 겉으로 드러난 여론이 시대의 흐름이나 심층적인 국민의 여망을 반영하지 못하는 경우도 있고, 때로는 노골적으로 왜곡하기도 한다. 대학입시에 대한 과도한 관심의 이면에 서열상 좋은 대학에 진학하거나 자식을 보내고 싶은 욕망이 숨어 있음을 부정할 수는 없고 학력주의가 기승을 부리는 우리 현실에서 그러한 욕망 자체를 나무랄 수만도 없다. 그러나 그와 동시에 대학이라는 기관 자체가 사회불평등구조의 반영이자 그것을 재생산하는 기제라는 비판이 높아져가고 그 핵심에 악화일로에 있는 서열체제가 존재하는 것도 현실이다. 이 불평등구조를 변혁하자는 것이 촛불민심인 이상 일류대를 향한 욕망 한편에 서열화된 대학구조를 개편해달라는 요구가 여론의 깊이에서 흐르고 있다고 보아야 할 것이다.

적폐청산과 새 질서 건설이 시대정신이 되고 있는 시기에 대학개혁의 지지부진은 한국 대학의 현실을 보는 좀더 복합적인 시각이 필요함을 말해준다. 정권교체에도 불구하고 대학 현안에 대한 정부의 대응에 큰 변화가 없다면 그 원인은 어디에 있을까? 대학의 서열화 구조는 한국사회의 기성질서와 맺어진 한편으로 세계적인 추세와도 맺어져 있는 것이 아닐까? 실상 경쟁 위주의 신자유주의는 비단 우리 대학만이 아니라 지난 수십 년간 세계자본주의의 중심 이념이기도 했다. 한국 대학의 구조적 문제가 전 지구적인 변화와 연계되어 있고 우리 내부의 욕망과도 결합되어 있다면, 과연 현상을 극복해낼 단초는 어디에서 찾을 수 있을까? 대학 문제를 남한의 일국적 관점이 아니라 자본주의적 세계체제와 관련하여, 그리고 그것의 한반도적 구현이라고 할 분단체제와 관련하여 이해하고자 하는 시도는 이런 물음들에서 비롯한다.

2. 분단체제론적 인식과 한국 대학의 현실

한국 대학의 현실을 남북관계와 관련하여 그리고 분단체제적인 인식과 관련지어 말하는 것은 다소 생소하게 여겨질 수 있다. 남북관계는 어디까지나 정치외교적인 문제로 여겨지기 십상이거니와 분단을 하나의 체제로 인식하는 관점도 일반에게 그리 익숙하지는 않다. 그렇지만 남북관계의 변화는 비단 한국 정치만이 아니라 경제 · 문화 등 여러 부문에 영향을 미치고, 교육현실도 체제화된 분단구조와 긴밀하게 연계되어 있다. 가령 반공교육이 일반화되고 학생자치조직 대신 학도호국단이 존재했던 독재정권시대는 차치하고라도, 앞에서 언급한 대학입시 개편 문제만 해도 그렇다. 고등교육에 대한 접근권과 대학입시의 공정성 문제는 어느 사회에서나 제기되지만, 그것이 남한사회처럼 '전쟁'이라고 칭할 정도의 과도한 경쟁을 유발한다면 도대체 그 원인이 무엇인지 생각해볼 필요가 있다.

한국의 대학입시 과열은 세계적으로도 유례없이 높은 대학진학률 탓일 수도 있다. 현재는 70% 이하로 내려갔지만 한때 80%를 상회했을 정도로 한국의 고등교육 진학률은 대중화를 넘어서 보편화 단계에 들어선 지 오래다. 유럽 국가들이 지식중심시대를 맞아서 고등교육 진학률을 높이는 정책을 쓰고 있지만 그 목표가 50% 수준인 것과 비교된다. 그러나 높은 진학률 자체가 사회문제일 수는 없고 오히려 국민의 총체적인 의식수준을 높이는 바탕이 될 수도 있다. 문제는 높은 진학률 및 입시 위주 교육과 사교육 번성의 배경에는 한국사회의 극심한 학력주의와 일류대 진학을 최상의 교육목표로 삼는 풍토가 있다는 것이다. 이 현상을 한국 학부모의 교육열과 유교적인 전통에서 찾는 시각도 있으나 그것은 일면적이다. 한 경제학자는 한국의 높은 대학진학률은 경제적으로 대학진학에 따른 투자 대비 수익률이 높기 때문이라고 분석하는데,[2] 사실 좋은 학벌이 높은 지위와 많은 재산을 획득하는 지름길이라는 것은 우리 사회의 상식이기도 하다.

그러나 세계적으로도 유별나게 심각한 학벌경쟁이 우리 사회의 특성이 된 데는 이 같은 현상을 낳은 구조적 요인이 있다고 해야 할 것이다. 분단상황이 초래한 한국사회 특유의 분단체제적인 계기들이 작용했을 소지가 없지 않은 것이다. 이 대목에서 한국사회를 분단체제론의 관점에서 읽어온 사회학자 김종엽의 관점은 시사하는 바 크다. 그는 한국사회의 과도한 경쟁적 교육열은 분단체제가 탄생시킨 우리 사회의 '지위경쟁적 평등주의'에 기인한다고 본다. 한국사회는 식민지에서 벗어나자 분단과 전쟁으로 뿌리 뽑힌 사회가 되었고 사회를 지탱하는 연대감이 상실되면서 모든 것이 평준화된 상태에서 새로 시작하게 되었다는 것이다. 이어서 한반도에 분단이 고착되면서 남한사회는 우경화되었으며 여기에 '연대 없는 평등주의'가 결합하여 나타난 개인적인 지위향상의 추구가 "우리 사회에서 뿜어져 나온 놀라운 수준의 교육경쟁의 근원"이라는 것이다.[3] 김종엽의 분석은 어떤 사회에서나 볼 수 있는 출세지향적 삶의 지향에 남한사회가 과도하게 사로잡혀 있는 현상을 분단체제라는

2　홍장표, 「교육열이 높으면 경제가 발전하는가」, 김상곤 외, 『경제학자, 교육혁신을 말하다』, 창비, 2011, 33~35쪽.

3　김종엽, 「분단체제와 사립대학」, 『분단체제와 87년체제』, 창비, 2017, 106~107쪽.

한반도 특유의 구조적 원인과 연관 지어 사고할 수 있는 길을 열어준다.

분단체제론은 이매뉴얼 월러스틴Immanuel Wallerstein의 세계체제론을 토대로 세계 자본주의체제와의 관련 속에서 우리 사회의 국지적인 특수성을 이해하고자 하는 담론이다.[4] 즉 동서냉전의 소산인 한반도의 분단이 남북한 사회 모두를 규제하는 체제로 자리잡았고, 이 체제를 유지함으로써 이익을 얻는 기득권 구조가 남북 각각에서 형성되어 있다는 것이다. 이 분단체제는 그것을 재생산하는 메커니즘을 어느 정도 가지고 있어서 일정한 독자성을 지니지만, 그 상위체제라고 할 자본주의 세계체제의 한반도적 구현이기도 하다. 분단체제는 한반도의 분단이라는 특수여건 때문에 형성된 것으로 전 지구적으로 작동하는 자본주의적 질서를 벗어난 것은 아니며 다만 세계체제가 좀더 직접적이고 국지적으로 한반도에서 작용하는 하위체제인 셈이다. 남한사회에서 분단체제 극복을 위한 운동이 궁극적으로 세계체제의 균열과 자본주의 사회를 넘어선 새로운 사회에 대한 지향을 내포하는 것은 이 때문이다. 그런 점에서 분단체제론은 우리 사회 변혁운동을 '근대 적응과 근대극복의 동시적 과정'이라고 보는 '이중과제론'과도 맺어져 있다. 가령 분단체제 극복운동은 한반도의 분단을 철폐하고 새로운 형태의 정부—복합국가든 남북연합이든—를 수립하고자 하는 점에서는 근대성의 추구이지만, 동시에 자본주의체제를 넘어선 사회상을 모색해나가는 과정이라는 점에서는 '탈근대적' 지향을 동반한다. 남한사회에서 이는 분단체

---

4   이하 분단체제론 및 이중과제론은 백낙청의 선구적인 제기(가령 「한반도에서의 식민성 문제와 근대 한국의 이중과제」, 『창작과비평』 1999.가을호) 이래 여러 논자들에 의해 발전해온 담론으로, 최근 상황과 관련된 논의로는 백낙청 외, 『변화의 시대를 공부하다 ─분단체제론과 변혁적 중도주의』, 창비, 2018가 있다.

제와 결합되어 있는 기득권 구조를 해체하고자 하는 근대사회 내부의 싸움인 동시에 월러스틴적인 의미에서 반체제활동에 해당하는 근대극복의 동력이기도 한 것이다.

분단체제론을 통해 대학을 보는 관점은 드물지만, 대학이 한국사회의 내부적 조건과 더불어 세계체제와의 관계 속에서 존재한다는 점을 고려하면 대학 문제의 복합성을 사고하기에 유용한 시각일 수 있다. 분단체제적인 인식을 통해 한국 대학의 현실을 바라보면 대학개혁의 과제에 대한 좀더 총체적인 이해가 가능하다. 입시제도 개선에서부터 등록금 문제, 대학구조조정이나 사학비리 척결 같은 당장의 현안에서부터 대학의 세계적인 경쟁력 제고와 4차산업혁명으로 대변되는 새로운 기술혁신시대의 지식생산에 이르기까지 대학 문제는 단순히 교육만이 아니라 우리 사회의 여러 부문에 깊이 연루되어 있다. 그것은 교육 문제만이 아니라 사회문제이기도 하고 복지 문제이기도 하다. 대학 문제는 경제든 정치든 문화든 어느 한 분야의 과제만이 아닌 '융복합적인' 접근을 필요로 한다. 분단체제론은 거대담론이라고 할 수 있지만 한국사회를 그 구체적 현실에 즉하여 보는 특성을 가지고 있기 때문에, 여러가지 형태로 현현하는 대학의 제 문제를 총체적이고 구조적으로 해석할 수 있게 해준다.

현재 당면한 적폐청산의 과제부터가 그렇다. 대학에서 '청산'해야 할 가장 큰 적폐가 무엇인가는 보는 사람마다 차이가 있을 것이다. 한국 대학의 적폐라면 일차적으로는 고질화된 사학비리나 대학의 자율성에 대한 정부의 부당한 간섭이 떠오를 수 있다. 실제로 보수정권 내내 사학비리가 빈발하고 분규가 끊이지 않았고 국립대의 총장선거에 정부가 직접 개입해서 결국 한 국립대 교수의 투신자살까지 야기하는 등 사회문제가 되었다. 이것이 과거 정부의 드러난 '적폐'임은 분명하고 마땅히 '청산'되어야 할 것인바, 실상 새 정부가 들어선 후 사학비리 척결이 거듭 강조되고 대학의 자율적인 총장 선출 과정에 개입하지 않을 것을 교육부장관이 선언하기도 했다. 그러나 비리 당사자를 징벌하고 총장선출을 대학의 자율에 맡긴다고 해서 대학의 누적된 폐습이 모두 사라지는 것은 아니다.

사학비리는 겉으로 드러난 증상일 뿐이고 더 깊은 병폐는 사학의 전근대적 지배체제를 가능케 하는 법적·문화적·사회적 관행에 있다. 학교법인인 사학에 '오너(소유주)'가 따로 있을 수 없음에도 사학 소유권에 대한 오랜 관습은 사학분쟁조정위원회 같은 국가기구의 판단 속에도, '사학에는 주인이 있어야 한다'는 대다수 정치권과 일반 시민의 의식 속에도 자리잡고 있다. '적폐'는 정치사회뿐 아니라 시민사회 내부에까지 잠식한 관습과도 이어져 있어서 '청산'은 시민의식의 함양 과정이기도 하다. 대학의 자율성에 대한 부당한 간섭도 마찬가지다. 국립대에 자율적인 총장선출권을 되돌려준다 하더라도 과거 시행되던 교수들만의 총장 직선제를 복원하는 것으로 과연 대학의 진정한 자율성 회복이 가능해질까? 교수들의 총장 직선제는 1987년 민주화의 바람을 타고 독재정권의 일방적 총장 임명 관행을 혁파한 쇄신이었지만, 한편으로 정규직 교수에게 모든 권한과 재원이 집중되는 교수중심주의의 한 반영이기도 하다. 사실 대학민주화는 직선제냐 간선제냐의 문제가 아니라 정규직 교수가 독점해온 대학의 기득권을 분산시키고 지금까지 과소대변 되어온 학생 및 비정규교수 등 여타 구성원들의 권리를 인정하는 데서 시작되는 것이며, 이는 대학 현장에서 오랫동안 독점적 권한을 누려온 교수 기득권과의 힘겨운 싸움을 예기하는 것이다.

적폐란 결국 한국사회의 기득권 질서가 만들어낸 불공정한 제도와 폐습이라고 할 때, 그 질서와 공생하면서 이를 재생산해온 분단체제가 시야에 들어온다. 한국 대학의 가장 뿌리 깊은 병폐로 여겨지는 사학문제의 '고질성'의 기원도 여기에 있다. 아무리 비리를 저질러 법의 심판을 받은 사학경영자라 해도 마치 불사조처럼 되돌아와서 군림할 수 있었던 것도 사학재단의 이익이 분단체제 속에서 형성된 남한사회 기득권세력의 이해관계와 철저하게 맺어져 있기 때문이다. 물론 사학비리는 최근 일본 총리가 연루됐다는 보도에서도 보듯 한국에만 나타나는 현상은 아니다. 그러나 한국에 버금가게 고등교육에서 비중이 높은 일본의 사립대학들은 한국과 같은 족벌구조를 가지고 있지 않거니와, 당연히 한국에서와 같은 고질적인 사학분규도 없다. 유럽의 대학은 대부분 국립이어서 사립 문제 자체가 없고, 사립이 30% 정도의 고등교육을 맡고 있는 미국만 하더라도 고액등록금으로 악명 높기는 하지만 사학 설립자 및 그 가문과는 무관하게 공영적인 거버넌스를 갖추고 있다. 고질적 사학문제는 사실 한국 특유의 현상이라고 봐도 좋은데 그만큼 한국사회의 구조적 문제와 결합되어 있는 것이다.

사학권력이 교육계만이 아니라 정치, 경제, 문화 등 모든 영역에서 분단체제를 등에 업은 남한사회의 기득권세력과 결합하고 수구세력의 가장 중요한 뒷배 역할을 해왔다는 사실은 다음 두 가지 사례에서 뚜렷해진다. 하나는 사립학교법 개정을 둘러싼 갈등이 우리 사회의 보혁대결을 극단으로 몰아간 사태다. 2005년 당시 노무현 정부의 4대 개혁입법 가운데 하나인 사립학교법 개정은 사립대학에 대학평의원회 설치를 의무화하고, 이 대의기구에 대학의 주요사항을 의결하고 예산을 심의할 권한과 전체 이사진 중 4분의 1에 해당하는 개방이사 추천권을 부여하며, 친족의 대학운영 참여를 크게 제한하는 등 사학의 민주적 운영을 위한 초석을 놓은 것으로 평가된다. 그러나 이 개혁법안은 통과된 지 2년 만에 개혁성이 현저하게 약화된 현행 사립학교법으로 재개정된다. 이를 둘러싼 갈등에서 그야말로 보수총궐기라고 할 만한 저항이 일어났는데, 당시 야당 대표였던 박근혜가 사립학교법 개정 목표가 "사학의 투명성을 높이는 데 있는 것이 아니라 우리 아이들에게 그들이 원하는 친북·반미의 이념을 주입시키려는 것"이라고 주장하면서 국회 등원을 거부하고 무려 6개월에 걸친 장외투쟁을 주도한 것은 널리 알려져 있다. 다른 하나는 민주정부 집권 시기에 사학비리나 분규로 쫓겨났던 전국 20여 개 대학의 구재단을 이명박 정부가 '대학 정상화'의 이름으로 모두 복귀시킨 사건이다. 대학이 엄연히 공익성을 가진 비영리 학교법인임에도 불구하고, 마치 개인의 재산인 양 주인에게 돌려주는 식의 시대착오적 정책 시행을 대법원이나 사학분쟁조정위원회 같은 국가기구가 법적으로 뒷받침한 것이다.

보수권력의 이 같은 작태는 사학과 권력이 결탁하게 된 역사적 연원을 돌이켜보게 한다. 애초 사립학교법을 제정한 것은 사학비리 척결을 내세운 박정희 군사정부였다. 문제는 개별적인 비리사학에 대한 징벌이 오히려 사학의 전근대적 지배 형태를 용인하는 알리바이로 작용해왔다는 것이다. 사립학교법을 통해 독재정권은 해방 이후 우후죽순처럼 생겨난 고등교육기관들을 공적인 관리의 영역으로 끌어들여 통제하는 한편 사학재단에 인사·재정 등 모든 권한을 집중시켜줌으로써 대학에 대한 절대적 지배를 보장한바, 이것이 향후 사학과 정치권력이 결탁하는 밑바탕을 이루게 된다. 사학재단의 권력화 과정이 한반도에 분단체제가 형성·고착되던 시기와 때를 같이 해왔다는 것은 주목을 요한다. 해방 이후 새로 생겨난 많은 사립대학이 정부의 토지수용에 대응하기 위한 지주계급의 재산도피적인 성격을 가지고 있었거니와[5] 20년 가까이 지속된 박정희정권에서 이들 친일 지주세력과 그 후손들이 족벌지배체제를 구축하면서 국가의 비호와 고등교육 보편화의 추세를 타고 분단체제의 수혜자이자 수호자로 자리잡은 것이다.

분단체제가 지배적인 기득권 구조를 만들어낸 것은 비단 사학만이 아니다. 국립과 사립 가릴 것 없이 한국 대학의 대미 종속성은 뿌리 깊다. 한국의 교수들은 국내적으로는 엘리트층이면서 국제적으로는 글로벌 지식체계의 하위에 있음을 스스로 인식하는 주변부 지식인의 전형으로, 한 사회학자의 표현을 빌리면 '지배받는 지배자'로 군림해왔다.[6] 이 같은 대미 종속성은 해방공간에서 미군정이 주도한 미국식 교육제도의 도입 과정에서 주로 미국 대학 유학생 출신의 친미적이고 보수적인 지식인들이 학계의 주류를 형성하면서 비롯되었다. 그리고 냉전시대 한반도에 분단체제가 굳어지면서 소위 '자유민주주의 진영'의 첨병 구실을 해온 남한의 정치환경이 학계 기득권 구조를 더 공고하게 한 것이다. 물론 이 과정에서 반체제적인 지식인들이 대학을 통해 배출되고 활동하기도 했지만, 앞서 말한 것처럼 모든 권한을 교수가 독점하다시

---

5   김정인, 『대학과 권력—한국 대학 100년의 역사』, 휴머니스트, 2018, 144~148쪽.
6   김종영, 『지배받는 지배자—미국 유학과 한국 엘리트의 탄생』, 돌베개, 2015.

피 하는 학내 권력구조가 대학에 자리잡은 배경에도 이 같은 분단체제의 작동이 있었다고 보아야 할 것이다.

대학에 형성된 기득권은 주로 교수 충원을 통해서 재생산되는데, 김종영은 한국 대학의 교수임용 사례조사를 통해 파벌정치와 학벌우선주의가 어떻게 작용하여 일종의 인종차별주의와 성차별주의를 낳는지 분석한 바 있다.[7] 그에 따르면 한국 대학의 교수임용 과정은 "학위의 글로컬 위계와 학벌 정치, 인맥과 학과 내부 정치, 그리고 가부장적 유교문화와 조직문화의 영향" 등 세 가지 요소가 작동하며, 한국 대학의 이 문화적·조직적 특성이 학계에 진입하는 과정에서 '비합리성과 비루함'을 체험하게 한다는 것이다. 한국에서 상위 서열에 속하는 대학일수록 모교 학부 출신 및 미국, 특히 연구대학 학위자의 비율이 높아지는 결과를 빚는 것도 이와 유관하다. 이 같은 지적은 주변부나 반주변부의 상황에서 서구적인 의미의 보편주의가 인종차별주의와 성차별주의 등 각종 차별주의와 결탁하는 양상을 말한 월러스틴의 관찰과 통한다. 다만 여기서도 역사적으로 분단체제가 한국 교수사회의 파벌주의와 가부장적 의식을 번성하게 한 점을 동시에 볼 필요가 있다. 아울러 서구적인 보편주의의 득세는 학문에서의 '주체적' 연구를 빈약하게 한 원인이 되기도 했다. 꼭 '주체적'이 아니더라도 한국사회를 연구함에 있어 한반도의 현실을 규정하는 분단체제에 대한 인식이 필수적이나, 이 같은 실사구시적인 학문 지향은 학계의 기득권 구조 속에서 '반체제적' 성격을 띨 수밖에 없었다.[8]

---

7   위의 책, 134~69쪽.
8   한국 학계와 분단체제의 관계에 대한 간명한 정리는 임형택, 「분단체제하의 한국에서

사학문제든 학문의 종속성이든 한국 대학의 주변부 혹은 반주변부적 성격이 우리 사회에서 쉽사리 극복되기 어려운 것은 한국 대학의 이두 고질적 문제가 세계체제의 한반도적 구현이라고 할 수 있는 분단체제의 뿌리에 닿아 있기 때문이다. 전근대적 관행이 남아 있는 사학운영을 근대화하는 작업은 그 자체로 중요하고 또 현재 국면에서는 핵심과제이지만 그것으로 자본지배의 환경까지 해소되는 것은 아니다. 또 학문의 서구중심주의를 넘어서려는 노력도 서구적 근대성의 성취에 깃든 '탈근대적' 문제의식을 배제하고서는 제대로 이루어질 수 없다. 그런점에서 근대에 적응하되 그러한 적응을 통해, 혹은 그것을 바탕으로 자본주의 세계체제의 비인간성을 넘어서고자 하는 근대극복 지향이라는 '이중과제'는 대학의 경우에도 적실성을 띠고, 특히 분단체제의 해소전망이 열리고 있는 지금의 시점에서 더욱 그렇다.

3. 대학 서열화와 사회적 불평등 문제

분단체제 극복의 전망이 열린 근저에는 북한과 미국 및 중국의 이해관계를 포함한 국제정세의 변화가 깔려 있지만, 문재인 정부의 남북관계 개선의지가 주효하기도 했다. 그리고 이 같은 진전이 국민의 압도적

학문하기」, 『한국학의 동아시아적 지평』, 창비, 2014, 436~459쪽.

인 지지를 받는 점에서도 알 수 있듯이 이 변화는 우리 사회의 시민적 요구에 바탕을 두고 있다. 촛불항쟁은 단순히 국정농단 종식과 정권교체의 요구만이 아니라 분단체제에 기생하여 권력을 유지하고 적폐를 누적해온 기존 지배구조에 대한 해체의 요구이기도 한 것이다. 촛불항쟁이 지닌 이 같은 '혁명성'은 정권의 수평적 교체 이상의 과제를 현 정부와 우리 사회에 던지고 있다. 그러나 최근 최저임금 논란에서 엿보이듯 우리 사회의 심화된 불평등구조와 '기울어진 운동장'을 바로잡는 개혁 작업에는 민중의 일상과 의식 속에도 존재하는 기성질서 요소들과의 싸움이라는, 그람시A. Gramsci적인 의미에서의 진지전이 요청된다.

입시과열이 말해주는 것처럼 한국 대학의 경우 서열체제는 사회불평등의 한 바로미터가 될 정도로 구조화되어 교육에 대한 국민의 정당한 열망을 왜곡하는 기제가 되어 있다. 대학기관 자체가 사회불평등과 양극화를 반영하는 수준을 넘어서 확대재생산하는 단계로 접어든 것이다. 대학에 일정한 서열이 없을 수는 없겠지만, 그것이 체제화되어 사회 내부의 양극화를 심화한다면 이 서열화 체제를 어떻게 바꾸어내느냐가 대학개혁의 핵심이 될 수밖에 없다. 토마 삐께띠Thomas Piketty가 『21세기 자본』에서 분석하다시피 지구화와 더불어 사회적 불평등이 더욱 심화되는 것이 미국의 추세인데, 우리 사회도 마찬가지다.[9] 물론 상위서열의 대학에 반드시 상위계급 출신만이 진학하는 것은 아니고, 일정한 평가기준을 통해서 '능력주의'가 작동하는 것도 사실이지만, 그 기회의

---

9 채창균·조희경, 「한국의 사회정책 주요지표 분석―OECD 사회지표를 중심으로」(한국직업능력개발원, 2017.5)를 보면, 한국은 사회적 평등 정도를 알려주는 형평성지표에서 35개국 중 30위로 최하위권이다.

문은 극도로 좁아져 있다. 능력 자체가 부와 결합하여 형성되는 현실에서 상위 대학 입학의 여건은 이 같은 문화자본을 향유하는 계층에게 결정적으로 유리할 수밖에 없다. 삐께띠는 교육이 사회적 불평등을 더 심화시키는 추세를 인정하고 그것을 시정하기 위해 고등교육에 대한 공공적 투여를 확대할 필요가 있다고 주장한다.[10] 그렇다면 결국 고등교육을 위한 공공적 자원의 배분이 과연 불평등을 완화하는 방향인가 아닌가가 관건이 될 수밖에 없다.

미국 대학의 경우 지구화를 계기로 대학의 기업화 현상이 더 굳어지고 대학 간의 서열화가 더 심해지는데 이는 사회적 불평등이 악화되는 추세와 맥을 같이한다. 국제적 대학 랭킹에 따라 미국 대학의 서열경쟁은 더 치열해지고, 그 과정에서 서열상 최고의 대학들은 고소득가계 출신 학생들로 채워지고 있다. 원래 미국은 주립대학을 중심으로 한 공교육 시스템이 갖추어져 있고 특히 4년제 대학 외에 지역마다 대부분 국고 지원으로 운영되는 커뮤니티칼리지가 있어서, 일정한 수준의 교육 기회를 저소득층에게 제공하는 통로를 열어두고 있다. 가장 모범적인 사례가 캘리포니아주로, 1960년대부터 확립된 캘리포니아 주립대학체제는 4년제 대학을 연구중심대학(UC)과 교육중심대학(CSU)으로 특성화하여 각각 일정한 학력 수준의 학생들을 입학시키는 한편, 고등교육 수요의 절반 정도는 무시험으로 입학할 수 있는 2년제 커뮤니티칼리지(CCC)가 담당하게 하고 상위 대학으로의 편입 폭을 넓혀서 대학진학의 두 번째 기회를 열어두었다. 그러나 신자유주의 추세와 연방정부의 예

---

10   토마 피케티, 장경덕 외역, 『21세기 자본』, 글항아리, 2014, 366~368쪽.

산삭감 등으로 인한 재정압박이 심해지면서 한 교육학자가 '캘리포니아의 꿈'이 끝났음을 선언할 정도로 위기에 처해 있다.[11]

미국화는 결국 대학의 서열화와 사회적 불평등의 악순환을 초래할 공산이 큰데, 그럼에도 불구하고 가령 EU(유럽연합) 국가들이 볼로냐협약을 통해 미국식 학제를 도입할 정도로 세계적으로 확산되는 추세다. 그러나 독일이나 프랑스 등 유럽의 대학체제는 주로 국립으로 운영되어 소득격차에 따른 기회불평등이 완화되어 있고 인격형성Bildung의 전통이 강할 뿐더러 특히 독일어권이나 노르딕 국가들의 경우 대학기관들이 거의 '평준화'되어 있어서 서열이 큰 의미가 없다. 미국화가 세계적인 추세인 면은 있으나 그것을 단순히 추종하는 데 머문다면 우리 대학의 미래는 어두울 것이며, 따라서 개혁의 방향은 마땅히 대안적인 대학체제를 모색하는 쪽이어야 할 것이다. 그러나 서두에서도 말한 것처럼 이 문제에 대한 현 정부의 대응은 기대 이하라고 할 수밖에 없다. 입시제도 개편에서 보여준 교육부의 무능이 과도한 내입경쟁의 근원인 대학 서열화 체제 문제에 대한 정책적 접근의 부재에서 나온 것이라는 비판이 가능하듯이 대학 재정을 배분하는 문제에서도 똑같은 잘못을 되풀이하고 있는 것이다.

현재 한국 대학은 학령인구의 감소로 인해 대규모의 조정국면에 들어서 있으나 이 구조조정은 대학 서열화와 사학 중심의 왜곡된 고등교육체제를 재편할 기회이기도 하다. 그러나 현 정부의 대학구조조정 정책은 과거 박근혜 정부가 수립한, 대학 간 '경쟁'을 통한 조정방식의 틀

---

11 Simon Marginson, *The Dream Is Over : The Crisis of Clark Kerr's California Idea of Higher Education*, Univ. of California Press, 2016.

을 그대로 답습하고 있다. 상위 대학 몰아주기와 하위 대학 퇴출이라는 구조조정 방식으로는 서열의 상위일수록 더 많은 지원과 혜택을 받는 반면, 주로 중하위층 출신 학생들이 재학하는 중하위 4년제 및 전문대의 교육환경은 더 악화될 것이다. 즉 상위층 출신 학생들은 유리한 경제적·문화적 자본 덕에 더 수월하게 상위 대학에 진학해서 더 많은 재정지원을 누리고 더 좋은 직장을 얻게 되는 반면, 하위층 출신 학생들은 그만큼 더 큰 불이익에 노출되는 악순환이 구축되는 것이다. 정부가 아무리 서열화를 완화하겠다고 공언해도 실질적인 예산배정이나 재정정책에서 불평등구조를 더욱 심화시키는 방향을 취하는 이상 과연 구조화된 서열화의 폐단을 어느 정도 개혁해 나갈 수 있을지 의심스럽다. 현재의 구조조정 정책은 한국 대학이 사회불평등 심화와 교육을 통한 유동성 저하라는 악순환 구조, 즉 미국 모델을 따르고 있다는 위험신호를 던진다.[12]

사실 한국 대학의 체제 개편과 관련하여 정부가 서열화 체제를 개혁하기 위한 방안을 기획하지 않은 것은 아니다. 그 하나는 진보학계의 오랜 대학 평준화 기획이라고 할 국공립대 통합네트워크 구축이고 다른 하나는 공영형 사립대학 육성이다. 전자는 전국의 국공립대학을 통합하여 공동선발 및 공동학위 수여를 원칙으로 네트워크화함으로써 서열을

---

12 이에 대해서는 다른 관점도 있다. 호주 출신의 교육학자 마긴슨은 한국의 경우 "고등교육이 서열화되고 사유화되어 있지만 사회적 평등 혹은 유동성을 유럽이나 미국만큼 막지는 않고 있다"고 하면서 가족의 교육열이나 불평등 경쟁에 대한 국가의 보상제도 등을 이유로 든다. Simon Marginson, "Higher Education, Economic Inequality and Social Mobility : Implications for Emerging East Asia", *International Educational Development*, 2016, p.6. 그러나 이는 한국사회가 고도성장 국면을 지나 저성장 및 출산율 저하 등 새 국면을 맞고 있음을 간과한다.

없애고 평준화한다는 것이고, 후자는 사립대학에 공익이사 중심의 지배 거버넌스를 수립하는 조건으로 운영비를 일부 지원하여 공영화한다는 것이다. 이 두 기획은 고등교육의 공공성을 제고한다는 새 정부의 국정 기조에 부합하는 정책으로, 만약 실제로 구현된다면 현재의 대학서열체제를 어느 정도 개선할 수 있는 대학개혁의 한 축이 될 만하다.

그러나 두 기획 모두 새 정부 출범 후 애초의 의도가 무색할 정도로 후퇴하는 징후가 뚜렷하다. 우선 국공립대통합네트워크의 발상 자체는 획기적이나 국공립이 전체 대학의 15% 정도에 불과한 한국의 현실에서 대학 전체에 형성된 서열체계 개편에 얼마나 효과가 있을지 의문임에도 그 실현을 위해 지역 거점국립대에 서울대 수준의 예산지원을 전제하고 있다. 이는 국가 고등교육 예산의 많은 부분을 국공립대에 집중시키는 결과를 빚는다. 결국 올해 예산에서는 '대학의 공공성 제고' 명목으로 거점국립대에 대한 재정지원을 일부 증액하는 데 그쳤다. 더 큰 문제는 공영형 사립대에 대한 정책의지 약화와 방향 왜곡이다. 공영형 사립대 설립의 원래 취지는 전근대적 지배 형태를 벗어나지 못하는 사학들을 공익이사가 중심이 되어 운영하는 '공영형'으로 바꾸고 그 대신 대학운영비의 일부를 정부재정으로 지원한다는 것이다. 이 기획은 현재 진행 중인 대학구조조정 과정에서 조정대상이 될 대학들이 해당 지역에서 고등교육기관으로서의 역할을 정상적으로 유지할 수 있도록 지원하는 정책과 맞물려 있다. 그러나 이 제도의 도입 방침에는 변함이 없으나, 그 내용은 많이 달라졌다. 19대 대선 당시 문재인 후보의 정책 공약에서부터 "장기적으로 발전 가능성이 높은 사립대학"을 대상으로 한다고 명시했거니와, 현재는 전국적으로 서너 개 정도의 대학을 선발하여 시범사업으로 시행하는 방식으로 대폭 축소되었다. 물론 시범사업을 발전시켜 장기적으로 이 모델을 확장 발전시켜나갈 여지가 없는 것은 아니나, 문제는 현재의 대학구조조정 방향이 공영형 사립 설립의 취지와 상반된다는 점이다. 공영형 사립대는 족벌지배 등의 폐단을 근본적으로 차단하고 부실하게 운영되는 사립대에 재정을 투입하여 공공적인 기관으로 만들자는 것인데, 대학구조조정 정책은 일률평가를 통해 이 같은 대학들을 정리하자는 쪽이기 때문이다.[13] 한국 고등교육의 미래가 미국형이냐 북구형이냐의 갈림길에 있다면, 현재 교육부의 대응은 이념적으로는 후자를 지향한다고 주장하면서 현실적으로는 전자의 길을 밟고 있는 이중성을 보이는 것이 아닌가 물어볼 시점이다.

4. 결—다시 대학이란 무엇인가

절차적 민주주의를 넘어 실질적인 평등이 보장되는 민주사회를 이룩하는 것이 촛불민심의 요구라면, 과연 대학개혁은 이 민주화의 과정과 어떻게 맺어지는가? 대학의 자율성을 보장하겠다는 것이 정부의 방침이지만, 오늘날 대학을 '민주화'한다는 것의 의미는 그리 단순치가 않다. 대학은 이미 국가와 시장의 요소가 속속들이 틈입해서 상호작용

---

13 더 자세한 논의는 윤지관, 「현정부 대학정책, 제대로 가고 있는가—고등교육의 공공성과 경쟁력 사이에서」, 『안과밖』 44, 영미문학연구회, 2018, 129~135쪽.

하는 공간이며, 일국적인 차원만이 아니라 세계 자본주의체제의 지구적 질서 속에 편입되어 움직이고 있다. 이러할 때 과연 대학의 자율성이 의미하는 바가 무엇이며 이것이 사회의 민주화와 가지는 관계는 무엇인지, 한마디로 대학이란 무엇인가를 새삼 질문하게 된다. 대학이 철저하게 서열화되어 있고 국가정책이나 심지어 '여론'조차 그것을 당연시하고 있다면, 아무리 자율성을 보장하고 민주적 절차를 갖추더라도 결국 현 상태의 권력관계를 용인하는 형식 이상이 되기 어려울 것이다.

이것이 국내적인 현실에 그치지 않는다는 점 또한 문제를 어렵게 만든다. 국민국가의 이데올로기 기구 역할을 해왔던 근대대학의 이념은 이미 종식되었고, 대학도 자본의 노예가 되었다는 비관적 판단이 대세를 이루는 것이 현실이다. 과연 세계적으로 대학의 근대적 역할은 종언을 고한 것일까? 그리고 한국의 대학도 그 같은 소멸의 국면에 봉착해 있는 것일까? 칸트 이래 민족문화의 형성과 보전, 그리고 교양 있는 민주시민의 양성을 통해 근대국가의 형성과 발전을 뒷받침하던 대학의 역할은 지구화된 현실에서 의미를 잃고 있는가? 이 질문에 대해 두 가지 사항을 고려할 수 있다. 하나는 지구화된 현실에서 대학이라는 기관 자체의 용도가 무엇인가 하는 것이고, 다른 하나는 한국 같은 반주변부적인 여건에서 서구 대학과는 다른 대학의 사회적 역할이 세워질 수 있는가 하는 것이다. 어느 쪽이든 부정적인 관점도 있겠지만, 오늘날 대학이라는 기관이 비록 상시적 위기국면에 있다 할지라도 그 비중과 영향력을 고려하면 사회변화를 위해서 결코 포기될 수 없는 제도라는 점을 간과해서는 안 될 것이다.

전자의 물음에 대해서 대학의 죽음과 폐허, 그리고 자본화에 대한 언설들이 넘치지만 다른 한편 기술공학적 공리주의가 지배하는 현실 속에서 진정한 인간다움과 사회상을 지향하는 사유의 원천에 늘 대학이 자리하고 있었음을 환기할 필요가 있다. F. R. 리비스가 20세기 중엽 영국 대학을 두고 한 말처럼 "전문지식 훈련을 일반지성, 인간문화, 사회양심, 정치의지와 효과적으로 맺어주"고 인간의 문화적 전통을 계승하고 갱신해내는 지적활동이 가능한 곳이 대학을 제외하고 찾기 어려운 것은 지금도 마찬가지다.[14] 칸트는 『학부들의 논쟁』에서 대학은 제도 속에 있으면서 제도에서 독립된 '이성'의 관리자라는 모순 속에 존재하고 있음을 말했는데, 이 근대대학의 이념은 대학이 지구화 이후 자본주의체제에 종속·지배되는 가운데서도 끊임없는 질문과 비판의 거소로 남으려는 활동 속에 그대로 살아 있다. 칸트의 당대적 의미를 재검토한 데리다가 "대학이 닫히고 있다"고 경고하면서도 대학은 이 모순 속에, 불확실한 미래를 향해 던지는 그 물음 속에 존재할 수밖에 없다고 한 것도 그런 취지에서일 것이다.[15]

한국의 대학이 처한 세계체제에서의 반주변부적인 조건에 대해서도 비판보다는 더 적극적인 사고가 필요하다. 사학의 전근대성이나 학문의 종속성 같은 부정적 효과들이 부각되는 것은 사실이고 그것이 한국 대학의 항시적 위기를 초래하고 있지만, 다른 한편 대학은 독재정권 시절 저항운동의 산실이기도 했고 자유주의적인 저항에서부터 민중운동에 이르기까지 한국 변혁운동의 동력이 되어왔다. 월러스틴의 세계체

---

14 F. R. Leavis, "The Idea of a University," *Education and the University*, Cambridge UP 1943, p.24.

15 Jacques Derrida, Jan Plug others tr., "Mochlos, or the Conflict of Faculties," *Eyes of the University*, Stanford UP. 2004, pp.108~109.

제론에서 말하는 것처럼 반주변부는 한편으로는 세계체제를 운영할 중간관리자를 양성함으로써 체제의 안정에 기여하지만 내부적으로 다른 어떤 곳보다 사회운동의 토양이 풍성한 곳이기도 하다. 이 같은 이중적 조건에서 반주변부는 근대를 달성하고 활용하면서도 체제 자체에 대한 질문과 비판이 활성화될 수 있는, 그런 점에서 '근대 적응과 극복의 이중과제'에 더욱 열려 있는 조건을 이루고, 이것은 한국 대학의 가능성이기도 한 것이다.

한국 대학은 지구화시대의 세계적 추세인 '미국화'에 동참하여 대학이 사회적 불평등을 심화시키게 되는 방향으로 갈 것인가, 아니면 공공성을 강화함으로써 평등하고 정의로운 새 시대의 창출에 복무할 것인가의 기로에 서 있다고도 할 수 있다. 남북관계의 변화와 아울러 남한 기득권 구조의 바탕을 이루던 분단체제가 허물어질 전망이 생겨나는 지금의 시점은 좀더 근본적인 차원의 대학개혁 방향을 설정해나가야 할 적기이기도 하다. 비록 현재의 여론이 이 같은 대학의 공공성 진작에 우호적이지 않다 해도, 그리고 그것이 대학개혁에 대한 교육부의 미온적 태도를 불러왔다고 해도, 촛불에 내장된 시민적 요구의 심층에는 사회불평등의 반영이라고 할 서열구조를 혁파하고 대학체제를 개편해야 한다는 열망이 살아 있다고 해야 할 것이다.

지구적 자본주의와 대학개혁의 이념
하버드대를 중심으로

1. 지구시대 대학의 위상과 하버드대

오늘날의 대학이 지구화 시대의 지배이데올로기라고 할 신자유주의에 침윤되어 죽음에 이르고 있다는 한탄과 비판은 흔하다. 미국의 대표적인 비판교육학자인 헨리 지루Henry Giroux는 『고등교육에 대한 신자유주의의 전쟁』(2014)에서 다음과 같이 미국의 대학들이 처해 있는 위기를 요약한다.

고등교육 특히 인문학에 가해지는 오늘날의 위협의 새로운 점은 가속화하고 있는 대학의 기업화와 군대조직화, 학문적 자유의 억압, 비정규직 교수의 비중 증가, 부어오른 경영계층의 증가, 그리고 학생들은 기본적으로 소비자이고 교수는 자격증이나 일터의 기술 같은 팔아먹을 수 있는 상품을 제공하는 자로 보는 관점이다. 더욱 두드러지는 것은 비판, 시민 교육의 살아 있는 원천, 중요한 공공선의 중심으로서의 대학이 서서히 죽음을 맞이하고 있다는 것이다.[1]

지루는 이어서 교수들이 패배주의에 빠져 대학의 기업화와 신자유주의적 거버넌스 체제에 안주하여 연구비나 승진 따위를 쫓고 공적인 책무에 등한하게 된 우울한 그림을 그린다. 대학은 민주시민의 자질을 키우는 곳이 아니라 지구적 시장에서 경쟁력을 가지도록 준비시키는 곳이 되었다는 것이다. 물론 지루가 역설하는 것은 이 같은 '직업주의적 도구성vocational instrumentality'이 지배하는 시대일수록 대학의 공공성이 중요하고 비판적 사유와 사회적 책임감을 일깨우는 정치교육이 필요하다는 것이지만, 이 같은 디스토피아의 양상이 미국뿐 아니라 한국의 대학들을 포함한 현금의 대학 일반이 처해 있는 상황의 일면임은 부정하기 어렵다. 1980년대부터 대두한 신자유주의와 아울러 지구화가 본격화되는 시대적 흐름 속에서 대학 또한 효율과 생산성을 기준으로 한 성과중심의 경쟁체제로 전환되기 시작했다는 것이 일반적인 관찰이다. 즉 지구화로 통칭되는 자본주의의 전일화로 국민국가의 경계가 흐려지고 세계가 하나의 시장질서 속에 편입되는 경제적 토대의 변화와 함께 대학도 탈규제와 민영화를 특성으로 하는 신자유주의의 경쟁체제로 돌입했다는 것이다. 지구화가 대학에 미친 영향을 탈근대의 조건과 관련하여 분석한 빌 레딩스Bill Readings 또한 지루와는 다른 맥락

---

1   Henry Giroux, *Neoliberalism's War on Higher Education*, Chicago : Haymarket Books, 2104, p.16.

에서지만 대학의 근대적 의미가 무너진 북미 대학의 현실을 '폐허'로 지칭한다. 지구화의 도래와 함께 대학은 교양과 문화의 중심으로서의 역할이 상실되고 수월성의 이념이 지배하면서 수행지표에 따른 철저한 회계 혹은 책무성을 요구받는 관료주의적 기업이 되었다는 것이다. 근대적 의미의 대학이 국민국가가 필요로 하는 민족주체의 형성에 기여해왔다면, 지구화와 함께 국민국가가 쇠퇴하면서 대학의 기능 또한 소실되었으며, 이제 대학도 국제화되는 추세 속에서 지구시장의 수요에 부응하는 인력 산출 기관으로 변모했다는 것이 레딩스의 주장이다.[2]

90년대 이후 미국 대학에 대한 지루와 레딩스의 비관론은 근거가 없지 않지만, 미국 대학이 특출하게 보여주고 있는 실질적인 활력과는 뚜렷하게 대비된다. 국제적인 대학 랭킹 자체가 지표경쟁을 앞세운 전지구적인 대학 기업화의 소산이자 그 결과인 점은 있으되, 상위권을 독차지하다시피하고 있는 미국의 연구대학research university들의 위세에는 단순히 '폐허'를 숨긴 허상으로 돌리기 어려운 성취가 뒷받침되어 있다. 하버드대를 비롯한 미국의 유수 사립대학들과 연구중심의 주립대학들이 교육 및 연구 인프라에서나 지식생산 활동에서 현저한 우위를 점하고 있는 것을 두고, 비록 평가기준이 미국 대학에 유리한 면이 없지 않다하더라도, 신자유주의의 첨병이라거나 대학자본주의화의 선두주자로 폄하할 수만은 없을 것이다. 앞으로 살펴보겠지만 하버드만 하더라도 지금의 위상에 도달하기까지 역사상 여러 차례의 발본적인 개혁들을 거쳤고 그 개혁의 이념이 대학의 본래의 기능으로서의 비판적

---

2   Bill Readings, *University in Ruins*, Harvard UP, 1996, pp.44~53.

사고와 민주시민 양성에 두어졌다는 점은 짚어져야 한다. 지구화 이후 최근의 교과과정 개편에서도 개혁의 기본이념은 근대대학의 본령이라고 할 '빌둥Bildung'(교양 혹은 형성)을 지구시대에 걸맞은 방식으로 구현하고자 하는 것이다.

대학을 신자유주의에 종속된 사업체로 단정 짓는 시각은 대학이 가지는 어떤 잠재력이나 역동성을 묵살하는 폐해가 있다. 이것은 지구화를 바라보는 시각과도 유관한 것으로, 가령 레딩스의 '폐허의 대학university in ruins'론이 의존하는 이론적 논거는 장 프랑스와 리오따르Jean F. Lyotard의 『포스트모던의 조건The Postmodern Condition』(1979)이다. 리오따르는 지구화를 지식이 정보로 화하고 관리되는 과정으로 이해하고, 국민국가를 중심에 놓는 대서사grand narrative의 종언을 말한다. 레딩스가 국민국가의 문화적 기반과 시민주체의 교양을 형성하는 대학의 근대적 기능이 소멸되었다고 말하는 것도 이에 입각해서다. 그러나 정보가 중심이 되는 세계 속에서도 '0지식'이나 '진리'에 대한 추구가 살아 있는 대표적인 영역이 대학이라고 할 수 있고, 지구화 속에서도 국민국가의 틀이 그 구성원들의 삶에 가지는 결정적인 의미가 사라진 것도 아니다. 탈근대의 조건에서 대서사가 소멸되고 대학의 사명 또한 종언을 고했다는 명제가 일면적인 것은, 지구적 자본주의가 관철되는 가운데 오히려 총체화하는 사유와 새로운 대서사의 가능성이 모색될 수 있고 대학이 그런 사유를 위한 터전이 될 여지도 보아야 하기 때문이다.[3]

---

3   총체성을 새롭게 모색해야 한다는 주장은 가령 프레드릭 제임슨(Fredric Jameson)이 대표적. 대학을 지구적 공공영역 형성의 장으로 보는 시각은 Brian Pusser et al. eds, *Universities and the Public Sphere*, Routledge, 2012 참조.

하버드대를 보는 시각이 극단적으로 나누어져 있는 것도 이 같은 이론적 입지의 분열과 연관이 있다. 미국 대학들이 '기업체적인 성격'을 가진 것이 아니라 아예 '기업체 자체'가 되었다는 레딩스의 진단과 맥을 같이 해서, 미국을 넘어서 세계 최고의 대학으로 꼽히는 하버드가 "미국 지배 계급에 필요한 지적 노동력"을 산출하는 곳이며, "도서관을 갖춘 헤지펀드"라는 비야냥조차 따른다.[4] 실제로 하버드는 보유재산이 376억불에 달해 세계에서 최고로 부유한 대학이며, 2016년 기준 1년 예산 45억 불의 엄청난 규모로 1970년대에 이미 자산관리회사를 설립하여 공격적인 투자까지 포함하는 전문경영체제를 갖추기도 했다. 또한 하버드가 역사적으로 연구를 통해서나 인맥을 통해서 미국의 패권주의에 깊이 연루되어 있고 또 그것을 뒷받침하는 역할을 해왔던 것도 사실이다.

그러나 다른 한편으로 하버드는 이 풍부한 재원을 바탕으로 연구 및 교육조건을 최상으로 유지하고 있으며, 교수진의 학문적 자유와 전문성을 최대한 보장하고 있고, 높은 명목 등록금에도 불구하고 경제적 필요에 따른 지원체제가 확립되어 있어서 대부분의 학생들이 학비 부담에서 해방되어 있다. 학부생의 경우 실질적인 평균 비용 부담은 주립대학의 수준이나 그 이하에 해당하고, 60% 이상이 등록금 전액 수준의 학비지원을 받고 있으며, 학부교육은 철저하게 교양중심의 칼리지 형태를 유지하고 교수 대 학생 대비 1대 9의 소규모 토론수업을 기본으로 하고 있다. 대학원 박사과정생 또한 전액 지원을 원칙으로 한다. 이와 같은 인프라의 확보를 통해 하버드는 레딩스가 '폐허' 속에서 지켜

---

4 신은경, 「하버드, 그들만의 진실」(https://www.youtube.com/watch?v=MCKtaT1BBKA).

나가야 할 필요성을 역설한 사유의 공간으로서의 교실이라는 이상을 실질적으로 구현하고 있는 셈이다. 패권주의와의 결탁이라는 측면과 아울러 하버드가 대학의 자율성과 내부적 민주주의를 지향해온 과정도 함께 볼 필요가 있는 것이다. 지구화와 이와 연동된 신자유주의적인 흐름이 대학의 본래적 의미로서의 공공성을 훼손하는 현실을 인정하더라도, 중요한 것은 여기에 어떻게 대응하는가이며 대학의 경우에도 이는 마찬가지다. 자본주의 세계체제의 형성이라는 관점에서 지구화를 자본주의 발흥 이후 진행되어온 장기적 과정으로 본다면, 자본주의의 각 시기마다 그리고 각 지역마다 사회구조의 재편과 근대적 혁신이 일어난 역사를 되짚어볼 필요가 있다. 하버드대의 경우에도 1642년 설립된 이후 여러 번에 걸친 발본적인 개혁과정을 거쳐왔다. 그 개혁들은 자본주의 세계체제의 관점에서는 대학이 자본주의의 발전과정에 부응하는 도구로 재편되는 과정이지만 시각을 달리하면 자본주의적 문명의 대안을 모색하는 반체제운동의 거점형성을 위한 도정이라고 볼 수도 있다. 하버드대 개혁의 역사도 이처럼 복합적인 시각에서 읽을 필요가 있다고 본다. 경쟁도 마찬가지다. 대개 지구시대에 미국 대학이 세계적인 경쟁력을 가지고 대학의 모델로 자리잡게 된 것은 미국 대학들 특유의 '경쟁시스템'이 신자유주의의 에토스에 부합하기 때문이라는 분석이 있는데,[5] 여기서도 중요한 것은 경쟁 자체에 대한 비판이나 부정이 아니라 무엇을 위한 경쟁인가의 물음에 답하는 일이다.

---

5   이 문제에 대한 자세한 논의는 Michael S. Pak, "Academia Americana : The Trans-formation of a Prestige System", Manuscript for Publication of Ph. D Dissertation at Harvard University, 2000 참조.

2. 하버드대학의 근대적 개혁 – 이념과 실천

하버드대는 식민지시대에 미국에서 최초로 설립된 대학으로 미국을 대표할 뿐 아니라 세계일류 대학으로 정평이 나 있다. 1642년 청교도 사회에서 당시 지배층인 성직자들을 길러낼 목적으로 설립된 이 기관은 그 창립에서부터 이후의 발전과정에서 미국사의 전개와 긴밀하게 맺어져 있다. 영국으로부터의 독립과 남북전쟁에 이어 본격화된 산업화와 세계대전 이후 세계적인 패권국가로 등장하는 미국사의 전개에서 하버드는 다른 어떤 대학보다도 선도적으로 이 변화의 국면들에 대응하고 이를 대학개혁의 계기로 삼아 혁신을 거듭해왔다. 하버드대학은 현재 사립으로 독립된 법인이지만 1860년대까지만 하더라도 주로 공적재원을 통해 운영되던 기관이었고 사립이 된 이후에도 주정부나 연방정부와의 긴밀한 관계를 유지하며 미국의 국가적 과제에 필요한 지식과 인력을 공급하는 주요 대학기관이었다.

하버드대학은 미국의 근대화가 본격화된 남북전쟁 이후 19세기 후반의 산업화 국면에서부터 근대대학의 면모를 갖추기 시작했으며, 20세기 들어와 세계대전을 거치면서 미국이 세계의 패권국가로 떠오르고 자본주의 세계질서의 중심축이 되는 과정에서 팽창하고 재정적 기반을 구축했고, 이어 미국을 한 중심축으로 하는 냉전체제가 지속되는 기간 동안 자유진영의 이념과 지식생산의 주요 거점이 되어왔다. 하버드는 미국사가 중요한 변곡점을 맞이할 때마다 자기혁신을 통해 이 변화에 부응해왔는데, 여기에는 분명 미국 자본주의의 발전단계가 반영되어 있다. 그렇지만 대학 내부의 개혁이념에는 하버드가 창립 시부터 모토로 내세운 '진리veritas' 추구를 변화하는 시대상황 속에서 구현하고자 하는 것이기도 했다. 하버드의 역사에서 나타난 각 국면마다의 개혁이념과 그 실천에 실려 있는 이 같은 양면성을 어떻게 볼 것인가의 문제는 현재 지구화의 국면에서 하버드가 처해 있는 현실과 전망을 이해함에 있어서도 중요한 의미를 가진다.

남북전쟁 이후 근대적인 대학기관으로서의 하버드대 발전의 역사를 크게 세 국면으로 나누자면 ① 1870년대부터 세계대전 이전까지의 근대적 대학의 형성기 ② 세계대전 이후 1960년대까지의 팽창기 ③ 1970년대부터 1990년대까지의 확립기로 대별할 수 있다. 이 각각의 국면에서 하버드의 개혁작업은 이전 단계로부터의 발본적인 혹은 거의 '혁명적인' 변화를 동반하는 것이었다. 하버드대의 거버넌스는 전통적으로 법인The Corporation과 감독이사회The Board of Overseers의 공조체제로 유지되어왔으나, 1870년대부터 실질적인 주도권이 법인의 수장인 총장에게로 집중됨으로써 하버드 특유의 강력한 리더십이 형성되었고, 이것이 변화를 추동하는 동력이 되었다.

1) 엘리엇 총장의 개혁과 연구대학의 형성

하버드를 오늘의 대학으로 변모시킨 토대는 찰스 엘리엇Charles Eliot 총장이 주도적으로 대학개혁을 추진한 시기(1876~1903)에 구축되었다. 이 시기를 거치면서 하버드는 과거의 전통적인 칼리지college(교육공동체적인 성격의 기관)에서 명실상부한 대학university으로 바뀌고 연구를 중심으로 하는 연구대학research university의 성격을 띠게 되었다. 이 같은 변화는 당시 미국 대학들이 근대대학의 효시라고 알려진 홈볼트의 베를린 대학(1810) 모델을 따른 새로운 형태의 연구중심 사립대학들(존스 홉킨스, 시카고, 스탠포드 등)의 설립과 기존의 여타 대표적인 칼리지들(프린스턴, 예일, 필라델피아 등)의 연구대학으로의 전환 움직임과 맥을 같이 하는 것이었지만, 엘리엇 총장의 지속적이고 단호한 개혁작업이 이 같은 흐름이 대세로 자리잡는 데 결정적인 역할을 하였다.

19세기 초 독일에서 발흥한 근대대학체제는 신학, 의학, 법학 등 기존의 전문분야를 포함하는 상위학부 외에 이성의 원리에 따른 연구에 집중하는 하위학부(철학부)를 두어 이 후자가 대학의 자율성과 본령을 구현하는 토대 역할을 하게 하였다. 이는 직업교육이나 연구를 배제한 인문적 교양교육을 대학의 이념으로 내세운 영국 모델이나 대학을 고등교육을 담당하는 기관으로 한정하고 따로 국립의 연구기관을 설립한 프랑스 모델과 구분되는 것으로, 당시 미국 대학은 칼리지 중심인 영국 모델의 학부와 연구중심인 독일모델의 대학원을 결합하는 방식으로 연구대학체제를 갖추었다. 현재의 하버드가 여러 전문학부(법학부, 의학부, 경영학부 등)를 가지고 있으면서 역시 문리대Faculty of Arts and Science가 대학의 중심에 자리잡고 학부교육은 철저하게 칼리지적인 속성을 유지하는 것도, 애초 칼리지로 출발하고 이후 전문학부가 추가된 하버드의 역사와도 유관하지만, 19세기 후반에 이루어진 전반적인 체제 개혁이 그 토대가 된다.

엘리엇 총장은 원래 공리주의자로서 처음부터 연구중심을 지향한 것은 아니었지만, 임기 초기에 하버드와 미국의 대학들이 필요로 하는 학부교육 개혁을 단행함으로써 연구대학 형성의 토대를 구축하였다. 그의 학부교육 개혁은 과목선택제elective system의 전면적 도입이었다. 기존의 하버드의 교과과정과 수업방식은, 라틴어 및 고전 텍스트들을 필수로 지정하여 암송하게 하는 것이었다. 당시 새로운 지식에 대한 욕구가 분출되던 시기에 이 같은 교육 방식에 대한 학생들의 반발도 이어졌고, 내부적으로도 교과목 확대와 선택과목 지정 움직임이 없지 않았지만, 훈육과 암송 중심 교육이라는 관행에서 쉽게 벗어날 수 없었던 상황에서 하버드는 새로운 지식분야를 포함하여 교과목을 확대하면서 분반 필수 수업을 폐지하고 학생이 자율적으로 과목을 선택하여 공부할 내용을 직접 구성할 수 있도록 혁신을 단행한 것이다.

이 개혁조치로 기존의 수업관행이 송두리째 무너지면서 학생들은 혼란을 겪고 교수들 또한 새로운 도전에 직면하게 되었다. 그리고 반대론자들의 우려대로 일부 과목에 학생들의 수강이 집중되고 많은 과목들에 극소수의 신청만 있는 쏠림현상이 생겨났다.[6] 그러나 이 개혁과정에서 중요한 것은 대학은 단 한 명이 신청한 강의의 담당 교수에게도 일체의 불이익을 주지 않았다는 것이다. 이 같은 개혁의 결과 학생들은 강요된 기계적인 암송 수업의 족쇄에서 풀려나 자율적이고 주체적인 판단에 따른 선택권을 얻게 되고 교수들 또한 암송에 대한 평가 등 창

---

[6] 가령 선택과목을 대폭 늘리고 필수를 거의 폐지한 1885년 이후 이 같은 현상이 더욱 심화되는데, 가령 1900년 경우에는 문리대 등록생 2천 명이 4과목씩 신청하여 총 8천 개 강좌 가운데 6개 강의에 2,800명이 몰렸고 11개 강좌가 전체 신청의 반을 차지하였다. Bernard Bauilyn et al, *Glimpses of the Harvard Past*, Harvard UP, 1986, p.59.

의적 연구에 적대적인 강의 부담에서 벗어나 전공공부에 더 매진하고 그에 바탕한 강좌를 개설할 기회를 얻게 되었다.

엘리엇의 커리큘럼 및 교육방식 개혁이 연구대학 형성을 목적으로 한 것은 아니지만, 학생 및 교수가 이처럼 과거의 고식적 강의방식에서 해방됨으로써 대학에는 중요한 변화가 초래되었다. 즉 이 학부교육 개혁을 토대로 각 전공분야의 위상이 확립되면서 하버드는 1890년 구조개혁을 통해 대학원 및 문리대를 설치하였고 이로써 하버드는 칼리지의 범주를 넘어서 연구대학의 체제를 갖추게 되는 것이다. 연구대학이 제 기능을 하려면 뛰어난 연구자들과 창의적인 연구가 이루어질 수 있는 환경이 확보되어야 하는데, 당시까지 미국 대학의 교수신분은 그다지 안정적이지 않았다. 그러나 연구대학으로의 전환은 이 같은 상황을 근본적으로 변화시켰으니, 신리나 지식의 발견자로서의 교수의 위상이 대학에서 결정적으로 중요한 의미를 띠게 된 것이다. 학문의 자유에 대한 요구가 증대되고 교수의 안정적인 신분 보장이 연구대학의 성공의 요건이 되면서, 교수들의 전국 조직이 생겨나고 교권에 대한 요구가 대중적인 설득력을 얻게 되었다.

물론 이러한 하버드 내부의 개혁작업을 비롯하여 미국 대학에서 연구대학체제가 하나의 대세를 이루게 된 것은 미국사회의 자본주의적 발전 과정에서 필요한 과학 및 지식의 공급이라는 산업상의 요구와 직결되어 있다는 점도 동시에 보아야 한다. 남북전쟁 이후의 미국은 도금시대Gilded Age라는 별칭이 붙을 정도로 산업화가 가속화되고, 각 분야의 고급기술 인력이 대거 필요하였다. 칼리지 중심의 교육환경이 연구를 기반으로 하는 근대적 교육기관으로 탈바꿈하게 된 대학개혁의 방향은 결국 이 같은 사회적 수요에 부응하고자 하는 대학의 구조개편이라고 할 수 있다. 국가의 대학지원이 본격화된 것도 같은 맥락에서다. 남북 전쟁 도중인 1862년 공표된 모릴법Morill Act(토지무상공여법)은 농업 및 공학 기술 교육과 개발을 활성화하기 위한 연방정부 차원의 대규모 대학 지원 사업으로, 이 지원을 토대로 각 주의 대형 주립대학들이 생겨나기 시작한다. 모릴법 자체는 연구대학을 지원하자는 것은 아니지만, 새롭게 떠오른 토지공여 주립대학들과의 경쟁을 통해서나, 일부 연방정부의 재원을 통해서, 전통적인 사립대학들이 연구중심으로 전환해나가는 데 영향을 미쳤고, 주립대 가운데 일부도 머지않아 연구대학의 반열에 들어서게 된다. 특히 최초의 연구대학인 존스홉킨스대학을 비롯한 새로운 사립 명문들(코넬, 스탠포드 등)은 산업계의 독지가들의 기부나 록펠러, 카네기 등 당시 산업의 거장들이 새운 재단의 지원으로 설립되었는데, 대학에 대한 산업계의 이 같은 기부 및 지원은 미국 자본주의의 발전국면에서 지식생산을 통한 대학의 사회적 기여를 촉진하는 한 방식이기도 했다.[7]

---

7 연구대학으로 형성되는 유형은 전통적인 칼리지가 전환된 경우(하버드, 콜롬비아, 펜실베니아, 예일, 프린스턴 등), 새로 등장한 대형 주립대학(일리노이, 미시건, 위스컨신, 캘리포니아 등), 이 당시 새로 설립된 사립대(존스 홉킨스, 시카고, 클라크, 스탠포드 등)로 나눌 수 있다. 1900년 연구대학들의 연합이라고 할 수 있는 미국대학협회가 결성될 당시는 회원 대학은 모두 17개였다.

2) 대학의 팽창과 능력주의 대학으로의 변화

미국 대학 전반 그리고 하버드에 닥친 또 한 번의 혁명적 변화의 계기는 세계대전이라는 대격변을 통해서였다. 모릴법을 계기로 하여 19세기 말에서 20세기 초에 걸쳐서 대학 수는 급격하게 늘어났고 사립보다 주립대학이 중심이 되는 대학체제가 갖추어졌지만, 여전히 대학은 마틴 토로우Martin Trow가 구분하는 바에 따르면 대학진학률이 15% 이하인 엘리트 대학의 성격을 가지고 있었다. 하버드 또한 전통적인 동부의 일류 사립대학들이 그렇듯이 상류층의 전유물이었고 재단이사회는 미국의 전통적인 거버넌스가 그렇듯 기업가를 비롯한 사회상류층 및 자본가 그룹이 중심이 되어 구성되어 있었다. 엘리엇을 이어받은 로런스 로웰Lawrence Lowell 총장(1909~1933)은 대학의 규모와 성격의 변화에 부응하는 운영체제를 좀더 표준화하고 선택 일변도의 교과과정을 보완하기 위해 필수 및 종합시험을 도입하고 튜터제도를 시행하는 등 변화를 가했지만, 전체적인 기조는 엘리엇이 지향한 대학의 상을 현실적으로 구현하는 방향이어서 큰 틀의 변화는 일어나지 않았다.

역시 대학의 개혁은 사회적 국가적 요구와 결합되어 이루어졌는데 미국 대학을 둘러싼 환경이 양차대전을 거치면서 급격한 변화를 겪은 것이다. 하나는 대학 재학 학생의 수나 구성이 1944년 정부의 제대군인원호법(일명 GI Bill)의 시행으로 대폭 늘어나고 또 달라지면서 고등교육이 대중 교육의 단계로 진입하게 되었다. 다른 하나는 2차 대전 이후 냉전체제가 시작되고 양진영이 경쟁체제에 돌입하면서 연방정부의 대학에 대한 지원이 급증하였다. 대학은 양적으로도 팽창하고 질적으로도 전환되는 변혁기를 맞이하게 된다.

이 같은 변화된 환경 속에서 하버드는 능력주의meritocracy를 대학의 이념으로 내세우면서 개혁에 돌입하게 된다. 제임스 코넌트James Conant 총장(1933~1953) 주도로 이루어진 이 개혁을 통해서 하버드는 뉴잉글랜드의 사회적 경제적 엘리트층이 중심인 소위 '브라민Brahmin' 대학에서 '능력주의' 대학으로 전환된다. 능력주의는 교수와 학생들의 출신 배경이 아니라 지적인 특출함의 기준에 따라 평가하는 것을 원칙으로 한다. 코넌트의 개혁이념은 미국적인 가치로서의 개인주의와 자립정신 self-reliance에 충실하자는 것이며, 여기에는 재능은 계층별로 분산되어 존재하고 있다는 소신이 뒷받침되고 있었다. 코넌트는 "우리의 교육 체계에서 인위적인 장벽, 지리적인 혹은 재정적인 장벽"을 제거하는 것이 개혁의 목표임을 천명한다.[8]

제대군인원호법의 시행으로 계층이나 신분에 무관하게 제대군인들의 복무기간에 따라 하버드대 수학이 가능했기 때문에 이 법은 코넌트로 하여금 그의 능력주의가 목표로 삼는 '계급 없는 나라'의 이상을 실천할 기회이기도 했다. 그러나 그와 동시에 여기에 내포된 일종의 평등주의적 지향은 능력주의 이념과 충돌할 수밖에 없었다. 코넌트가 입증된 능력이 아니라 복무기간에 따른 지원인 점에서 제대군인에 대한 일괄적인 지원을 비판한 것은 그의 능력주의적 개혁이념이 엘리트주의의 성격을 지니고 있었고 당대 미국사회의 계급질서와 인종차별 등 구조

---

8 Morton and Phyllis Keller, *Making Harvard Modern : The Rise of America's University*, Oxford UP, 2001, p.23. 앞으로 하버드대학의 개혁과정에 대한 설명은 주로 이 책을 참조.

적 모순의 철폐에 대한 요구와는 거리가 있음을 말해준다. 그럼에도 능력주의는 교수진 채용이나 학생선발에서 특정 계층을 우대하던 관행을 혁파하고 객관적인 평가를 중시함으로써 하버드의 변화를 추동하는 힘이 되었다. 가령 문리대의 경우 교수진에 맡겨져 있던 테뉴어 임용에 개입하여 임용시스템을 만들었고 이것이 미국 대학들의 기준이 되기도 했다. 또한 교수의 승진이나 재임용 등의 심사에 피어 리뷰peer review를 도입하는 등 능력주의가 대학의 개혁이념으로 관철되었다

능력주의가 개혁이념으로 작용하던 시기가 하버드에 엄청난 자산이 유입되던 시기이기도 하다는 것은 주목을 요한다. 전후의 상황에서 미국의 대학들, 특히 연구대학들은 연방정부의 전폭적인 지원과 록펠러, 카네기, 포드 등 연구지원재단을 통한 기금 확보 그리고 적극적인 펀드레이징을 통해서 부를 축적하게 되며 그 가운데서도 하버드의 자산증가는 거의 독보적일 정도였다. 1953년 코넌트를 이어받은 네이선 퓨지Nathan Pusey 총장(1953~1971)은 이 풍요한 자원을 바탕으로 대학을 학문적으로 강하게 만드는 것을 과제로 설정하고 그 같은 과제의 근본에 능력주의를 두었다. 능력주의 이념과 자산증식의 결합을 통해 하버드는 냉전체제하에서 미국의 패권을 뒷받침하는 지식생산의 터전이 되었고, 막대한 자산을 효율적으로 관리하는 경영시스템을 도입하는 등 대학자본주의academic capitalism의 형성을 보여주는 한 사례가 되었다.

능력주의는 하버드에서 특권을 없애고 기회를 공평하게 하고자 하는 근대주의적 이념이기도 하지만 실제로 그것이 어떻게 실천되었는가는 논란의 여지가 없지 않다. 능력주의에 장애가 되는 관례들, 가령 유태계 학생과 교수 수의 제한과, 여자 자매대학인 래드클리프Radcliffe와의 통

합에 대한 거부반응 등에서 보듯 인종적, 성적, 종교적 장벽이 완전히 철폐된 것은 아니었다. 교수진의 구성에서도 문리대 교수 가운데 하버드 출신이 전체의 5~10% 수준으로 절반 이상 줄어들고 외국학생이 더 입학하게 된 변화가 있지만, 무엇보다 전국 1.5% 수입 수준에 해당하는 가정 출신이 하버드 학부학생의 거의 반수에 육박하고, 전국 10% 이상까지로 보면 무려 84%에 달할 정도로 하버드의 입학생은 상류층과 중간상층이 압도적이라는 것도 그 증좌다.[9] 능력주의는 그 혁신적인 요소에도 불구하고 불평등을 재생산하는 역기능도 가지고 있다. 1960년대 학생운동과 민권운동의 흐름이 하버드대에도 닥쳐오고, 학생들의 항의는 능력주의 체제를 넘어선 좀더 근본적인 변화를 요구하였다.

3) 데렉 복 총장과 대학 민주주의의 혁신

1960년대 세계적으로 폭발하는 학생운동과 이와 연계된 사회변혁 운동은 대학의 체제나 성격에도 심대한 영향을 미쳤다. 무엇보다 1968년 프랑스의 5월혁명은 대학생들의 대학민주화 운동에서 시작되었거니와, 혁명 자체는 무산되었으나 대학의 전통적이고 비민주적인 관행이 혁파되고 교육 체제를 근대적으로 정비하는 계기가 되었다. 독일 또한 학생과 조교 등 대학의 구성주체들이 교수와 함께 중요한 학사결정에 참여하는 거버넌스의 혁신이 일어났다. 미국의 1960년대는 대학가의 언론자유운동으로 시작되어 반전평화운동, 민권운동으로 발전하는

9　가령 1936년 통계 참조. 위의 책, p.36.

가운데, 하버드 학생들은 급진사상에 대한 강좌를 포함하는 커리큘럼 조정이라든가 ROTC 폐지운동 등 학내 민주주의를 요구하였고, 결국 1969년 5월 본관 점거 사태가 일어나면서 당시 퓨지 총장이 사임하는 사태로 번져나갔다.

1960년대의 운동은 미국 대학 전체에 큰 영향을 주었고 대학에 구조화된 인종적, 성적, 계급적 차별을 철폐하고자 하는 광범한 대학민주화운동을 낳았다. 하버드는 학생운동의 진원지라고 할 수 있는 버클리에 비해서 진보성이 두드러지지 않았고 오히려 전통적으로 보수적인 쪽에 가까웠으나, 1960년대의 변혁운동에 동참하였고, 학생운동이 수그러진 70년대 이후 이 운동에서 제기된 의제들을 대학 내부에서 구현하는 개혁작업을 꾸준히 추진하였다. 퓨지 총장을 이은 데렉 복Derek Bok 총장(1971~1991)이 주도한 이 개혁은 대학의 사회적 역할에 대한 환기에서부터 시작되었다. 데렉 복 총장은 취임초기 일련의 공개편지를 통해서 대학의 사회적 책임을 강조하고 하버드가 좀더 세상의 변화에 열려 있도록 혁신해야 한다는 의지를 표명하였다.

데렉 복 총장 시기의 하버드는 1960년대의 민권운동의 사회적 의미를 중시하고 거기에 나타난 변화의 요구를 전향적으로 수용하고자 하였다. 데렉 복은 취임 이듬해인 1972년 흑인학생들이 본관을 점거하고 하버드 주식 가운데 아파르트헤이트를 고수하는 남아공 백인정부와 거래하는 걸프 오일의 주식을 처분하라고 요구하자, 대학이 기구차원의 정치적 입장을 취하기는 부적절하다고 반대했으나 남아공 학생들이 하버드에서 공부할 수 있도록 지원했으며, 같은 맥락에서 1965년 제정되어 논란의 와중에 있던 소수인종우대조치affirmative action를 옹호하였다.

젠더 문제에서도 1977년부터 학부에 성별을 고려하지 않은 입학허가 정책을 도입하였고, 1999년 이 같은 추세에 따라 래드클리프칼리지가 하버드에 통합되었다. 여기에는 다양성이 학생들 사이의 생각의 교환을 활성화한다는 전제가 있었다.

이 시기의 하버드가 능력주의를 접은 것은 아니다. 가령 여성비율이 50%까지 끌어올려지고 남미계 출신이 40% 증가하는 등 다양성이 고취되었지만, 여성이든 소수자든 학문적 자격이 동등한 조건에서 우선적인 고려 대상으로 삼는 방식을 취하였다. 최고의 교수와 학생을 확보하고 연구와 공부의 수준을 높인다는 기본방침은 그대로일뿐더러 테뉴어 심사 등은 더 까다로워지는 등 능력주의의 원칙은 견지하되, 평등주의에 대한 당대의 사회적 요구에 부응하여 인종적, 성적, 계급적 다양성을 확대함으로써 하버드가 단순히 능력주의 대학이 아니라 '세상 속의worldly' 대학임을 천명하고자 한다. 그것은 대학 외부에 대한 대학의 응답이기도 했지만, 대학 내부의 다양성이 곧 대학의 수월성에 직결된다는 관점의 표현이기도 했다.

대학 내부의 민주주의 진전과 더불어 학부교육에서 수십 년 동안 별 변화 없이 유지되던 선택 중심의 커리큘럼이 전면 개편된 것도 이 시기의 중요한 개혁 가운데 하나다. 문리대 학장 헨리 로소프스키Henry Roso-vsky 중심으로 진행된 커리큘럼 개편은 1974년 교수 4인과 학생 2인의 위원회에서 논의를 시작하여 1978년 중핵교과과정core curriculum을 채택하였다. 이 프로그램은 꼭 배워야 할 학문분야를 8개 영역으로 대별하고 이 핵심영역들을 중심으로 수강할 과목들을 선택하게 하였다. 중핵교과과정은 단순한 지식습득이 아니라 지식에 대한 접근방법을 공부하는 데 역점을 두었다. 이 교과과정 개혁은 학문분야들에 대한 방법론을 습득함으로써 학문에 접근하는 소양을 기른다는 취지이지만, 한편으로 다문화적인 과목들의 폭증에 대한 대응으로 핵심적인 분야에 대한 교육을 강화한다는 목적도 있었다.

학사와는 별도로 데렉 복 총장이 역점을 둔 또 다른 개혁은 행정본부가 대학의 운영중심으로 자리잡을 수 있도록 개편하는 것이었다. 대학의 자산을 비롯하여 규모가 확대되면서 경영적인 차원의 전문성이 요구되었던 것이다. 무엇보다 엄청나게 불어난 자산을 관리하기 위해 전문가들로 하버드경영회사Harvard Management Company를 취임초기인 1974년 설립하였다. 이 회사를 통해 하버드는 자산을 관리하는 데서 나아가 공격적인 투자도 벌였고, 이와 함께 전문인력을 활용한 대규모 기금모금을 진행히였다. 이 같은 전문경영과 대학자산의 사업화는 레딩스가 말하는 대학의 원래적 기능이 소실되고 관료적 행정기구로 변모해버린 '대학의 폐허'를 말해주는 본보기로 비추어질 수도 있다. 그렇지만 대학에 대한 전문적 경영체제의 정비가 관료주의의 득세로 귀결되지 않고 대학 내부의 민주적이고 자율적인 의사결정 과정과 공존하고 있는 경우, 이를 '폐허'로 규정하는 것은 일면적일 것이다. 행정개혁과 아울러 대학 민주주의가 심화되는 과정이 병존하고 있다는 점은 하버드대의 역동성을 이해하는 의미 있는 단서가 아닌가 한다.

3. 2000년대의 하버드대학과 그 시사점

지구화가 본격화된 1990년대 이후 신자유주의가 대세로 자리잡자 대학에 대한 공적 지원이 축소되고, 탈규제와 탈중심, 민영화 등의 추세가 강화되면서 대학의 공공성이 약화되고 있다는 비판과 우려가 미국 대학 담론에서도 일반화되어 있다. 지구화가 미국 중심의 자본주의 체제로의 재편이라는 해석도 있다시피[10] 지구화로 인해 미국 대학의 세계적 경쟁력은 더 커지고 미국 대학은 세계적 담론의 생산지이자 집결지가 되었다. 그러나 이런 세계적 위세에도 불구하고 미국 대학이 겪는 어려움은 가중되고 있는 것이 현실이다. 실제로 주정부의 예산지원이 축소되는 대신, 대학의 책무성을 평가하고 이를 지원과 연계하는 방식이 점차 채택되고 있으며, 대학 등록금이 폭등하여 학생들의 부채가 대학 차원을 넘어서 사회적 문제로 제기되고 있다.

그러나 미국 대학조차 시장의 논리에 종속되고 있음을 내세워 시장 중심으로 대학을 개혁하는 것이 필연이라는 논리는 정당화될 수 없다. 미국 대학들이 과거와는 달리 공적인 재원보다 사적인 재원에 더 의존하게 되고, 영리대학이 확산되는 등 대학이 시장중심으로 변모하는 양상도 있지만, 동시에 이에 맞서서 대학교육의 질을 높이고 기초학문을 지원하고 인문교육을 강화함으로써 대학 본연의 영역을 지키고자 하는 흐름도 공존하기 때문이다. 미국 대학의 공공성이 후퇴하고 있다는 진

---

10   레딩스는 지구화를 미국화의 다른 이름이라고 지칭한다. Bill Readings, 앞의 책, p.2.

단도 일면의 진실에 불과하다. 지구화가 본격화된 1994년부터 2009년 사이에 미국 대학의 예산 재원의 비중의 변화를 살펴보면, 등록금이 18%에서 16%, 연방정부가 11%에서 15%, 주정부가 36%에서 27%, 지방정부가 4%에서 7%로 변화하였다.[11] 대학 운영비 지원의 주요 정부기관인 주정부의 비중이 줄어든 것은 사실이나, 연방정부와 주정부 및 지방정부의 지원이 대학 예산에서 차지하는 비중은 전체적으로 51%에서 49%로 불과 2% 줄어든 것에 불과하다. 특히 커뮤니티칼리지community college에 대한 각 주정부의 지원이 강화되는 등 거듭되는 위기설에도 불구하고 미국 대학의 공교육 시스템의 기본은 여전히 유지되고 있다고 보아야 할 것이다.

신자유주의의 대세 가운데서도 미국 대학이 전체적으로 공교육의 토대를 유지하고 있다는 것은 대학의 본령에 대한 추구를 지속할 수 있는 동력이 존재한다는 말이며, 이것은 하버드 같은 일류 사립대를 비롯한 연구대학들에게는 더욱 그렇다. 하버드는 보유자산을 통한 재원이 5조에 가까운 전체 예산의 35%를 충당할 정도로 튼튼한 재무구조를 갖추고 있다. 하버드가 지구화의 추세에 부응하여 전문경영체제를 강화하고 능력주의에 기반한 수월성을 추구하는 선두주자로 꼽히지만, 동시에 지구자본의 핵심부라고 할 수 있는 미국에서 오히려 거듭된 개혁을 통해 대학의 원래적 기능에 충실할 수 있는 기본구조와 능력을 보유하게 된 것이다. 세계체제의 중심부의 대학이 누리는 이점이 경쟁력의 우위만이 아니라 대학의 본래적인 기능을 유지할 힘도 그만큼 크다

---

11   Arthur Cohen · Carrie Kisken, *The Shaping of American Higher Education*, San Francisco : Jossey-Bass, 2010, pp.533~536.

는 것은 하나의 역설일 수도 있다. 그럼에도 대학이라는 기관이 신자유주의의 흐름과 자본주의적 문명의 대세에 맞서는 거점이 될 수 있다는 가능성 또한 이 같은 역설 속에 깃들어 있는 것이다.

2000년대 들어와서 하버드가 추진한 주요개혁인 학부교육 시스템 개편도 그 한 예가 될 수 있을 것이다. 1978년 시작된 중핵교과과정은 학문분야 중심의 편성인 점에서 학과들의 선호로 그 골격이 유지되어 왔으나, 새로운 시대적 흐름 속에서 분과학문을 넘어서는 학제적 접근이 필요하다는 요청과 오랜 시행을 거치는 동안 각 학과의 전문화된 교과목이 다수 포함되어 지식에 대한 주요한 접근법을 공부한다는 애초의 의미가 퇴색되었다는 비판이 대두되었다. 2003년부터 학부교육 전반에 대한 종합적 평가가 시작되어 수년 동안의 연구와 협의를 거쳐 교수와 학생 위원으로 구성된 태스크포스에서 제안한 새로운 교양교육과정안이 2007년 교수회의를 통과하였고, 2009년 신입생부터 '새 교양교육 체제'로 대체되었다.[12] 하버드의 학부과정이 인문자유교육liberal education에 역점을 두고 "비판적이고 성찰적으로 생각하고 행동하는 능력을 양성"하는 것을 목적으로 하는 것은 오랜 전통이기도 하고 이번 교양교육과정안에도 강조하고 있는 바인데, 교양교육은 그 핵심 부분이다. 이번 하버드의 개편은 9・11사태 등 새롭게 전개되는 지구화의 양상들에 대한 좀더 적극적인 대응이 필요하다는 문제의식에서 비롯되어 학생들이 지식 중심으로 학문에 접근하는 것이 아니라 삶의 실제적인 국면이나 문제를 중심으로 학문에 접근하게 한다는 취지로 이루어

---

12 이에 대한 자세한 설명은 김지현, 「학제적 교양교과과정의 특징과 의의—하버드대학 '새 교양교육'을 중심으로」, 『교양교육연구』 8-3, 한국교양교육학회, 2014, 193~243쪽.

졌다. 그에 따라 삶의 양상을 8개의 영역으로 구분하는데, 학문분야를 중심으로 한 핵심교양 범주에 비해서 그 경계가 유연하고 학문분야 사이의 융합과 학제적인 접근이 불가피하게 되는 특징이 있다.

하버드의 교양교육 개편에서 주목되는 것은 학문을 삶과 연계시켜 이해하고 그것이 교실이나 대학 내부만이 아니라 그 이후의 실제 삶에 작용하여 힘을 발휘할 수 있도록 하는 기획, 즉 근대적인 대학의 이념이라 할 '빌둥'의 기획이 관철되고 있다는 것이다. 이것은 8개 영역 가운데 '세계 속의 미국'을 포함하여 미국을 지구화된 새 국면에서 이해하고자 하는 동시에, 새 교양교육의 목적으로 "국제화된 사회에서 민주적 시민이 되는" 준비를 첫 번째로 꼽은 데서도 엿보인다. 삶에 토대를 두고 비판적 창의적으로 새로운 환경에 대응하는 능력을 길러서 학생들을 전 지구적인 교양인으로 교육하고자 하는 이 같은 하버드의 학부교육의 방향이 이번 개편을 통해서 얼마나 효과적으로 나타날지 여부는 더 지켜보아야 하겠지만, 적어도 지구적 자본의 시대에 근대대학의 이념으로서의 '빌둥'의 기획을 견지하고자 한 의도 자체는 이번의 개편과정에서도 드러난다.

하버드가 신자유주의 시대에 휩쓸리지 않고 자율적인 대학기능을 유지할 수 있는 힘이 바로 그 막강한 자본력에서 비롯된다는 것은 역설이지만, 자본력이 활용되는 방식도 고려해야 한다. 그런 점에서 하버드가 단순히 시장성에 매몰되지 않고 진리 추구의 목적하에 연구기능을 장려하고 이를 사회적인 의제와 맺고 그것을 수행할 비판적인 지성을 길러내는 대학 본래의 기능에 기여할 수 있는 구조를 구축하고 있다는 점은 중요하다. 하버드는 19세기 말 문리대를 중심으로 하는 연구대학이 되면서 연구의 수월성을 확보하기 위한 조건으로 대학의 자율성과 민주주의를 지켜오고 동시에 교육의 수월성을 위해 빌둥의 근대적 기획을 살려내는 개혁작업을 계속해 왔다고 할 수 있다. 칼리지에서 연구대학으로의 변신, '브라민' 대학에서 능력주의 대학으로의 전환, 그리고 사회민주화의 요청에 부응한 '세상 속의 대학'에 이르기까지 하버드의 대학개혁의 이념에는 대학의 본령에 충실함을 통해서 사회적 요구에 부응하고자 하는 지향이 있었다. 세계 최고의 대학으로 일컬어지는 하버드의 힘은 어디에서 오는가? 하버드는 세계 최고의 재단자산을 소유한 부유한 대학이고 하버드라는 이름에 따라 붙는 명성과 권위prestige의 위력은 수치로 계산되기 어려울 정도로 막대하다. 그러나 동시에 보아야 하는 것은 하버드의 오늘을 이룬 배경에는 미국사의 고비마다 과감한 혁신으로 대학의 사회적 역할을 주도적으로 감당하고 대학 민주주의를 진전시켜온 개혁의 역사가 있다는 점이다. 교수 중심이나 권위주의가 아니라 학생의 주체적인 참여를 장려하고 보장해온 것도 그한 예다. 가령 데렉 복 총장 시기의 핵심교양 프로그램 개편에서나 현재 새로운 교양교육 개편에는 학생도 교수와 함께 논의에 적극 참여하였다.

끊임없는 개혁을 통한 하버드대학의 선택이 미국 대학들의 변화를 선도해온 면이 있다는 것은, 엘리엇 총장의 연구대학 시스템으로의 개편이라든가, 데렉 복 총장의 중핵교과과정 등이 미국 대학에서 하나의 모델로 받아들여진 것을 보아도 알 수 있다. 미국 대학만이 아니라 하버드의 성공사례는 국제적 대학 랭킹이 중시되는 지금의 시기에 세계 각국의 모방의 대상이 되어 있다. 하버드의 성취가, 더 넓게는 미국 연구대학들의 성취가 유럽대학에는 부족한 경쟁시스템에 기인하는 것이라는 분석은 일반적이다. 그러나 이 경쟁시스템이 긍정적으로 작동하려면 학문의 자유와 대학의 자율성이 뒷받침되어야 한다는 점을 간과해서는 안 될 것이다. 하버드는 지구화 시대 패권국가의 대표적인 대학으로서의 위세를 누리고 있고 그만큼 세계체제를 지탱하는 역할을 맡고 있지만, 거기에는 단순히 극복대상이라고 치부할 수만은 없는 역동성이 있다. 지구적 자본의 위세에 맞서 인문적인 전통을 보전하면서 비판적 사유를 훈련시키는 대학 본연의 힘이 이 글로벌한 대학 속에 내재하기 때문이다.

참고문헌

김지현, 「학제적 교양교과과정의 특징과 의의─하버드대학 '새 교양교육'을 중심으로」, 『교양교육연구』 8-3, 한국교양연구학회, 2014.
신은경, 「하버드, 그들만의 진실」 https://www.youtube.com/watch?v=MCKtaT1BBKA

Bauilyn, Bernard et al, *Glimpses of the Harvard Past*, Harvard UP, 1986.
Brubacher, John S · Willis Rudy, *Higher Education in Transition : A History of American College and Universities*, London : Transaction Publishers, 2008.
Cohen, Arthur · Carrie Kisken, *The Shaping of American Higher Education*, San Francisco : Jossey-Bass, 2010.
Giroux, Henry, *Neoliberalism's War on Higher Education*, Chicago : Haymarket Books, 2104.
Keller, Morton and Phyllis, *Making Harvard Modern : The Rise of America's University*, Oxford UP, 2001.
Pak, Michael S, *Academia Americana : The Transformation of a Prestige System*, Manuscript for Publication of Ph, D Dissertation at Harvard University, 2000.
Pusser, Brian et al, eds, *Universities and the Public Sphere*, Routledge, 2012.
Readings, Bill, *University in Ruins*, Harvard UP, 1996.
Rhoads, Robert A · Carlos Torres Eds, *The University, State, and Market : The Political Economy of Globalization in the Americas*, Stanford UP, 2006.
Smith, Wilson · Thomas Bender, *American Higher Education Transformed 1940~2005*, The Johns Hopkins UP, 2008.

구조조정 속의 인문학과 대학
무엇을 할 것인가

1. 인문학 위기 담론의 재검토

지난 5월 30일 서울대에서 열린 영미문학연구회(영미연)의 학술대회는 창립 20주년을 맞아 "영미문학 연구의 안과 밖"을 성찰하고자 한 자리였다. 활력을 잃은 연구회의 현재에 대한 '안으로부터의' 자성과 인문학이 처한 열악한 '밖의' 환경에 대한 비판까지 다양한 논의가 이루어졌지만, 이 20주년 기념 학술대회의 전체적인 분위기는 그리 밝지 않았다. 저자 자신도 발표자의 한 사람으로 지구화의 도래와 함께 김영삼 정부의 신자유주의적 교육개혁이 선포되던 바로 그 무렵에 영미연이 출범한 사실을 환기하면서 이후 20년간 이 흐름이 지배적이 되는 가운데 결을 거스르는 영미연의 활동이 난관에 부딪힐 수밖에 없는 역사적 맥락을 짚긴 했지만, 대부분의 다른 후배 동학들의 자기비판과 좌절감은 선배 세대인 저자의 어느 정도는 담담한 정리를 넘어서는 절실함을 안고 있었다.

고등교육 붕괴의 징후가 감지되는 속에서 한국 영문학 교육과 연구에서 근대의 적응과 극복이라는 "이중과제"에 합당한 혁신을 모색하는 유희석의 묵직한 문제제기[1]를 일단 논외로 하면, "문자언어"를 대신하여 "음성언어와 시각언어"가 지배하는 시대의 새로운 도전에 제대로 대응할 만한 기반도 자세도 없는 인문학은 생존 여부조차 불투명하고 영미연의 "초고령화"도 그 징후라는 비관론(전인한)이나[2] 대다수 영문학 관련 학회지들이 원자화된 개별 연구로 채워지고 "메아리 없는 독백"에 그치고 있는 현실에서 영미연의 학문적 협업의 전통이 흐려지고 있다는 지적(박인찬),[3] 그리고 진정한 연구보다 실적을 중시하는 풍토 속에서 인문학자로서 본분에 맞는 연구를 수행할 여력이 없이 평가기준에 얽매일 수밖에 없다는 자조 어린 고백(민병천)[4]을 듣는 마음은 착잡했다. 대체적인 분위기가 이렇다보니 저자가 "기술공학적 벤섬적 technologico-Benthamite 문명이 인간의 창조적 가능성을 파괴하고 있는 상황에서 이에 대비할 수 있는 유일한 기구가 대학"이라고 적시한 리비스F. R. Leavis를 불러낸 것은 한가한 소리처럼 들릴 법도 하다. 비록 폐허가 되었다 할지라도 대학은 "문명 속에 남아 있는 창조적 자원들을 동

---

1   유희석, 「한국 영문학 교육 / 연구의 '현장'을 찾아서—이중과제론을 중심으로」, 영미문학연구회, 『영미문학연구의 안과 밖』, 2015.5.30, 13~32쪽.

2   전인한, 「변화하지 못하는 대학 인문학의 몰락과 영미문학연구회 v.1.x의 마무리」, 위의 책, 3~5쪽.

3   박인찬, 「다시 『안과밖』을 말한다—내일을 위한 도전과 과제」, 위의 책, 9쪽.

4   민병천, 「인문학자, 영문학자, 그리고 영어선생 사이에서—한국 영문학 연구자의 정체성에 대한 소고」, 위의 책, 35쪽.

원하는 지식의 창출"을 위한 공간이며 교육 현장은 이런 비평의식을 훈련하는 장이 될 수 있다는 주장[5]이 구태의연한 당위론으로 받아들여지기 십상인 것이야 왜 모르겠는가? 그럼에도 저자에게는 한국의 대학 현실과 인문학의 위기상황에 대한 좌절과 분노 속에 잠재된 그 에너지를 더 심층적이고 폭넓은 전망과 연동된 사유와 실천으로 몰아갈 수는 없을까 하는 아쉬움이 남는다.

돌이켜보면 한국 인문학계에서 인문학의 위기론이 본격적으로 부상한 시기도 영미연 출범과 거의 때를 같이한다. 영미연 창립 이듬해인 1996년 11월 제주에서 국공립대 인문대학장들의 이른바 「인문학 제주 선언」("인문학이 존폐의 갈림길에 서 있으며, 정부는 인문학 연구와 교육을 배려하고 지원해야 한다")을 시발로 하여, 2001년 국공립대 인문대학협의회의 「2001 인문학 선언」, 2006년에는 고려대 문과대학 교수들의 「인문학 선언」에 이어 전국 80여 개 대학 인문대학장들이 「오늘의 인문학을 위한 우리의 제언」을 내놓았다. 그리고 이는 지난 2012년 전국 인문학 분야 27개 학회의 연합체인 한국인문학총연합회 창립을 계기로 발표된 「인문학 선언문」으로까지 이어진다.[6] 인문학의 위기는 박정희 정권의 '산업역군' 양성을 기치로 한 교육정책에 따른 이공계 중시가 빚은 결과로 오랜 역사가 있지만, 그것이 인문학자들의 잇따른 집단적 의사표시로까지 비화한 것은 근래 20년 사이다. 일정한 연속성이 있다 해도 더 들여다보면 이 인문학 선언들에는 역점의 차이가 발견된다. 초

---

5   윤지관, 「영문학 연구, 인문학 그리고 대학—한 아널드 연구자의 물음」, 위의 책, 43~46쪽.
6   이상의 정리는 다음 참조. 안삼환 「'인문학의 위기'—인문진흥기본법(가칭) 제정이 해법이다」, 『본질과현상』 32, 2013, 22~23쪽.

기의 인문학 선언이 인문학에 대한 정부지원의 확대를 촉구하는 데 주목적이 있었다면, 2010년대 인문학 선언에서는 "경제적 가치가 우선시되는 세계 안에서 인문학은 점차 본연의 역할을 상실해가고 있다"는 점이 강조되는 것이다. 사실 한국연구재단을 통한 정부의 인문학 지원은, 물론 공학에 대한 지원과는 비교할 바가 아니지만, 1999년 BK21 지원사업과 2002년 기초학문지원사업 등의 인문 한국 사업을 통해 본격적으로 이루어진다. 그러나 이 같은 대규모 재정지원은 동시에 인문학을 '사업'에 종속시키는 부작용을 낳았고, 재정지원을 고리로 한 정부의 대학 및 연구자에 대한 간섭과 통제는 더욱 강화되었다. 대학들 간, 학과들 간, 교수들 간의 경쟁구조가 형성됨으로써 수치와 지표로 나타나는 성과주의가 만연하고 연구의 질보다 실적이 중요한 연구환경이 급속도로 대학에 자리잡음으로써, 자유로운 사고와 비판의식을 생명으로 하는 인문학의 존재기반 자체가 대학에서 점점 더 게토화되는 형국에 처한 것이다. 근래의 인문학의 위기 담론에는 지원의 빈곤에 대한 호소보다 오히려 자본과 국가의 논리에 종속되는 연구현실에 대한 우려가 더 커져 있다.

한 인문학자(강명관)는 오늘날의 대학을 자동화되고 관리되는 현대의 공장에 비유하면서 침묵만이 지배하는 그 묵시록적인 세계를 그려낸다. 그에 따르면, 대학은 국가·자본·테크놀로지의 트라이앵글 속에 갇혀서 자율성을 상실한 지 오래며, 인문학은 주변화되지만 자본이 그 야수성을 감추고 인간의 행복에 기여하는 모습을 보이기 위해 말살되지는 않는다. 국가는 대학에서 인문학을 축출하면서도 관리하는데, 그 매개는 연구비, 즉 돈이다.[7] 교수들의 이 어두운 자화상은 2014년

『안과밖』 쟁점의 두 필자(박찬길, 정은귀)에서도 드러난다. "갈수록 정교해지는 연구평가제도[의] (…중략…) 가장 치명적인 폐해는 그것들이 교수들에게 연구의 시간과 자유의 시간을 허락하지 않는다"는 전자의 한탄[8]이나, "나름 열심히 공부하고 가르쳐왔지만, 마음 한구석, 논문이라는 알을 쉼없이 낳는 닭이 된 것 같은 느낌을 지울 수 없"다는 후자의 토로[9]는 바로 강명관의 디스토피아가 이미 교수들의 일상에 스며든 상황을 전한다.

문제는 과연 이 같은 잿빛 상황을 벗어날 대안은 무엇이며 인문학 자들을 포함한 대학인들은 무엇을 해야 할 것인가라는 물음이다. 위기극복을 위한 모색들이 제시되지 않은 것은 아니다. 『안과밖』이 최근 대학 바깥의 대안적 인문학의 가능성을 타진하는 기획을 잇달아 내놓은 것[10]도 그 하나이거니와, 대학 내부의 자기성찰과 자체개혁을 요구하는 목소리도 없지 않다. 비록 시니컬한 어조이지만 "참여·공유·개방을 기치로 내건 웹 2.0시대의 도래"에 대응하여 그간의 인문학 전공자의 특권을 포기하고 "소셜 네트워크 기술을 이용"한 인문학의 탈바꿈을 제안하기도 하고(전인한),[11] 분과학문의 자율성에 지배되는 전공중심주의를 타파하고, "아예 인문대를 해체하고" 교양교육을 강화하는 방향으

---

7   강명관, 「다시 대학의 인문학을 생각한다―공장의 침묵」, 『코기토』 62, 부산대 인문학연구소, 2007, 305~307쪽.
8   박찬길, 「인문학 평가, 어떻게 할 것인가?」, 『안과밖』 37, 영미문학연구회, 2014, 88쪽.
9   정은귀, 「'자소설' 권하는 대학, '자소설' 쓰는 교수」, 위의 책, 113쪽.
10   가령 35호(2013 하반기)의 쟁점 「대안인문학의 가능성」, 36호(2014 상반기)의 쟁점「인문학의 새로운 전선, 읽기와 쓰기의 '공동체'를 찾아」, 그리고 시민인문학강좌를 다룬 38호(2015 상반기) 시평.
11   전인한, 앞의 책, 3쪽.

로 대학의 인문학과를 재편하는 방안을 제안(송승철)[12]하기도 한다.

『안과밖』에서 이루어지는 이런 모색과 제안들이 인문학, 나아가서 대학의 위기에 대처하는 담론 형성에 기여하고 있음은 분명하다. 인문학이나 인문학자들 또한 변화하는 환경에 적응할 뿐 아니라 적극 대응하여 전공 내부의 혁신을 통해 *스스로*를 변화시켜나가야 할 필요가 있기 때문에 더욱 그렇다. 그럼에도 저자가 이런 모색들에 크게 빈 부분이 있다고 느끼는 것은, 대부분의 논의가 현재 한국 대학의 전반적인 구조를 재편하는 대학구조개혁에 대한 정면대응을 생략하고 있기 때문이다. 주지하다시피 지난 정부의 재정지원제한대학 지정 정책을 이어받아 현 정부에 들어와서 본격화된 교육부 주도의 대학구조 개혁은 대학 학령인구의 급감이라는 불가항력적으로 보이는 배경을 등에 업고, 전국 대학을 일률적인 평가대상으로 삼아서 이를 근거로 정원감축을 비롯한 구조조정을 강요하고 있다. 대학의 통폐합이나 정원의 감축을 동반한 구조조정은 국민의 정부에서 시작되었지만 현재 강행되고 있는 구조조정 정책은 그 강도에서 현격한 차이가 있으며, 과거 정부의 대학에 대한 어떤 억압보다도 더 근본적으로 대학의 기본구조조차 무너뜨리고 있는 것이다. 인문학의 위기의식이든 대학 민주주의의 망실에 대한 분노든 실적주의의 노예가 된 교수들의 비탄이든, 현재의 구조조정을 맞서거나 변화시켜나가야 할 대상이 아니라 하나의 상수나 숙명처럼 받아들이고서는 어떤 방안도 실효를 거두기 어려운 것이 현재의 국면이다.

---

12 송승철, 「인문대를 해체하라! – '전공인문학'에서 '교양인문학'으로」, 『안과밖』 34, 영미문학연구회, 172쪽.

장프랑수아 리오따르Jean-François Lyotard의 '포스트모던의 조건post-modern condition' 이후의 담론환경에서, 그리고 한국의 경우 1990년대로 넘어오면서, 이른바 '대서사grand narrative'가 회의되고 변혁의 전망이 흐려진 것도 사실이다. 세계적으로는 지구화로 일컬어지는 자본주의의 전일화와 매체혁명의 영향이, 그리고 국내적으로는 군부독재의 종식과 일정한 형식적 민주주의의 달성이 이 같은 변화를 뒷받침하였다. 그러나 지구화가 심화될수록 근대의 근본적인 모순 또한 더욱 악화되어, 부의 집중과 착취구조는 더 강고한 체제를 갖추고 다수 대중의 삶의 조건은 더 심각한 상대적 박탈을 감수하게 되었다. 국내적으로도 보수정권의 지속으로 오랜 민주화운동 끝에 가까스로 자리잡은 시민영역이 심각하게 훼손되고, 어느 정도 수립되었다고 여겨지던 민주적 관행들이 무너지는 현상이 대학에까지 그 여파를 미치고 있다. 부산대 고故 고현철 교수의 투신이 상징하다시피 현재 한국 대학의 민주주의는 벼랑 끝에 도달해 있으며, 그의 죽음은 대학 내부의 자율적이고 민주적인 주체영역을 용납하지 않으려는 현 정부의 국가적 폭력이 정점에 서 있음을 말해준다.

저자는 이 대목에서 인문학 위기에 대처하는 데 좀더 본질적인 문제에 대한 인식과 사유가 긴요함을 말하고자 한다. 리비스가 대학을 저항의 거점으로 삼아 맞서고자 했던 기술공학적 벤섬적 문명의 기제들이 구조조정의 이름으로 대학의 '남은 인간적 자원'들을 고사시키려는 형국이 그야말로 체감되는 시기이기 때문이다. 인문학의 갱생을 위해서 대학 바깥에서 대안적 인문학의 영역을 개척하고 실천하는 것도 중요하지만, 그것을 위한 지식생산의 토대이자 그 자원을 길러내는 대학 인문학이 무너진다면 그런 운동도 한계에 부딪힐 수밖에 없다. 바야흐로 강제적 구조조정이 본격화하면서 한국 대학에는 일찍이 칸트가 『학부들의 갈등Conflict of the Faculties』(1798)에서 철학부의 이름으로 정립한 근대대학의 이념적 토대, 즉 인문학적 비판의식과 시민적 소양의 훈련 영역이 고사의 위기에 직면한 것이다. 인문학의 죽음은 곧바로 대학의 죽음이고, 나아가서 사회 전체가 문명의 기술공학적 성격을 제어할 기준을 상실하게 된다는 것을 뜻한다. 인문학 위기에 대처하려는 노력은 그것대로 진행되어야 하지만, 그 모든 노력들도 대학의 본령을 근저에서부터 허물고 있는 현 정부의 대학구조조정이라는 큰 도전을 회피하는 것이 되어서는 무의미할 것이다.

2. 교육부의 대학구조조정 및 인문학 진흥책에 대한 분석

앞으로 10년간 진행될 정부의 대학구조조정 정책은 세 주기로 나누어 각각 정원감축 목표량을 설정하여 단계적으로 추진된다. 현행대로 시행된다면 제3주기가 끝나는 2022년까지 대학 입학정원 16만 명 감축이라는 목표가 달성되는데, 정부의 표현으로는 정원이 1,000명인 소형 대학이라면 160개, 4,000명 규모의 대형 대학이라면 40개를 폐쇄시키는 규모로 실로 대학의 편제나 내용에 엄청난 변동을 초래할 만한 조정이 이루어지게 된다. 현재 정부는 이 같은 조정을 강제할 수 있는 대학구조개혁을 위한 법안을 의원입법으로 추진하는 중이며, 만약 입법화가 이루어지고 정부의 강제조정이 실제로 실행되면 이는 쿠데타 직후 박정희의 혁명정부가 지금과 유사한 이유로 시행한 전국 대학의 강제 정원감축 사례 이후[13] 초유의 일이고 그 규모는 과거와 비교가 안 될 정도다.

교육부는 이 같은 강제 정원 조정을 목표로 이미 전국 대학들을 평가하여 5개 등급으로 구분하는 작업을 완료하고, 지난 8월 31일 이를 공표하였다. 예고된 대로 각 대학들은 등급별로 차등적인 정원감축을 요구받고, 평균 이하에 해당하는 D, E 등급의 대학들은 정부의 재정지원 사업 참여가 제한되고 학자금대출 및 국가장학금 혜택도 일부 또는 전부 받지 못한다. 발표 결과에 따르면 자율적인 정원감축이 허용되는 A 등급은 일반대 34개교, 전문대 14개교로 평가대상 전체 298개교 가운데 6분의 1 이하에 불과하며, 그외의 대학들은 등급에 따라 1주기 동안 (2014~2016) 최소 4%에서 많게는 15%까지 정원감축이 요구된다. 물론 아직 구조개혁법이 국회에 계류 중이기 때문에 정원 조정을 교육부 장관의 명령으로 강제할 수는 없지만, 정부의 재정지원이 정원감축률과 연동되는 평가방침 등으로 불이익이 예상되기 때문에 대학들은 이에 따를 것으로 보인다. 실제로 교육부는 작년에 특성화사업(CK)을 정

---

13 당시 혁명정부는 대학 정비의 이유로 대학생 비율이 높은 점, 대졸생의 실업상태로 사회불안이 야기되는 점, 사회수요에 맞지 않은 교육내용, 사립대학이 부정부패의 온상인 점 등을 내세웠다. 김정인, 「1960년대 근대화 정책과 대학」, 『한국근현대사연구』 6, 한국근현대사학회, 2012, 252~253쪽.

원감축률에 가산점을 부여하는 방식으로 시행하여 이미 제1주기 목표인 4만 명 가운데 3만 4,000여 명을 감축한 바 있어 일부 자율감축까지 고려하여 최종적으로 4만 7,000여 명 수준의 감축을 예상하고 있다.

문제는 이런 방식의 대학구조조정이 지속되면 한국 고등교육의 현장에 심각한 피해가 예상되고, 그 결과는 대학의 기본 토대가 무너지는 재앙이 될 것이라는 사실이다. 한국대학학회의 진단에 따르면 그 결과는 네 가지로 정리된다.[14]

① 대학 교육현장의 급격한 혼란과 교육의 질 하락으로 학생 교육상의 피해가 심각해진다. 일률적인 등급평가로 차등감축이 강행되면 대학들의 빈익빈부익부가 가속화되어 일부 상위권 대학을 제외한 전국 대다수 대학의 교육환경은 급격히 악화될 것이다. 또한 그런 대학일수록 경영난이 가중되고 무리한 학과통폐합 강행과 지표관리를 위한 대학운영으로 교육의 질이 현저하게 하락할 것이다.

② 대부분 사학에 재학 중인 학생과 그 학부모들은 여전히 고액 등록금을 부담해야 하고, 특히 국가장학금과 학자금융자 제한을 받는 대학의 학생들은 교육환경의 악화 외에도 학비문제로 학업에 전념할 수 없는 여건에 처하고, 소송 등 학내분규가 빈발할 것이 예상되어 정상적으로 학업을 마칠 수 없는 환경에 처할 가능성이 높다.

③ 앞으로 10년간 약 2만 명의 교수 및 연구자들의 해고가 예상되며 신분불안이 가중되고 비정규직 교수의 증가로 대학의 연구 및 교육 기능이 현저히 위축될 것이며, 이 기간 동안 신규 교수 충원이 극히 제한됨으

---

14   한국대학학회, 『대학구조개혁 정책대안 발표회 자료집』, 2015.5.15, 18~19쪽.

로써 학문후속세대가 연구를 지속할 토대부터 와해될 것이 우려된다. 특히 인문학과 자연과학 등 학문의 기초를 이루는 전공들이 통폐합 등으로 축소됨으로써 대학의 학문공동체적인 성격이 현저히 약화될 것이다.

④ 일률적인 줄세기우식 평가가 지속됨으로써 대학의 특성이 사라지고 현재 형태의 대학 서열화 구조는 더 고착될 것이 예상된다. 산학 일변도로 졸속 추진되는 특성화는 대학들의 특성을 발전시키기보다 정원감축을 위한 수단으로 사용되기 때문에 대학의 건강한 경쟁력을 키우기는커녕 국가예산의 엄청난 낭비를 초래할 것이다.

대학이 전반적으로 피해를 입어왔지만 근년의 대학구조조정이 인문학과 예술 및 자연과학 등 기초학문에 집중되어왔다는 것은 주지의 사실이다. 그것은 정부가 산업수요에 부응하고 산학을 통한 부가가치 창출을 대학구조조정의 목표로 삼고 있기 때문이다. 실제로 그동안 이명박 정부의 재정지원제한대학 지정에서 학생충원률(30%)과 취업률(20%)이 결정적인 평가기준이 됨에 따라 많은 대학들이 신입생 모집이나 취업에 불리하다고 여겨지는 학문이나 전공의 통폐합을 진행했고, 주로 인문·예술계열 학과들이 그 대상이었다. 이것이 사회문제가 되자 박근혜 정부는 인문·예술계열의 경우는 취업률을 점수에 포함하지 않는 조치에 이어 새 평가지표에서 취업률 비중을 5%로 축소하여 얼핏 개선이 이루어진 듯 보였다. 그러나 취업이나 사업 위주로 구조조정을 진행하는 흐름은 임기 초 산학 기조의 특성화사업을 통해서 오히려 더 증폭되었다.

현 정부가 이명박 정부의 대학구조조정 방향을 답습하고 또 강화하고 있는 것은 곧 확정될 프라임PRIME(산업연계교육활성화선도대학)사업에서 확연히 드러난다. 전국 대학에 대한 평가가 막바지에 이른 7월 말 교육부는 「산업수요 맞춤형 인력양성을 위한 종합방안」으로 프라임사업 계획을 발표하였다. 그 주요 내용은 "중장기 인력수급망을 바탕으로, 사회변화에 부응하는 진로 중심 학과로 정원을 이동하는 학사구조 제도 개편 지원"이며, 정원 조정을 유동적으로 하고 이른바 학문 간 융복합이라는 이름의 산업수요에 따른 구조조정을 유도하는 것이다. 주목할 것은 프라임사업과 동시에 인문학 진흥 방안도 내놓았다는 점이다. "창조경제와 국가발전전략의 토대인 인문학 및 인문정신문화 진흥으로 융합학문 시대에 효과적으로 대응한다"는 취지로, "최근 중시되는 인문학적 사고능력 및 문제해결능력을 배양"하기 위해 모든 학생에게 인문교양 교육을 확대하는 동시에 인문학 전공자들에게는 디지털교육 등 기회를 적극 제공하겠다는 것이다. 실제로 교육부는 이를 위해 대학인문역량강화사업(CORE)에 2천억 원의 예산을 투여하겠다는 계획을 밝혔다.[15]

프라임사업을 코어사업과 동시 추진하면서 정부가 인문학 진흥을 위한 의지를 보인 것으로 평가하는 시각도 있거니와 사실 인문학 진흥에 대규모 예산을 투여하겠다는 공표가 기대를 불러일으킨 면이 있다. 아직 코어사업의 구체적인 내용이 나오지 않았고, 예산 규모도 애초의 약속과는 큰 차이가 있기 때문에 지원사업 자체가 유명무실해질 것이라는 예상도 나오지만, 근본적으로 교육부의 인문학 진흥 의지 자체가

---

15 그러나 기획재정부의 예산편성 과정에서 코어사업은 거의 6분의 1 수준으로 삭감되어 편성되었다. 물론 교육부는 국회 예산심의에서 증액하겠다고 하고 있으나 그 여부가 불투명할뿐더러 증액되더라도 원래의 재원에는 크게 미치지 못할 전망이어서, 코어사업 자체가 형식화될 가능성이 크다.

과연 진정성 있는 것인지부터가 의문이다. 특성화사업을 비롯한 구조조정의 주력사업들과 여기에 새로 추가된 프라임사업이 학과 사이의 융합과 이동을 자유롭게 함으로써 인문학의 근거를 뿌리부터 흔드는 성격을 지니고 있다는 점을 환기해보라. 마치 죽어가는 나무를 살리겠다고 물을 주면서 한편으로는 나무의 밑동을 파헤치는 격이다. 코어사업의 주된 내용부터도 그것이 과연 인문학을 진흥하는 방향인지 의심스러운 면이 많다. 이 사업은 기초학문 육성을 위한 '학문후속세대 양성 트랙'과 취업을 위한 '진로역량 강화 트랙'으로 나누어 시행될 것으로 알려져 있다. 우선 전자는 현재의 구조조정 정책에 따라 인문학의 영역이 축소되고 교수 자리가 기하급수적으로 감소될 것이 예상되는 여건에서 그 실효성을 기대하기 어렵다. 역시 교육부의 의도는 후자에 있는 듯 보이는데, 그 초점은 인문학을 취업이 용이한 방향으로 변조하거나 인문학을 선택한 학생들에게 기술교육을 추가로 하겠다는 것이다. 그러나 이를 인문학의 '진흥'이라고 보기 어려운 것은 비판의식을 가진 소양있는 민주시민의 양성이라는 인문학의 본령에 어긋날 소지가 크기 때문이다.

프라임사업이 발표되기 한 달 전(6월 25일) 교육부를 포함한 관계부처 합동으로 내놓은 「인문계 전공자 취업촉진 방안」을 보면 코어사업이 어디에 역점을 둘 것인지 어느 정도 엿볼 수 있다. 여기에 따르면 청년실업률이 현재 외환위기 이후 가장 높은 9.7%에 달하고 "학력 전공에 따른 미스매칭"의 누적 심화로 1년간 취업 경험이 없는 대졸 실업자가 7만 6,000명으로 1년 새 2배 급증한 것을 그 배경으로 내세운다. 그럼에도 인문계는 진로지도 및 취업지원의 혜택을 제대로 받지 못하고,

취업률 평가에서 제외되기 때문에 각종 사업의 선정을 기대하기 어려워서 대학지원사업은 대개 이공계 중심으로 이루어지고 있다는 것이다. 이 문제들이 모두 정부방침에 따라 발생한 것임에도 인문계의 문제점으로 지적한 것부터가 부적절하거니와, 전공과 직업의 미스매칭이 어느 정도 사실이라 하더라도, 그것으로 최근 수년 동안 3만 5,000명 수준이던 대졸실업자 수가 불과 1년 사이에 2배 이상으로 급증한 현상이 설명되지는 않는다. 미스매칭보다는 일자리 수가 급격하게 줄어든 경제상황이 그 원인인 것은 자명하다. 기본적으로 교육부에서 이공계 중심의 대학구조조정의 근거로 내세워온 인력수급의 불균형론 자체가 과장과 왜곡이 동반된 것이다. OECD의 교육통계에 따르면, 한국은 인구 1만 명당 공대 졸업생이 13.8명으로 미국(3.3명) 및 프랑스·독일·영국(4~5명)에 비해 월등히 많다. 또 전체 대학졸업자 중 공대생 비율은 23%로 OECD 평균의 2배에 달하고, 특히 미국의 4배에 해당한다. 즉, 한국 이공계는 현재도 공급과잉 상태라고 할 수 있고, 오히려 인문·예술계는 26%로 OECD 평균(20%)과 큰 차이가 없다.[16]

실제로 정부부서가 합동으로 내놓은 구체적인 방안을 보면, ① 저학년부터 전공별 직업경로에 기초한 진로지도, ② 인문계 친화적 업종의 인력수요에 부응하는 융합교육 기회 제공, ③ 졸업 전부터 종합적인 취업지원 서비스 제공 등으로 나와 있다. 그러나 인문계 학생들이 전공을 제대로 접하기도 전에 진로지도부터 받는 것이 과연 인문학의 고유한 기능을 살리는 진흥인지, 아니면 학생들의 시야를 취업 하나로 좁혀놓

---

16 한국대학학회, 앞의 책, 20~21쪽에서 재인용.

음으로써 그 가능성을 닫아버리는 반인문적 정책인지 물어볼 일이다. 또한 인력수요가 많은 이공계 분야 등으로 복수전공의 확대를 유도하겠다는 방침은 인문학의 자기 전공의 부실을 낳을 위험이 더 크다. 기본적으로 융합이라는 것도 각자의 전공분야에 대한 일정한 전문성을 확보하고 있을 때 실질적인 것이 되지, 그것이 미비한 가운데 인문학과 실용적인 학문을 접붙여 놓으면 어느 쪽도 제대로 못하는 어중간한 상태로 졸업하기 십상이다. 이처럼 실효성이 의심스러운 대책들은 현 정부가 청년실업 문제에 진력한다는 정치적 구호를 위해 급조된 감이 짙을 뿐, 그것이 인문학을 진흥하는 방안과는 거리가 멀거나 오히려 역행하고 있음은 분명해 보인다.

인문학을 진흥한다면서 실질적으로는 오히려 그 기반을 허물고 있는 정부정책의 예는 가칭 '인문학진흥법'을 만드는 작업에서도 그대로 드러난다. 인문학진흥법 또는 인문기본법 제정은 인문학계의 숙원이라고 할 정도로 지속적으로 제안되어왔다. 국가 차원의 인문학에 대한 진흥을 법으로 규정함으로써 인문학의 장기 발전을 위한 기반을 마련해야 한다는 것이 그 취지로, 최근 교육부와 한국연구재단이 주최한 '인문학 진흥 방안 모색을 위한 종합 심포지엄'에서도 발표자와 토론자 모두 구체적인 해결책으로 제시한 바 있다.[17] 인문학 고사위기에 대한 이 같은 학계의 불만과 우려를 수용하는 차원에서 지난 4월 국회에서 인문학 진흥을 위한 법적 뒷받침이 되는 3개의 법안이 제출되었다. 이 가운데 「인문학 진흥 및 인문강좌 등의 지원에 관한 법률안」(신계륜 의원

---

17 『인문학 진흥 방안 모색을 위한 종합 심포지엄 자료집』, 2015.3.26, 5·10쪽.

대표발의)과 「인문사회과학진흥법안」(이명수 의원 대표발의)은 교육부를 주무부서로 하며, 이와는 별도로 문화부를 주무부서로 하는 「인문정신문화진흥법안」(김장실 의원 대표발의)도 제안되었다. 이 가운데 김장실안은 인문학의 대중화에 초점이 가 있고 의미가 불확실한 인문정신문화를 진흥하겠다는 것으로 인문학의 토대가 되는 대학 문제와는 무관하다. 교육부가 진흥의 주체인 나머지 두 법안은 학문 지원에 중점이 가 있는 점에서 인문기본법의 취지에 부합하는 것이긴 하다. 이 가운데 이명수안은 인문학과 사회과학을 같이 또는 융합적으로 진흥하겠다는 취지나, 그 내용을 들여다보면 예산에 대한 고려가 전혀 없는 선언에 가까운 법안이며, 더구나 사회과학까지 포괄하여 인문학 진흥의 의미를 퇴색시켰다. 신계륜안이 인문학에 초점을 두기도 하고, 또 국립인문정책연구원이나 인문진흥기금 설치 같은 실질적인 진흥책을 담고 있기 때문에 실효성이 가장 높은 것으로 보인다. 앞으로 이 법안이 어떤 방식으로 추진될지는 교육부의 의지에 달렸는데, 현재로서는 예산 책정이 수반되는 실질적인 인문학진흥법을 제정할 뜻은 별로 없어 보인다. 역시 선언적인 차원의 생색내기에 그칠 가능성이 농후하다.

이상에서 살펴본 것처럼 현 정부가 시행하는 대학구조조정의 방향자체가 인문학의 존재조건을 근본적으로 위협하는 것인 한 인문학 진흥을 위한 어떤 방책도 흉내에 불과할 뿐이며, 오히려 인문학을 더욱 주변화하는 효과를 빚을 가능성이 크다. 결국 인문학을 그 본래의 의미에서 지키고 살려나가려면 대학구조조정의 큰 흐름을 문제 삼는 활동이 불가피하다. 그러기 위해서는 당면한 구조조정 국면을 한국 고등교육의 진정한 개혁을 위한 기회로 돌리기 위한 대안을 모색하고 그것을 실현하기 위해 노력하는 길밖에 없다.

3. 대학의 공공적 의미와 대안적 구조개혁 방향

앞 절에서 정리한 것처럼 지금의 조정방식이 지속되면 대학의 교육 및 연구 환경에 파멸적 영향이 예상되기 때문에, 여기에 맞선 정책대안을 모색하는 것은 대학인의 당연한 책무이자 특히 인문학 연구자에게는 거의 생존의 문제라고도 할 수 있다. 그럼에도 교수사회에서 대안정책에 대한 관심이 희박한 것은 각 대학마다 그리고 학과나 개인별로 당장에 닥친 화급한 조정국면에 대응하기에 급급한 점도 있겠지만, 설령 대안이 있다 하더라도 그 현실화에 대한 회의가 널리 퍼져 있기 때문이다. 그러나 당위로서만이 아니라 현실로서도 현재 정부의 구조조정 방향을 전환시킬 계기는 충분히 존재한다고 본다. 무엇보다 대학구조조정이 차기 정부까지 연계되는 장기적인 사안이며, 현 정부가 적극 개입할 수 있는 구조조정 주기는 2016년까지의 1주기에 한정된다. 그 후는 정권교체기로 접어들기 때문에 제2기 구조개혁의 정책방향을 두고 사회적 논의가 일어날 수밖에 없다. 더구나 현 정부가 추진하는 1주기 정원감축 목표는 이미 충족되어 이를 더 강행할 필연성도 크게 약화되었다. 이 외에도 현행 구조조정 정책의 수정이 불가피한 이유로 한국대학학회는 ① 사회적 합의 없는 강행으로 인한 구조개혁법 표류, ② 정원감축 및 대학 퇴출 이후의 대책 부재, ③ 지방대를 살리겠다는 목표와는 어긋난 정책방향과 그 결과, ④ 대학 정원감축 방식에 대한 불만 팽배[18] 등을 꼽고 있다. 구조조정 정책대안은 정권교체기를 앞두고 본격화될 대학구조조정에 대한 사회적 논의 과정에서 정책전환을 추동하기 위한 대비인 셈이다.

위기가 기회라는 말처럼 대학구조조정을 한국 대학의 구조개혁을 위한 계기로 삼아야 한다는 원칙에 반대할 이유는 별로 없을 터이다. 학령인구 감소에 선제적으로 대응하는 구조조정을 추진하는 명분으로 교육부가 내세운 것도 대학의 경쟁력 강화와 질 제고였다. 그러나 구조의 '조정'이 구조의 '개혁'이 되려면 무엇보다 한국 대학의 구조화된 고질적 병폐를 해결하는 방향이어야 하는데, 교육부가 추진하는 정책은 이 같은 병폐는 그대로 두고 방만한 기업체를 구조조정하듯이 축소에 집중되어 있다. 한국 대학의 구조적 병폐라면 무엇보다 최근 20년 사이에 고착·심화되어온 서울·수도권 중심 대학 서열화와 사립대가 80% 이상을 차지하는 기형적인 대학 구성이다. 전자로 인한 과도한 입시경쟁으로 중등교육조차 무너지고, 후자의 여건 때문에 학생과 학부형은 고액 등록금을 부담하면서도 부실한 교육환경을 감수해야 하고, 더구나 많은 사립대가 족벌경영으로 사학문제가 고질화되어 있다. 장기적으로 대학구조를 개혁하려면 무엇보다 이 두 가지 구조적 병폐를 혁신하거나 최소한 완화하는 방향이어야 하나, 현재 정부정책은 이 문제는 방치하고 대학들 간의 상호경쟁을 통해 뒤처지는 대학들을 징벌

---

18 한국대학학회, 앞의 책, 22쪽.

하고 쳐내는 방식을 택하였다. 말하자면 심각한 질병으로 비대증을 앓고 있는 환자를 치료한다면서 그 질병은 그대로 둔 채 비대한 부위만 잘라내는 돌팔이 의사와 다를 바 없다.

한국 대학의 이 두 가지 구조적 병폐가 대학교육의 공공성을 해치는 원인이 되고 있는 것은 자명하다. 대학 서열화가 사교육시장을 팽창시킴으로써 한국 교육의 공공적 기능을 약화시키는 근본원인을 제공했다면, 사학 중심의 대학편성은 대학을 소유권의 관점에서 바라보는 관행과 결합하여 대학의 공적 의미를 훼손시켜온 것이다. 물론 대학의 경우는 초중등교육과 달라서 대학에서의 공부가 개인적 이익과 선택에 따른 것으로 공공의 이익과 꼭 부합하지 않는다는 시각도 없지 않으나, 20세기 이후 대학교육은 엘리트교육에서 보편교육으로 발전되어왔고 복잡한 현대사회 전체의 운영을 위해 시민들에 대한 고등교육의 국가적 필요성도 증대되었다. 고등교육의 보편화는 세계적 추세이고, 한국의 경우도 1980년대를 전기로 하여 급속하게 보편교육 단계에 진입해 있다.

대학의 공공적 책무는 사회적 필요에 대처하는 고급 기술인력의 제공과 아울러 사회의 민주적 발전을 뒷받침하는 시민 양성을 통해 이루어진다. 근대대학의 발흥지이기도 한 유럽 대학들이 대부분 국가재원으로 운영되는 국립대학체제를 갖추고 있고, 미국의 경우도 20세기 들어 주립대 중심으로 대학을 재편함으로써 공립이 70%를 넘어 설 정도로 공교육이 고등교육의 기본축을 이루고 있다. 대학이 국가의 이데올로기 기구인 점은 부정할 수 없지만, 그 공공적 책무를 수행할 기반은 국가권력에서 어느 정도 독립된 학문 및 교육 공동체로서의 성격을 유지할 때 갖추어질 수 있다. 최초의 근대대학인 베를린대학이 그러하듯 독일을 비롯한 유럽 대학들은 국가가 재정지원을 하되 대학의 자율성 은 보장한다는 원칙을 지켜왔다. 미국의 경우도 1960년대 이후 전국적 인 교수단체들의 공동선언 형식으로 공사립 공히 민주적 거버넌스를 기본원칙으로 확립한 바 있다. 그러나 한국 대학들은 이와는 정반대다. 국가의 고등교육에 대한 지원은 취약한 반면,[19] 대학에 대한 국가통제 가 극심하여 자율성이 심각하게 훼손되고 있음은 대학 민주주의가 무 너지고 있는 현금의 상황이 웅변한다. 나아가서 대학의 책무 가운데서 도 사회적 또는 산업적 수요에 지나치게 집중함으로써 대학공공성의 다른 한 축인 소양 있는 민주시민의 양성 기능이 크게 위축되어 있다. 일반교양 교육의 터전을 이루는 인문학의 와해가 대학의 책무를 왜곡 시키는 원인이 되는 것은 이 때문이다.

학계에서는 한국 대학의 구조적 문제를 해결하기 위해 현재의 사립 대 중심 편제를 공공적 대학들이 중심이 되는 선진국형으로 바꾸어나 가야 하며, 대학을 없앨 것이 아니라 가능하면 지원을 통해 공공형 대 학으로 전환하여 지역대학으로서의 역할을 하도록 해야 한다는 데 대 한 광범한 동의가 이루어져 있다. 현 정부의 대학구조조정 정책이 공표 되면서 교수단체를 중심으로 한 '대학공공성 강화를 위한 전국 대학구 조조정 대책위원회'가 결성되어 활동하는 것도 그렇고, 구조조정에 관 한 전국교수토론회를 주도한 교수 및 교수단체들의 협력으로 한국대학

---

19 위의 책, 7~8쪽. GDP 대비 고등교육 예산비율은 0.7%로 OECD 평균인 1.1%에 크게 미달하고, 학생교육비 중 정부재원은 27%에 불과하여 70%에 이르는 OECD 평균과는 정반대다.

학회를 창립하고 공공성 강화를 원칙으로 한 구조개혁 정책 대안을 모색한 것도 그 일환이다. 한국대학학회는 2014년 6월 창립 이후 대학구조조정 정책 TF를 구성하고 그동안의 학계의 논의를 바탕으로 정책대안을 완성하여 지난 5월 국회에서 공식발표회를 가졌다. 저자는 이 정책대안을 대표 집필하고 발표를 맡았는데, 그 대체적인 내용은 다음과 같다.[20]

한국대학학회의 정책대안은 우선 구조조정이 필연적인 이 국면을 한국 대학의 구조적 문제를 해소 또는 개혁할 수 있는 절호의 기회로 인식하고, 중등교육을 포함한 한국 교육 전반의 혁신과 대학의 공공성 강화의 계기로 삼아야 한다는 기본전제 아래 대안정책의 기본방향을 다섯가지로 설정하였다. ① 고착된 대학 서열화를 완화하는 방향, ② 사립대 중심의 대학편제를 공공대학 중심으로 재편하는 방향, ③ 고등교육의 역할과 교육현장의 안정성을 보장하는 방향, ④ 대학의 성격과 목적에 따른 특성 및 질 제고 방향, ⑤ 대학교육의 보편화에 따른 계속교육 성격 강화 방향 등이 그것이다. 정책으로는 정원감축의 대안적 방안과 장기적인 관점의 대학체제 개편 방안을 제시하였다.

정원감축의 경우 현 정부의 방안, 즉 전국 대학에 대한 일률평가에 입각한 차등적인 강제 정원감축은 대학 교육 및 연구 현장의 안정성을 해치고 심각한 교육의 질 하락과 연구기반을 무너뜨릴 위험이 있기 때문에 전면 재조정되어야 한다. 우선 10년간의 감축규모를 정밀하게 재검토하되 학령인구의 폭을 선진국처럼 넓게 잡는 등 계속교육의 확산

---

20 위의 책, 23~40쪽.

흐름을 고려하여 재설정하고, 대학 현장에 끼치는 악영향을 완화하기 위해 전체 감축인원의 절반은 전국 대학이 동일한 비율로 감축하는 것을 원칙으로 한다. 나머지 반에 대해서는 대학의 특성이나 규모, 설립 형태, 지역상황 등을 종합적으로 고려하여 합리적인 감축 방안을 도출한다. 가령 특성에 따른 감축의 경우, 일반대와 전문대의 현 수준의 비율을 유지하도록 하고, 일반대 중 연구 중심 대형 대학들은 학부정원을 추가로 감축하는 대신 대학원을 집중 지원하여 연구기능을 강화하도록 하는 것이 그 한 방안이다. 지방대와 수도권대의 감축비율도 따로 설정하되, 지역대학의 경우 지역사회와의 연계성이 강한 경우 이를 반영하는 조정이 필요하다.

장기적 대학체제 개편의 큰 방향은 현재 국공립 대 사립 비율(20대 80)을 국공립 및 공영형 사립(운영비 일부를 정부에서 지원하고 공익이사 중심으로 운영되는 사립대)을 포함한 공공대학이 50%를 차지하도록 조정하는 것이다. 이를 위해 부실 및 퇴출 대상 사학 가운데 공영화하여 살릴 수 있는 대학들은 연차적으로 공공대학으로 전환시켜 나간다. 지역 여건에 따라 공립으로 전환하거나 사립으로 남는 경우에는 공영형 사립으로 전환한다. 부실사학이지만 지역사회에서 꼭 필요한 대학은 성격을 전환하여(가령 미국식 커뮤니티칼리지가 그 한 모델이 될 수 있다) 존속시키거나 특성화하는 방향으로 살려냄으로써 지방대의 고사를 막는다. 이 같은 대학체제 개편이 장기적으로 이루어지면, 10년의 구조조정 기간을 거친 후 한국 대학의 공공성은 크게 강화되고, 서울 지역의 연구 중심 대학은 연구 중심으로서의 본령을 회복하고 지방대 및 전문대는 국고지원으로 경쟁력을 갖춤으로써 대학 전체의 서열화도 일정 정도 완화될 것으로 예상되는 동시에 사립 비율이 축소되고 대부분의 사학도 공영형으로 운영됨으로써 고질적인 사학문제가 근원적으로 해결될 전기를 맞을 것이다.

물론 한국대학학회의 정책대안은 더 구체화되어야 할 대목도 있고, 현실화하는 과정에서 상당한 수정도 피할 수 없을 것이다. 그러나 현재의 정원감축 방안이나 구조조정 정책이 절대적인 것이 아니며 한국 대학의 구조를 진정으로 개혁하고 재편할 수 있는 다른 정책방향이 있을 수 있음을 제시한 데 큰 의미가 있다고 본다. 그리고 앞으로 정치 환경이 변화함에 따라 이 문제에 대한 사회적 합의 과정을 거친다면, 이 같은 구상의 현실화도 기대해봄직하다.[21]

4. 인문학 연구자의 실천 영역에 대한 제언

지금까지 저자는 대학에서 인문학이 처한 위기가 대학의 공공적인 성격을 자본과 국가의 메커니즘에 복속시키려는 큰 흐름의 한 증상이라는 전제 아래, 현재 강행되고 있는 정부의 구조조정 정책이 인문학의 주변화를 촉진시키고 있음을 말하였다. 구조조정 정책이 대학을 산업

---

21 이와 같은 맥락에서 지난 대통령 선거 당시 야당후보의 고등교육 정책 중 임기 중 국공립 및 정부책임형(공영형) 사립을 30%로 확대하고, 장기적으로 50%로 높이겠다는 공약은 구조조정 국면에서 오히려 현실성이 있다고 여겨진다.

수요의 관점에서 재편성하고자 하는 만큼 인문학의 존립근거 자체가 위협받는 상황에서 정부가 내세우는 인문학 진흥 방침은 실효성 없는 허사虛辭일 뿐이며 내용을 들여다보면 인문학의 핵심인바 비판적 인식과 훈련의 의미를 축소하려는 점에서 반인문적이기까지 하다. 결국 당면한 구조조정 국면에 직면하고 맞서는 일은 인문학의 존립을 위해서도 피할 수 없다. 한국대학학회의 작업을 참조하여 현재의 한국 대학 현실을 진단하고 현행 구조조정 정책의 문제점과 가능한 대안까지 짚어보았지만, 역시 문제는 이 국면에서 인문학자 또는 인문학 교수가 무엇을 할 수 있는가의 물음이다. 서두에서 언급한 영미문학연구회의 심포지엄도 비록 비관적인 전망이 우세했다고 하나 이 척박한 현실에서 '무엇을 할 것인가'의 물음에 답하려는 시도였다고 본다.

이 물음 앞에서 심포지엄 발표자들의 답변에는 대학관리 체제의 부속물로 떨어지지 않기 위한 어떤 안간힘이 실려 있다. 가령 '참여와 소통'을 통한 거듭나기가 난망한 상황이라면 차라리 "문자기반의 근대적 학문의 정교화"에 집중하자는 제안(전인한)이나 실적 중심의 대학 제도를 벗어난 영문학자로서의 고민이 "학계와 대학의 제도 안에서 (⋯중략⋯) 개선되지 않"지라도 고민 그 자체는 하나의 목소리로 남을 것이라는 소박한 소망(민병천)에는 여전히 살아 있는 인문학 연구자의 자의식이 엿보이고, 이 같은 작은 실천의지는 "인문학의 인프라 자체가 파괴되고 있는 오늘의 현실" 속에서 오히려 온전하게 작품을 읽고 생각하는 훈련을 실천하는 일의 중요성을 말하는 좀더 강한 신념(유희석)으로 연결된다.[22] 저자는 조금씩 다른 어조로 표현되기는 했지만 자본과 권력에 포위된 현재 대학의 반인문적 여건 속에서 여전히 중요해지는 것은 이 같은 인문학의 본령에 대한 충실함, 가령 영문학의 교육과 연구의 경우 작품을 통한 비평적 기율의 훈련이라는 데 동의한다. 더 나아가서 이런 상황에서는 비록 소수일지언정 이 같은 인문학 고유의 작업에 천착하는 일이 가지는 의미가 새삼스럽고 그만큼 대학의 인문학 교육현장은 영문학자에게 중요한 실천의 장이라고 할 것이다. 리비스가 "교양있는 공중educated public"의 와해를 직시하면서도 대학에 희망을 걸고 무엇보다 삶에 적대적인 문명 속에서 문화를 보존하고 의식을 새롭게 하는 싸움을 말한 것도 바로 이것이 아닌가 한다.[23]

그러나 현재 진행되고 있는 반인문적인 구조조정의 지각변동에 대한 실감을 이 같은 자신의 연구 및 교육 활동과 맺는 작업이 동반되지 않는다면, 작품 읽기조차 형식화될 위험이 있다. 교실이나 연구현장에서의 국지적인 실천이 기술공학적 벤섬적 흐름이 압도하는 대학구조조정의 방향에 대한 문제의식과 이어질 때 대학은 저항의 공간으로서의 의미를 획득하게 된다. 지금의 구조조정 국면에서 인문학자에게 필요한 것은 작품 읽기를 통해 길러낸 기율과 인식을 동원하여 이 반인문적 상황에 맞서는 실천이다. 대학의 본령을 지키고 그 공공성을 제대로 구

---

22 각각 영미문학연구회, 앞의 책, 6 · 39 · 32쪽.
23 F. R. Leavis, *English Literature in Our Time and the University*, Cambridge : Cambridge UP, 1979, pp.68~69. 영미연 창립 20주년 기념 학술대회 현장에서나 이 글에 대한 논평에서 비평정신에 입각한 이 같은 작품 읽기가 한국 대학의 대다수 영문학과에서 과연 가능한지 의문이 제기되었다. 그러나 어려움 속에서도 작품을 통한 사유의 훈련이라는 명제를 실천하는 동학들이 적지 않은 것도 사실이다. 윤지관, 「한국 영문학연구의 새 지평을 열다—『안과밖』의 형성과 전개」, 『안과밖』 30, 영미문학연구회, 2011, 147쪽 참조. 또 대학을 '폐허'로 보면서도 교실이야말로 '폐허' 속에 남아 있는 '사유'의 공간이고 또 그래야 한다는 레딩스(Bill Readings)의 관점도 참조할 만하다. 빌 레딩스, 윤지관 · 김영희 역, 『폐허의 대학—새로운 대학의 탄생은 가능한가』, 책과함께, 2015, 221~269쪽.

현해낼 책임은 비단 인문학자만이 아니라 교수사회 전체가 감당해야 할 것이지만, 무엇보다도 인문학의 훈련을 거친 연구자들이 이 위기상황에서 주도적으로 개입하지 않는다면 대학의 다른 어디에서 인문학의 와해와 그와 연동된 대학의 몰락에 맞설 자원을 얻을 수 있겠는가?

저자는 동료들과 함께 한국대학학회 창립 후 6개월에 걸쳐 구조조정하의 한국 대학 현실에 대한 실증적 조사를 목적으로 전국순회 집담회를 열었다. 집담회는 전국 11개 지역에서 12회에 걸쳐 진행되었고 (서울 지역 2회) 지역마다 해당 지역 소재 대학의 대표자들이 참여하여 대학의 실상에 대한 인식을 서로 공유하고 토의하였다. 그 결과는 예상대로 또는 사안에 따라서는 예상보다 더 심각했다. 현재의 획일적이고 졸속한 대학구조조정이 각 대학의 교육환경을 악화시키고 있고, 권력의 통제가 전에 없이 강화되어 대학 내부의 의사소통 구조가 무너지고 교권의 위기가 가중되고 있음을 확인하였다. 또한 현실이 이런데도 대학별, 학과별, 그리고 개인단위에서까지 나타나는 상호경쟁의 풍토에서 이기주의가 팽배하고 전체적으로는 어쩔 수 없다는 패배의식이 만연해 있다는 자기비판도 광범하게 토로되었다.

그러나 그와 동시에 일방적인 구조조정이 각 대학에 끼치고 있는 악영향에 대한 분노와 비판도 쏟아졌고, 이 국면을 돌파할 만한 학문적·실천적 협동에 대한 욕구도 강하게 존재하고 있음도 확인할 수 있었다. 무엇보다 전방위적인 구조조정에 맞설 수 있는 이론적 대응으로서 '대학담론'의 형성이 긴요하다는 데 인식을 같이하였다. 오늘날 인문학자들의 개입과 기여가 필요한 부분은 바로 이것이라고 저자는 생각한다. 본질적으로 대학이 무엇인가를 묻는 질문에서부터 현재 진행되는 대학

구조의 개혁논리를 어떻게 논박하고 이를 사회변혁의 과제와 어떻게 맺어갈 것인지를 궁구하는 대학담론의 장을 열어가는 것은 다른 누구보다도 인문학 연구자들의 몫이 아닌가 한다. 현재 대학이 당면한 구조조정의 압박은 마치 불가항력인 것처럼 보이기도 하고, 그 때문에 개별 연구자로서는 체념하기 쉽다. 그러나 척박한 현실 속에서 인문학 연구를 그것답게 해내는 길은 사회변화를 위한 창조적 협동에 실천적으로 개입함으로써 열리지 않겠는가. 그리하여 저자는 동학들에게 감히 이렇게 말하고 싶다. '현실론을 넘어서 실천으로 나아가자!'라고.

대학의 폐허화, 이대로 방치할 것인가
대학구조조정의 정치학

1. 한국 대학의 가상세계와 그 진상

조금은 비장한 제목을 달고 나왔지만 막상 무슨 이야기부터 해야 할지 막막한 기분이다. 한국의 대학들이 바야흐로 본격적인 구조조정 국면에 들어섰고 정부에서 이번 학기부터 시행하고 있는 "특성화 사업" 때문에 대학마다 골머리를 앓고 있다. 저자가 재직하고 있는 대학만 해도 정원감축과 재정지원을 연계한 이 사업에 어떻게 대응하느냐를 두고 대학본부와 교수사회가 개학 초부터 다함께 소란스러웠다. 대학을 저마다 특성화하여 그야말로 "작지만 강하고 알찬 대학이 전국 방방곡곡에 운영되도록 한다"[1]는 장밋빛 환상은 교육부 관료의 머릿속이나

---

1 교육부, 「2014년 지방대학 특성화사업 시행계획(안)」, 2014.2, 6쪽.

선전문구로 공허하게 떠돌 뿐 이제 올 것이 왔다는 종말적인 불안감과 우려가 캠퍼스에 퍼지고 있는 것도 사실이다. 그렇다고 미리부터 대학이 폐허가 되어간다고 외치며 나설 때는 아닐지도 모른다.

실상 근래 십수 년 동안 대학들이 팽창하는 가운데 캠퍼스의 외양은 많이 달라졌다. 도처에 최신형 기자재를 장착한 멋진 건물들이 들어서고 모든 행정이 전산화되고 국제회의장으로 손색이 없는 컨벤션센터가 생겨났다. 이뿐인가, 구성원들의 건강을 위해 최신 장비를 갖춘 헬스시설도 속속 들어섰다. 외적인 변화만이 아니다. 연구와 강의에서도 현저한 '발전'을 보이고 있는 것이 한국 대학이다. 연구실적 기준이 강화되고 연봉제가 도입되고 상호경쟁의 분위기가 고조되는 가운데 각종 연구지표가 부쩍 상승했고, 강의평가가 일반화되면서 수업의 질이 높아져 과거의 앵무새 강의는 축출되고 다양한 도구를 활용한 실속있는 맞춤형 강의가 정착되고 있다고 한다. 폐허는커녕 이만하면 한국 대학의 위기를 말하는 것이 뜬금없이 들릴 정도로 찬란한 성세를 구가하고 있는 셈이다.

그러나 솟아오른 빌딩 사이를 프로젝트니 회의니 강의니 바삐 움직이는 학생, 교수들을 보면서 저자만의 환영일지 몰라도 마치 매트릭스에 갇힌 사람들의 가상현실처럼 여겨지는 순간이 있다. 이번 특성화사업의 추진 배경에서도 교육부는 그간 재정지원사업을 통해 "양적 지표 개선에 상당한 기여"를 하였고 다만 "질적 개선 노력에는 다소 미흡"하였다고 한다.[2] 그러나 1970년 대비 학생 수 13배, 전임교원 수 8.5배라

---

2   위의 글, 2쪽.

는 폭발적인 증가는 '양적 지표 개선'이 아니라 고등교육 수요에 대한 예측 없이 사립대학의 무분별한 팽창을 유도한 정책의 실패로 보는 것이 일반적인 관찰인데, 그것이 오히려 성과이고 다만 '다소 미흡'했던 질적 개선을 위해 노력하겠다는 식이니 공허하기 짝이 없는 분석이다.

실제로 이번 특성화사업이 대학에 혼란과 우려를 야기하는 이유는 그것이 대학의 정원감축과 구조조정에 직접 연계되어 있기 때문이다. 지방대와 수도권대로 나누어서 시행하는 이번 특성화사업은 향후 5년간 매년 지방대에 2,031억 원, 수도권대에 546억 원을 지원하는 대형 재정지원사업이고 "구조개혁을 통한 대학 체질개선과 특성화 기반 조성"을 그 정책목표로 하고 있다.[3] 사실 지방대 특성화 방안은 10년 전 참여정부에서 2004부터 2008년까지 시행한 지방대역량강화사업(누리사업)과 그 기간과 목적이 유사하다. 다만 이번 사업은 대학의 정원감축 규모와 조기시행 여부에 따라 가산점을 차등 부과하는 방식으로 구조조정을 필수적으로 요구하기 때문에, 조금은 느슨했던 누리사업의 구조개혁 요구와는 질적으로 다르다. 그런데 이처럼 엄청난 의무를 부과하면서도 누리사업에 비해 예산은 5년간 총액 4,000억 원이나 적게 책정되어 있다.

문제는 과거 누리사업이 그랬듯이 이 같은 위로부터의 특성화 요구가 대개 억지춘향식이 아니면 정부의 입맛에 맞는 방식으로 이루어져 그 목적을 달성하기 어렵다는 데 있다. 실제로 정부 스스로가 정부정책을 전체적으로 평가하면서 누리사업을 5등급 가운데 4등급인 '미흡'으로 판정하기도 했다.[4] 이번 사업이 국책사업으로서도 골칫거리인 것은

---

3   위의 글, 4쪽.
4   대학교육연구소, 「지방대 구조조정 정책될 '지방대학 특성화 사업」, 2014.2.27 참조

특성화는 그것대로 부실할 것이 예상되는 반면 대학 내부의 구조를 바꾸는 그야말로 위험하기 짝이 없는 조정이 졸속으로 강행될 소지가 매우 크기 때문이다. 도대체 특성화를 한다면서 그것도 대학구조를 변경하는 개혁을 추구한다면서 사업안을 발표한 지 2개월도 채 못 되어 신청을 마감한다니, 대학마다 당혹과 우려를 넘어 교수들 사이에 볼멘소리들이 터져나오는 것도 당연하다.

따지고 보면 각 전공별 융합을 기조로 하고 구조개혁 계획까지 동반한 이 특성화사업 계획을 두 달 안에 제출한다는 것은 거의 '미션 임파서블' 수준이라고 할 수 있다. 과연 이 미션이 그리 쉽게 수행될 수 있을까? 그러나 아무 걱정할 필요 없다. 그동안 대학 단위든 개인 차원이든 온갖 평가를 받기에 이골이 나고, 각종 프로젝트를 얼기설기 얽어서 속성으로 써내는 데 숙달될 대로 숙달된 교수들이 아닌가? 공부 수준이 높아지지는 않고 페이퍼워크하는 기술만 늘었다고 많은 교수가 자조하지만, 이런 위기국면에서는 그 실력을 발휘할 수밖에 없고 어떻게든 정부가 요구하는 특성화기획안은 모름지기 전국적으로 산출될 것이라고 예상해도 좋다. 그러나 그 같은 외면적 치장으로 대학의 구조가 개혁되고 교육의 질이 높아진다고 보는 대학인은 별로 없을 것이다.

특성화사업이라는 시한부 구조조정 강압이 시달된 시기를 전후해서 각 대학에서 벌어지는 광경은 그야말로 한편의 소극 내지 희비극을 보는 것 같은 처량함이 없지 않다. 추진력이 있다고 자처하는 총장과 대학본부는 '선제적인' 구조조정의 필요성을 외치면서 가산점의 최대치

(http://khei-khei.tistory.com/841).

인 5점 획득을 목표로 10% 감축계획을 발표하고, 그렇지 못한 곳에서는 다른 대학들이 어떻게 움직이나 살피면서 어정쩡한 자세를 취한다. 전자 가운데서도 아예 교수들의 목소리가 죽어 있는 곳은 정원감축 방법과 통폐합 학과까지 본부에서 정해서 공표해버리고 교수들의 반발이 있는 곳은 공청회 등의 절차를 거치면서 설득하거나 감축비율을 줄이는 등 절충한다. 후자의 경우에도 시간이 갈수록 결정시한이 다가오니 특성화 계획을 제출하라고 교수들을 다그치고 그런 와중에 교수들 가운데는 아무런 확신도 방책도 없으면서 적당히 계획서를 만들어내는 축도 생기게 마련이다. 대학 중에는 밀어붙였다가 타협했다가 다시 다른 대학들의 분위기를 보고 밀어붙이기로 돌아서는 곳도 있다. 그야말로 이런 난리가 없는 것이다.

이런 광경들을 보면 이곳이 과연 학문의 전당인지 시장바닥인지 알 수가 없다. 특성화의 이름으로 심도 있게 논의되어야 할 학문 간의 융합이 순식간에 결정되고, 그만한 이유가 있어서 오래 유지되어 온 대학의 기본구조들을 며칠 사이에 이리 붙였다 저리 붙였다 하는 지경이니 이것이 어찌 환영幻影 같은 풍경이 아닐 것인가? 겉보기에 최신 건물들이 우뚝 서고 성과물이 산적하고 국제경쟁력 지표가 올라가고 하는 그 모든 발전의 외양은 그 이면에 폐허로 변하고 있는 대학의 모습을 숨기고 있는 가상현실이 아니겠는가? 이제 대학의 상황을 제대로 읽고 대처하고자 하는 사람에게라면 영화 〈매트릭스The Matrix〉에서 모피어스가 이미 폐허가 된 세상의 실재에 눈을 뜬 네오에게 한 말처럼 "실재의 사막에 온 것을 환영"해야 하는지도 모른다.

2. 대학구조개혁 정책과 대학평가의 이데올로기

'대학이 폐허가 되었다'는 말은 지나친 소리처럼 들리지만, 이미 1990년대 북미 대학의 현실을 두고 빌 레딩스Bill Readings가 사용한 표현이기도 하다. 레딩스는 『폐허의 대학University in Ruins』(1996)에서 현재의 대학이 이미 폐허가 되었고 이 폐허 속에서 어떻게 살아갈 것인가를 고민하는 과제만이 남았다고 주장한다. 그의 주장에 따르면, 현재의 대학은 초창기부터의 대학의 전통적인 이념, 즉 칸트적인 이성에 중심을 두거나 피히테적인 민족문화에 중심을 둔 기관이기를 이미 멈추고, 그 같은 근대대학의 정당성을 뒷받침하던 기획들이 마치 폐허처럼 허물어진 곳이라는 것이다.[5] 물론 레딩스의 발언은 북미의 대학, 더 나아가서 유럽까지 포함한 서구 대학의 상황을 염두에 둔 것이지만, 그 모델들이 비록 불균등할지언정 세계적으로 확산되어 갔다는 점에서는 지금의 대학에 대한 일반적인 관찰로 읽힐 수 있다.

대학이 폐허가 되었다는 지적은 시민적 소양과 비판적 지성을 함양하는 대학의 인문교육이 무너지고 있다는 비판이나 한탄과 통하는 것이지만, 레딩스의 관찰은 단순히 이 같은 근대적인 대학이념의 쇠퇴에 따른 낭만적인 항의나 탄식에 그치는 것이 아니라 좀더 적극적으로 현실을 받아들이고 대학이라는 지식공동체의 새로운 유형을 만들어나가

5　Bill Readings, *The University in Ruins*, Cambridge : Harvard UP, 1996, pp.54~69. 앞으로 이 책에서의 인용은 괄호 안에 쪽수만 병기한다. 이 책의 번역은 다음 책을 참조. 빌 레딩스, 윤지관·김영희 역, 『폐허의 대학─새로운 대학의 탄생은 가능한가』, 책과 함께, 2015.

자는 제안으로 연결된다. 이성이나 민족문화라는 하나의 통일된 합의에 바탕을 둔 공동체가 아니라 말하자면 열린 논의공간으로서 '불일치 dissensus'의 공동체를 구상하는 것도 그 하나다. 그러나 이 글의 논의 주제와 관련되어 주목을 끌 만한 것은 현금의 대학을 평가하는 절대적인 기준으로 등장한 '수월성excellence'에 대한 다음과 같은 구절이다.

> 국민국가의 이데올로기적 무기로서의 근대대학과 관료주의적 기업으로서의 현대 대학을 구분하는 것이 중요한데, 그럴 때 한 가지 중요한 현상을 관찰할 수 있다. '수월성'은 빠르게 대학의 구호가 되어가고 있고, 현대 기관으로서의 대학을 이해하려면 수월성에 호소한다는 것이 무엇을 뜻하는지 혹은 뜻하지 않는지 생각해 볼 필요가 있다. (…중략…) 시각적 관찰을 허용하기보다는 철저한 회계를 허용하는 식으로 기능하는 수월성 개념은 대학을 이와 유사한 관료제도의 망 속에 묶어둔다. '수월성'은 다시 말해 대학이 오로지 기업 운영 구조라는 맥락에서만 스스로를 이해하게끔 기능한다. (21~29쪽)

물론 이것은 미국과 영국의 대학들에서 1990년대에 일어난 현상들을 전체적으로 관찰하는 가운데 나온 발언이지만, 지금의 한국 대학에도 그대로 적용되는 이야기다. 이번 특성화사업도 그렇지만 정부의 모든 재정지원이 이 같은 수월성 개념에 토대를 둔 수치화된 지표에 의한 상대평가를 통해 결정되어온 것이다.

대학의 국제경쟁력을 강조하면서 이른바 세계적인 경쟁력을 갖춘 대학을 육성해야 한다는 말이 나온 것은 1990년대 김영삼 정부에서부터로, 대학을 수월성의 기준에 따라 평가하고 대학 간 상호경쟁을 도입하였다. 주지하다시피 이 시기는 지구화 내지 세계화의 흐름이 가시화되어 대학은 이 지구자본주의의 대세에 부응하여 민주시민을 양성하는 교육기관으로서의 역할보다 효율성을 추구하고 성과를 중시하는 경영적인 측면이 부각되기 시작하였다. 말하자면 교육에서 신자유주의 시대가 열린 것이다.[6]

이러한 교육에서의 신자유주의 흐름이 극점에 도달한 것은 지난 이명박 정부 때라고 할 수 있다. 당시 이주호 장관의 주도로 대학에 대한 평가가 강화되고 영역별 점수를 근거로 정부 재정지원 여부를 판정하거나 액수를 차등화하였으며, 압권을 이룬 것은 바로 구조조정을 염두에 둔 정부재정지원제한대학 지정 정책이었다. 이 정책은 전국의 대학을 매년 계수로 상대평가하여 등위를 매기고 이 가운데 하위 15%를 재정지원제한대학으로 결정, 통고하였다. 지정된 대학에는 1년간 정부 재정지원사업 참여가 제한되고 2년 연속 지정되면 학자금대출 중지 등 규제가 강화되며 이 가운데 일부는 경영 컨설팅을 요구받고 결국 퇴출 대상이 된다.

대학들 대부분이 대학의 평판과 재정에 결정적인 영향을 주는 이 재정지원제한대학으로 지정되지 않기 위해서 일 년 내내 지표관리에 매진하였고, 그 가운데 이 판정에서 관건이 되는 지표, 즉 졸업생 취업률을 높이기 위해서 갖가지 편법과 비교육적인 행태를 일삼았다. 그러나

---

6   김영삼 정부의 1995년 5·31교육개혁 조치 중 하나인 대학설립준칙주의는 사립대학 설립요건을 대폭 완화하여 사학 난립을 조장, 현재의 긴박한 대학구조조정의 원인을 제공하였고, 2013년 폐지되었다.

이 같은 부작용보다 더 심각한 근본문제는 대학의 교육이념이 취업률을 비롯한 지표관리의 목적 아래 훼손되고 교육의 실질적인 질이 하락하는 결과가 빚어졌다는 것이다. 많은 대학에서 재학생충원율과 취업률을 높여야 한다는 명분으로 학생들의 지원이 적거나 취업률이 낮은 학과를 정리하는 식으로, 대개 인문학이나 기초학문 등을 통폐합하는 등 비학문적·비교육적 방식으로 강제 구조조정을 단행하여 교육현장을 혼란시켰다.[7]

세계적으로 신자유주의가 득세하고 대학에서도 기업적·경영적 사고방식이 강조되는 추세를 인정한다 해도, 한국 대학의 경우처럼 지표관리가 교수사회의 학문영역까지 관장할 정도로 절대적인 위력을 발휘하는 경우는 없다. 더구나 재학생 충원율과 취업률이 대학평가의 가장 중요한 요소가 되는 무지막지한 평가기준에 이르면 더 말할 것도 없다. 현 정부가 집권 초기에 이명박 정부의 지나친 지표 중심의 평가방식을 개선하여 정성평가를 도입하고 취업률 기준을 완화하거나 인문·예체능 계열 취업률 지표는 평가에서 제외하기로 방침을 정한 것도 이런 과도성에 대한 대학사회의 불만 때문일 것이다.

그러나 과연 현 정부의 고등교육정책이 전 정부의 편향을 수정할 정도로 의미 있는 개선을 보여주었는가? 천만의 말씀이다. 현 정권이 선거 당시의 경제민주화 등 개혁적 지향이나 색채를 버리고 보수 본색을

---

7 지표관리가 교육의 질을 떨어뜨리는 대표적인 사례로 '전임교원 강의담당 비율'이 있다. 많은 대학에서 이 지표를 높인다는 목표로 강사들을 대거 해고하고 그 강의를 전임교수가 맡게 강요하였다. 이로써 전공과목의 배분 및 전공자 강의 배정 등 학과교수들의 학과 과정에 대한 전문성이 무시되고 행정적인 차원에서 교과에 개입하는 결과를 빚었고 비전공자가 강의를 맡을 수밖에 없는 등 폐해가 생겨났다.

드러내고 있는 것과 마찬가지로, 고등교육정책 또한 전 정부의 방향을 방식이나 표현만 달리하여 반복하고 있거나 오히려 상황논리를 앞세워 더 전면화하고 있다. 그 결정판이 2014년 1월 28일 최종안으로 발표된 대학구조개혁 추진계획으로 나타난 것이다.

교육부 대학구조개혁안의 요점은 ① 학령인구 급감에 따른 지방대 및 전문대 고사위기에 대처하고 대학경쟁력과 질 강화의 필요, ② 전국 대학을 일률적으로 평가하여 5등급으로 분류, 차등지원 또는 지원 제한하고 우수 이하 등급은 차등적으로 강제 정원감축, ③ 특성화사업을 비롯한 모든 정부 재정지원 대학 선정에서 구조조정 정도를 중요 평가요건으로 도입한다는 것이다. 이 개혁안은 강도 높은 구조조정을 예고해온 집권 초창기의 방향을 구체화한 것으로, 10년 후 학령 인구가 16만 명 감소한다는 예측에 따른 구조조정의 필연성을 전제로 급격한 미충원의 충격을 방지하기 위해 단계적·선제적으로 정원감축을 해나가겠다는 취지를 내세웠다.

그러나 정부개혁안의 목표대로 이 위기가 대학의 경쟁력과 질을 높이는 계기로 활용될 수 없는 까닭은 이 모든 개혁조치의 근저에 상대평가를 통한 대학등급화라는 원칙이 관철되고 있기 때문이다. 단적으로 이 정부가 개혁안을 내놓은 이유로 제시한 '지방대, 전문대의 고사위기'를 막아야 한다는 목적은 일률평가에 의한 등급화를 그 방법으로 하는 이상 실현될 리가 없다. 인프라와 재정이 취약한 지방대, 전문대가 대거 하위권에 배치되고 결국 퇴출 대상이 될 것이 뻔하기 때문이다. 목적과 방법의 불일치로 인해 구호만의 개혁 또는 개악이 될 수밖에 없는 것이 바로 이 개혁안의 예정된 결과다. 즉, 대학의 구조를 개혁한다

는 목표를 세웠지만 실제로는 상대평가에 의한 하위 대학 퇴출이라는
전 정부의 구조조정 방향을 그대로 답습하고 전면화한 것이다.

　정부의 구조개혁안이 대학의 구조를 진정으로 개혁하기보다 어떻게
든 대학들을 압박하여 정원을 조정하게 만들겠다는 표피적이고 기능적
인 하급정책이라는 것은 자명하다. 대학의 구조를 개혁하려면, 그것도
10년에 걸친 장기적인 기획에 따른 개혁작업이라면, 한국 대학의 구조
적인 병폐를 파악하고 이를 해소 또는 개선하는 방향을 취하는 것이 상
식이다. 그런데도 현재의 구조개혁안에는 이에 대한 분석은 전무하며,
따라서 해결책도 나올 리 없다.

　한국 대학의 구조적인 문제를 보는 시각은 다양할 것이다. 그러나 대
다수 교육전문가는 물론 전문가가 아닌 일반 시민들도 동의할 수 있는
한국 대학의 구조적인 병폐는 이미 드러날 대로 드러나 있다. 그 첫 번
째는 한국 대학들은 서울과 수도권을 중심으로 하는 서열화가 극심하
고 지역 간 양극화가 심화되어 있다는 것이다.[8] 두 번째 구조적 병폐라
면 한국 대학이 사립대학 중심으로 편제되어 있고, 그중 대부분이 족벌
체제로 운영되고 있어서 고질적인 사학비리와 분규가 끊이지 않는다는
것이다. 직접적인 사학문제가 아니더라도 사학 중심 편제로 인한 세계
최고수준의 고액등록금 또한 한국사회의 삶의 질을 낮추는 큰 요인 가
운데 하나다. 그러나 한국 대학의 이 두 가지 구조적인 병폐를 해소 또
는 개선하고자 하는 정책방향은 교육부의 구조개혁안에서 찾아보기 어
렵다. 비유컨대 교육부의 이번 정책은 고질적인 질환으로 비대증을 앓

8　2013년 전교조 참교육연구실 여론조사 결과에 따르면, 교사 71.5%, 학부모 76.9%, 학생
　86%가 서열화로 인한 입시과열이 교육위기의 주원인이라고 진단한다.

고 있는 환자를 두고 그 고질병은 놔둔 채 비대한 부분만 잘라내면 된다는 식의 돌팔이 의사의 처방과 같다.

그러나 정부의 이 같은 구조조정 방향을 한국 대학의 구조적 문제에 대한 인식의 부재로만 보는 것은 단견일 수 있다. 오히려 그것에서 현 정권의 국정운영 방향과 일치하거나 그것을 의도적으로 추구하고 있을 가능성을 보아야 하는 것이다. 가령 두 가지 구조적 병폐 중 서열화 문제라면 현 정부안도 수도권 대학과 지방대의 불균형 문제를 구조개혁의 필요성을 말하는 근거로 제시하고 있기 때문에 인식이 아주 없지 않을뿐더러 지방대 지원방침을 거듭 천명함으로써 개선의지조차 엿보였다. 그러나 이번 지방대 특성화사업이 그렇듯이 그것이 몇몇 대학이나 전공에 한정된 재원을 몰아줌으로써 나머지 대학이나 전공을 구조조정하기 위한 방편이라는 의도가 드러났을 뿐이다. 또 고질화된 사학비리를 정부가 모르는 것은 아니고, 이번 구조조정 국면에서 문제사학을 퇴출시켜야 한다는 입장이 전혀 없었던 것도 아니다. 2013년 10월 발표된 최초의 안에는 "부정·비리대학 퇴출"이 명문화되기까지 했다. 그러나 올해(2014) 1월 말의 최종안에는 비리사학에 대한 언급은 완전히 사라졌다. 결국 교육부가 한국 대학의 구조적 병폐를 몰랐다기보다 그 문제를 건드리는 척했지만 실은 은폐함으로써 오히려 그 구조를 온존시키고 싶은 기득권 세력의 이해관계를 대변하는 것이다.

무엇보다 중요한 것은 이 같은 의도적인 경시가 결국 국가권력에 의한 대학의 통제라는 큰 메커니즘 속에서 이루어지고, 또 그 경향을 심화시켜나가고 있다는 점이다. 두 가지 구조적 문제를 회피하는 도구로 활용되는 것이 바로 지표를 통한 대학 간 경쟁과 지표를 충족시키기 위한 대학의 노력, 즉 복종이기 때문이다. 실상 정부는 재정지원을 미끼로 대학들이 구조를 조정하게끔 유도 또는 강요하고, 그것을 관철시킴으로써 대학을 통제한다. 앞에서 예로 든 전임교수의 강의 담당 비율 같은 사소한 기준조차도 강사의 일자리 박탈과 근무조건 악화는 물론 대학 내부의 교과과정에까지 그 권력의 규제가 마치 촉수처럼 작동하게 만든다. 벤섬Jeremy Bentham이 그려낸 팬옵티콘panopticon이 대학에 작용하는 통로는 이 같은 지표나 기준의 설정을 통해서라고 말해도 될 법하다.

이 지점에서 우리는 대학구조 개혁이 기본적으로 시장논리를 관철하는 과정과 통해 있다는 점을 환기하게 된다. 취업률 지표가 중요한 관건이 되는 평가체계 자체가 그 가장 노골적인 증거다.[9] 그것이 아니더라도 경영의 효율성이 우선시되는 대학운영 방식이 요구되고, 대학도 회사처럼 성과와 결과가 바로 나오는 성과주의가 주된 지배이념으로 자리잡는다. 전체적으로 대학의 경쟁력을 높이자는 것도 대학의 목적이 진정으로 구현되는 방향보다는 지구화시대 세계시장에서의 국가경쟁력을 높이는 한 요소로 대학을 길들이고 재편하고자 하는 추세와 맞어져 있다. 즉, 권력은 시장논리를 앞세워 대학에 대한 기존의 통제를 더욱 정교화한다. 이번 구조조정도 실제로 대학들이 어떻게 정원감축이 되고 학과들이 통폐합되느냐와는 무관하게 전체적으로 대학이 원래의 이념을 잃고 자율성과 창의성 대신에 획일적으로 권력에 종속되

---

9 아직 등급평가 기준은 발표되지 않았지만 특성화사업 평가에서 취업률 부분이 여전히 중시되고 있다. 정부는 정부재정지원제한대학 평가지표에서 인문 및 예체능계의 취업률을 반영하지 않겠다는 방침을 밝혔으나 특성화사업에서는 일률 적용하고 있어 그 같은 개선방향의 허구성을 드러낸다.

는 긴 훈육의 한 과정이 될 수 있음을 인식해야 할 것이다. 교수들이면 다 알다시피 이제 지식생산의 영역에서 필수적인 창의성은 어디 가고, 연구의 주제조차 마음대로 정하지 못하는 통제의 시대로 접어들어 있지 않은가?

3. 공공대학의 이념과 그 실현방법

수치로 환원되는 대학평가를 숙명처럼 받아들이는 상호경쟁의 도가니 속에서, 그 허구적인 경쟁력과 질의 논리에 사로잡힌 채 마치 정해진 역할을 노는 배우들처럼 이 메커니즘에 따라 기계적으로 — 그렇지만 마치 자율적으로 움직이는 것처럼 착각하면서 — 폐허를 살아가는 자들, 이것이 오늘날 대학인들의 슬픈 초상이다. 그래서 오늘도 그들은 정부의 강압적인 요구를 알리바이로 삼아 대학당국이 요구하는 특성화 기획을 짜내기 위해서 열심히 만나고, 엉터리 그림을 그리고, 어떻게든 프로젝트를 써내고, 또 요행히 당첨이 되면 그렇게 짜낸 기획틀 속에서 한 배역을 맡을 작정을 하고 있을 것이다. 이렇게 우리는 끝끝내 이 매트릭스에서 벗어나지 못하고 길들여져 가는 것일까?

그러나 교육부가 일목요연하게 관리하는 이 수치로 형성된 환영 같은 대학 현실에서 얼핏 '폐허'의 모습이 마치 어두운 곳에 불이 켜지듯 환히 드러나는 순간들이 있다. 저자가 이 글을 쓰고 있는 사이에도 그런 파열의 지점이 드러났다. 상지대에 전국적으로 악명 높은 비리재단이 21년 만에 완벽하게 복귀했다는 소식이다(『한겨레신문』, 4월 7일 자 1면 톱기사). 족벌재단이 아무리 비리와 횡포를 저지르고 대학을 분규의 아수라장으로 만드는 원인을 제공했어도 다시 불사조처럼 되살아나 대학운영권을 되찾을 수 있는 곳, 그것이 한국 대학의 참혹한 실상 가운데 하나다. 모든 대학이 상지대와 같은 경험을 겪는 것은 아니지만, 한국 대학에서 사학이 85%를 차지하고 있고, 그 대부분이 족벌경영 형태를 벗어나지 않는다는 점에서 그 구조는 본질적으로 다르지 않다고 보아야 할 것이다.

저자는 지난 겨울 교수3단체(민주화를 위한 전국교수협의회, 한국 사립대학교수회연합회, 전국교수노동조합)와 협력하여 '교육부의 구조조정 방향 전환을 위한 전국순회교수토론회'를 조직하고 그 운영책임을 맡아 전국 5대 광역권에서 연속적으로 교수토론회를 열었다. 여기서 정부가 경쟁력과 질의 강화를 명분으로 밀어붙이고 있는 구조조정 정책이 이 왜곡된 사학의 지배구조와 어떻게 결탁해서 대학 현장을 혼란으로 몰아가는지 확인할 수 있었다.

많은 지방대에서는 지난 정권하에서부터 학생 충원에 어려움을 겪어왔고, 그 때문에 교육환경이 나빠지면서 정부 재정지원 제한 등 위기에 처하자 지표관리를 위해 이미 내부적인 구조조정을 겪은 곳이 많다. 그 대학들 중 대부분이 족벌체제로 운영되다 보니 대학을 살린다는 명분으로 불합리하고 비교육적인 결정들을 교수들에게 강요하고, 굴종을 거부하고 부당한 요구에 항의하는 교수들은 해고·징계 등을 통해 탄압한다. 그 결과 대학 내 교수들의 발언권이 상실되어 민주적인 논의구조가 무너지고, 심지어 전문성이 존중되어야 할 교과 과정에 대한 기본 권리조차 박탈되는 참혹한 과정을 겪는다. 토론회에 참석한 교수들이 털어놓은 이 '피눈물 나는' 이야기가 일부 지방대의 어두운 일면이 아니라 앞으로 전국적인 상황으로 전개될 것이라는 예상은 과연 섣부른 것일까?

출구가 보이지 않는 매트릭스와 같은 막막한 상황에서 우리에게 네오와 같은 구세주가 있는 것은 아닐 테지만, 길은 있다는 것이 저자와 이 토론회를 같이 추진해온 교수들이 내린 결론이라면 결론이다. 그 길은 바로 이 왜곡된 대학구조에 대한 정면대응을 모색하는 것이다. 즉, 사학이 중심이 된 체제를 개편하여 한국 대학을 공공대학이 중심이 되는 체제로 바꾸어나가는 기획을 실천해나가는 일이다. 물론 상지대 사태가 말해주는 것처럼 20년 싸움을 물거품으로 만들 정도로 강고한 체제에 맞서는 일이기 때문에 얼핏 불가능한 기획처럼도 보인다. 그러나 그 가능성을 열어놓고 있는 것이 바로 이 구조조정이라는 지각변동의 국면이라는 점 또한 인식할 필요가 있다. 지금까지 사학 족벌재단이 아무리 심각한 비리와 전횡을 저질러 대학을 황폐하게 만들어도 복귀할 수 있었던 것은, 한국사회의 기득권 구조가 사학권력과 맞어져 있고 그것을 법적·이념적으로 뒷받침해왔기 때문이다. 그러나 역설적이게도 다름아닌 구조조정의 필연성이라는 그 조건이 이 불가능해 보이던 전망을 가시적으로 만들어주고 있는 셈이다. 전국순회교수토론회는 5대 광역권 토론회를 마친 뒤 여기에서 수렴된 교수들의 중의를 반영한 구조개혁 정책대안을 작성하고 이를 토대로 이번 학기 초 국회에서 각 지역 토론회에 대한 보고대회를 겸한 정책토론회(3월 14일)를 열었다. 이

자리에서 발표를 맡은 저자는 교육부의 개혁안이 ① 정책목적(학령인구 감소로 인한 지방대 · 전문대 궤멸위기에 대처하고 교육생태계 와해 방지)과 그 방안(일률적인 평가로 등급화하여 지방대 · 전문대 위기 가속화 및 서열화 고착)의 불일치, ② 대학을 동일한 잣대로 평가함으로써 대학 간 상호 지표 경쟁 유발로 교육목표 실종, ③ 특성화사업 등 재정지원과 연계한 사실상의 강제 구조조정으로 졸속 특성화 추구 등 부작용, ④ 부실대학 퇴출 이후의 대책이 전무하여 교육현장에 끼치는 악영향 및 학문후속세대 연구토대 와해 우려, ⑤ 대학구조개혁에 대한 예산편성이 전무하고 단순히 재정을 차등지원하는 방식으로 대학 통제 및 기업식 구조조정 강요 등 심각한 문제가 있다는 진단 아래, 그 대안을 제시하였다.

우선 당면한 구조조정 방안으로는 전체 감축규모의 절반을 전국 대학이 동등하게 연차적으로 조정하고, 나머지 절반은 일반대와 전문대, 일반대 중 연구중심과 교육중심 등 특성에 따라 구분하여 조정하고 지방대의 경우 지역 특성을 고려한 조정비율을 설정하는 방안을 제시하였다. 더 역점이 가 있는 부분은 장기적으로 한국 대학의 체제를 개편하는 방안이다. 정부안의 가장 큰 문제는 구조개혁을 말하면서 그 핵심이라 할 고착된 대학 서열화를 완화하고 사립대 중심의 대학편제를 개혁한다는 문제의식과 정책의 부재다. 이에 정책대안에서는 "대학설립 주체의 다변화와 고등교육 운영 방식의 다양화"라는 항목에서 구체적이고 현실적인 방안을 제안한 바 있다. 즉, 장기적으로 10년에 걸쳐 국공립 대 사립 비율 20대 80을 50대 50이 되도록 조정하는 것을 목표로 하되, 국공립대학을 50% 수준으로 올리는 것이 어렵다면 공공대학pub-lic university의 한 형태인 공영형 사학, 즉 운영비 일부를 정부가 지원하고 족벌이 아니라 공익적인 이사가 중심이 되는 유형의 사립대를 만드는 방안이 그것이다.[10] 그렇게 되면 10년 뒤 한국 대학에서 사학문제는 거의 해소되고 지방대의 경쟁력 또한 크게 강화될 것이다.

물론 족벌지배 사학을 공영형으로 전환하는 것이 현행법이나 관행에 비추어 그리 쉬운 일은 아니다. 그러나 앞으로 10년간 지속될 구조조정 국면이 그 여건을 크게 바꾸어놓을 것이다. 앞으로 연차적으로 부실한 사립대학들이 자연스럽게 퇴출될 것이 예상되고, 이 대학들의 퇴출이 폐교로 이어지는 것은 특히 지방 경제나 문화에 끼치는 영향이 크기 때문에 지역에서도 바라지 않거니와 정부도 대책에 부심할 수밖에 없을 것으로 예상된다. 실제로 정부는 어떤 형식으로든 퇴출대학들을 책임지고 처리 또는 관리할 수밖에 없을 것이다. 그에 따른 구체적인 정책대안으로 ① 퇴출 대상 사립대학을 인근 거점 국공립대학에 통합하는 방법, ② 지자체 및 지역 여건이 허용하는 경우 도립 또는 시립으로 전환하여 공립화하는 방법, ③ 공립화가 어렵거나 대학이 원하는 경우 공영형 사립대로 전환하는 방법 등 세 가지 경로를 제시한 바 있다.[11]

이 같은 방안을 현 정부가 받아들이게 하기는 쉽지 않기 때문에 이를 실제로 구현하기 위한 과정에서 체념 섞인 현실론이나 공공대학의 이념을 '이상'으로 돌리는 담론과 싸워나가는 것이 요구된다. 또한 공공

---

10 공공형 사학 형태는 OECD에서 정부책임형(government dependent)으로 분류한 대학으로, 영국 대학이 대표적이고 국립이 아닌 유럽대륙의 대학들 일부도 이 형태로 분류되고 있다. 단 OECD 기준은 정부지원이 50% 미만인 경우를 정부책임형으로 통칭하고 있으나, 한국 경우는 정부지원이 너무 빈약하기 때문에 잠정적으로 20% 이상 지원하는 경우를 공영형으로 설정하였다.

11 윤지관, 「대학구조개혁을 위한 대안적 정책 제안」, 『박근혜 정부의 대학구조조정에 대한 진단과 대학사회의 제언』(2014.3.14 국회 정책토론회 자료집), 58쪽.

재원이 대학으로 더 투여되는 경우 국가의 개입이 심화될 우려도 있다. 그렇다 하더라도 지금이 굳어진 한국 대학의 사학 중심 지배구조에 균열을 일으키고 전체적으로 대학인들이 처해 있는 관리 시스템에서 탈피하기 위한 움직임을 이 공공대학운동 또는 대학공영화운동을 통해 결집할 시점이라고 저자는 본다. 이를 위해 대학의 공공성 강화가 국가의 대학지배를 더 고착시키는 결과로 이어지지 않도록 국가주의의 함정에 빠지지 말아야 하는 것은 물론, 시장을 빙자한 국가의 대학 지배를 벗어나 공공적 자율의 영역을 회복하는 방향으로 나아가야 할 것이다. 국가가 고등교육을 거의 전적으로 책임지고 있으면서 대학의 자율성은 한국 대학들에 비해 크게 보장되고 있는 서구 대학들의 사례도 있지 않은가? 하여간 그런 위험이 있더라도 공공대학 중심의 개혁운동이 중요한 것은 다름 아닌 한국의 대학 편제의 특수한 전근대성을 넘어서는 과제가 사회적으로도 큰 의미를 지니기 때문이다. 즉, 고질적인 사학문제를 해결하는 일에 단초가 열리는 것은 이 사학문제를 지탱하고 있는 한국사회 기득권 구조를 허무는 작업의 시작이기도 한 것이다.[12]

---

12 고질화된 사학문제의 심층구조에 대한 분석은 윤지관, 「한국 사학, 왜 무엇이 문제인가」, 『사학문제의 해법을 모색한다— 한국 사학의 역사·현실·전망』, 실천문학사, 2012, 14 ~21쪽 참조. 분단체제와 연계된 양상에 대해서는 같은 책에 실린 김종엽, 「한국의 사립대학과 민주적 개혁과제」, 46~67쪽 참조.

4. 맺음말─교수사회의 책무를 되새기며

대학이 원래의 역할을 잃고 시장체제 속에 휩쓸려 들어가고 있다는 위기의식이나 비판은 차고 넘친다. 이 글도 그 같은 위기담론의 목록에 하나 더 보태는 셈이 될 수도 있다. 그러나 현재의 위기는 그 같은 담론의 차원만이 아닌 긴박한 요구와 물질적인 토대의 변동을 수반하고 있다. 여러 사람이 비유하고 있다시피, 앞으로 닥쳐올 구조조정 국면은 대학에 몸담은 구성원들에게 타격을 줄 뿐만 아니라 대학의 기본구조나 존재근거 자체를 휩쓸어갈 수 있는 쓰나미와 같은 위력을 가지고 있다. 먼 바다에서 형성된 이 너울의 영향은 이미 지방대·전문대 등에 미쳐 있고, 이제 시차를 두고 전국의 거의 모든 대학을 집어삼킬 기세다. 위기임을 되뇌는 것이 한가해 보일 정도로 이미 우리는 그 대규모 구조변동 시기의 초입에 들어서 있는 것이다.

저자는 이번 대학구조조정 국면을 한국 고등교육의 체제를 획기적으로 변화시키는 전기로 만들어야 하고, 그 길은 한국 대학들을 공공대학 중심으로 재편하는 운동을 통해서 열릴 것이라고 한 바 있다. 그러나 역시 문제는 도대체 누가 그 같은 운동에 참여하고 실천해낼 수 있는가다. 저자는 그 일차적인 주체는 교수들이 되어야 한다고 본다. 꼭 대학만의 문제가 아니기 때문에 대학 밖의 정치세력이나 운동단체의 힘에 기대를 걸 수도 있겠지만, 대학 내부에서 이 쓰나미에 맞서는 교수들의 힘이 응집되지 못하면 그 어떤 외부적인 운동도 한계를 가질 것이 분명하다. 왜냐하면 대학이 마치 기업처럼 구조조정 되는 과정에서 그 직접적인 조정의 당사자도 교수이고 대학 내부에서 대학의 이념을 끝까지 지켜나가야 할 주체도 교수이기 때문이다. 빌 레딩스는 『폐허의 대학』 결론부에서 대학이 폐허가 된 현실을 두고 "낭만적인 향수ro-mantic nostalgia"에 빠질 게 아니라 그대로 인정해야 하고, 무슨 정치적행동으로 지성과 비판의식의 산실로서의 대학의 본디 모습이 재건될수 있다는 환상에도 쉽게 넘어가지 말아야 한다고 주장했다(129쪽). 저자는 여기에 동감한다. 또한 폐허 가운데 산다는 것이 절망이나 냉소주의가 아니라는 말에도 동의한다(171쪽). 그렇기 때문에 레딩스는 이제는 불가능한 보편적인 이념의 회복이 아니라 상이한 의견들이 공존하면서 이룩해내는 '불일치의 공동체'를 대안으로 제시할 수 있었던 것이다. 그러나 대학의 역사적인 기능이 완전히 망실되어 있음을 전제하는레딩스의 다분히 포스트모던한 결론에까지 동의하는 것은 아니다. 망가진 모습대로나마 대학의 동력 속에는 민주사회의 주체를 형성해내는그 원래적 근대대학의 모습이 남아 있다고 보기 때문이다.

교수사회가 너무 순응적이 되었고, 대학에서 사제관계도 죽었으며, 이제 기능인이 된 교수와 소비자가 된 학생이 있을 뿐이라는 비판적인소리는 매우 흔하다. 그러나 그것이 대학에 대한 이야기의 전부가 아니라는 것은, 역설적이게도 이 비판에 실려 있는 분노 속에, 자괴감 속에깃들어 있다. 그리고 지금과 같은 구조조정의 위기국면에서 그 같은 남은 영역들이 현실적인 힘으로 결집될 수 있는 공간이 열릴 수 있으리라고 믿는다. 국가의 기획이, 시장의 요구가 학문의 영역에 속속들이 침투하는 상황은 교수들의 정체성을 위기에 빠뜨리고, 그것이 교수들의비판의식을 일깨우는 계기가 될 것이다. 저자는 그 가능성을 이번 전국

순회교수토론회에 참석한 교수들의 생생한 목소리를 통해 확인할 수 있었다. 대학이 폐허로 변하는 것을 막기 위해서, 이제 교수들이 나설 때다.

대학에 대한 한 경제학자의 질문

미국 제도학파의 창시자로 알려진 20세기 초 경제학자 소스타인 베블런Thorstein Veblen이 당시 미국 대학의 기업화를 비판하고 대학의 의미를 고찰한 『미국의 고등교육The Higher Learning in America』(1918)이 번역 출간(홍훈·박종현 역)되었다. 경제학자가 고등교육에 대한 책을 쓴 것 자체가 주목되거니와 당대 미국 대학의 현실을 토대로 한 이 책이 오늘날 우리 대학의 문제와 직결되어 읽힌다는 점도 매우 흥미롭다.

가령 금전적인 이익을 추구하는 사업적 성격을 대학이 가지게 되면, "어떤 현실적 유용성을 확실히 입증하지 못하는 과학적 또는 학문적 작업에 대해서는 용납하지 못하는 습성을 필연적으로 지니게 마련"이며, "대학의 힘의 무게중심을 세속사에 관심을 갖지 않는 순수 학문이나 과학으로부터 구체적인 공리주의적utilitarian 목표들 쪽으로 옮길 가능성이 높다"(53쪽)라는 대목은 오늘날의 한국 대학에 그대로 적용해도 될 만한 지적이다. 또 대학 이사회가 그 방향으로 움직이면서 "경상

지출 용도로 할당된 자금을 (…중략…) '실용적'이거나 또는 실용적에 가까운 교육노선 및 학술적 선전 등에 우선적으로 배분함으로써 신뢰할 만한 공공성을 훼손하는 경향을 불가피하게 띠게 된다"(101쪽)라는 관찰도 신자유주의적 행태가 만연한 오늘날 우리 대학의 초상에 대한 뜻하지 않은 예언이 되고 있다. 세계적으로나 한국의 상황에서나 대학의 기업화가 촉진·심화되는 현실을 생각하면, 이 책의 현재성은 뚜렷하다.

베블런이 이 책을 쓴 때는 미국이 세기 전환기를 맞아 도시의 팽창과 산업화가 급속도로 진전되면서 농촌을 기반으로 하던 공동체적 전통이 무너지고 배금주의가 팽배하던 시기였다. 『유한계급론』(1899)에서 금전을 중심으로 한 관습과 제도를 통해 상업주의로 치달은 자본주의를 비판한 베블런은 『미국의 고등교육』에서 이 같은 흐름이 어떻게 대학이라는 제도를 변질시키고 있는가, 대학의 본령이라고 할 사심 없는 학문연구의 영역을 어떻게 훼손시키고 있는가를 고찰한다. 그에게 있어 근대의 대학은 사실적 지식에 대한 탐구를 목적으로 하는 사회적 제도이며, 여기에는 근대문명이 이 같은 지적능력에 대한 존중을 관습화하고 있다는 전제가 있다. 그런데 이러한 습관에 토대를 둔 고등학문의 지식체계도 이 시대의 지배적인 사고습관, 즉 산업기술을 움직이는 금전적인 활동의 영향을 떠나서 존재할 수 없다. 결국 이 두 상충하는 습관으로 인해 과학 및 학문의 요구와 사업상의 원리 및 금전적 이득의 요구 사이에 갈등이 생겨나고, 대학운영은 결국 이 두 요구 사이의 조정과 화해의 과정이라는 것이다. 그리고 베블런은 경제학자답게 이 과정을 결산하면서 사업의 원리가 순수한 학문의 영역을 침해함으로써 대학의 기능에 손실을 끼치고 있다고 결론짓는다. 이상과 같은 베블런의 근대대학에 대한 생각은, 경제학자가 좁은 의미의 경제논리가 아니라 오히려 교육에 대한 공리주의적 접근을 비판하고 공평무사한 연구의 사회적 가치를 주장한 점에서 의미가 있다. 그렇지만 그의 주장은 몇 가지 근본적인 문제에 대한 질문을 야기하기도 한다.

우선 베블런은 근대대학의 기본을 한가한 호기심에서 비롯하는 과학적 지식에 대한 탐구본능에 두고 있으며, 여기에는 이해관계에 무관한 사심 없는 객관적 연구가 대학의 영역이라는 생각이 깔려 있다. 그런데 이 과학적 지식은 "감정에 치우치지 않으며 공평무사하다는 특징"(32쪽)을 가지지만 다른 한편으로 감성적·정신적 덕목을 희생하고 얻어지는 것이며, 베블런 스스로도 근대기술은 유례없을 정도로 비인격적·사무적 성격을 가지고 있다고 지적한다. 그렇기 때문에 그가 말하는 대학의 연구는 객관적 사실을 규명하는 차원의 지식체계에 한정된다. 이러한 실증주의적 과학관 자체가 공리주의와 결합된 이데올로기일 수 있는데 그 지식체계의 근거에 대해서는 단지 본능이자 관습임을 거론할 뿐 더 묻지 않는다.

그 결과 베블런이 말하는 대학의 본령으로서의 학문연구에는 인문학은 물론 사회과학까지도 빠져 있다. 베블런이 보기에 사회과학 일반은 삶의 근거가 되는 관습이나 사회제도를 연구하는 분야이므로 이 분야의 과학자들은 "그의 과학이 속해 있는 삶의 용인된 체계 속의 요소들에 관한 당대의 신념을 수용하고 순응하는 것에 의해서만 (…중략…) 과학적 역량을 인정받기"(198쪽) 때문에 객관적일 수가 없다. 결국 사회과학은 유사과학으로서, 지식의 창달보다는 기존 견해를 인정하는 데 머문다는 것이다. 인문학은 더구나 그의 대학 구상에 자리를 얻지 못한다. 그에게 있어 인문교육이 지향하는 교양이나 소양 교육은 대학이 아니라 중등학교의 목적이며, 이 분야가 대학 내부에 존재하는 것은 마치 직업교육이 그런 것처럼 오히려 대학의 본령을 약화시키는 것이 된다.

베블런의 이 같은 관점은 근대대학의 이념이 대학을 민족문화와 시민적인 교양 형성의 공간으로 보는 독일 관념론자들의 사고에 크게 빚지고 있다는 점을 고려치 않은 것이다. 대학 수준의 교양교육은 비판적 사고력과 창의력, 즉 기성 관습의 한계를 넘어서는 정신적 역량을 길러내는 역할을 한다는 점에서 근대대학의 중요한 기능을 이룬다. 물론 제도로서의 대학이 기성 관념을 재생하는 면도 있지만, 인문학교육은 지배적인 관습으로서의 배금주의나 과시적 소비 등 베블런이 비판하는 사회적 문제에 대한 인식을 길러주고, 그렇게 양성한 민주시민이 결국 기성 질서의 정당성에 의문을 제기하고 사회적 변화를 추동하는 힘이 된다. 베블런의 고등교육론이 주로 이사회, 총장 등 제도에 대한 비판에 머무름으로써 국가와 대학의 관계나 이데올로기 기구로서의 대학의 입지에 대한 시야가 결핍되어 있는 것도 이와 유관할 것이다.

그러나 이 책이 쓰인 시기는 현재 미국 대학의 중추를 이루는 주립대학체제가 자리를 잡기 이전이고, 더구나 1960년대 이후 냉전이 본격화되면서 미 연방정부가 대학에 대한 집중적인 재정투입을 통해 대학의 연구중심적인 기능을 극대화하는 동시에 그것을 국가적 목적에 종속시킨 변화가 일어나기 이전이었다. 미국 대학이 1980년대 이후 세계화 국면에서 급속도로 기업화되어간 현실을 상기하면 20세기 초 베블런의 미국대학론은 자본주의 시대 대학의 본질과 곤경에 대한 통찰로 여전한 유효성을 가진다고 할 수 있다.

비정규교수 문제와 대학의 이념

　지난해 겨울 혹한 속에서 민교협을 비롯한 대학관련 단체들은 교육부의 대학정책에 항의하는 청와대 앞 철야농성을 결의하고 청운동 주민센터 앞에서 천막을 쳤다. 한 달 가까이 계속된 이 철야농성은 교육부의 대학구조조정 정책방향에 대한 항의가 주된 목적이었으나, 당시 시행을 앞두고 있던 강사법의 폐지도 요구사항 가운데 하나였다. 실제로 한교조(한국비정규직 교수노동조합)가 항의농성 참여단체 가운데 하나이기도 했거니와 가장 적극적으로 농성을 이끌어가기도 했다. 개혁적인 신정부에 대한 기대와 실망이 뒤섞인 가운데 진행된 이 '착잡한' 농성은 결국 유야무야 끝나고 말았지만, 성과가 전혀 없었던 것은 아니었다. 교육부가 강사법 폐지를 고려하겠다고 밝힘에 따라 한교조의 요구조건이 일부 수용된 셈이었고, 농성단체들은 이를 농성철회의 명분으로 삼았던 것이다.

　그러나 결과적으로 강사법은 폐기되지 않고 다시 시행을 연기하고 그 사이에 대안모색을 위한 위원회를 구성하기로 결정되었으며, 실질적으로는 별다른 진척이 없는 가운데 지금에 이르렀다. 강사법 시행 여부가 비정규직 교수 문제에서 가장 큰 쟁점이 되어온 것은 사실이고, 당사자들 사이에서도 의견이 엇갈려서 복잡한 양상을 보여온 것도 사실이다. 그러나 강사법을 둘러싼 논쟁은 강사 혹은 비정규직 대학교수 문제를 대학 전체의 위기나 개혁 과제와 독립된 별개의 영역으로 갈라놓는 효과를 가지고, 이는 농성사태 해결과정에서도 그대로 드러났다. 농성단체들의 요구 가운데 핵심이라고 할 '신자유주의적' 대학구조조정 정책방향에 대한 항의는 묵살되고 강사법 유예만 '수용'된 결과는 무엇을 말해주는가? 박근혜 정부가 수립해놓은 '기업체' 식 대학구조조정을 그대로 답습하는 것은 비정규직 교수 문제를 더욱 악화시키는 결과를 빚을 것이 분명하다. 대학들을 생존의 경쟁으로 몰아넣는 정책방향을 선택함으로써 결국 비정규직의 양산이나 근무환경의 악화를 초래할 것이 명약관화한 터에, 강사법 폐지니 유예니 하는 조치는 기만에 가깝다.

 이 같은 과정에 강사문제를 대학 문제 일반과 분리시켜 다루고자 하는 관행과 기제가 작동하고 있다는 사실은 주목을 요한다. 물론 강사의 교원자격 부여는 올바른 방향이고 그 자체대로 중요한 의제이다. 또, 전체 대학이 마주하고 있는 일반적인 문제와는 별개로 강사문제 특유의 과제들이 있기 마련이다. 비정규교수문제는 교육과 대학의 문제이기도 하지만 교권의 문제이자 노동권문제이기도 한 것이다. 그러나 강사를 포함한 비정규교수 문제가 쉽게 해결되지 않을뿐더러 더 악화되어 가는 것에는 대학에 전반적으로 닥쳐온 위기가 작용하고 있다. 즉 대학이 국가와 시장의 이중적인 지배에 종속되고, 진리 추구와 시민 양성을 목적으로 하는 근대대학의 본령이 무너지는 가운데, 대학에서 비정규교수의 비중이 커지고 대학 내부의 '구별' 내지 '차별'의 벽도 더 높아지고 있는 것이다. 비정규교수 문제가 대학 전반의 문제와 긴밀하게 연동되어 사유되어야 할뿐더러 위기에 맞서 대학의 본령을 회복하려는 운동과 맥을 같이 해야 하는 것은 이 때문이다.

사실 한국 대학이 처해 있는 위기는 그 나름의 특수성도 있지만(가령 인구 감소로 인한 급격한 규모축소, 전근대적인 사학 중심 체제, 대미종속적인 학문 풍토 등), 지구화와 함께 형성되어 온 세계적인 신자유주의적 추세와도 연계되어 있다. 지구화의 지배이념이라고 할 신자유주의가 평가와 경쟁을 통해 대학들을 재편하면서 대학의 사회적 책무는 경제적인 부문, 즉 효율적이고 생산적으로 체제에 기여하는 방향으로 틀 지워졌다. 미국의 경우 전체 대학의 비정규직 교수 및 강사의 비율은 1980년대 이후 급격히 높아져서 2017년 현재 전국 대학의 테뉴어 혹은 테뉴어트랙 교수는 교수진의 25%에 불과하다. 나머지 교수진은 파트타임 강사 혹은 논테뉴어트랙의 계약직교수로 이루어져 있다. 가령 1969년 테뉴어 대 비테뉴어 교수의 비율이 78.3 대 21.7인 데 비해 2011년도에는 그 비율은 33.5 대 65.5가 되었다. 대학교수진의 구성이 완전히 달라진 것이다. 이 같은 비정규직의 대폭 증가는 고등교육에 대한 정부재원의 축소와 대학들의 기업화에 기인하는 것으로, 교육환경의 부실화와 교권의 전반적인 약화를 초래하였다. 비정규교수들은 저임금과 의료보험 등 혜택 미비, 신분불안, 과도한 강의부담, 연구비 등 재정지원 미비 같은 등 근무여건 악화에 시달려왔다.

대학 교수진은 정규직과 비정규직, 혹은 테뉴어 교수와 비테뉴어교수로 이분화되고, 두 층위 사이의 위계구조가 형성되면서 보수수준만

이 아니라 발언권에 이르기까지 차별이 일상화된다. 교수사회에서 소수 상위층인 정규직 교수가 다수를 점하는 비정규교수를 감독하고 관리하고 고용하는 입지에 선다. 정규직 교수가 대학의 재원과 권한을 독점하는 구조인 것이다. 한국 대학의 경우에도 최근 들어 이 같은 추세가 가속화되고 있다. 교육부 자료에서 전국 78개 사립대 교수 구성을 보면 2011년 전체 전임교원의 12%가 비정규직이었다면, 2015년에는 20.6%로 두 배 가까이 증가하였다. 이 기간 동안 신임교수 가운데 69.5%가 비정년트랙으로 채용되었다.

교수사회의 계층화가 극심한 차별구조로 고착될 때 연구 및 교육 공동체로서의 대학의 본령은 훼손될 수밖에 없다. 한 미국 저자(Keith Hoeller)는 비정규교수의 증가와 교수사회 계층화로 인한 '착취구조'를 지칭하여 테뉴어중심주의tenurism이라고 명명하는데, 이는 인종차별주의나 성차별주의가 그런 것처럼 교수진을 테뉴어냐 아니냐로 범주화하고 관리하는 체제를 말한다. 그는 이 테뉴어중심주의, 즉 교수사회의 이층체계를 철폐하고 하나의 트랙으로 재구성해야 한다고 주장한다. 비정년트랙 교원 비중이 커지는 현실에서 이 경계를 철폐하고 통합하여 교수진 운용을 해야 한다는 주장은 미국에서만이 아니라 한국에서도 현실화되기 어려운 과격한 주장으로 여겨질 수도 있다. 그러나 기업화된 대학이 이 같은 위계적인 이분화를 통해 교수사회를 통제 관리하는 현실에서, 이 구조를 해체하고자 하는 추구는 대학의 진정한 민주화를 실현하는 일만이 아니라 연구 교육 공동체로서의 대학의 본령을 회복하고자 하는 운동과도 맺어진다.

그렇지만 이 같은 당위와는 별개로 과연 정규 교수와 비정규교수 사이의 이 굳어진, 그리고 더욱 굳어져가는 분리와 차별 기제를 해소할 방안은 있는 것일까? 한국만이 아니라 세계적으로 평가와 경쟁을 통한 '수월성'이, 그리고 경제적 공리적 차원의 대학의 책무성이 강조되는 시대에, 과연 이 같은 추세를 변화시킬 힘이 존재하는가? 한국 대학이 처해 있는 환경을 보면 더 이상 대학 내부에 그 같은 자원이 남아 있지 않다는 비관도 나온다. 대학의 죽음이니 '폐허의 대학'에 대한 숱한 언설들이 그것을 말해준다. 한국대학학회가 발행하는 『대학 : 담론과 쟁점』 지난호(2018.1) 특집은 '대학 밖의 대학'이라는 타이틀로 한국 대학들의 바깥에서 추구되어온 대표적인 대안대학 혹은 연구기관들의 의미와 실천을 짚어보기도 했다. 인문학협동조합, 다중지성의 정원, 지식순환협동조합, 수유너머 등이 바로 그런 기관들로 각각의 관점에 차이는 있으나, 기존의 근대대학들의 사명이 종언을 맞이했다는 인식 아래, 체제화하고 시장화된 대학의 '폐허'를 넘어선 진정한 학문 내지 공부공동체를 건설하려는 목적에서는 동일하였다. 하지만 대학 밖의 시도의 의미를 높이 사면서도 대학 그 자체를 다시 살아 있는 공간으로 만들어 가는 노력이 지속되어야 하는 것은 그만큼 대학이 사회에서 차지하는 비중이나 영향력은 여전하기 때문이다.

서두에서 말한 것처럼 새 정부가 출범한 이후의 대학정책 방향은 진정한 혁신과는 거리가 멀었고, 결국 과거 정부의 정책을 답습하는 데 그치고 말았다. 무엇보다 김상곤 교육부는 대학들 사이의 경쟁을 통한 하위대 퇴출과 상위대 집중지원 방향을 취하였다. 이는 전 정부의 대학 구조조정 정책을 그대로 따른 것으로, 이로써 망국병이라고 일컬어지는 대학의 과도한 서열구조를 혁파하기는커녕 오히려 그 구조를 강화하고 있다. 입시제도를 둘러싼 혼선도 마찬가지다. 국민여론을 수렴하는 공론화 방침을 추진하고 있으나, 입시가 그토록 대학 문제의 가장 민감한 사안이 된 것은 다름 아닌 일류대를 정점으로 하는 서열구조와 그에 따른 정부의 지원정책에 기인하는 것이다. 서열구조를 혁파하고자 하는 정책적 대응이 없이는 아무리 입시제도를 손질하고 바꾸어도 폐해는 사라지지 않을 것이다. 로버트 풀러Robert Fuller가 말한 랭킹중심주의rankism는 대학 간에도, 교수들 간에도 작동하고 있고, 이 같은 이데올로기는 끊임없이 대학사회에서 차별구조를 만들고 유지시킨다. 대학의 서열화 구조는 승자에게 모든 권한과 혜택을 집중시키는 방식으로 대학 사이의 차이를 더 크게 만들고 대학 교수사회의 차별을 자연스러운 것으로 보이게 만든다.

정권교체로 대학의 변화에 대한 높은 기대에도 불구하고 비정규교수 문제에 대한 정책의 방향은 모호하고 해결의지도 의심스럽다. 결국 비정규교수 문제는 대학의 본래적 사명을 회복하려는 대학주체들의 집단적 운동과 함께 추구될 수밖에 없다. 남북관계를 비롯하여 현재 한국사회 변화를 추동하는 힘이 촛불혁명의 정신임을 다시 환기해볼 때, 대학을 변화시키는 일에도 적폐청산과 새로운 질서 수립의 과제가 필수적이다. 한국 대학의 적폐라면 무엇보다 사학비리를 비롯한 대학의 전근대적 구조로 말미암은 문제들이 꼽힌다. 또 국가권력의 부당한 학사 간섭이 과거 정권의 적폐로 꼽힌다. 사실 이 두 문제에 대한 청산은 사학비리에 대한 조사와 분규대학에 대한 관선이사 파견 등의 조치나 총장선거 자율화와 교육부 불개입 선언 등을 통해서 일정 정도 구현되어 왔다. 그러나 문제는 사학비리가 정리되고 대학의 자율성이 어느 정도 보장된다고 해서 대학의 서열화를 비롯한 구조적 문제가 풀리거나 대학구조조정으로 인한 위기가 해소되는 것은 아니다. 적폐청산이 기득권 구조를 바꾸는 작업과 이어져 있다면, 비리사학이 정리되고 총장선거가 자율적으로 이루어진다고 해서 기득권 구조 자체가 변화되는 것은 아니다. 대학 내부에 엄연히 존재하는 차별구조, 즉 정규직 교수와 비정규직 교수 사이의 차별구조가 그것을 말해준다.

대학의 진정한 민주화는 사학비리를 엄단하거나 대학의 자율적 운영을 보장하는 것으로 완료되지 않는다. 설혹 그 같은 엄단이나 보장이 있다 해도 대학 내부에 자리잡은 기득권 구조—즉 교수가 중심이 되어 형성한 구조—는 변하지 않고 그대로일 것이기 때문이다. 대학의 기득권 구조 가운데 가장 광범하고 일반적인 것이 바로 교수 집단의 그것이 아니겠는가? 한국 교수 집단이 자본과 권력에 종속되고 때로는 핍박받아온 것도 부정할 수 없고, 어느 정도는 사회변혁을 추동하는 지식인 집단으로의 역할을 감당해 온 것도 사실이다. 그럼에도 전체로서의 교수 집단은 다른 구성원 집단, 가령 학생이나 직원 그리고 강사나 연구원이나 조교 등 여타 연구자나 교육자에 비해서 대학 내의 모든 권한과 재원을 독점하다시피 하여왔다. 이 같은 독점구조는 과거 총장 직선제가 대개 교수들만의 직선제였다는 점만 환기해도 충분하다. 저자는 대학에서의 적폐의 진정한 청산과 기득권 구조 변혁은 교수들이 독점하고 있는 권한과 자원을 다른 구성원들과 나누지 않고는 불가능하다고 생각한다. 일부 논자들은 교수들의 연봉을 깎아서 강사료를 높이는 데 사용하자고도 하는데, 이런 차원이 아니라 임금 구조조정에서부터 공간 사용 및 연구비 수주, 교과과정 결정, 그리고 대학운영에 대한 발언권에 이르기까지 그동안 과소대변되어온 대학주체들의 자리를 인정하는 방향으로 대학의 풍토를 변화시켜 나가야 하며 그것이 대학 민주화의 진정한 의미일 것이다. 변화의 조짐이 없는 것은 아니다. 최근 총장 직선제가 교수만이 아니라 학생들까지 참여하여 이루어지는 사례들이 생겨나는 것도 그 한 징후이지만, 학생을 물론이고 조교나 연구원, 비정규교원 등 대학을 구성하는 다른 여러 주체들도 참여하는 진정한 협치가 이루어져야 대학의 질서는 새롭게 구성될 수 있을 것이다.

비정규교수 문제는 당사자들만의 문제가 아니다. 미국 대학처럼 향후 정규직 교수(테뉴어트랙)의 비율이 대학에서 크게 줄어들고 다양한 형태의 비정규교수가 대학교육의 중심을 이루게 되는 상황을 상정해본다면, 현행처럼 정규직 교수에게 모든 권한이 독점되어 있는 구조로서는 교육 및 연구 공동체로서의 대학의 이념을 구현하기는 불가능할 것이다. 대학의 이념을 바로 세우기 위해서는 교수사회를 갈라놓는 칸막이를 낮추고 재원과 공간과 권한을 나누는 방향으로 장기적인 대학 및 학문정책이 세워져야 한다. 그리고 이 같은 정책방향을 추동하기 위해서는 현재 당연시되고 있는 교수 사회의 기득권 구조를 해체하고 새롭게 구성하고자하는 움직임이 대학 내부에서 일어날 필요가 있다. 무엇보다 먼저 필요한 것은 현재의 기득권 구조에 안주해온 교수사회의 자기점검과 반성일 것이다. 그리고 이 같은 자기반성이 대학풍토 내지 문화를 바꾸고자 하는 좀더 장기적이고 실천적인 운동으로 발전하지 못한다면, 대학에 진정한 변화는 오지 않을 것이다.

현 정부 대학정책, 제대로 가고 있는가
－고등교육의 공공성과 경쟁력 사이에서

대학구조조정은 한국 대학을
쇄신할 기회다

대학정책:비판과 전망
－2012~2018

현 정부 대학정책, 제대로 가고 있는가
고등교육의 공공성과 경쟁력 사이에서

1. 대학 문제를 바라보는 시각

교육부가 추진하는 대학기본역량진단을 위한 대학별 보고서 제출이 2018년 3월 말로 마감되고 1단계 진단결과 통보일자가 오는 6월 말로 다가왔다. 1단계에서 전체 대학의 60%에 해당하는 자율개선 대학이 지정되고 여기에서 탈락한 나머지 대학들을 대상으로 2단계 보고서를 제출받아서 8월 말이면 모든 대학에 대한 평가가 끝난다. 기본역량 진단 사업으로 이름을 달리했지만 이번 평가는 대학의 구조조정을 위한 '치명적'인 성격을 가지고 있어서 대다수 대학이 평가서 작성에 총력을 기울여왔다. 하위권이라는 평가를 받는 순간 그 대학들은 사실상 존폐 위기에 직면하기 때문에 그 압박감은 과거 정부의 1주기 대학 구조개혁 평가와는 비교할 수 없을 정도의 강도로 다가오고 있다. 심판의 시간인 이번 여름이 지나면 전국의 대학들은 각자 생사의 갈림길로 접어든다.

이 같은 상황은 새 정부가 지난 11월 말 박근혜 정부의 구조개혁 정책의 기본 틀, 즉 대학들 사이의 경쟁을 통한 구조조정 방침을 거의 그대로 유지한 채 일부 시행방식만 바꾼 대학기본역량진단 추진계획을 발표할 때부터 예견된 것이었다.[1] 전 정부의 구조조정 정책이 '줄세우기식 기업체 구조조정'이라고 비판하고 근본적인 변화를 요구해 온 진보 학계나 교수단체의 입장에서는 교육부의 이 같은 결정이 당혹스러울 수밖에 없었다. 2017년 12월 민교협(민주화를위한전국교수협의회)을 비롯한 진보적 교육단체들이 청와대 앞 철야농성을 한 달여에 걸쳐 강행한 것도 이 같은 실망과 반발 때문이었다. 그러나 철야농성은 이 방침에 아무런 영향을 끼치지 못한 채 요구사항 중 하나였던 교육부의 시간강사법 유예만 얻어내고 유야무야 끝났다.

새 정부 출범 이후 새로운 시대를 향한 변화들이 일어나는 가운데 특히 교육 부문의 개혁이 지지부진하다거나 심지어 시대 흐름에 역행하고 있다는 우려와 비판이 나오고 있는 데에는, 입시제도 변경을 둘러싼 혼선 등 미숙한 대응도 한 요인이지만 무엇보다 대학정책이 기대에 부응하지 못한 탓이 크다. 워낙 교육 부문의 개혁이 가장 힘들다는 세간의 인식도 있거니와 대학이라는 기관 자체가 서서히 죽어가고 있다는 비판적인 전망이 국내외에서 터져나오는 상황[2]에서 국내 대학 차원만

---

1 교육부, 「2018 대학기본역량진단 추진 계획(시안)」, 2017.11.
2 대학의 '죽음'에 대한 담론은 적지 않지만 국내외에서 유사하게 그 죽음을 말한 다음 두 글 참조. Terry Eagleton, "The Slow Death of the University," *The Chronicle Review*, Apr. 6 2015; 박양호, 「느리고 확실한 대학의 죽음」, 『중앙일보』, 2017.8.9. 이글턴은

이 아닌 전반적인 대학의 위기에 대처하기란 쉽지 않을 터이다. 그러나 촛불이 열어놓은 변화의 동력에도 불구하고 대학정책이 과거와 크게 다를 것 없는 방식으로 추진되고 있다면 그 원인은 무엇일까?

물론 대학에도 변화의 흐름이 없는 것은 아니다. 정부가 국립대 총장 선거에 개입하지 않는다거나 비리사학 운영자를 징벌하고 임시이사를 파견하는 등 과거의 폐단을 바로잡는 조치가 잇달았다. 그러나 이는 비정상을 바로잡는 조치일망정 그것으로 대학의 민주화가 담보되는 것도, 오랜 적폐가 해소되는 것도 아니다. 아무리 대학이 자율적인 거버넌스를 갖춘다 해도 대학 내외의 구조화된 불평등이 개혁되지 않으면 대학의 민주화란 공염불에 불과하다. 대학의 불평등구조는 대학에 뿌리박은 기득권 구조와 위계질서로 나타나며, 그 근원에는 굳어진 대학 서열체계가 자리잡고 있다. 그러나 상호경쟁을 통한 순위 매기기 방식의 구조조정과 재정지원 정책이 지속되는 한 서열구조는 더 악화될 뿐이다.

대학의 민주화와 아울러 피할 수 없는 것이 대학의 경쟁력에 대한 요구다. 대학의 사회적 책무 가운데 하나가 지식생산을 통해 국가경제에 기여한다는 것이라면 경쟁력 있는 대학을 육성하는 것이 국가적으로 필요한 일임은 부정할 수 없다. 그러나 대학의 경쟁력이 반드시 산업적인 기여에 국한될 수도 없고 대학이 그 본령을 제대로 구현하고 있는가에 달린 문제라면, 심각한 서열화 탓에 한국 대학의 경쟁력 또한 훼손되어 있는 것이 현실이다. 중하위권 대학의 열악한 교육환경은 말할 것도 없지만 국제경쟁력을 갖추어야 할 상위권 대학 또한 서열구조에 안

영국 대학의 현실만이 아니라 한국 대학에서의 경험담도 전하고 있다.

주하고 있는 것이다. 한국에서 상위권 대학들 가운데 과연 진정한 연구 대학의 위상을 가지고 있는 대학이 존재하는가? 학문의 대미종속성은 우리 학계의 오랜 숙제이거니와 서울대까지 포함하여 한국의 대학들은 모두 피더스쿨feeder school에 불과하다는 비판이 일반화되어 있다.[3]

대학의 민주주의 실현이든 사회적 책무의 재정립이든, 이 변화의 과제에 대응하기 위해서는 부분적인 개선 차원이 아닌 근본적인 변화가 요구될 수밖에 없다. 서열구조와 결합되어 있는 대학 내부의 굳어진 기득권 구조를 그대로 두고는 대학이 민주화될 수 없다면 이 같은 의미의 적폐청산은 그야말로 '혁명적인' 국면이 아니고는 힘들어 보인다. 과연 지금이 그런 국면인가? 이 시기가 대학의 경우에도 개혁의 골든타임이라고 할 수 있는 조건이 두 가지 있다. 우선 현 정부가 촛불 민심에 기반하여 성립된 정권이며, 그 정신을 구현하는 것을 통치이념으로 삼고 있다는 점이다. 촛불이 진정한 '혁명'으로 승화되기 위해서는 교육 부문에서도 고착된 불평등의 고리를 끊어내는 혁신적인 조치가 있어야 하기 때문이다. 다른 하나는 지금이 앞으로 10여 년에 걸쳐 대학의 대폭적인 구조개편이 이루어지는 그야말로 지각변동 시기의 출발점에 있다는 점이다. 인구 감소로 인해 불가피해진 대학의 구조조정은 대학에 닥친 당장의 '재앙'일 수도 있지만 장기적으로는 굳어진 구질서를 혁신할 '기회'이기도 하다.

그러나 지난 11월 새 정부의 대학정책 밑그림이 그려지고 무엇보다 등급평가를 통한 대학구조조정 방침이 정해지면서 대학은 과거와 큰

---

3   윤해동, 「한국 인문학의 종속성 탈피를 위한 제언」, 한국대학학회 편, 『대학정책, 어떻게 바꿀 것인가』, 소명출판, 2017, 302~304쪽.

차이가 없는 생존경쟁의 와중에 있음이 확인되었다. 정권 초기인 만큼 벌써부터 환멸을 말하기는 빠를지 몰라도 이 같은 현실 자체가 과연 한국의 대학이 바뀔 수 있는가라는 회의론을 되살리고 있는 것도 사실이다. 또한 대학의 변화가 현재와 같은 정치적 여건에서도 좌절된다면 달리 변화의 계기를 찾기 어려울 것이라는 비관도 나올 수 있다. 이 글에서 저자는 교육부의 대학기본역량진단과 재정지원 사업 개편의 정책적 함의와 아울러 대학의 공공성 강화를 통한 경쟁력 제고를 명분으로 정부가 추진하고자 하는 공영형 사학 및 국립대 통합네트워크 기획이 과연 제 방향을 찾아가고 있는지 점검해보고자 한다.

2. 대학구조조정 정책의 방향, 어떻게 볼 것인가

한국 대학이 당면한 현안은 무엇보다 학령인구 감소에 따른 대학의 전반적인 구조조정이다. 앞으로 10년간 대학 전체 규모의 다운사이징 과정이 어떻게 진행되는가는 개별 대학의 운명만이 아니라 한국 대학 전체, 그리고 미래사회의 방향과 맞어져 있다. 인구 감소 추세가 지속되면 한국사회 전체의 노령화에 따른 다방면의 구조변화가 예상되는데, 인구통계상으로는 2017년 현재의 입학정원이 10년 후 적게는 3분의 1, 많게는 절반 규모로 축소된다. 지난 정부가 2014년부터 3주기에 걸친 대학구조개혁을 통해 2023년까지 당시 입학정원 56만 명에서 16

만 명 감축을 목표로 했지만, 이는 최소치의 목표다. 현재 출생자 수가 40만 명 이하로 떨어졌고 진학률 또한 70% 이하이기 때문에 이 추세대로라면 2023년 이후에도 입학자원이 격감하여 장차 해당 연도 고교 졸업생 가운데 대학진학 예상 학생은 28만 명을 넘지 못할 것이기 때문이다.[4]

출산율 저하에 따른 대학의 위기는 서구나 일본도 이미 겪은 바 있지만, 우리의 경우와 같은 급격한 규모 축소는 세계적으로도 유례 없는 일이라고 할 수 있다. 서구 대학은 그 시기에 고등교육이 대중화 단계로 들어서 과거보다 진학률이 높아지고 해외유학생이 증가하는 추세였기 때문에 그 영향이 크지 않았다. 이에 비해 이미 높은 진학률에 도달해 있는 한국의 경우 이 같은 출구는 없는 셈이며, 이 인구통계학적 현실과 맞물려 지난 20년간의 과도한 '신자유주의적' 편향으로 인한 대학의 팽창 및 운영구조에서 비롯한 심각한 폐해, 왜곡된 사립대 중심 편제로 생겨난 적폐와 과도한 서열체계 등으로 위기가 깊어져 온 것이다. 대학정책에서 사학비리 엄단이나 대학의 자율성 보장과 같은 당장의 문제를 해결하는 것 이상으로 근본적인 변화가 요구되는 것은 이 때문이다.

그러나 새 정부가 내놓은 대학구조조정 정책은 이 요구에 미치지 못할 뿐 아니라 과거 정부의 구조조정 정책의 큰 틀을 그대로 수용했다. 박근혜 정부가 2013년 11월 인구절벽이 몰고 올 대학의 혼란을 막고 구조조정을 대학의 질과 경쟁력을 높이는 계기로 삼겠다는 목적 아래

4   윤지관, 「차기 정부 대학정책 어떻게 바꿀 것인가—정책현안을 중심으로」, 『국회정책토론회 자료집』, 2017.4, 9~11쪽. 참고로 지난 정부의 대학구조개혁 정책 수립 당시 16만 명 정원감축 목표는 입학자원 산정에서 진학률을 감안하지 않은 수치며, 더구나 2023년 이후 국면은 고려하지 않았다. 교육부, 「대학구조개혁 기본계획 발표」, 2014.3.9.

이른바 '선제적' 구조조정 정책을 내놓은 것은 이 문제에 대한 국가 차원에서의 대응이 급박해진 현실 때문이었다. 이에 따라 전국 대학을 일률적인 기준을 적용해 5등급으로 분류하여 등급에 따른 차등 정원감축을 요구하는 방식의 대학구조개혁 정책을 내놓았으며, 제1주기(2014~17)가 끝난 현재 전국적으로 4만 명 남짓의 정원감축이 이루어졌다. 최우수 등급인 A등급에 속한 대학을 제외하고 모든 대학이 최소 4%에서 많게는 15%까지 정원감축을 약속함으로써 목표는 달성했으나, 그 과정에서 대학들이 극심한 지표경쟁에 시달리고 교육의 질 향상이나 실질적인 연구경쟁력과는 무관하게 평가를 잘 받기 위한 실적주의와 편법이 만연했다. 정부의 재정지원도 거의 대부분이 목적사업으로 편성되어 관 주도의 획일적인 기준에 따른 입찰방식의 경쟁으로 졸속 계획과 단기성과 위주, 중복 투자 등 예산 낭비가 극심했다.

새 정부가 제2주기 대학구조개혁을 추진하면서 세부 평가방식에서 상당한 변화를 모색한 것은 사실이다. 우선 5등급 구분을 상위와 하위로 이분하고, 상위 60%에는 정원감축을 '자율적으로' 하게 하는 동시에 자체적인 중장기 계획에 따른 구조개혁이 가능하도록 일반재정지원을 도입하기로 했다. 또 전국 대학을 대상으로 했던 평가에서 권역별 평가로 전환하여 지방대학의 불이익을 완화하는 조치를 취했으며, 그 외에 전임교수 강의담당 비율 등 교육현장에서 폐해가 컸던 몇 가지 지표기준을 조정했다.

그러나 이 같은 일정한 변화조차 이미 전 정부의 교육부가 마련한 개선방향의 기본 방향을 따른 것이었다. 대학기본역량진단 계획에서 도입한 자율화 강화 방안이나 획일적 평가 개선 등은 전 정부가 2017년

3월 제2주기 대학구조개혁 계획을 발표하면서 밝힌 내용이기도 하다. 또한 대학 재정지원 사업에서도 그 전 해인 2016년 7월 대학 자체의 중장기 발전계획을 통해 대학들을 특성화하고 대학 자율성을 대폭 확대한다는 내용의 개편계획을 내놓은 바 있다.[5] 즉, 새 정부의 개선안은 사실상 지난 정부 교육부가 세운 틀을 그대로 답습한 셈이다. 이처럼 정부의 대학구조조정 정책이 과거 정부와 마찬가지로 대학들끼리의 상호경쟁을 통한 하위 대학 도태의 방향을 택함으로써 한국 대학들은 생존을 건 경쟁이라는 험로에 들어서게 되었다. 이 같은 결정으로 '기업체식' 구조조정의 폐해가 고스란히 되살아나는 결과를 빚은 것이다.

우선 정원감축을 비롯한 구조조정의 악영향이 거의 전적으로 하위 대학에 집중됨에 따라 일부 최상위권 대학들을 제외한 전국의 대다수 대학에서 자율개선대학인 상위 대학 범주에 포함되기 위한 경쟁이 더 치열해질 수밖에 없다. 상위 대학과 하위 대학의 명암은 지난 정부의 5등급 구분과는 비교할 수 없을 정도로 확연하기 때문이다. 물론 하위 대학 가운데서 상대적으로 높은 순위에 해당하는 일부 역량강화대학에는 약간의 여지를 두고 있기도 하거니와 정원감축의 규모를 종전의 5만 명에서 2만 명으로 축소하고 '합리적인' 수준의 축소를 권장한다고 한다. 그러나 인구통계로 볼 때 축소 규모가 전 정부가 제시한 것 이상으로 커질 가능성이 크기 때문에, 나머지 조정 인원은 각 대학의 충원 상황에 따라 달라지게 된다. 교육부도 "정부의 감축 권고와 학생의 선택을 병행한 학령인구 감소 대응"으로 방향을 설정하여 이를 분명히 하

---

5   교육부, 「제2주기 대학구조개혁 기본계획」, 2017.3.9; 교육부, 「대학재정지원사업 개편 방향」, 2016.7 참조.

고 있다. 결국 대학구조조정의 상당 부분을 시장에 맡기겠다는 뜻이며, 사실상 충원률이 갈수록 떨어질 지방 사립대학들이 주로 영향을 받을 것이 분명하다.

이처럼 기업체 구조조정 방식의 하위 대학 퇴출을 통한 대학 정비는 필연적으로 해당 대학들의 교육환경을 급격하게 악화시킨다. 대개 각 권역별 지방대 가운데 하위 40%에 속하는 대학들은 경영여건이 열악하기 마련인데, 본격적인 조정이 시작되면 실제로 폐교될 때까지 교육이 정상적으로 이루어지지 않을뿐더러 학생은 재학기간 동안 혼란을 겪고, 교수 연구자들의 근무환경은 극도로 열악해지면서 결국 생존권조차 위협받게 될 것이다. 앞으로 10년 동안 이 같은 교육환경의 피폐화는 불 보듯 분명하며, 전국 대학생 중 절반에 가까운 학생들은 이러한 피해에 속절없이 노출될 것이다. 구조조정이 불가피한 조건에서 교육부가 반드시 해야 할 일은 이 과정에서 고등교육 현장의 피해를 최소화하여 교육이 정상적으로 이루어질 수 있는 여건을 마련하는 것이다. 교수가 중심이 되는 연구분야에서도 이는 마찬가지다. 각 분야 전문가이기도 한 교수들을 무작정 퇴출시키는 것이 장기적인 국가의 연구정책일 수 없기 때문이다. 그럼에도 교육이나 연구의 정상적인 활동을 지원하기 위한 대책은 전무할뿐더러 퇴출 대상인 대학에 대해서는 오히려 재정지원을 끊고 조정을 압박할 것이기 때문에 해당 대학들의 구성원들은 구조조정 기간 내내 거의 악몽 같은 시기를 견뎌야 할 전망이다.

물론 이 모든 희생을 딛고서도 상위 대학에 자율성을 부여하여 경쟁력을 높이자는 것이 이 같은 구조조정 방식의 취지이며, 지난 3월 22일 확정 발표된 대학 재정지원 개편계획도 그 점을 분명히 하고 있다. 개편된 대학 재정지원안의 핵심 내용은 방만한 목적사업들을 정비하여 그 예산을 상위 60%에 해당하는 자율개선대학에 대한 일반 재정지원으로 돌리는 것이다. 이것은 그간의 관 주도의 목적성 사업을 각 대학이 자율적으로 세운 중장기 계획에 대한 지원 방식으로 바꾸는 것으로, 이 방향 자체는 그릇되다고 할 수 없다. 그렇지만 이 변화가 대학구조조정 방안과 결합되어 있기 때문에 결국 상위 대학에 재정을 몰아주는 방편이 되고 있음도 분명하다. 문제는 그 '자율적인' 중장기 계획의 방향성에도 있다. 재정지원 개편안을 보면 4차 산업혁명 시대에 대비한 신기술개발 및 신산업육성 등 국가경쟁력이 무엇보다 강조되고 있고, 이는 대표적인 자율적 개혁의 사례로 든 미국의 두 대학, 즉 미네르바대학과 애리조나주립대학의 사례에서도 엿보인다. 전자가 100% 온라인 수업을 진행하는 소규모 대학인만큼 한국의 대다수 대학에는 해당되기 어렵겠지만 후자의 혁신이 사회적 필요와 기업적 혁신 및 창업에 역점이 가 있는 점이 그렇다. 자율화를 통해 요구하는 경쟁력이 산업과 경제에의 기여라면 자율성은 곧 시장성을 강화하는 방편이 될 공산이 크다.

현재의 구조조정 정책이 결국 경쟁력 강화를 중심으로 이루어져 있음은 분명한데, 과연 대학의 경쟁력이란 무엇인가? 한국 대학생의 절반에 가까운 학생들이 재학하는 대학의 피폐화를 방치하고서야 대학경쟁력을 말하기는 어렵지 않겠는가? 무엇보다 심각한 대학 서열구조가 온존하는 가운데 한국 대학의 진정한 경쟁력을 말하기는 불가능하다. 그런데도 상위 대학 집중 지원과 하위 대학에 대한 징벌적 퇴출 방식이 현재의 서열구조를 더 악화시킬 것은 명약관화하다. 대학이 사회불평등의 재생산기제가 되고 있는 현상이 심화되면서 대학 순위가 거의 그대로 사회계급의 층위를 반영하고 있다는 지적은 일반화되었다.[6] 이 같은 환경에서 상위 대학 집중 지원 방식의 대학구조조정은 중하위층이 주로 재학하는 하위 대학 및 전문대에 대한 지원을 삭감하는 결과를 빚는다. 이 같은 불평등구조는 정부가 내세우는 고등교육의 공공성 이념과 충돌할 수밖에 없다. 대학의 책무에서 경쟁력에 방점이 가 있는 이상 공공성 제고의 이념이 과연 현실에서 어떻게 구현될 수 있는지 짚어보는 것은 필수적이다.

3. 공공성 제고의 문제
─ 공영형 사학과 국립대 통합네트워크

새 정부의 핵심 과제 가운데 하나가 고등교육의 공공성 강화이며, 국립대 육성 및 공영형 사립대 도입과 사학비리 근절이 중요한 국정 목표로 제시되어 있다. 사학비리 근절은 어느 정부나 내세운 목표이지만 공영형 사립대 도입은 이 정부만의 것으로 사립 중심의 한국 대학 편제를 공영성이 강한 형태로 바꾸어나가기 위한 핵심 기획으로 제시되어 왔

---

6   박정원, 「교육재정과 한국 대학 재정지원의 불평등구조」, 한국대학학회 편, 『대학정책, 어떻게 바꿀 것인가』, 소명출판, 2017, 109~118쪽. 한편 한 경제학자는 이 같은 불평등한 지원을 '계층역진적'이라고 표현했다. 장수명, 「대학 서열화 극복의 정책방향과 그 실현가능성─계층역진적 고등교육체제 개편을 위하여」, 위의 책, 77~85쪽.

다. 19대 대선공약에서도 "대학 서열화 완화와 지역균형발전을 위한 '지역 국립대학 육성'과 대학발전의 새로운 모델이 될 수 있는 '공영형 사립대학'을 육성하고자 하며, 이들 대학의 발전을 '한국형 네트워크 대학으로 변화 발전"시킬 것이라고 명시했다. 즉, 새 정부는 거점국립대 육성과 그것을 토대로 한 국립대 통합네트워크, 그리고 사립대 공영화를 서열구조 해소의 해법으로 내세운다.[7]

사실 진보학계에서는 오래전부터 서열화로 인한 공교육의 왜곡을 해결하기 위한 방안으로 국공립대 통합네트워크와 공영형 사학 설립을 제시해왔다. 역대 대선에서 문재인 후보 진영의 고등교육 정책 제안에서 이 두 기획이 빠지지 않았고, 사회 불평등구조의 한 축인 대학 서열구조에 대한 혁파를 목적으로 한다는 점에서 새 정부의 이념적 지향과 합치한다고 할 수 있다. 특히 공영형 사학은 대학구조조정 과정에서 한국 대학을 공공적인 편제로 재편하고 지역 대학의 피폐화를 막을 수 있는 필수적인 형태로 이해되어왔다.[8]

그러나 이 두 기획은 새 정부의 정책결정 과정에서 축소·변질되거나 거의 유명무실해지는 과정을 밟고 있는 것으로 보인다. 국공립대 통합네트워크는 정부의 장기적인 목표로 설정되어 있고, 현 정부의 교육정책에 관여하고 있는 진보적인 학자나 단체가 추구하는 바이기도 하다. 그럼에도 현재 이 기획과 유관하게 대학정책에서 반영된 것은 국립대의 공적 역할을 강화한다는 명분으로 거점국립대에 대한 재정지원을

---

7   이 목표가 교육부의 대학정책의 축인 점은 교육부 장관의 다음 인터뷰에서도 확인된다. 「국공립대 네트워크 만들어 서열화 해소 지역 발전 추진」, 『한겨레』, 2018.2.7.
8   국공립대 통합네트워크와 공영형 사학에 관한 논의는, 민교협 편, 『입시 사교육 없는 대학체제—대학 개혁의 방향과 쟁점』, 한울, 2014 참조.

확대한 것밖에 없다. 공영형 사립대 또한 원래의 의도를 벗어나면서 그나마 시범사업 정도로 명목만 남아 있다. 이 같은 후퇴는 정부가 고등교육의 공공성 강화를 내세우면서도 실질적으로는 시장과 경쟁력을 우선시하는 정책방향과 무관하지 않다.

논자에 따라 차이는 있지만 국공립대 통합네트워크는 전국의 국공립대학을 통합하여 학생을 공동선발하고 공동학위를 수여하는 것을 기본 틀로 한다. 이를 위한 필수 학제로 국립교양대학을 설치하여 네트워크에 선발된 학생들이 이 과정을 마치고 각 지역 캠퍼스로 배치된다는 것이 대체적인 윤곽이다.[9] 이 제안은 과도한 학벌경쟁·사교육비·수도권 집중·입시 위주 교육의 폐해를 일거에 해결할 수 있는 방안으로 제시되었고, 사실 한국 대학의 체제 개혁안 가운데 가장 발본적인 발상을 담은 것이다. 그러나 국공립대 통합안은 원래 대학을 평준화한다는 이념을 바탕으로 하는 것으로 실제 정책으로 구현하기가 쉽지 않고, 이념상으로도 시대착오적인 면이 있어 재검토가 필요하다. 이 기획이 가지는 가장 큰 현실적 문제는 현재 한국 대학이 당면하고 있는 구조조정 국면에 대한 고려가 부족한 것이다. 앞으로 10여 년 동안 한국 대학의 가장 큰 현안인 구조조정의 대상은 주로 사립이 될 수밖에 없다. 국공립이 전체 대학의 20%를 넘지 못하는 국내 환경에서 국립대의 통합은

9　가장 최근 제안된 국공립대 통합안은 지난 대선국면에서 구체화된 것으로, 전교조 및 사회적 교육위원회안과 서울시교육청안이 있다. 전자는 국공립대 통합네트워크 구축과 국립교양대학 설치를 주축으로 하는 진보학계의 기존 안이고, 후자는 거점국립대 중심의 통합안으로 공동 입학 후 공통적인 국립교양대학 과정을 이수하는 것으로 되어 있다. 이에 관한 상세한 논의는, 윤지관, 「변혁기 대학체제 개편과 국공립대통합네트워크 담론 비판—미국 및 프랑스 사례와 관련하여」, 『비교문화연구』49, 경희대 비교문화연구소, 2017, 181~99쪽 참조.

이 기획이 목표로 하는 대학평준화와는 거리가 멀게 마련이다. 실제로 이 기획이 모델로 삼고 있는 프랑스 파리대학 통합이나 미국 캘리포니아 주립대학체제는 해당 대학들이 모두 국립(프랑스)이거나 4분의 3이 주립(미국)이기 때문에 그만큼 대학체제 전반에 결정적인 영향을 끼친 것이다. 그렇기 때문에 한국의 현실에서 국립대 통합은 대학의 평준화가 아니라 실제로는 그 반대로 통합국립대라는 이름의 새로운 일류대를 만들어내자는 기획에 가깝다.[10]

또 다른 여건의 차이는 고등교육에 대한 사회의 수요다. 해외 두 대학의 통합 사례는 대학이 급격히 팽창하던 1960년대에 늘어나는 학생들을 수용하고 대학 행정체계를 재정비하여 국가가 필요로 하는 고등교육 인력을 공급하기 위한 방안으로 채택되었다. 68혁명으로 지칭되는 민주화 흐름이 대학 재편에 크게 영향을 끼쳤지만, 평준화만이 아니라 고등교육 기관들을 특성에 따라서 정비하는 의미도 컸다.[11] 이 같은 통합방식을 이미 대학의 체제가 갖추어져 있고 학생 수가 급격히 축소되는 정반대 환경에 있는 우리 현실에 인위적으로 적용하는 것은 무리가 있을 수밖에 없다. 20년 전에 발상된 국공립대 통합안은 21세기에

---

10 전국 국공립대학을 네트워크화하겠다는 '비현실적인' 통합안과는 달리 거점국립대의 통합을 축으로 하는 서울시교육청안은 더 현실적이어서 이 점을 분명히 한다. 이 안에 따르면 거점국립대의 통합네트워크에 지원할 자격을 고교 성적 상위 10%에 한정하고, 현재 1만 명의 극도로 좁은 일류대 문을 3만 7천 명 수준으로 넓히겠다는 것이다. 서울시교육청, 「서울시교육청 교육개혁 제안」, 2017.3, 25쪽.

11 가령 캘리포니아 고등교육 마스터플랜의 경우 주립대학들을 특성에 따라 연구중심, 교육중심, 2년제 대학으로 나누고 역할을 분명히 했다. 프랑스 대학의 경우 통합된 빠리대학은 각각의 특성에 따른 교육을 담당하고, 일부 전문분야 교육은 그랑제꼴(Grandes Écoles)에서, 연구는 주로 국립연구소를 통해 하는 방식으로 특성화했다. 윤지관, 「변혁기 대학체제 개편과 국공립대통합네트워크 담론 비판—미국 및 프랑스 사례와 관련하여」, 『비교문화연구』 49, 경희대 비교문화연구소, 2017 188~189쪽.

접어든 지금의 국면에서 시대착오적인 면이 드러나고 있다. 이는 이 기획의 필수 학제인 국립교양대학 설치 구상에서도 두드러진다. 대학 수준의 교양교육을 국가가 통합적으로 관장한다는 것은 국가주의적인 발상으로, 지구화 시대의 추세와도 맞지 않고 대학의 자율성을 저해할 수 있다.

국공립대 통합네트워크 안이 현 정부정책에서도 '장기적 목표'라는 이름으로 현안에서 밀려나 있는 데 비해 대학 공공성 강화의 다른 한 방안으로 제시된 공영형 사학 기획은 현재의 구조조정 국면과 직접적으로 결합되어 있다. 공영형 사학이란 설립형태는 사립이되 공익형 이사가 중심이 되는 거버넌스를 갖추고 일정한 국고 지원으로 운영되는 반사립 반공립 형태의 대학을 말한다. 공영형 사학은 그동안 비리의 온상이었던 문제사학들을 정상화하는 방안이면서 사유물처럼 취급되는 전근대적 관행을 해소하고 대학을 근대화하는 작업의 일환이라고 볼 수 있다. 또한 국토 균형 발전의 입장에서 운영난에 처한 지방 사립대들을 정부나 지자체의 지원을 통해 살려냄으로써 지역 문화와 경제에 일정한 역할을 할 수 있도록 기획되었다.

그러나 정부의 거듭된 추진방침 표명에도 불구하고 현재 공영형 사학 설립 기획은 거의 껍데기만 남아 있는 형국이다. 2017년 11월 발표된 고등교육 정책 추진방향에서는 "발전 가능성이 높은 건전한 사립대에 운영비 일부를 정부가 지원하고 공공적 역할을 부여"하고자 하며, 정책연구를 통해 운영방안을 마련하고 단계적으로 추진한다고 밝히고 있다. 실제로 연구를 통해 대학 운영비의 50% 이상을 지원하되 이사회를 공익이사 과반수로 구성하고, 학교운영위원회 또는 대학평의원회에 인사 및 재정권을 위임하는 방식으로 공영형 사립안이 논의되고 있는 것으로 알려졌다.[12] 아울러 학계 및 교수단체에서도 공영형사립대추진협의회를 구성하여 논의를 지속하고 있다.

그러나 이를 위한 예산편성도 없거니와 지난 3월 발표된 대학 재정지원 개편계획에서도 공영형 사학과 관련된 어떤 지원항목도 없다. 연구안대로 사립대학의 운영비를 50% 이상 부담하려면 거의 국립대 수준에 버금가는 지원이 이루어져야 하기 때문에 이에 대한 정책적 대비가 있어야 한다. 그러나 개편계획을 보면 거점국립대에 대한 지원 확대 방안만 정해져 있을 뿐 사립대의 공영화와 유관한 재정지원은 없다. 알려진 바에 따르면 현재 공영형 사학은 대폭 축소된 전국 3~4개 대학을 대상으로 '시범적으로' 시행하는 정도의 실무 협의가 이루어지고 있으며, 그 원인은 예산 확보가 어렵기 때문이라고 한다.

물론 정부가 의지만 있다면 시범사업을 시작으로 차후 공영형 사학 설립을 단계적으로 추진하여 애초 논의되던 대로 전국 사립대 30퍼센트, 나아가 50%까지 공영화를 달성하는 것도 기대할 수는 있다. 그러나 현재로서는 불가능하다. 현 정부의 대학구조조정 정책인 대학기본역량진단 사업 자체가 공영형 사학의 원취지와는 정반대 방향을 취하고 있기 때문이다. 애초의 기획이 구조조정 과정에서 경영위기에 처한 지방의 대학들 가운데 지역환경으로 보아 필요한 대학들을 정부 지원으로 살리는 방안으로 제시되었던 반면, 대학기본역량진단 사업은 이 유형의 대학들을 퇴출하는 방향으로 추진되고 있는 것이다. 즉, 공영형 사학 기

---

12 「공영형 사립대학의 의의와 효과 그리고 운영방안」, 『국회정책토론회 자료집』, 2018.3.2 참조.

획과 대학구조조정 방식은 서로 상충하는 정책적 목표를 가지고 있는 셈이다. 이번 진단은 최소 3년 동안 영향을 끼치기 때문에 이 과정에서 하위 대학으로 분류된 사립대들은 대체로 도태 과정을 밟게 된다.

공영형 사학의 취지가 변질되는 징후는 이전부터 있었다. 18대 선거에서 문재인 후보 진영은 임기 중 사립대학의 절반을 공영화하겠다고 공약한 바 있다. 19대 선거에서도 이 같은 방향이 논의되기도 했으나 이 기획에 대한 반대여론 및 내부논의 결과 "장기적으로 발전 가능성이 높은 사립대학은 '공영형 사립대'로 전환 육성하겠다"는 쪽으로 정리되었다. 이어서 각 대학 교수협의회의 전국 연합체인 국교련(전국국공립대학교수회연합회) 및 사교련(전국사립대학교수회연합회)과의 정책협약에서도 "건실한 사립대학을 공영형 사립대학으로 개편"한다고 합의했다. 이 같은 공약이나 합의 자체가 애초의 기획에서 크게 후퇴했을 뿐 아니라 '발전 가능성'과 '건실함'을 조건으로 함으로써 지방의 하위 대학과 전문대 등 경영위기에 처한 대학들을 배제할 수 있는 근거를 마련해두었던 셈이다. 결국 현재의 시범사업은 공영형 사학 기획이 한국 대학의 체제를 공공적으로 개편한다는 애초의 의미를 상실하고 '건실하고' '가능성 있는' 대학들 사이의 경쟁을 통해 부여되는 또 하나의 특전으로 왜곡·순화되고 말았다.

4. 결어 - 대안을 찾아서

새 정부가 들어선 이후 대학정책의 획기적인 변화에 대한 기대가 높았으나 결국 지난 정부가 마련한 방향을 그대로 답습하는 것으로 귀결되었다. 대학구조개혁 정책과 그 뒷받침이라고 할 수 있는 대학 재정지원 개편은 모두 상대평가를 통한 하위 대학 퇴출과 경쟁력 강화라는 지난 정부의 틀을 지속하면서 지난 정부 말기에 교육부가 일부 개선책과 함께 세워놓은 개편계획을 거의 그대로 수용한 것이다. 정책의 연속성과 예산문제를 일차적인 이유로 내세우고 있으나 그 같은 현실론으로는 대학의 오랜 적폐와 기득권 구조를 혁신하라는 사회적 요구에 크게 못 미칠 수밖에 없다. 새 수장을 맞은 교육부가 관료주의의 틀을 벗어나지 못하고 있다는 비판도 비등하고, 정치권의 대세 자체가 경쟁을 통한 하위 대학 퇴출 방식을 선호하고 있다는 지적도 나오고 있다.

이 같은 정치적인 판단이 어느 정도 정확한 것인지는 더 따져볼 일이지만, 새 정부가 이런 방향의 대학구조조정 정책을 선택한 근저에는 '좋은 대학 키우고 나쁜 대학 없애야 한다'는 여론이 지배적이라는 논리가 깔려 있는 것도 사실이다. 그러나 대학에 대한 기업체식 구조조정에 대한 비판에 맞서서 지난 정부들이 전가의 보도처럼 내세운 것도 바로 이 여론이었다. 이명박 정부는 이 같은 논리로 전국 대학에 일련의 순위를 매기고 하위권 대학에 정부 재정지원 제한 조치를 했고, 박근혜 정부 또한 마찬가지 근거로 전국 대학을 5등급으로 나누어 차등적인 정원감축을 강요했다. 현 정부도 같은 이유로 상위 대학과 하위 대학을 구분하고 하위 대학을 퇴출 대상으로 삼는 평가를 진행하고 있다. 대학들은 예전처럼 평가에 목을 매고 생존경쟁에 시달릴뿐더러 이 정부 들어 상위 대학에 정원감축을 실제로 면제해줌으로써 피해는 고스란히 하위 대학에 집중되고 학생 충원에 사활을 거는 시장성은 더 강화된 것이다.

일류대를 선망하는 일반 국민들의 여론이 엄연하다 하더라도 그 같은 욕망이 사회의 불평등구조를 가리는 이데올로기의 소산임도 분명하다. 과연 일류대를 지향하는 욕망을 대변하는 그 같은 여론만이 여론의 전부일까? 그렇지 않다고 보아야 할 것이다. '망국적인' 서열구조라는 말이 일반화되어 있다시피 금수저냐 흙수저냐에 따라 서열화된 대학의 입학이 결정된다는 비판이 무성하고 그에 대한 불만도 크다. 촛불을 추동한 사회적 힘에는 바로 이 같은 불평등구조에 대한 반발이 내재해 있는 것이다. 기득권 구조를 바꾸어나가는 것이 촛불혁명의 의미를 살리는 길이라면, 대학의 서열체계를 혁파해내는 구조조정 방식을 모색하고 이 문제와 정면대결하지 않으면 대학은 결코 바뀌지 않을 것이다.

과연 교육이나 대학에 대한 패러다임을 바꾸는 근본적 변화는 불가능한 것인가? 국공립대 통합네트워크나 공영형 사학 등 대학의 공공성을 높이고자 하는 혁신안이 모델로 삼고 있는 프랑스 파리대학의 개편 배경을 되돌아보는 것도 시사적일 듯하다. 파리대학의 통합 등 1970년대 프랑스 대학의 근대적 개편은 68혁명의 이념에 바탕을 둔 것이었다. 68혁명은 총선을 통해 구정권이 복귀함으로써 실패했다는 것이 중론이지만, 프랑스 및 유럽 사회 전체에 크게 영향을 끼쳤고, 실제로 복귀한 정권의 교육부 장관 주도로 혁명 당시 학생연합의 요구를 대폭 수용한 대학체제 개편이 이루어진다. 포르법안으로 일컬어지는 이 개혁조치를 통해 프랑스 대학은 ① 대학교육을 국가 책임으로 하고, ② 학생 주체가 교과과정 결정까지 포함한 학사에 참여한다는 원칙을 확립한 것이다.[13] 즉, 고등교육의 공공적 임무를 명확히 하는 동시에 과거 교수 중심 기득권 구조를 혁파하고자 했으며, 이후 지구화에 따른 사회환경의 변화에 대응하는 개혁시도들이 잇달았지만 당시 확립된 대학의 공공적 틀은 지금도 유효하다고 할 수 있다. 촛불이 혁명적인 의미를 지닌다면, 적어도 이에 버금가는 기성질서의 재편을 시도해야 한다. 그러지 않는다면 그야말로 국민에 대한 배신이고 대학개혁의 골든타임을 놓치는 죄를 저지르는 셈이다.

현재의 대학정책을 대신할 대안적 방안이 없다고 할 수는 없다. 대학을 줄세우기 방식으로 정리하는 구조조정 방식에 대해서 이미 무수한 비판이 있어왔고, 많은 대안이 제기되기도 했다. 가령 저자가 관여하는 한국대학학회에서는 정원감축의 원칙을 ① 고착된 대학 서열화를 완화하는 방향, ② 사립대 중심 대학편제를 공공대 중심 체제로 전환하는 방향, ③ 고등교육의 역할과 교육현장의 안정성을 보장하는 방향, ④ 대학의 성격과 목적에 따른 감축 방향, ⑤ 계속교육 강화 방향 등 다섯 가지로 제시하고, 전체 감축 규모의 절반은 전국 대학이 동등하게 일률 조정하는 방안과 연구 중심 대규모 대학의 학부정원 조정 및 대학원 지원 방안 등을 포함한 대안정책을 발표한 바 있다.[14] 자세히 논의할 자리는 아니므로 간략하게 그 내용을 정리하면 다음과 같다.

서열화 완화와 공공대 중심 체제로의 개편은 무엇보다 전문대나 지방

13 원윤수·유진헌, 『프랑스의 고등교육』, 서울대 출판부, 2002, 47쪽.
14 이에 관해서는 윤지관, 『국회정책토론회 자료집』, 2017.4, 17~41쪽 참조.

중하위 대학 가운데 살릴 수 있는 대학들을 정부나 지자체의 재원으로 공영화하는 방안이 복원되어야 한다. 이를 위해서는 상위 대학에 지나치게 편중된 대학 재정지원의 관행을 바꾸어 재정배분 방식을 재편할 필요가 있다. 일부 대학의 퇴출은 불가피하겠지만 지역별 대학 통합이나 대학 성격의 변경 등을 통해 상당수의 사립대학을 연차적으로 공영화하면 10년 후 공공대학과 사립대학이 각각 50대 50을 이루는 것도 불가능하지 않다. 문제는 정부의 정책의지이며, 3년 후 시작될 3주기 구조조정 추진에서부터 근본적인 정책방향이 수정되어야 할 것이다. 아울러 구조조정 과정에 필연적으로 발생할 교육현장의 피해를 최소화하는 조치들을 취해야 하고, 이를 위한 예산을 배정해야 한다. 그동안 대학 지원 예산의 많은 부분이 낭비된 것은 경쟁력을 높인다는 명목하에 헛된 지원을 일삼았던 탓이다. 이 가운데 많은 부분을 열악한 대학교육 환경을 개선하는 데, 즉 학생과 교수 연구자들의 정상적인 교육 및 연구 활동을 위해 배정해야 할 것이다. 그것이야말로 대학경쟁력을 높이는 데 기본이기 때문이다.

아울러 정원감축도 줄세우기식 평가를 통한 하위 대학 집중 방식이 아니라 대학의 특성에 따른 맞춤형 조정으로 방향을 전환해야 한다. 연구 중심 대학은 학부정원을 축소하는 대신 대학원을 집중 지원해야 하며, 교육 중심 대학은 불필요한 대학원 과정을 줄이고 학부 중심으로 재편해야 하고, 운영위기에 처할 전문대는 모두 정부에서 인수하여 국가가 전문기술 교육을 지원하는 체제를 만들어야 한다. 마지막으로 계속교육의 강화를 위해서도 지방대학들을 공영화할 필요가 있다. 공영형 사학들 가운데 상당수는 미국식 커뮤니티칼리지와 같이 각 지역에서 일반인들을 위한 계속교육 기관으로서의 역할을 할 수 있을 것이다.

위의 대안적 구조조정 방안은 이 정부가 출범하기 전에 제안된 것이지만 과거 정부의 틀을 그대로 이어받고 있는 지금의 국면에서도 유효하다. 문제는 이미 새 정부 대학정책의 방향이 정해졌고, 상위 대학의 경쟁력 강화, 하위 대학 퇴출을 원칙으로 하는 구조조정 방안이 시행되고 있기 때문에 이 같은 대안 모색이 현실적으로 무의미해질 수 있다는 점이다. 역설적이게도 과거 정권의 '신자유주의적' 정책에 맞서던 당시와 달라진 정치여건이기 때문에 오히려 그 실현이 더 어렵게도 보인다. 그렇다면 길은 없는 것인가? 당장의 정책 변화는 불가능하겠지만, 장기적인 과정에서 큰 방향의 변화를 추구해나가는 동력을 길러내는 싸움이 더 중요해질 것이다. 큰 틀의 변화를 위해서는 무엇보다 대학담론의 형성이 긴요하다. 사회 불평등구조와 대학의 서열화 문제가 어떻게 연동되어 있고, 또 그것을 해결할 방도가 무엇인지 끊임없이 문제를 제기하고 공론화하는 일부터 시작해야 한다. 또한 대학 사이와 내부에 굳어져 있는 불평등한 구조와 문화를 바꾸어나가는 주체적인 노력이 대학 내부에서 일어나야 한다. 불평등구조에 대한 문제제기가 대학 내부에서 어떤 형태로든 터져나올 때, 굳어진 질서를 깨는 새로운 힘과 흐름이 생성될 것이라고 희망해본다.

대학구조조정은 한국 대학을 쇄신할 기회다

1. 들어가는 말

대학들이 정원감축을 강요당하고 도태되지 않으려고 안간힘을 쓰는 구조조정의 국면에서 대학구조조정이 기회라니! 대학이 엄청난 고통 속에 위기를 겪고 있는 마당에 뜬금없고 시류를 모르는 자의 말장난이라는 힐난이 쏟아질 법도 하다. 위기crisis란 말이 물론 '위기'이자 '기회'를 동시에 일컫는 어떤 변곡점을 말하고 있는 한 이런 말이 성립하지 않을 까닭은 없다. 그러나 당장의 심각한 재정 압박과 그로 인한 조정의 요구에 직면하고 있는 대학이나 교수들의 입장에서 이 같은 역설이 그것대로 받아들여지기는 힘들 듯하다. 이 구조조정이 특히 집중되고 있는 한국의 중하위 대학들의 경우 대개 족벌경영이 일반화되어 있고, 이 폐단이 구조조정 국면에서 더욱 극심해지고 있는 것도 현실이다. 그로 인해 분규를 겪고 있는 대학의 구성원들이야 오죽하겠는가?

그런 비난이나 불만을 감수하고라도 저자는 인구 감소로 인한 피할 수 없는 대학의 구조조정이 한국 대학의 체질을 근본적으로 바꿀 수 있는 절호의 기회라는 생각을 버릴 수 없다. 당장의 분규대학을 생각해보자. 한국의 사학들은 그야말로 불사조와 같은 끈질긴 생명력을 가지고 있다. 교육자로서는 있을 수 없는 갖가지 범법행위를 저지르고 감옥에 간 사람도, 대학전횡을 일삼다가 대학 구성원들의 고통스러운 분규 끝에 퇴출당한 사람도 버젓이 대학으로 돌아와 총장을 하고 이사장을 해도 끄떡없는 곳이 한국의 사학이다. 전남의 한 사립대학은 족벌인 총장이 입시부정을 비롯한 범법행위로 수년형을 선고 받았으나 출옥 후 다시 복귀하여 문제를 제기한 교수를 해직시켰고 법적 소송을 거쳐 복직하자 재임용 탈락시키고 하기를 여러 번 되풀이하였다. 비단 이 대학뿐인가? 사학재단의 횡포가 얼마나 심하면 교수와 학생들이 연구와 수업을 반납하고까지 시위하고 농성하고 단식하는 등 이들을 몰아내기 위해서 언제 끝날지 모르는 싸움에 나서겠는가? 과거 전국의 수많은 대학들에서 구성원들이 갖은 희생과 고통 끝에 가까스로 자격 없는 사학재단 경영자를 쫓아냈지만, 관선이사 아래서 대학이 정상화되고 발전의 기틀을 마련하게 되자 이번에는 교육부가 대학들의 문제가 해결되었으니 다시 구재단을 복귀시켜야 한다고 나서지 않았던가? 결국 퇴출되었던 구재단이 전국의 대학들에 언필칭 정상화의 이름으로 복귀하였고, 최근까지도 갖은 신고를 겪으며 분규에 빠져 있는 상지대도 바로 그 결과 중 하나이다. 생각해보면 참으로 기가 막힌 일이나, 21세기의 한국에서 버젓이 벌어지고 있는 일이기도 하다.

그야말로 고질병이 된 이 사학문제는 한국의 기성질서와 단단히 맺어져 있기 때문에, 사학분규가 대개 우리 사회의 기득권 구조와의 끝을 알 수 없는 싸움으로 이어지는 것은 다반사다. 그런데 결코 끝나지 않을 것 같던 이 사학지배체제의 끝이 보이고 있다. 바로 인구 감소로 인한 사학의 경영위기다. 인구 감소에 대비한 정원감축에 역점을 둔 구조조정은 교수나 학생을 비롯한 대학에 위기를 초래하고 있지만 이는 동시에 사학재단의 위기이기도 한 것이다. 더 전체적으로 보면 사학지배체제의 위기라고 할 수 있다.

　한국의 대학의 80% 이상이 사학인 점을 고려하면 많은 사학들이 경영위기에 처함으로써 사학중심체제의 굳은 틀이 깨어질 틈이 생겨나고 있다는 것은 한국 대학의 개혁을 위해 중요한 의미를 가진다. 구조조정의 국면에서 사학문제는 더 심각해지고 분규가 확산되는 양상을 보이겠지만, 그것이 결국 소멸직전의 사학중심체제가 정리되는 마지막 과정이 될 공산이 큰 것이다. 그렇기 때문에 당장의 분규를 해결하는 일 못지않게, 아니 그보다 더 근본적으로 구조조정을 통한 체제 개편이 이 고질적인 문제를 근원적으로 해결하는 길이 될 것이다. 다만 우리가 이 구조조정의 과제를 어떻게 치러내느냐가 그 성패의 관건이 될 것임은 물론이다.

2. 교육부의 구조조정 정책과 그 문제점

교육부가 인구 감소로 인한 대학의 혼란, 특히 지방대와 전문대의 와해를 막고 대학경쟁력과 질을 강화할 필요를 내세워 대학구조개혁 추진계획을 발표한 것은 2014년 1월이었다. 정부는 2013년 기준 56만 명의 대학입학정원을 10년간 40만 명으로 감축한다는 목표로 주기별 감축목표량을 제시하고(〈표 1〉 참조), 이를 위해 전국 대학을 일률적으로 평가하여 5등급으로 분류하고 등급에 따른 차등 지원 및 차등 정원 감축 방침을 밝혔다.

이 같은 기본계획 아래 교육부는 등급평가는 물론이고 특성화 사업을 비롯한 모든 정부재정지원 사업에서 정원감축계획을 포함한 구조조정의 정도를 평가요건으로 설정하는 등 목표 달성을 위한 가능한 방법을 모두 동원하였고, 그 결과 2018년 입학정원 기준 1주기의 목표 4만 명을 초과한 4만 4천 명의 정원감축을 달성하였다. 물론 정원감축 위주의 이 같은 정부의 구조조정 정책은 많은 부작용을 초래하고 있지만, 인구 감소로 인한 대학의 혼란을 최소화하기 위한 '선제적 개입'의 필요성에 대한 주장 자체를 부정할 수는 없을 것이다. 일부 하위 대학들

〈표 1〉 주기별 대학 정원감축 목표

평가주기	1주기(2014~2016)	2주기(2017~2019)	3주기(2020~2022)
감축 목표량	4만 명	5만 명	7만 명
감축 시기	'15~'17학년도	'18~'20학년도	'21~'23학년도

주1) 대학 및 전문대학 전체 대상
주2) 현재 대학과 전문대학 정원 비율(63 : 37)에 따라 대학 25,300명, 전문대학 14,700명 감축 목표(1주기 기준)
※ 자료 : 교육부, 대학구조개혁 추진계획, 2014, 5쪽.

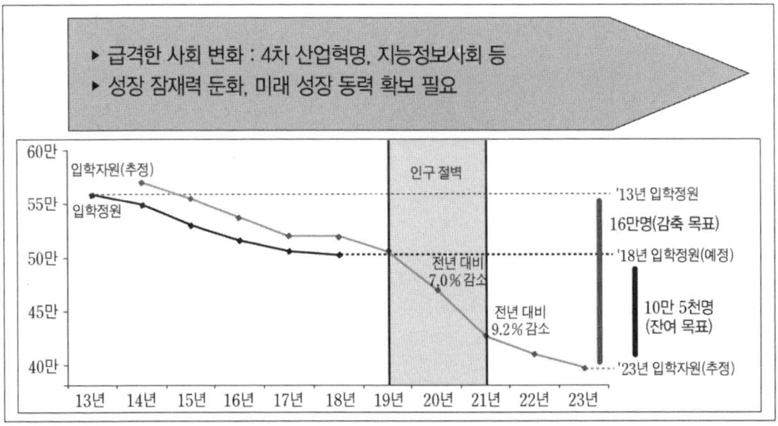
▸ 급격한 사회 변화 : 4차 산업혁명, 지능정보사회 등
▸ 성장 잠재력 둔화, 미래 성장 동력 확보 필요
60만
55만
50만
45만
40만
입학자원(추정)
입학정원
인구 절벽
전년 대비 7.0% 감소
전년 대비 9.2% 감소
'13년 입학정원
16만명(감축 목표)
'18년 입학정원(예정)
10만 5천명 (잔여 목표)
'23년 입학자원(추정)
13년
14년
15년
16년
17년
18년
19년
20년
21년
22년
23년

〈그림 1〉

이 현재 퇴출 대상의 위기로까지 몰려 있기도 하거니와, 앞으로 실제로 정원감축이 반영되고 조정이 더 진행되면 그런 대학들이 급격히 늘어날 전망이다. 현재 교육부의 감축목표를 감안하면 앞으로 3주기에 이르기까지 총 16만 명의 정원이 감축되는 과정에서 퇴출대학을 포함하여 운영 자체가 어려워지는 한계대학은 속출할 것이 예상된다.

그런데 문제는 정작 대학의 축소 규모가 교육부의 예상보다 더 커질 수 있다는 것이다. 〈그림 1〉을 보자. 교육부(2016)는 이 도표를 통해서 입학자원이 감소하는 추세에 비추어 이 같은 정원감축이 필연임을 설명하면서 동시에 대학을 미래사회의 필요에 대비할 수 있도록 개혁할 필요성이 있음을 보여주려고 한다. 과연 정부의 대학구조개혁 정책방향이 이 같은 시대적 요청에 부합하는 것인지는 따져보아야 할 것이지만, 사태가 정부 예상보다 더 심각하다는 점부터 짚어야 한다고 본다. 즉 이 도표에 따르면 2023년도 입학자원을 40만 명으로 추정하고 2018년 입학정원 기준으로 추후 10만 5천 명 수준의 감축이 요구된다는 것이다. 이

감축규모 자체도 대규모의 조정을 예고하는 것이지만 통계청에서 매년 발표하는 신생아수 통계로 추정하면 이 이상의 조정이 필요하다는 것을 알 수 있다. 통계청에 따르면 올해 신생아 수가 40만 명을 조금 상회하고 있고 대체로 수년 전부터 이 수준이 유지되고 있다. 문제는 진학률이다. 최근 대학진학률이 2010년대부터 70% 정도에서 형성되고 있는 점을 감안하면 향후 실질적인 입학자원은 28만 명에 불과할 것으로 추정되고, 이것은 한국 대학의 전체적인 입학생 수가 구조조정 계획이 발표되던 시점인 2013년의 56만 명에 대비하면 꼭 반수로 줄어들 것임을 말해준다. 즉 앞으로 10년만이 아니라 그 이후에 이르기까지 한국 대학의 대폭적인 조정과 변화가 불가피하다는 것이다.

물론 10~20년의 조정기간 동안 단순한 인구 감소만으로 현재 대학 혹은 학생의 반이 그대로 감소한다고 단정할 것은 없다. 미래 사회의 변화에 따라서 가령 해외 유학생을 더 유입시킨다거나 대학의 입학연령층을 지금보다 더 높여서 성인에게 대학문을 더 넓게 개방한다거나 하는 방식으로 그 타격을 줄일 여지는 있고, 대학의 평생교육기능을 강화해서 수요를 확대할 수도 있을 것이다. 그러나 그 같은 방식의 보완도 한계를 가질 수밖에 없기 때문에 앞으로 20년 후에는 절반에는 미치지 못한다하더라도 한국 대학의 적어도 3분의 1 이상은 어떤 방식으로든 정리가 불가피할 것이 분명하다. 이 같은 전망은 무엇을 말해주는가? 조정을 겪을 대학들의 설립형태가 국립보다 사립일 수밖에 없는 점을 감안하면 사립대학의 상당수가 문을 닫거나 형태상의 변화를 수반할 수밖에 없다는 것이다. 이것은 구조조정 국면이 지속되면서 경영위기를 겪을 한국의 사립대학이 지금과 같이 불사조와 같은 생명력을 더 이상 가질 수 없다는 것을 말해준다. 좀 늦거나 빠르거나의 차이가 있을 뿐 현재 전체 대학의 80%를 상회하는 사립대 중심의 한국 대학에 체제는 개편될 수밖에 없고 이 와중에서 무소불위의 권력을 휘두르던 사학권력도 지금과 같은 힘은 잃을 수밖에 없다.

한국의 고등교육을 사립대학이 주로 담당하게 된 역사적 배경이 있고 그만큼 사학들의 기여도 컸지만, 한편으로 대학이 사적 소유물처럼 인식되면서 전근대적 지배체제가 형성되고 이로 인해 사학문제가 고질화되어 한국 대학의 발전을 가로막는 장애물이 되어온 것은 주지의 사실이다. 사립 중심 체제는 사학문제만이 아니라 고액 등록금 문제를 유발한다. 한국 대학의 등록금 수준이 미국 다음으로 높다고 알려져 있지만 경제 수준을 대비하면 가히 세계 최고라고 해도 틀린 말이 아니다. 대부분의 사학의 재정상황이 열악할뿐더러 기부금 제도도 미국처럼 발달되지 못하여 높은 등록금 수준에도 불구하고 교육환경은 국공립에 비해서도 크게 뒤떨어지는 것이 현실이다. 무엇보다 대학 교육은 이제 엘리트교육이 아니라 보편교육의 단계에 들어선 지 오래기 때문에 고등교육의 공공적 성격이 강해지고 있어서 대학편제를 공공적인 고등교육 제도로 개편해야 한다는 요구가 높아지는 것이 현금의 추세다. 바야흐로 본격화된 구조조정의 국면은 한국 대학의 편제를 공공적으로 개편하여 고등교육의 수준을 높일 수 있는 절호의 기회를 제공하고 있는 것이다.

교육부의 소위 '선제적' 대학구조조정도 목적 자체는 이 위기를 한국 대학의 질과 경쟁력을 높이는 기회로 삼자는 데 있다. 대학의 정원조정을 시장에 맡겨놓을 경우의 혼란을 막고 특히 조건이 열악한 지방대와 전문대의 궤멸을 방지할 필요가 있다는 것이다. 그러나 정부에서 진행하고 있는 구조조정의 실제적인 방안이 이 같은 정책의 목적과 어긋난 결과를 낳고 있다는 데 문제가 있다. 즉 전국 대학을 일률적으로 평가하여 5개 등급으로 나누고 등급에 따른 구조조정을 강제함으로써 재정과 인프라가 취약한 지방대와 전문대에 피해가 집중되어 기존의 서열구조는 더 고착되거나 악화되고 있는 것이다. 실제로 1주기 대학 정원감축이 목표를 달성했다고는 하나, 감축된 정원의 77.9%가 지방대이며 수도권 가운데서도 서울 지역의 대학정원은 오히려 77명 증가했다. 전체적으로 수도권 정원의 감축률이 4.6%인데 비해 지방대 감축률이 9.6%로 두 배에 이르고 있는 것이다.[1]

교육부는 1주기 구조개혁의 문제점을 보완하기 위하여 지난 3월 9일 2주기(2018~2021) 대학구조개혁 기본계획을 발표한 바 있다. 이 기본계획에 따르면 1주기 때의 5등급 평가를 변경하여 상위와 하위로 2분하고 상위 평가 대학은 자율조정을 허용하고 하위 대학에 대해서는 3등급(XYZ)으로 나누어 단계별 정원감축 및 재정지원제한 등의 차등적인 조치를 취한다. 이 기본계획의 취지는 일정 기준 이상의 대학은 자율개선대학으로 지정함으로써 강제성을 줄이고 자율성을 높인다는 것이며, 이 자율적인 조정을 통해서 대학원 혹은 학부 교육 중심의 특성화를 유도한다는 것이다. 또 평가방식도 1주기 때의 일률적인 기준 대신에 지역이나 규모를 고려한 '맞춤형 평가'를 도입하여 각 대학마다

---

1   이 통계를 포함하여 정부 정책에 대한 분석과 구조조정 정책대안은 저자가 2017년 4월 4일 국회에서 발표한 한국대학학회의 정책제안에 의존하고 있다. 윤지관, 「차기 정부 대학 정책 어떻게 바꿀 것인가—정책현안을 중심으로」, 『국회정책토론회 자료집』, 2017.4, 23~37쪽.

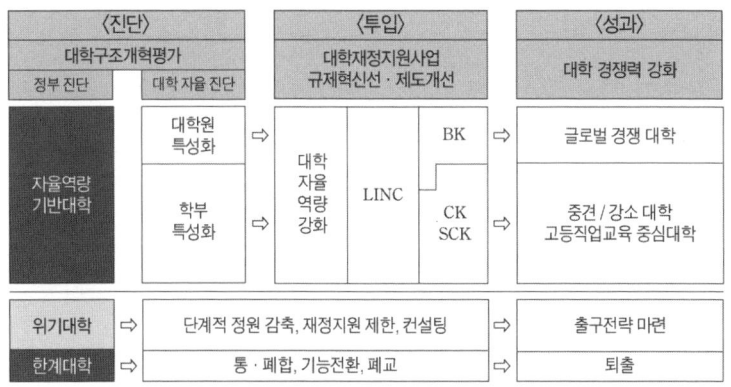

<〈그림 2〉 2주기 대학구조개혁 기본계획 개념도(교육부)

의 특성을 고려하겠다는 것이다. 대학 간 통합에도 인센티브를 두어 자율적인 통폐합을 유도하겠다는 방침도 포함되어 있다.

〈그림 2〉와 같은 2주기 기본계획은 그간의 일률적인 평가의 문제점을 개선하고 대학의 특성에 따른 자율성을 높인다는 취지를 담고 있다. 그러나 일정한 개선에도 불구하고 정부 구조조정 정책의 기본적인 문제는 그대로 남아 있다. 상위와 하위를 구분해서 상위에는 자율성을 부여하는 대신 하위에 구조조정을 집중시키겠다는 방침으로, 하위 대학에 대한 조정압박은 1주기보다 더 강화될 것이 예상되고, 이는 대학의 양극화를 심화시키는 결과를 빚을 것이 자명하다. 주로 심각한 타격을 입게 될 지방대와 중하위 사립대학의 교육환경 악화로 인해 전국 반 수이상의 대학 재학생들과 연구자들이 겪을 것으로 예상되는 피해에 대한 대책은 전무하다. 최상위대의 경우에는 대학원 특성화를 유도하고 있는데, 대학원을 지원하겠다면서 학부 정원에 대해서는 감축을 요구하고 있지 않아서 그 자체가 모순이다. 연구중심을 표방해온 한국의 소

위 일류 대학들이 학부정원의 과다로 실질적인 연구대학의 역할을 하지 못하고 있는 점은 도외시되는 것이다.

이처럼 현재의 정부 대학구조조정 정책이 그대로 시행되는 경우 그 목적과는 달리 지방대 및 전문대의 몰락을 방조하게 되고 대학의 경쟁력과 질의 향상도 도모하기 어렵다. 오히려 교육현장의 기본토대가 무너지는 최악의 결과를 초래할 위험이 더 큰 것이다. 징벌적 정원감축에만 치중하고 교육현장을 보호하는 대책이 없는 한 구조조정이 진행되는 10년 동안 대학교육의 환경이 급격하게 악화될 것은 명약관화하다. 학생은 학생대로 열악한 교육환경에서 제대로 교육 받을 권리를 누리지 못하고 교수나 연구자는 그들대로 연구 환경이 악화되고 학문후속세대의 학계 진출기회가 거의 사라짐으로써 국가의 연구기반이 무너질 것이 우려된다. 이 때문에 차기 정부가 들어서면 지금까지의 교육부 대학구조조정 정책을 전면 수정하고 새로운 방향을 설정할 필요가 있다. 즉 현재 정부가 내놓고 내년부터 시행하고자 하는 2주기 대학구조개혁 기본계획을 취소하고 그 근본 문제를 극복할 구조개혁 정책이 새로 수립되어야 한다.

3. 올바른 대학구조조정의 방향

지난 2015년 5월 발표된 한국대학학회의 대학구조조정 정책대안은 새로운 정책안을 위한 몇 가지 원칙을 밝힌 바 있는데, 그 원칙은 지금도 유효하다고 여겨진다. ① 대학구조개혁은 현재 고착된 대학 서열화를 완화할 수 있는 방향으로 세워져야 한다. 교육부의 정책은 상위 대학을 구조조정에서 제외하고(즉 자율성을 부여하고) 하위 대학에 조정을 집중하는 방식으로 진행되고 있는데 이 같은 방향이 기존의 서열구조를 더욱 심화시키는 결과를 빚겠기 때문이다. ② 구조조정 기간 동안에도 국가의 고등교육이 정상적으로 진행할 수 있도록 지원하고 학문생태계가 무너지지 않도록 배려해야 한다. ③ 구조조정을 통해서 현재의 사립중심의 대학편제를 공공대학 중심으로 전환시켜나가야 한다. ④ 대학의 성격과 목적에 따라서 대학들의 특성을 강화함으로써 각각의 질을 높이는 방향을 취하여야 한다. ⑤ 그리고 마지막으로 대학교육의 보편화에 다른 계속교육 내지 평생교육의 성격을 강화하는 방향으로 정책을 수립해야 한다.[2]

이 같은 원칙에 따른 구조개혁에서 핵심을 이루게 되는 것은 역시 사립중심의 대학편제를 국공립 혹은 공영형 대학이 중심을 이루는 편제로 개편해나가는 것이다. 구조조정 국면에서 아무리 정부가 정원 조정

---

[2] 한국대학학회, 『대학구조개혁 정책대안 발표회 자료집』, 2015.5.15, 24쪽 참조. 한국대학학회의 정책대안은 저자가 대표 집필 및 발표하였다. 이하 내용 중 더 상세한 것은 자료집 23~40쪽 참조.

에 개입하여 지방대나 전문대의 궤멸을 막으려고 해도 한도가 있기 마련이다. 앞에서 본 것처럼 학령인구의 급격하고 대폭적인 감소가 예정된 가운데서 서열구조의 하위에 있거나 인프라가 빈약한 중소사립대학과 전문대가 입을 타격은 피할 수 없기 때문이다. 중요한 것은 이처럼 일종의 '자연사' 상태에 빠지게 되는 일반사립대와 전문대를 정책 차원에서 어떻게 처리할 것인가의 문제이며 이것이 실상 국가 구조조정 정책의 핵심이 되어야 할 것이다. 즉 10년 혹은 20년에 걸쳐 경영위기에 처하게 되는 사학 가운데 살릴 필요가 있다고 판단되는 대학들은 정부가 인수하고 재정지원을 통해 공영형으로 전환시켜나가는 길밖에 없다.

공영화의 방안은 지역대학의 여건에 따라서 달라지겠지만, 우선 인근 국공립대학에 통합하거나 지자체가 운영하는 공립으로 전환하는 방법이 있을 것이다. 그러나 지자체의 재정여건이 어렵거나 해당 사립대학이 그것을 원치 않는 경우에는 사립의 형태를 유지하되 국가가 일정부분 운영비를 지원하고 공익적 이사가 중심이 되는 거버넌스를 구성하여 운영하도록 하는 형태, 즉 공영형 사학으로의 전환이 가능하다. 공영화되는 4년제 대학 가운데는 지역여건에 따라서 미국식 커뮤니티칼리지로의 전환도 가능하도록 하면, 저렴한 등록금으로 지역학생들의 직업 혹은 진학교육을 담당하는 지역대학으로서의 역할을 할 수 있을 것이다. 전문대의 경우에는 국가가 저소득층을 위한 기술교육을 책임진다는 취지에서 순차적으로 국립으로 전환하되 장기적으로는 거의 모든 전문대를 국립화하는 방향으로 가는 것이 세계적인 추세와도 부응한다.

결국 구조조정 과정에서의 사립 공영화 작업은 불안정하고 열악한 환경의 지방사립대를 안정적인 체제로 바꾸는 동시에 등록금을 낮춤으로써 경쟁력의 일정한 상승과 함께 서열구조의 완화에 도움이 될 것으로 기대된다. 또한 전문대의 국립화를 통해서 애초부터 기술교육을 선택할 수 있는 길이 넓어지게 되면 모든 학생을 일류대를 향한 경쟁으로 몰아넣는 교육환경을 바꾸는 계기가 될 것이다. 공영화 과정은 또한 경영이 어려워지는 대학들을 살리는 일이므로, 일정한 구조조정은 동반되겠지만 해당 대학의 학생과 교수 등 교육 주체의 피해를 최소화하는 방안이기도 한다. 또 지역에 일반대든 커뮤니티칼리지든 그 지역을 대표하는 공영형 대학이 들어서면 지역민을 위한 평생교육의 장으로 활용될 수 있는 여지를 넓힐 수도 있을 것이다.

인구 감소로 인한 구조조정 과정에서 경영위기에 처한 사학들, 특히 지방 중소규모의 대학들이 우선적으로 공영형으로 전환될 수밖에 없다. 이 같은 전환은 10년에 걸쳐 순차적으로 이루어지기 때문에, 특별한 예산증액 없이 현행 고등교육 예산의 적절한 배분으로도 실행이 가능하다. 사립대에 대한 국고지원은 10년 전부터 꾸준히 늘어나 현재는 사립대 예산의 평균 20% 이상이 국가의 재정지원으로 이루어져 있다.[3] 그만큼 대학교육이 보편화되면서 사학도 공적인 성격을 띠게 되었으며, 거기에는 BK, HK 등 대규모 학문지원사업과 특성화나 프라임 등 목적사업을 통한 재정지원과 아울러 국가장학금의 형태로 지급되는 대학운영비 지원이 대폭 늘어난 것이다. 대부분 사학에서 재단의 재정적 기여는 거의 없고, 학생등록금과 국고지원으로 운영되고 있기 때문에 사립대는 법적으로나 현실적으로 개인의 소유가 될 수 없는 기관이며

---

3 2012년 기준 평균 16.7%로 자세한 내용은 대학교육연구소, 「대교연통계」 14호(2013.12) 참조. 이후 국가장학금 예산이 대폭 늘어나 사립대에 대한 국가지원은 급격히 확대되었다.

이들의 운영이 공적으로 이루어져야 하는 것은 당연하다. 공익이사가 다수를 차지하는 공영형 사학으로의 전환은 그런 점에서 자연스럽고 실제로 해외 선진국의 대학들의 일반적 형태이기도 하다. 한국대학학회의 분석에 따르면 향후 10년에 걸친 조정과정에서 일반대와 사립대 각각 60개 정도가 국공립과 통합되거나 공립 혹은 공영형 사립으로 전환될 것이며, 대체로 현재 국공립 대 사립 20대 80의 비율이 50대 50으로 조정될 것으로 예상한다.[4] 한편으로 국공립의 경우 법인으로의 전환을 선택하는 대학들이 늘어나게 되면, 한국 대학은 설립형태에 따라 지금의 국공립과 사립의 이분체제에서 국공립, 국공립법인, 공영형 사립, 독립형 사립으로 다양화될 것으로 예상된다. 독립형 사학은 사립 가운데 공영화를 택하지 않고 독자적인 운영을 하는 현재의 사립과 같은 거버넌스를 가지는 경우로, 종교 사학 등 특수목적의 사학이 포함되고 독자적인 운영이 가능한 인프라를 가진 세칭 일류대로 일컬어지는 수도권 대형 대학들이 여기에 해당될 것이다. 이 대학들에는 국가가 운영비를 지원하지 않되 등록금 책정이나 입시 및 교과과정 등 학사에서의 자율성을 강화하여 독자적인 경쟁력을 갖추도록 하면 될 것이다.

대학의 구조조정은 학령인구 감소에 대응하는 과정이자 대학구조에 대한 개혁을 통해서 대학의 경쟁력을 높이는 과정이기도 하다. 애초 교육부의 구조개혁정책의 목적도 여기에 있거니와, 특히 2주기 구조개혁 기본계획에서 정원 조정을 대학의 자율에 맡기는 자율역량기반대학에 해당하는 대학들을 대학원특성화와 학부특성화로 이분하고 있는 것은

4　이 방향으로의 정책전환이 이루어질 경우 연도별 공영형으로의 전환대학 수에 대한 추정치는 한국대학학회, 앞의 책, 31~37쪽.

주목을 요한다. 대학의 여건과 선택에 따라서 특성화를 하되 대학원특성화 대학은 연구지원 등을 통해서 글로벌 경쟁대학으로 발전시키고 학부특성화대학은 중견 / 강소대학 혹은 고등직업교육중심대학으로 발전시키겠다는 것이다. 이 같은 특성화 방향 자체가 올바른 것으로 평가 받을 수 있는 이유는 대학이 평준화나 공영화 차원을 넘어서 사회가 필요로 하는 인재를 기르고 국가의 연구역량을 키우고 높이는 책무를 부여받고 있기 때문이다. 무엇보다 세계화 국면에서 진정한 국제경쟁력을 가진 대학을 육성하는 일도 중요한 국가사업이며, 정부가 카이스트와 같은 특수목적대학을 지원하거나 가령 BK 사업 등 연구대학 육성을 위한 대규모 재정지원을 하고 있는 것도 이 때문이다.

그러나 이 같은 지원에도 불구하고 한국의 대학에는 연구대학이 형성되지 않았으며 서울대를 포함하여 모든 상위 대학이 해외대학 대학원 진학을 준비하는 피더스쿨에 불과하다는 비판과 자성이 팽배해 있다.[5] 즉 한국의 소위 일류대들은 연구대학을 지향한다는 목적과는 상반되게 대개 서열화 구조에 안주하여 비대한 학부규모를 유지하고 성적 우수 학생들의 선발로 위상을 지키고 있을 뿐 대학원다운 대학원은 형성하지 못하고 있는 것이다. 그것은 국내박사를 교수 채용에서 홀대하고 해외박사 특히 미국박사를 우대해온 학계 현실에서 그대로 드러난다. 한국 대학이 지식생산에 있어서도 대미종속성을 벗어나지 못할뿐더러 그것이 최근 들어 더욱 심화되고 있는 것도 이 같은 구조적 병폐에 기인한다.

---

5   이 문제에 대한 상론은 한국대학학회 편, 『대학정책 어떻게 바꿀 것인가』, 소명출판, 2017, 271~311쪽.

한국의 대표적인 연구중심대학인 연세대와 고려대의 학생 규모와 미국의 대표적인 연구중심대학의 그것을 비교해보면 그 차이가 확연하다. 연세대와 고려대의 학부생 수가 2만 7천 명 정도인 한편 대학원생은 1만~1만 2천 명으로 학부생과 대학원생의 비율이 2 : 1에 달한다. 이에 비해 하버드는 학부생 6천 명에 대학원생 1만 2천 명으로 이들과 반대로 1 : 2의 비율이며, 이는 예일대도 마찬가지다. 동아시아의 경우로 보아도 동경대와 북경대는 그 비율이 1 : 1이다. 한국의 '일류대'들이 이처럼 과다한 학부생 규모를 유지하면서 연구중심을 자처한다는 것은 어불성설이며, 앞으로 대학구조조정의 과정에서 연구중심 특성화를 선택한 대학들은 학부정원을 매년 일정정도 감축하여 장기적으로 적어도 학부생과 대학원생의 비율이 1 : 1 정도가 되도록 조정해야 할 것이고 정부의 재정지원정책도 이를 감안해야 할 것이다. 아울러 국립대 가운데 지방 거점대에 해당하는 대학들도 서울대에 버금가는 대학원 지원을 통해서 연구대학의 기초를 다지도록 지원하고, 특히 기초학문에 대한 지원을 강화함으로써 명실상부한 거점대학의 기능을 할 수 있도록 할 필요가 있다.

4. 맺는 말

서두에서 말한 것처럼 구조조정은 현재 일반적으로 예상되는 것 이상의 지각 변동을 한국의 대학들에 초래할 것이다. 10~20년 사이에 입학정원을 반 가까이 줄여야 한다는 인구통계학적 환경으로 인해, 한국의 대학들은 좋든 싫든 대규모의 감량과 그것을 통한 체질전환을 하지 않으면 안 되는 조건으로 몰려 있다. 그러나 이 같은 구조조정이 닥치기 이전부터도 한국 대학이 커다란 위기 속에 있어 왔다는 것 또한 환기할 필요가 있다. 대학의 역할이 지식생산과 학문연구에 있다면 학문적 종속성이 지배해온 학문풍토에서 제대로 된 지식생산이 이루어지지 못할 것은 당연하다. 이것이 주로 연구대학을 지향하는 상위대들의 상황이라면, 중하위 대학들은 중하위 대학들대로 주로 전근대적인 사학지배체제 아래서 고질적인 사학문제에 시달려왔다. 전문대 또한 98%가 사학으로 국가의 기술교육체제의 미비로 인해 학생들은 고액의 등록금을 부담하면서도 열악한 교육환경을 감수할 수밖에 없었다.

이러한 환경에서 인구절벽으로 인한 강제적인 성격의 대학구조조정이 본격화되면서 한국 대학의 위기가 가중되고 있는 것이다. 전문대가 가장 먼저 타격을 입고 지방의 사립대들이 그 다음이며, 정도와 시기를 달리 할 뿐이지 그 여파는 대부분의 대학들에 미치고 있다. 아울러 대학을 마치 사적 소유물처럼 여기는 전근대적 의식조차 위력을 떨치고 있는 상황에서 사학문제는 앞으로 더욱 광범하고 심각한 양상으로 나타날 것이 예상된다. 이 같은 위기 국면에서 칼자루를 쥔 교육부는 상위 대학을 중심으로 한 구조조정을 강행하여 한국 대학의 구조적 병폐라고 할 서열화와 사학문제를 해결하기는커녕 더 악화시키고 있다. 그러나 구조조정으로 닥친 위기는 더욱 본원적이고 상존하는 한국 대학의 위기를 극복해낼 수 있는 기회를 제공하고 있다. 인구 감소로 인한 대학의 지각변동이 한국 대학의 구조적 병폐들 청산할 수 있는 장을 마련하고 있는 것이다. 이 같은 과제를 제대로 감당하기는커녕 오히려 문제를 악화시키고 있는 현재 교육부의 구조조정 정책은 철회되어야 한다. 신정부는 본격화된 구조조정 국면을 한국 대학의 누적된 병폐를 청산할 기회로 삼는 새로운 방향의 구조조정 정책을 수립해야 할 것이다.

대학정책 : 비판과 전망*
2012~2018

2013년체제와 사학문제

　군부독재체제를 종식시킨 1987년 시민혁명 이후 우리 사회는 정치를 비롯한 각 영역에서 민주화가 큰 흐름을 이루었다. 특히 선거에 의해 정권교체를 실현한 1998년을 기점으로 민주주의의 기본질서가 교육이나 문화의 차원으로까지 확산되는 진전이 있었다. 한국 교육에서 고질적인 병폐의 하나로 지목되어온 사학비리와 부패가 본격적인 사회문제로 떠오르며 많은 사학들에서 분규가 발생하였고, 그 결과 대부분의 경우 비리를 저지르거나 장기간 절대권력을 행사하며 전횡으로 물

---

* 　이 글은 저자가 2012년부터 최근까지 창비주간논평에 발표한 대학정책 관련 글들을 모은 것이다. 시기마다 주요한 정책적 쟁점이 되었던 주제를 다룬 논평들로 발표 순서대로 수록한다.

의를 일으킨 재단이사장과 그 족벌들이 퇴출되고 관선이사가 파견되었다. 상지대를 비롯하여 덕성여대 동덕여대 세종대 광운대 경기대 대구대 조선대 영남대 등 전국에 걸친 분규사학들은 구성원의 의견을 반영한 관선이사 제도를 통해 안정을 찾게 되었다.

그러나 그 안정은 정착되지 못하고 대학들은 다시 혼돈에 빠지게 된다. 1987년체제가 사회민주화와 평화체제 구축을 과제로 한 행보를 시작했다면, "잃어버린 10년"을 외치며 등장한 이명박정권은 그 모든 성과와 흐름에 역행하는 정책으로 6월 시민혁명의 정신을 훼손했다. 거의 모든 영역에서 퇴행과 그로 인한 갈등이 발생하였지만, 직격탄을 맞은 곳 중의 하나가 바로 이 사학들이다. 3년 전 주로 친정부적 인사들로 구성된 제2기 사학분쟁조정위원회(사분위)는 임기를 시작하자마자 '정상화'라는 미명하에 비리 등으로 퇴출되었던 구舊재단을 차례로 복귀시켜 상지대를 비롯한 대부분의 대학들에서 분규당사자들이 다시 대학운영권을 차지하게 되었다. 교수와 학생 등 대학구성원들은 교육시민단체들과 연대해 '사학비리척결을 위한 국민행동'을 결성해 이에 항의해왔고, 여러 대학에서 점거농성이 이루어지는 등 갈등이 재연되는 양상을 보이고 있다.

이 뿌리 깊은 사학문제를 어떻게 풀어야 할 것인가? 과거 각 대학은 참혹한 학내분규 끝에 구재단을 축출할 수 있었지만, 교육현장에서 그 악몽이 되풀이되도록 방치할 수는 없다. 현 정부의 레임덕이 깊어감에 따라 사분위의 막무가내식 구재단 편들기가 인내의 한계를 넘어서고 이미 구재단이 복귀한 곳에서는 과거의 전횡이 되살아날 조짐을 보이면서 심각한 분규가 예상되는 곳들도 있다. 그러나 앞으로 새 정권의 창출과 더불어 시작될 '2013년체제'가 1987년체제의 복원이나 개선에 그치지 않고 진정한 의미의 변화를 이룩하려면 사학문제에서도 발본적인 차원에서의 접근이 필요하다. 그리고 이 문제는 흔히 오해하듯이 '일부' 사학만이 아니라 한국 교육 전체의 핵심사안이라고 할 수 있다.

작년 한 해 동안 구재단 복귀대학들의 혼란이 사회문제가 되었음에도 교육의 다른 현안, 즉 '반값등록금' 운동과 교육부가 강력하게 추진한 대학구조조정이라는 이슈에 가려 제대로 주목받지 못하였다. 여기에는 사학문제는 일부의 '특수한' 현상이고 이에 비해 후자들은 모든 교육주체에 관련된 '보편적' 사안이라는 이분법이 깔려 있다. 사실인 점도 있으나 조금만 더 깊이 생각해보면 이 '일부' 사학의 문제가 전체 사학, 나아가 한국 교육 전반의 문제를 극명하게 드러내는 징후이며, 이를 치유하는 작업은 교육구조를 근본적으로 개혁하는 데 필수적인 계기임을 알 수 있다.

주지하다시피 사학은 한국 대학의 80%에 육박하며 대부분 대학이 국립이거나(유럽) 70% 이상이 공립(미국)인 구미 대학과는 현격한 차이가 있다. 반값등록금 문제는 대학교육이 보편화된 현실에서 국민복지의 주요항목으로 떠올랐는데, 따지고 보면 그 중심이 되는 것은 사립대학의 등록금이다. 국공립의 경우도 최근 수년간 가파르게 상승했지만 사립대학 등록금의 56%에 머무르고 있으므로, 사학과 비교하면 국공립은 이미 명목상으로 '반값'을 거의 실현한 셈이기 때문이다. 대학의 구조조정 문제도 주로 사학에 집중될 수밖에 없다. 취학연령층의 감소로 10년 후에는 대학 입학자 수가 지금의 3분의 2 수준으로 줄어들 것이 예상된다. 대학수를 줄이거나 정원을 줄이는 것이 구조조정의 피치 못할 경로라면,

우선 과도하게 팽창한 사학들이 주된 대상이 될 수밖에 없다.

결국 현재 교육계의 두 화두라고 할 수 있는 반값등록금과 대학구조조정은 사학문제를 떼놓고 생각할 수 없고, 이 문제의 해결 없이 제대로 된 방향을 잡는 것은 불가능하다. 노무현 정부에서도 부패사학을 근절하기 위한 사립학교법 개정이 4대 개혁입법 가운데 하나로 추진되었지만, 사학재단을 옹호하는 보수기득권 세력이 총궐기하다시피 하고 당시 야당이던 한나라당의 박근혜 대표를 중심으로 격렬한 장외투쟁이 벌어지면서 좌절되었다. 2007년 정권 말기에 사학분쟁조정위원회 설치가 규정된 현재의 사립학교법이 여야타협의 산물로 발효됨으로써 그 여파가 지금에 이른 것이다.

이처럼 사학문제를 일으킨 당사자들은 기득권 세력과 긴밀하게 연결되어 있기 때문에(현 집권당의 박근혜 비대위원장이나 나경원 전 서울시장후보를 비롯한 많은 권력자들이 사학재단 '소유자'거나 그 집안 출신이라는 사실을 환기해보자) 이 문제가 풀리지 않으면 반값등록금의 실현이나 올바른 방향의 대학구조조정도 있기 어렵다. 그렇지만 그 해결이 이해관계를 조정하는 정치싸움의 차원에 머물러서도 안 된다. '2013년체제'를 준비하는 입장에서 먼저 확인해야 할 것은 제대로 된 교육을 받을 권리라는 국민의 기본권 확보가 문제해결의 기준이 되어야 한다는 점이다. 사학을 자신의 소유물로 여기고 평생토록 혹은 대를 물려가며 전권을 휘두르는 족벌재단이 존속하는 한, 그리고 그런 폐습을 가능하게 하는 정책이나 운영구조가 바뀌지 않는 한, 대학교육은 왜곡되고 학생들은 응당한 교육권을 누리지 못하게 될 것이다.

반값등록금과 대학구조조정이라는 당면과제는 역으로 이제 더이상

사학의 개인적 지배가 용납되기 힘든 상황으로 우리 현실이 바뀌어가고 있음을 말해준다. 개인 지배의 족벌체제로는 경쟁에서 뒤질 수밖에 없으므로 앞으로 비리사학 운영자 퇴출은 하나의 흐름을 이루게 될 것이다. 또 반값등록금을 실현하려면 공공기금이 절대적인 부분을 차지할 수밖에 없기 때문에 사학운영에도 공적인 영역이 더욱 확장될 것이다. 결국 한국 교육에서도 사립대학들의 상당수를 공립에 준하는 대학으로 개편하는 등 구미의 경우처럼 고등교육의 공적기능을 높이는 방향으로 나아가야 하며, 그 같은 방향의 교육개혁을 제대로 수행하는 것이 '2013년체제'의 과업 중 하나일 것이다. 그 과정에서 문제사학이라는 우리 교육현장의 징후는 도려내어야 할 환부이자 교육 전반을 개혁하는 계기를 제공할 것이라고 본다. 2013년이 사회민주화를 질적으로 심화시키는 원년이 되려면 사학문제의 해결이 그 한 지표일 수 있는 것은 이 때문이다.(2012.1.18)

공교육 정상화를 위한 큰 그림이 필요하다
—야권후보 진영의 교육공약을 보고

문재인, 안철수 두 야권후보의 단일화 협상이 본격화되었다. 단일화의 당면목표는 새누리당의 집권연장을 막고 정권교체를 이룩하는 것이며, 이 과정을 이끌어가는 화두는 2013년 이후 새 시대를 열기 위한 정치개혁이라고 할 수 있다. 정치개혁은 좁게는 정치구조의 개편을 의미하겠지만 더 넓게는 사회 전반에 뿌리박힌 기득권의 묵은 질서를 새로운 전망 속에서 총체적으로 바꾸어나가는 과정이어야 할 것이다. 대선 국면의 초점이 되고 있는 경제민주화가 그 일환이라면 교육도 그 못지않게 근본 혁신이 필요한 영역이다. 탈근대를 지향하는 세계화의 시대임에도 우리 교육은 시장논리에 휩쓸려 공교육이 제 기능을 상실한 한편, 족벌세습 등 전근대적 운영 방식이 온존하는 기득권세력의 텃밭이 되어 있다. 두 후보의 교육개혁정책에 거는 기대도 이런 맥락에서다.

그러나 지난 일요일 오전 발표된 두 후보의 '종합공약'을 보면 이 같은 기대가 적어도 현재로서는 그리 충족되지 않았다고 할 수밖에 없다. 문재인 후보의 미래로 가는 '5대 문門'에 교육 부문이 빠진 것은 그가 무엇보다 앞세우는 '사람 중심'의 사회를 위해서도 아쉽지만, 이 문들이 교육과도 연결된 것은 사실이다. 문제는 '과도한 경쟁교육으로 공교육 황폐화 심각' '만성적 고질병 사교육 문제' '대학 서열화, 학벌주의 고착화'가 현 교육의 현황이자 문제점이라는 올바른 분석에도 불구하고, 정작 정책 자체에는 이에 대한 본격적인 대응이라고 할 만한 것이 빠져 있는 점이다. 이 문제의식의 자연스런 귀결은 공교육을 정상화하여 고질화된 병폐를 근원적으로 해결하겠다는 의지와 대책이다. 그러나 문 후보의 교육공약에는 이 같은 큰 방향에서의 변화를 추구하는 동력도 전망도 부족하다.

현재 공교육의 위기는 초·중등에서부터 심화되어 있고 그 현장에서 감당해야 할 몫도 있지만, 근원적인 해법은 고등교육의 개혁에 있다고 할 수 있다. 한국의 대학은 그간 신자유주의정책으로 팽창된 사학의 지나친 비중 때문에 대폭의 변화가 불가피한 상황이다. 더구나 출산율 저하로 앞으로 10년 동안 대학 정원의 3분의 1을 줄여야 하는 현실에서 이명박 정부가 취업률 등 대학 간 경쟁 위주의 성과지표를 근거로 구조조정의 칼을 함부로 휘둘러서 고등교육 전반이 혼란에 처해 있다.

집권을 하겠다면 마땅히 이 위기를 어떻게 극복하여 공교육 강화의 계기를 마련할지 혁신적인 전망과 대응이 있어야 함에도 문 후보의 정책에는 이 같은 현실에 대한 인식부터 분명치 않다. 더구나 이미 내세운 반값등록금 정책에서조차, 이를 대학의 공공성을 높이는 계기로 삼아야 한다는 진보학계의 합당한 요구에 대해 아직은 미온적이다. 물론 국립대학네트워크 안을 대학 간 서열타파의 방안으로 제시하고 있기는 하다. 그러나 국공립이 전체 대학의 20%도 채 안 되는 현실에서 이 방안만으로 서열구조가 무너질 리도 없거니와 이를 시행하기 위해서도 사립대학의 구조조정 과정에서 국공립 비율을 50% 이상으로 높이는 정책이 우선되어야 할 것이다. 앞으로 예정된 고등교육에 대한 정책발표에서 충분한 보완이 있기를 바란다.

안철수 후보의 공약은 정책집 『안철수의 약속』에 망라되어 있고, 교육 또한 24가지 과제 가운데 '격차를 해소하는 창의 희망 교육'이라는 항목으로 정리되어 있다. 문 캠프에 비하면 교육문제에 대한 정책방향과 세부안들이 전체적으로 제시되어 활발함을 느끼게 한다. 무엇보다 현재 교육의 가장 큰 문제를 "고질적 대학 서열화와 지역교육 격차"로 인한 '공교육 파행'으로 규정하고 이를 핵심과제로 삼아 다양한 정책들을 통합하려 한 것은 올바른 방향 설정이라고 여겨진다. 특히 고등교육

개혁의 핵심과제 중 하나라고 할 고질적인 사학문제에 대한 해법을 따로 한 항목으로 제시한다거나 중등학교뿐 아니라 고등교육의 공공성 강화를 중요 목적으로 내세운 것도 주목할 만하다. 그러나 당면한 대학 구조조정의 현실에 대한 인식이 없기로는 민주당과 마찬가지거니와, 각 항목의 내용이 제대로 채워진 것도 아니다.

그럼에도 안철수 캠프의 교육정책이 진일보해 있다는 것은 가령 고등학교에 학점제를 도입하겠다는 새 발상이라든가 문제 사학이나 원하는 사립대에 대해 정부가 '일정한 재정'을 보조하고 운영을 감독하는 "정부책임형 사립대"로 전환시키는 정책을 채택한 데서도 엿보인다. 정부책임형 사립대 혹은 준공립대 안은 사학의 과도한 비중을 줄여 고등교육의 공공성을 높이는 대표적인 정책 제안이다. 다만 정부의 '일정한 재정' 보조라는 모호한 표현 대신, 이를테면 반값등록금을 지원하는 조건으로 사학의 공공성 강화를 유도한다는 좀더 구체적인 모델이 제시되면 좋을 것이다. 이것은 반값등록금 부문 공약에서도 이 지원을 사학문제의 발본적인 해결이라는 과제와 연계시키지 못한 한계와도 상응한다. 전체적으로 안 캠프의 교육공약은 좋은 취지에도 불구하고 가령 '사립학교법 개정' 항목에서 엿보이는 부정확성이 그렇듯 아직은 허술한 구석이 많다.

차기 정부의 교육공약에는 무엇보다 왜곡된 공교육 질서를 획기적으로 바로잡는 전망과 방책이 포함되어야 한다. 출산율 저하의 가장 큰 원인이 교육비 부담이라는 통계에서도 보이듯 공교육 위기의 폐해는 전 국민에게 미친다. 두 후보는 차기 정부의 교육정책 수립을 위해 각각 '국가교육위원회', '교육개혁위원회'의 구성을 공약하고 있는데, 그 이름이 무엇이든 그것이 수행해야 할 목적은 다름 아닌 공교육 정상화여야 하며, 아예 이를 위한 권한과 책임을 위임받은 대통령 직속의 '공교육정상화위원회'를 설치하는 것도 한 방안이 될 것이다. 현재 진행되고 있는 단일화나 정책연합 과정에서 차기 정부 교육정책의 큰 그림이 제대로 그려질 것을 기대한다.(2012.11.14)

대학체제, 어떻게 개편할 것인가
— 차기 정부의 교육정책 수립과 관련하여

차기 정부의 교육개혁을 위한 방안으로 대학체제 개편이 핵심안건으로 떠올랐다. 입시 과열경쟁과 사교육 팽창으로 공교육이 위기에 처한 상황에서 그 근원이라고 할 학교 간 서열화를 비롯한 대학 문제가 제기되는 것은 당연하다. 반값등록금 의제도 대학교육의 비용을 과도하게 개인이나 가계에 부담시켜온 우리 교육의 관행을 혁파하려는 움직임이 일어나면서 힘을 얻게 되었다. 대학체제 개편 요구는 진작부터 있어왔지만 지금 국면에서 특히 중요한 것은, 반값등록금 정책을 수행하기 위해서도 현재의 구조를 개혁할 수밖에 없는 까닭이다.

반값등록금 정책은 대학에 국가재정을 대폭 투입하는 일이므로 단순히 장학금을 증액하는 차원을 넘어서 대학교육의 공공성을 높이는 과정과 병행할 수밖에 없다. 실제로 민주통합당과 진보정의당이 이를 실현하기 위한 방안으로 입법상정 중인 고등교육재정교부금법의 취지만 보더라도 고액등록금에 의존해서 운영해온 사립대학들의 비리 및 부실운영을 그대로 두고 국가재정을 지원할 수 없음을 분명히 하고 있다. 따라서 차기 정부에서 기금 투여를 조건으로 대학운영의 공공성을 높이는 방안이 모색되어야 할 것이다.

현재 한국 대학은 사립이 80%를 차지할 정도로 과도하게 팽창했을 뿐 아니라 족벌경영 등 해묵은 문제가 온존하는 한편으로, 출산율 저하에 따라 많은 사학들이 정리되거나 축소될 수밖에 없는 위기에 처해 있다. 앞으로 10년 안에 현 대학정원이 3분의 2로 줄어들고 그 이후에도 이 추세가 지속되기 때문에, 구조조정은 필연이고 다만 방법이 문제다. 그런데 현 정부가 학생충원율과 취업률 등 경쟁중심의 성과지표를 퇴출기준으로 강요하는 탓에 대학들이 지표를 높이기 위해 편법을 마다하지 않는 생존투쟁에 매달려 대학교육의 목적부터가 뿌리째 흔들리고 있다.

그러나 동시에 이 위기는 대처하기에 따라 현재의 왜곡된 대학편성 비율을 정상화하고 대학교육의 공공성을 강화할 수 있는 절호의 기회이기도 하다. 어차피 정리대상 대학이 사립에 집중될 수밖에 없기 때문에 과도한 사학의존 비율은 자연스럽게 완화될 것이다. 아울러 반값등록금 지원 등을 매개로 사학의 전근대적 지배구조를 민주화하고 공교육 기능을 살려나감으로써 고등교육의 선진화를 이룩할 전기를 마련할 수 있다. 현재 20대 80의 비율인 국공립과 사립을 임기 중에 50대 50, 장기적으로 70대 30까지 조정하겠다거나, 사립대 상당수를 형태는 사학이나 정부가 운영을 관리하는 '정부책임형'으로 전환시키겠다는 공약이 나온 것도 이런 맥락에서다.

이처럼 대학교육의 공공성에 대한 인식이 높아지는 가운데 최근 진보학계는 그간의 대학체제 개편 논의를 종합하여 '대학통합네트워크' 체제를 내놓았다. 이 구상은 기존의 '국립대학통합네트워크' 안과 '국립교양대학' 안을 결합한 것으로, 전국의 국립대학들을 하나로 묶어서 통합적으로 관리하고 이 통합국립대를 중심으로 권역별로 원하는 사립대까지 포함하는 대학통합네트워크를 구성한다는 것이다. 아울러 전국에 걸친 국립교양대학을 설치하여 대입자격고사를 통과한 학생들이 자기 지역의 이 공통과정에 입학한 후 1~2년의 교양과정을 거쳐서 각 캠퍼스와 전공을 선택한다는 것이다. 전자를 통해서 대학서열구조가 완화되고 후자를 통해서 입시를 철폐할 수 있다는 것이 이 구상의 취지다.

아주 새로운 발상은 아니지만 실행된다면 대학체제를 완전히 재편하는 획기적인 방안이 될 수 있고, 사교육으로 병든 한국 교육을 단번에 혁신하는 근본 처방일 수도 있겠다. 그러나 자세히 들여다보면 현실성뿐 아니라 이념적인 차원에서도 적지 않은 문제를 안고 있다. 서울대 폐지론으로 알려져 논란이 되어온 전자도 반발이 예상되거니와 같은 지방의 국립대들 사이의 통합작업조차 난항을 겪어온 그간의 현실도 고려해야겠지만, 후자의 경우는 더욱 심각하다. 국립교양대학을 설립하여 모든 학생에게 교양과정 이수를 무상에 가까운 의무로 한다는데, 전문대 진학자의 경우는 어떻게 한다는 것인지, 다양한 수준의 지역 학생들이 그 지역 캠퍼스의 통합교양과정에 기꺼이 입학할지부터가 불분명하다. 무엇보다 이 경우 교양과목 학점이 중요한 진학지표가 되면서 교양의 본래적 의미가 살아나기보다 학생들은 높은 학점에 지금보다 더 목을 맬 것이 뻔하다.

그렇지만 더 본원적인 문제는 국가가 교양교육 전체를 관장한다는 발상 자체에서 엿보이는 국가주의적 요소다. 교양이란 이념상으로는 근대사회에서 개인의 완성과 성숙을 뜻하지만 그 과정 자체가 국가의 이념에 합당한 국민으로 훈련되는 과정이라는 지적이 끊이지 않았다. 시민 양성의 성격을 가지긴 해도 교양을 획득하는 일에는 자유로운 의식과 상상력이 발휘될 수 있는 환경이 뒷받침되어야 하기 때문에, 여기에 국가가 정도 이상으로 개입하는 것은 교양의 목적에 위배된다. 각 대학별로 다양하게 이루어지는 교양교육을 한 기관으로 통합하여 국가가 일률적으로 관리한다는 발상은 매우 위험스러운 것이다. 교육에서의 공공성이란 국가가 책임을 지되 교육주체들의 자율성을 보장할 때 제대로 실현되는 것이지, 국가의 목적을 위해 직접 그 내용을 통제하고 관리하게 되면 오히려 진정한 공공성을 해치게 된다.

진보학계의 제안 가운데 하나인 국립대통합네트워크 안은 민주당 후보 진영에서도 수용원칙을 세운 것으로 알려져 있다. 이 안이 실현된다 해서 대학 서열화가 사라지지는 않겠지만 약화될 수는 있기 때문에 국립대의 통합운영 방안은 앞으로 그 가능성을 모색해볼 필요가 있다고 본다. 안철수 후보 진영에서 이 문제의식을 살린 '거점국립대학'과 '특성화 혁신대학'의 연합체를 강조했던 점도 참조할 만하다. 그렇지만 이 네트워크 안이 현재로서는 국립교양대학의 설립을 전제로 하고 있기 때문에 과연 이 자체만으로 시행이 가능한지부터 따져보아야 할 것이다.

그러나 모처럼 다가온 대학체제 개편의 기회를 놓칠 수는 없는 만큼 이 모색은 지속되어야 할 터이다. 다만 차기 정부에서 먼저 수행해야 하고 현실성도 있는 대학체제 개편은 과도한 사학비중을 줄이고 국공립비율을 높임으로써 대학교육의 공공성을 확보하는 방향이다. 이를 추진하는 과정에서 대학통합네트워크 안을 구체화할 전망도 자연스럽게 생겨날 것이다.(2012.12.5)

대학평가, 취업률 지표는 완전히 폐기해야 한다

대학의 경쟁력을 높여야 한다는 취지로 추진된 구조조정 혹은 구조개혁은 90년대 김영삼 정부에서 시작되어 국민의 정부, 참여정부로 이어진 긴 역사를 가지고 있다. 5·31교육개혁조치로 대학의 '경쟁력'을 의제로 제시한 김영삼 정부에 이어 국민의 정부는 BK21 같은 대규모 재정지원을 통해 학부정원 감축, 학과통폐합 등을 유도했고, 참여정부는 더욱 본격적으로 대학구조 개혁에 나서 유사학과 통폐합과 특성화 등을 추진했다.

그러나 현재 대학이 처한 총체적인 위기는 지난 이명박 정부의 무절제한 신자유주의적 정책이 초래한 재앙이다. 학령인구의 급격한 감소가 예상되던 시점에서 지난 정부가 대학구조개혁을 중요한 정책목표로 삼은 것은 당연하다. 그러나 지난 정부의 대학정책은 두 가지 최악의 방향을 밀어붙여 대학교육에 심각한 혼란과 왜곡을 초래했다. 하나는 부실사학 퇴출 시나리오에 따라 모든 대학을 성과지표를 매개로 한 상호경쟁의 도가니에 몰아넣은 것이고, 다른 하나는 과거 비리와 전횡으로 대학을 황폐화시킨 끝에 퇴출된 족벌재단들을 정상화의 이름으로 대학에 복귀시킨 것이다. 대학의 질적인 발전에 기여해야 할 구조개혁 과정은 이 두 가지 정책적 과오 때문에 악몽이 되었고 교육현장을 거의 망가뜨려 놓았다.

수년 전부터 진행되어오다 작년 후반기부터 최근에 이르기까지 수십 개 대학에서 학과통폐합 문제가 한꺼번에 돌출한 것은 대학교육의 질을 높이려는 정상적인 구조조정의 결과가 아니라 이명박 정부의 마구잡이식 퇴출정책 탓이다. 전체 대학에 성과지표에 따른 순위를 매겨서 하위 15%를 재정지원 제한 대학으로 지정하는데 이것이 퇴출을 위한 첫 단계가 된다. 이미 43개 대학이 재정지원 제한 대학이 되었고 연속 지정되는 경우 경영컨설팅을 거쳐 결국 퇴출 대상으로 지목되기 때문에, 대학들이 성과지표를 높이기에 사력을 다해온 것은 주지의 사실이다.

대학의 체제를 개편하고 교육의 질을 제고하는 방향이 아니라 상호경쟁을 통해서 희생자가 가려지는 생존게임의 양상을 띠고 있는 것 자체가 큰 문제이지만, 그 평가기준에도 그야말로 대학교육을 왜곡시키는 암적인 지표가 있다. 그것이 바로 취업률이다. 취업률의 반영비율이 20%에 달하고 요건에 미달하면 바로 대상대학으로 지정될 가능성이 크기 때문에, 대학마다 취업률 높이기를 지상의 과제로 삼아 단순히 취업독려 차원을 넘어서 갖가지 편법을 동원할 뿐 아니라, 대학교육의 내용, 정책, 개혁방향 등 거의 모든 것을 취업률이라는 지상명제에 종속시킨다. 이명박 정부를 거치는 동안 대학은 그 본령이 훼손된 채 취업률을 섬기는 물신物神의 장소가 되었다.

그렇다면 과연 박근혜 정부의 정책은 전 정부와 차별성이 있는가? 지난달 서남수 교육부 장관은 평가방식의 개선을 언급하면서 인문·예체능 계열에는 취업률 지표를 없애겠다고 했고 이달 초 열린 대학구조개혁위원회에서 이 방침이 확정되었다. 대학들의 학과통폐합 과정에서 '돈 안 되고 취업 안 되는' 학과로 낙인찍힌 철학과, 국문과, 회화과 등 인문 및 예술학과들이 집중적으로 피해를 입는 상황에서 이 자체는 일정한 개선이라고 할 수 있다. 그러나 과연 이것으로 문제가 해결된 것인가? 결코 그렇지 않을뿐더러 이 같은 미봉책이 오히려 새로운 문제를 야기할 가능성이 더 크다.

우선 취업이 대학진학의 유일한 목표가 아닌 분야가 비단 인문학과 예술뿐이겠는가? 순수학문이라고 할 자연과학도 그렇고, 응용학문 영역의 공학, 경영학 등도 상대적으로 기술습득과 취업에 더 유관하다뿐이지 그 나름의 학문적 성격을 가지고 있다. 반면 인문학과 예술 또한 정신만이 아니라 기술의 차원과도 결합되어 있고 취업도 공부의 중요한 목적 중 하나다. 따라서 인문학과 예술은 취업과 무관하고 여타의 학과들은 취업이 중요하다는 생각은 지나친 이분법적 발상이다. 이는 최근의 학문경향에서 강조되고 있는 학제 간 융합과도 어긋날뿐더러 대학마다 편제의 차이가 있기 때문에 전공의 성격을 둘러싼 논란이 불가피할 것이다. 이번에 20%에서 15%로 축소하긴 했지만 취업률의 비중이 아직도 결정적인 여건에서 각 대학은 취업률에 목을 맬 수밖에 없고 지표상승과는 무관한 인문학과 예술에 대한 푸대접은 오히려 더 심해질 것이다.

무엇보다 현 정부는 대학의 공교육 체제를 확립하겠다는 장기적 전망 없이 군대의 선착순처럼 하위 15%를 솎아내려는 전 정부의 대학구조조정 정책을 그대로 답습하고 있다. 거기서 더 나아가 이번 대학구조개혁위원회의 결정에서 보듯 부실대학으로 지정된 대학에 대해서는 국가장학금지급을 제한하겠다는 방침을 세워서 오히려 대학들을 더 강하게 압박한다. 대학들이 더욱 과도한 지표경쟁으로 내몰릴 것은 불을 보듯 뻔하고 그 관건이 될 취업률 물신도 더욱 기승을 부릴 것이 예상된다.

학령인구의 감소로 대학의 정원 조정과 개편은 불가피한 일이다. 그러나 이 과정에서 대학교육이 희생되어서는 안 되며 퇴출 자체가 목적이 아니라 대학체제를 새롭게 개편함으로써 대학교육의 질을 선진화하는 계기로 삼는 것이 중요하다. 취업률을 대학평가의 기준으로 삼는 곳은 세계 어디에도 없거니와 그것이 대학을 판단하는 주요지표가 되는 한 판단력과 사고력 그리고 창의성을 키우는 대학교육의 본령은 훼손된다. 현 정부는 지난 정부와의 차별성을 내세우는데, 인문 및 예체능계에서 취업률 지표를 배제하겠다는 것도 그 하나다. 그러나 대학이 취업학원으로 변질되는 사태를 막기 위해서는 최소한 취업률 지표만큼은 대학평가에서 완전히 제외하는 것이 지난 정부의 과오를 바로잡는 첫걸음이 될 것이다. (2013.8.7)

교육부의 대학구조개혁 방안, 이대로는 안 된다

1월 28일 교육부가 발표한 '대학구조개혁 추진계획'을 보고 박근혜 정부의 '불통'이 어떻게 교육정책에도 드러나는가를 다시 확인하였다. 정부는 작년 10월 대학구조개혁 정책연구결과를 공개하면서 공청회 등 여론수렴을 거쳐 최종안을 내겠다고 한 바 있는데, 이번 발표가 그 결과다.

그러나 내용을 들여다보면 작년에 제시된 구조조정안에서 거의 변한 것이 없다. 전국 대학을 3등급으로 분류하는 최초의 안에서 5등급으로 변경된 것은 이미 작년부터이다. 이번 발표는 평가를 3년마다 3주기에 걸쳐 하고 정성평가의 내용을 좀더 세분화하는 등의 보완에 머물렀고, 전국 대학을 평가하여 등급을 나누고 차등적으로 정원을 감축하겠다는 방향은 그대로다.

학령인구 감소 등 대학에 닥친 환경변화에 능동적으로 대처해야 한다는 교육부의 입장 자체를 탓할 수는 없을 것이다. 또 이 상황을 시장에 맡기거나 현재의 추세를 그대로 인정하게 되면, 전문대 및 지방대가 고사枯死하고 그 과정에서 대학교육의 부실화와 사회적 혼란이 발생할 것이라는 진단 자체도 그렇다. 그러나 정부안案의 기본적인 문제는 이 진단과 그에 대한 처방이 따로 논다는 것이다.

진단이 그렇다면 처방은 마땅히 전문대 및 지방대를 살려내고 대학교육이 혼란스럽지 않게 정상적으로 이루어질 수 있는 방안을 내놓아야 마땅하나, 정부안은 대학을 등급경쟁으로 몰아넣고 하위 대학을 도태시키는 것을 기본방향으로 하고 있다. 여기에는 대학들을 경쟁시키면 질이 향상될 것이라는, 지난 정부에서 실패를 거듭한 허구적인 논리가 깔려 있다. 즉 정부안은 상호경쟁을 통해서 대학을 기업처럼 구조'조정'하겠다는 것이지 '개혁'하겠다는 것이 아니다.

대학의 구조를 개혁하겠다면, 그것도 10년에 걸친 장기적인 기획이라면, 한국 대학의 구조적인 병폐를 개선 내지 해소하는 방향으로 정책이 서야 마땅하다. 대학의 두 가지 구조적인 문제라면 하나는 수도권 중심으로 지나치게 고착된 서열구조이며 다른 하나는 사학私學이 과도한 비중을 차지하고 있는 구성이다. 정부안은 이 두 가지 구조적인 문제에 어떻게 대응하고 있는가?

전자에 대해서는 지방대를 살려야한다는 뜻은 엿보이지만 대학을 등급화하는 발상부터가 그렇거니와 최우수대학은 정원감축에 자율성을 부여한다는 데서도 알 수 있듯이 오히려 서열구조를 강화하는 방향을 취하고 있다. 후자에 대해서는 이 기형적인 구조를 선진국처럼 공교육이 중심이 되는 체제로 개편하려는 문제의식은 찾아볼 수 없다. 오히려 그나마 원래의 방안에 있던 비리사학 퇴출방침조차 이번 발표에서는 빠져 있다.

정원감축만 하더라도 다른 대안이 제시되지 않은 것도 아니다. 전국의 대학을 동등한 비율로 감축하여 고통을 분담하자는 의견도 있고, 수도권대학과 지방대학, 일반대와 전문대의 감축비율을 조정하여 지방소재 대학의 궤멸을 막자는 의견도 있으며, 이 둘을 절충하여 감축정원의 반은 동등비율로 나머지 반은 평가 및 지역성 등을 고려하여 줄이자는 견해도 있다. 이 대안들은 적어도 정부의 문제의식이기도 한 지방대의

'고사'를 막고, 전문대의 '궤멸'을 방지하는 데 더 효과적인 방안이라고 할 수 있다. 더 적극적으로 정부가 개입하자면 소위 일류대를 자처하는 수도권의 대형 '연구중심대학'들을 그 목적에 맞게 정원을 조정토록 하는 것이다. 국제경쟁력을 갖춘 대학을 만들겠다는 목표에 부응하기 위해서는 이 대학들의 지나치게 비대해진 학부 정원을 대폭 감축하고 대신 대학원 정원을 늘리는 등 연구역량을 강화해야 한다.

본격적으로 구조조정 국면이 되면 학생모집이 어려워질 지역의 사립대학들부터 경영압박을 받고 부실대학이 속출할 것이 예상된다. 경영이 어려워진 대학이 질 높은 교육을 추구하기란 불가능하기 때문에, 정부안에 따르면 이들은 대개 하위권인 '미흡', '매우 미흡'으로 분류될 것이 거의 확실하고 '퇴출'의 대상이 될 것이다. 그렇다면 대학정책의 중요한 초점은 이렇게 퇴출되는 대학을 어떻게 처리할 것인가에 모아져야 한다. 그러나 정부안에서 '퇴출 이후'에 대한 방책이라고는 학생들을 인근 대학에 편입시킨다는 것 정도밖에 없다. 교수진 및 연구인력에 대한 대책은 전무한 대신 터무니없게도 퇴출되는 부실재단에게 현행법으로는 불가능한 '보상'을 해주겠다고 특례법을 추진하고 있다.

퇴출되는 부실대학이 지역에서 발생하면 지역의 위축이 예상되기 때문에 이를 살려내는 것이 필요하다는 것이 정부의 입장이기도 하다. 그렇다면 경영진이 퇴출된 이 대학을 맡아서 회생시킬 수 있는 곳도 정부뿐이다. 실상 정부가 의지만 있다면 퇴출대학이 발생할 때마다 그 지역의 여건에 맞추어 인근 국공립에 학생과 교수를 편입시키거나, 지자체의 공립대학으로 만들거나, 그런 여건이 되지 않는 곳은 사립으로 남기되 일부 운영비를 지원하는 공공형 사학으로 전환시키면 된다. 그렇게 되면 지방대학의 경쟁력도 더 살아나서 서열화도 완화되고 비리사학도 청산되고 지나친 사학편중의 대학편제도 개선될 것이다.

그러나 정부는 이 같은 고등교육 선진화의 길을 버리고 경쟁을 통한 하위 대학 퇴출이라는 구조조정을 강행하겠다고 한다. 현 교육부는 말하자면 두 가지 큰 고질병(즉 서열화와 사립대 중심 체제)을 지닌 채 비대증을 앓고 있는 환자에게 고질병은 그대로 두고 그 비대한 부분만 잘라내려는 무지막지하고 실력 없는 의사와 마찬가지다. 이 의사를 해고할 수 없는 사정이 기막히지만, 대학교육의 혼란을 막으려면 방향을 전환하도록 교육의 주체들이 나서는 수밖에 없다. (2014.1.29)

대학의 기본구조 무너뜨리는 대학구조개혁 법안

지난 4월 30일 새누리당 김희정 의원의 대표발의로 제안된 '대학 평가 및 구조개혁에 관한 법률안'이 입법예고 되었다. 이 법안은 의원입법의 형식을 취하고 있으나 교육부가 지난 1월 말 발표한 '대학구조개혁 추진계획'을 그대로 따르고 있어서 현 정부의 대학구조조정 정책을 법적으로 뒷받침하는 실질적인 정부법안이라 해도 좋을 것이다.

정부의 구조개혁안은 대학구조의 진정한 개혁을 목적으로 하는 것이 아니라 강제적인 정원감축 등 구조조정에 초점이 가 있다는 비판을 받아왔다. 그럼에도 여권은 세월호의 비극으로 침통한 사회분위기 속에서 이 법안을 전격제안하고 추진을 서두르고 있다.

이 법안은 크게 두 가지 내용을 담고 있다. 하나는 전국 대학에 대한 등급평가를 통해 정부가 대학에 구조조정을 강제할 수 있는 법적 근거를 마련하는 것이고, 다른 하나는 사학재단에 대한 규제를 대폭 완화하여 공익적 재산을 거의 마음대로 처분할 수 있는 특혜를 주는 것이다. 말하자면 정부에게는 '단단한 채찍'을 선사하고 사학재단에게는 '엄청난 당근'을 물리는 격이다. 법안은 "대학의 경쟁력을 강화하고 교육의 질을 높이는 데 기여"하는 것이 그 제안 이유라고 하나, 대학 간의 경쟁을 강요하고 뒤처지는 대학을 퇴출시키는 방식으로 그 같은 목적이 달성될 리 없기 때문에, 순전히 '구조조정'을 촉진하기 위한 법이라고 해야 할 것이다.

법안의 대학평가 관련 부분의 요지는 "평가의 결과를 대학에 대한 행정적·재정적 지원에 활용"할 수 있게 하고 교육부장관이 "해당 대학에 학생정원 감축·조정" 등의 조치를 취하도록 한다는 것이다. 이것은 교육부에서 추진 중인 '대학 5등급 분류에 입각한 차등적인 정원감축 계획'에 따른 것임이 분명한데, 대학의 생사를 결정하는 평가의 주체인 '대학평가위원회' 위원은 다양한 분야에서 교육부장관이 임명한다고 포괄적으로만 규정하고 있다. 교육부의 구조개혁 정책이 대학교육의 실질적인 내용보다 효율성을 중심으로 하는 신자유주의적 방향을 취하고 있음을 감안하면 평가의 방식과 결과 또한 그것에 종속될 것이 예상된다.

사학재단 특혜 부분은 학교법인 해산 시 '잔여재산의 처분 특례'를 중심으로 하고 있다. 현행 사립학교법에서 잔여재산 처리의 귀속자는 다른 "학교법인이나 기타 교육사업을 경영하는 자"로 한정되어 있고 정관에 특별한 규정이 없는 경우에는 국고로 환수하게 되어 있다. 그러나 특례조항은 그 외에 공익법인, 사회복지법인, 직업능력개발훈련법인, 평생교육시설 운영법인 등 다양한 처분방식을 활짝 열어놓았으며, 대학을 폐지할 경우 교육용 기본재산을 수익용 기본재산으로 용도변경하는 것으로 간주하여 처분할 수 있게 함으로써 공적인 재산에 거의 사유재산권 행사에 가까운 권한을 부여하고 있다.

대학의 재산은 설립자의 기여 몫 외에 대부분 등록금으로 형성되었는데 세금혜택은 차치하고라도 대학 주변의 도로건설 등 국가적 지원에 따라 애초 가치와는 비교할 수 없을 정도의 엄청난 재산상승이 이루어졌다. 여당 법안대로 하면 이는 사학재단에 상식으로는 도저히 용납될 수 없는 특혜를 주는 셈인데, 실상 이 조치는 사학재단 측의 오랜 민원사항으로 진작부터 의원입법으로 제안되었으나 '국민의 법 감정에 어긋난다'는 이유로 보류되어왔던 것이다. 그것을 대학구조개혁을 원활하게 한다는 허울 좋은 명분을 내세워 관철하려 한다는 점에서 이 법안의 불순한 정치적 의도가 엿보인다.

이 법안이 그대로 통과되어 시행되면 앞으로 대학 현장에 큰 혼란이 초래되고 대학교육의 질이 현저하게 떨어질 것은 명약관화하다. 정부에는 '채찍'을, 사학재단에게는 '당근'을 주면서 정작 교육현장의 주체인 학생과 교직원에 대한 대책은 미약하거나 거의 전무하다는 것이 그 이유다. 구조조정을 통해서 폐과나 폐교가 되는 경우, 학생에 대해서는 "다른 대학으로의 편입학 등의 지원대책"을 마련하도록 하고 있어 최소한의 보호장치를 두고 있지만, 교직원은 현행 사립학교법의 신분보장 예외규정을 그대로 준용하되 다만 면직 시 보상을 할 수 있다고만 되어 있다. 예상되는 대학교원 대량해고는 해당 학자의 생존권 차원을 넘어서 학문생태계를 심각하게 교란하게 될 것이다.

대학교육 현장의 황폐화가 예상되는 또 다른 현실적인 이유는 이 법안으로 그간의 사학문제가 더욱 악화될 것이기 때문이다. 한국 대학의 80% 이상이 사학이고 그 대부분이 족벌경영을 하고 있어 사학비리·부정·전횡 등 문제가 끊이지 않아왔다. 이 법안은 이런 사학재단에 재산처분권이라는 날개까지 달아주는 셈이다. 재단은 언제라도 학교를 처분해버릴 수 있는 점을 무기 삼아 대학과 그 구성원을 완벽하게 장악할 것이 예상되고, 대학 내부의 자율적이고 민주적인 소통에 바탕을 둔 개혁과정은 실종될 것이다. 평가를 통한 구조조정 정책이 결국 사학재단을 비호하는 결과를 빚고 있다는 비난을 면하려면 이 법안을 철회하고 진정한 대학구조개혁을 위한 국민적 합의부터 이룩해나가야 할 것이다.(2014.5.21)

대학구조개혁 정책의 새 틀을 짜야 한다

─ 교육부 대학평가 결과를 보고

교육부는 지난 8월 31일 전국 대학을 대상으로 진행해온 '대학구조개혁 평가결과'를 발표하였다. 이 평가는 작년 말 시행방안을 확정한 이후 올 4월부터 5개월간 전국 총 298개 대학을 대상으로 A등급에서 E등급까지 점수에 따라 분류한 결과다. 과거에도 대학평가는 있었지만 이처럼 정원감축과 구조조정을 전제로 전국 대학을 일정한 평가기준으로 등급화한 것은 초유의 일로, 그만큼 대학을 넘어서 사회 전반에 큰 파장을 불러 일으켰다.

평가결과가 대학의 운영뿐 아니라 평판에도 영향을 미칠 수 있고 하위등급의 경우 존립여부조차 불투명해지기 때문에 성적표를 받아든 각 대학마다 희비가 엇갈렸다. 벌써부터 상위등급임을 홍보하는 대학부터 강하게 반발하는 대학까지 속출하고 있어 이 결과 발표가 앞으로 어떤 후과를 낳을지는 더 지켜보아야 할 것이다. 그러나 전국 대학을 거의 일률적 잣대에 따라 기계적으로 분류한 이번 평가는 대학의 특성이나 규모, 설립형태 등을 고려하지 않은 점에서 근본 문제가 있고, 대학들을 상호 간 지표경쟁의 생존게임으로 몰아넣는 악영향을 미쳐왔다.

물론 학령인구의 감소가 대학 현장에 미칠 충격을 줄이고 대학의 질을 높이기 위해 정부의 정책적 개입이 필요하다는 취지 자체를 틀렸다고 할 수는 없다. 그러나 대학의 질은 한국 대학의 구조적 병폐를 그대로 둔 채 대학들을 서로 경쟁시킨다고 높아지지 않는다. 한국은 학생 1인당 공교육비가 OECD 하위권이며 사적 재원이 73%에 달해 70%가 공적재원인 OECD 평균과는 정반대다. 사학이 전체 대학의 80%를 넘고 그 대부분이 족벌경영을 하고 있어, 학생과 학부모는 세계 최고 수준의 고액등록금을 내고도 부실한 교육환경을 감수해야 한다. 더구나 수도권 중심의 철저한 서열화로 대학의 특성은 상실되고 이로 인해 심화된 학벌경쟁은 중등교육조차 왜곡시키고 있다. 대학을 개혁하자면 마땅히 이런 구조적 병폐를 해결하는 방향이어야 하나, 현재 정부정책에는 그런 문제의식조차 희박하고 오히려 왜곡된 구조를 고착시키거나 악화시키고 있는 것이다. 이번 평가결과 발표는 이처럼 방향 잃은 대학 구조개혁을 본격화하겠다는 신호탄이다.

주지하다시피 대학구조조정은 한두 해가 아니라 10년 혹은 그 이상에 걸쳐서 진행되어야 할 우리 사회의 장기과제 중 하나다. 교육부도 조정기간을 올해부터 2017학년도까지를 1주기, 2018년부터 2020까지를 2주기, 그리고 이후 2023년까지를 3주기로 나누고 주기별로 단계적 감축을 추진하고 있다. 즉 대학구조조정은 현 정권만이 아니라 차기 정권의 과제이기도 하기 때문에 그 방향에 대해서는 사회적 합의가 전제되어야 한다. 그러나 현재의 정책이 그런 절차 없이 강행되고 있음은 이 평가를 통한 강제 정원감축의 목표를 달성하기 위해 필요한 대학 구조개혁법안 자체가 야당과의 의견충돌로 표류하고 있는 정치현실에서도 드러난다.

그렇다면 전체 대학의 평가까지 마무리된 현 시점에서 이 헝클어진 국면을 풀어나갈 열쇠는 있는가? 정부의 주장처럼 대학구조조정을 대학의 질을 높이는 계기로 삼으려면 어떻게 해야 하는가? 지금부터라도 대학을 '경쟁을 통해 죽이는' 방향이 아니라 '지원하여 살리는' 방향으로 바꾸고 사회적 합의를 위한 논의를 시작해야 한다. 교육부도 현 구조조정 정책은 1주기 시행결과를 평가한 후 재론하겠다고 한 바 있고, 사실 4만 명을 목표로 한 1주기 정원감축은 작년 특성화사업을 통한 감축예정 규모를 감안하면 7천 명 초과달성이 예상된다. 따라서 정권 교체기인 2기부터 시행할 장기적인 개혁정책을 새로 수립하려면 대안적인 정책방향까지 포함한 논의가 정부 및 정치권과 학계에서 본격화되어야 할 것이라고 본다.

현행 교육부의 정책에는 조정과정에서 대다수 대학이 겪게 될 교육현장의 혼란에 대한 대책이 마련되어 있지 않기 때문에, 결국 지방대를 살리겠다는 정부정책의 기본목적과도 상반되는 결과를 빚고 있다는 점이 지적되어왔다. 실제로 특성화사업을 통한 정원감축의 77.4%(일반대 경우)가 지방대에 치중되어 기존의 추세와 크게 다르지 않았고, 이번 평가결과 발표에서 수도권이 51.4%를 차지해 개선되었다고는 하나 이 결과에 따른 추가 감축인원 규모 자체가 5천여 명에 불과해 비율상으로 큰 차이가 없다. 따라서 지방대의 일방적인 붕괴를 막고 지역별 균형발전을 유도하려면 좀더 근본적인 차원의 조정이 필요한 것이다.

현 정책이 지속되는 경우 무엇보다 심각한 문제는 자율적 조정이 가능한 A등급 일부 대학을 제외한 전국 대다수 대학의 교육환경이 급격하게 악화됨으로써 학생들의 교육상 피해가 명약관화하다는 것이다. 특히 지방 소재 중소규모 대학의 경우 심각한 타격이 예상된다. 아울러 향후 10년간 교수를 포함한 연구자 약 2만 명의 대량해고가 예상되고 학문 후속세대의 연구기반이 와해되는 등 학문적 토대 자체가 붕괴될 위험마저 있다. 그러나 현 정부의 정책이나 국회에 상정되어 있는 대학구조개혁법안에는 이 심각한 교육현장의 위기에 대한 대책은 전무하다시피하다. 대학구조조정 정책의 새 틀이 짜져야 하는 것은 이런 이유에서다.

학계의 정책대안 논의가 없는 것은 아니다. 한국대학학회는 지난 5월 국회에서 학계의 연구결과를 종합한 대학구조개혁 대안정책을 발표한 바 있다. 대안정책은 ① 대학 서열화 완화, ② 사립대 중심을 공공대학 중심으로 개편, ③ 대학 교육현장의 안정적 운영, ④ 대학의 성격에 따른 정원 조정 및 특성화, ⑤ 계속교육 성격 강화라는 5대 원칙 아래, 대학의 특성, 지역, 설립형태, 규모에 따른 정원 조정 방안을 제시하고, 아울러 퇴출 대상 대학 가운데 살릴 수 있는 대학들을 공영화하여 지방대의 붕괴를 막고 향후 10년간 공공대학과 사립대학의 비율을 지금의 20대 80에서 50대 50으로 개선하는 방안을 제시하였다. 앞으로 이 대안정책을 포함한 논의가 활성화되어 이 구조조정의 위기가 한국 대학의 병폐를 근본적으로 해결할 기회로 전환될 수 있도록 힘을 모아야 할 시점이다.(2015.9.9)

산업수요 중심의 대학지원사업, 무엇이 문제인가

신년 들어 전국의 대다수 대학은 프라임(PRIME)과 코어(CORE)라는 교육부의 대규모 신규 재정지원사업 참여를 두고 고심을 거듭하고 있다. 작년 말 기본계획이 발표된 이 두 사업은 전자가 연 총 2,000억 원 규모에 한 대학 당 최대 300억까지, 후자가 연 600억 원 규모에 최대 40억까지 지원받을 수 있어 운영에 어려움을 겪는 대학들로서는 관심을 두지 않을 수 없다. 그러나 이 물리치기 어려운 당근 뒤에는 채찍이 걸려 있다. 단기간에 대학의 내부구조를 대폭 개편해야 하는 의무가 따르는 것이다. 대학마다 선뜻 나서기보다 이 당근의 부피와 채찍의 강도를 가늠하느라 분주한 것은 이 때문이다.

프라임 사업은 '산업연계 교육활성화 선도대학 사업'의 약어로 대학을 산업수요에 맞추는 방향으로 개편하여 기업이 필요로 하는 학생교육에 앞장서는 대학을 지원하는 사업이다. 전국 대상으로 19개 대학을 선정하여 매년 50억에서 300억 원까지 3년간 지원한다. 프라임 사업과 거의 동시에 시행되는 코어 사업은 '대학인문역량 강화사업'으로, 20~25개 대학을 선정하여 5억에서 40억 원까지 3년간 지원한다. 이 두 사업은 그 목적에서나 규모 모두에서 현 정부의 핵심 교육사업이라 할 만하고, 얼핏 보기에 대학을 사회수요에 부응하게 개혁하면서 '문화융성'도 실현하겠다는 의지가 천명된 셈이며 교육부도 그 점을 강조한다. 그러나 대학들의 고심과는 별도로 인문학자를 포함하여 교수 대다수도 이 사업들을 그리 환영하지 않을뿐더러 의혹의 눈으로 보는 것은 왜일까? 몇 가지 심각한 근본문제를 안고 있기 때문이다.

첫째, 프라임 사업은 산업수요에 따른다는 명분하에 대학 전반의 학사조직 및 정원 조정을 선도적으로 수행할 것을 요구한다. 특히 150억 원이 지원되는 대형사업은 "진로 취업 중심의 학과개편과 학생중심의 학사구조 개선"에, 그리고 50억이 지원되는 소형사업도 사회맞춤형 학과 등 취업에 초점을 맞추어야 한다. 결국 당면한 대학의 구조조정 국면에서 취업과 산업적인 요구에 역점을 두어온 현 정부의 방침을 강력하게 추진하는 데 목적이 있는 것이다. 산학 위주로 대학이 재편되면 장기적인 투자와 지원이 필요한 인문학, 자연과학 등 대학 기반의 기초학문 연구가 취약해질 위험이 크거니와, 코어 사업을 통해 보완한다지만 구조조정으로 그 존립근거부터 무너지는 상황에서 인문학 역량강화란 공염불에 불과할 것임은 자명하다. 교육부는 향후 10년간 인력수급에 대한 고용노동부의 조사를 토대로 "국가 전체적인 인력 미스매치 해소"를 프라임 사업의 가장 중요한 목적으로 삼았다. 앞으로 구조조정 과정에서 공학 중심으로 이공계 정원을 2만 명 증원하겠다는 계획도 밝혔다. 이 방침이 실현되면 통상의 구조조정 이상의 대폭적인 정원감축이 불가피한 인문학을 비롯한 기초학문 분야가 크게 위축될 것이 예상된다.

둘째, 교육부의 이 방침을 뒷받침하는 인력 수요예측은 단기적인 발상일뿐더러 사실과도 어긋나는 허술한 통계조사에 기초하고 있다. 과연 한국 대학에서 공대 졸업생 배출이 부족한가? 최근 OECD 교육지표에 따르면 한국 대학의 공대 졸업생 비율은 23%로 OECD 평균의 2배이며 영국 프랑스 독일 등 유럽 주요국의 3배, 미국의 4배에 해당한다. 그에 비하면 인문·예술계는 26%로 OECD 평균인 20%와 큰 차이가 없다. 지난 10년 동안 이공계 중심으로 지원이 집중되고 정원이 조정되어온 결과다. 포항공대 김도연 총장은 한국대학신문의 신년좌담에서 "최근 고용노동부 자료에 따라 10년 뒤에 공학분야 졸업자가 크게 모자란다"는 대대적인 언론보도가 있었으나 이는 '잘못된 분석'이라고 지적한다. 현재 한국의 공대 졸업생은 연간 15만 명으로 일본 17만 명, 미국 24만 명보다 적지만, 일본의 4분의 1인 산업규모로 보면 5만 명 정도면 충분하다는 것이다. 교육부 대학구조개혁위원회 위원장인 백성기 전 포항공대 총장도 이런 식의 비현실적인 미스매치 주장은 "대학경험이 없는 사람들"이 정책을 입안한 탓이라고 공언한 바 있다. 도대체 한국의 대표적 공과대학의 전현직 총장들조차 허구라고 지적하는 근거를 내세워 대학 본연의 연구기능을 위축시킬 것이 분명한 구조조정 방침을 밀어붙이는 이유가 무엇인지 궁금할 지경이다.

셋째, 경쟁을 통한 이런 방식의 대학 재정지원은 교육부가 내세우는 대학경쟁력 제고와 무관하고 오히려 거기에 역행한다. 프라임이든 코어든 한정된 국가재원이 경쟁에서 이긴 일부 대학에 몰리면 여타 대부분 대학의 재정위기는 더 악화될 것이다. 이는 서구 대학들의 국가 재정지원이 상호경쟁이 아니라 교부금 형태로 운영되는 것과 대비된다. 작년의 특성화사업이 그러하듯 대학들은 재정지원을 받기 위해 적자생존식의 지표경쟁에 내몰리고 다행히 지원을 받은 경우에도 졸속 특성화를 단기간에 하느라 허겁지겁 기금을 허비하기 일쑤다. 국내 대학끼리의 순위경쟁이 진정한 경쟁력과 무관할뿐더러 지속적인 연구기반을 조성하는 데 장애요인이라는 것은 알 만한 사람은 다 아는 사실이다.

논문 양이 많아지고 지표도 상승했지만 실질적인 연구경쟁력이 높아졌다고 믿는 교수는 거의 없을 것이다.

정부의 그릇된 통계조사에 근거한 인력 미스매치 운운에 현혹되어 더 많은 학생들이 이공계로 몰리면 향후 공대 졸업생의 취업률이나 취업의 질은 현저하게 떨어질 것이 명약관화하다. 그러나 이것이 이들만의 불행이 아니라는 데 그 심각성이 있다. 산업수요 중심의 대학구조조정이 10년간 지속되면 연구공동체로서의 대학의 토대는 무너지고 한국 대학의 국제경쟁력도 회복 불가능한 수준으로 추락할 것이다. 당장의 실적이 아니라 좀더 장기적이고 지속적인 연구를 가능하게 하는 방향으로 대학정책을 전환할 수 있는 계기가 마련되기를 바랄 뿐이다.(2016.2.17)

이화여대 평생교육단과대학 사태가 말해주는 것

교육부가 추진해온 평생교육단과대학사업(평단사업)에 선정된 이화여대가 학생들의 강한 반발로 결국 사업을 반납했다. 그러나 학생들은 총장퇴진을 요구하며 본관 점거농성을 지속하고 대규모 시위를 예고하는 등 사태가 종식되지 않고 있다. 평단사업은 정부가 '선취업 후진학'의 기회를 확대한다는 취지로 평생교육 목적의 단과대학을 설치하는 대학에 30억 원의 재정지원을 하는 사업이다. 그 자체로는 선정되었다 해서 해당 대학에 이처럼 심각한 갈등과 분란을 야기할 사안이 아닐 수 있다. 그럼에도 이번 사태가 사업의 철회로 해소되기는커녕 오히려 충돌이 더 격화되는 이유는 무엇인가?

직접적으로는 총장을 비롯한 대학본부의 잘못된 대응으로 사태가 증폭된 탓이 크다. 학생들의 본관건물 점거농성은 꽤 과격해 보이지만 사학분규가 고질화된 한국사회에서 드물지 않게 일어나는 일이다. 극심한 분규를 겪는 대학조차도 공권력을 요청하여 학생들을 진압하는 식의 대응은 흔치 않고, 군부독재 시절에조차 학내 갈등으로 빚어진 일에 이번 이대와 같은 신속한 경찰투입은 거의 없던 일이었다. 그런 점에서 동문이나 학부모까지 대학의 행위에 분노하고 학생들에게 동조한 것은 충분히 이해된다.

그러나 더 근본적인 문제는 한국의 대학들이 이 같은 사태가 언제라도 터질 수밖에 없는 상황에 처해 있다는 데 있다. '이대의 난'이라고도 불리지만 이번 사태는 이대만의 일도 아니고 평생교육단과대학 문제만도 아니다. 물론 서울의 유수대학에서 발생한 일이고 평생교육단과대학 설치를 둘러싼 이견에서 비롯되었다는 특수성이 없지는 않다. 그렇더라도 크게 보면 이 사태는 한국 대학 일반에 만연된 심각한 병폐에서 비롯된 일이자 그것을 드러낸 징후라고 보아야할 것이다. 대학의 병폐를 보는 시각은 다양하겠지만, 이번 사태와 직결된 한국 대학의 위기증상은 크게 두 가지로 정리될 수 있다.

하나는 오늘날의 한국 대학이 학문공동체로서의 활력을 상실하고 타율적이고 수동적인 무기력 상태에 빠져 있다는 것이다. 대학이 제 기능을 하려면 구성원 사이에 민주적인 소통구조가 형성되어 있어야 한다. 대학교육이 목표하는바 비판적 사고력의 훈련과 학문적인 창의성의 발휘는 이런 자율성을 바탕으로 해서만 가능하다. 그러나 현 정부 들어와서 정부의 대학개입이 노골화되면서 대학 내부의 민주적 거버넌스는 거의 와해되다시피 하였다. 대학의 주체가 되어야할 학생뿐 아니라 대학운영의 축인 교수사회의 발언권조차 위축될 대로 위축된 반면 행정본부의 권력은 커질 대로 커져 있다. 오죽하면 작년 한 국립대 중견교수가 대학 민주주의를 외치면서 본관 옥상에서 투신자살하는 비극이 발생했겠는가.

대학의 자율성 실종과 쌍생아처럼 맺어진 문제가 대학들을 생존을 위한 무한경쟁으로 몰아넣고 있는 교육부의 대학정책이다. 과거의 독재정부가 공권력을 동원해 대학을 억압했다면, 지금은 재정지원을 무기로 정부 주도의 획일적인 평가를 통해 대학들을 줄 세우는 방식으로 통제한다. 운영비를 국고에서 지원받는 국립대는 물론이고 재정기반이 취약한 사립대의 대다수는 정부의 재정지원에 목을 맬 수밖에 없다. 한정된 대학지원예산을 공평하게 배분하는 대신 대학들끼리, 전공들끼리, 교수들끼리 상호경쟁하게 만들고 '선택과 집중' 논리를 내세워 상위순위에 몰아준다. 마치 군대식 선착순에 흡사한 이 같은 정책을 통해 대학과 교수들의 순응을 강요한다. 최근의 대규모 재정지원사업인 프라임(PRIME)이나 코어(CORE) 사업은 산업수요 위주의 대학개편을 강제하는 방편으로 재정지원을 활용한 대표적인 사례다.

더구나 학령인구 감소로 구조조정이 본격화된 시기에 이 같은 교육부의 통제와 대학의 순응주의가 맞물려 한국의 대학들이 죽음을 맞았다는 자조가 만연해 있다. 교수들도 지식인으로서의 사회적 역할이나 '대학의 죽음'에 맞서는 교육자로서의 책무를 다하는 대신 자신의 밥그

롯부터 챙기는 데 익숙해졌고 진정한 연구보다 보여주기식 실적 쌓기에 급급하다. 이번 이대 사태도 비단 평단사업에 대한 이견만이 아니라 프라임이나 코어 같은 사업에서 보여준 대학당국의 일방행정에 불만이 누적된 결과다. 이 두 사업은 대학의 구조개편을 조건으로 하기 때문에 교수와 학생 등 구성원들과의 협의가 필수적임에도 많은 대학들에서 그렇듯이 이대 또한 재정수입을 앞세우며 정부정책에 맹종하는 한국 대학의 병폐를 그대로 답습했던 것이다.

앞으로 이대 사태가 어떻게 전개될지는 더 지켜보아야 할 것이다. 그러나 중요한 것은 학생들의 요구대로 총장이 사퇴한다거나 아니면 학생들의 해산과 징계로 사태가 정리된다고 해서 끝나지 않을 문제가 제기된 점이다. 이대의 반납과 무관하게, 그리고 평생교육기관을 대학의 단과대학으로 만드는 발상의 문제점에도 불구하고, 교육부의 평단사업 자체는 계속 추진될 수 있을지 모른다. 그러나 교육부가 재정지원사업을 통한 대학 통제의 관행을 중단하고 대학들을 획일화하여 줄 세우는 정책을 바꾸지 않는 한, 이 같은 사태는 언제라도 되풀이될 것이다. 학생은 교육의 대상이자 등록금으로 대학재정의 대부분을 부담하는 대학의 주체임에도 중요한 의사결정에서 소외되어왔다. 학생주체가 대학과 교수들의 순응주의를 뚫고 대학의 병폐를 본격적으로 문제 삼고 나섰다는 것, 이것이야말로 이번 이대 사태의 진정한 의미일지도 모른다.(2016.8.10)

대학개혁, 구조화된 병폐의 청산이 우선이다
— 교육부의 '대학 학사제도 개선방안' 발표를 보고

현 정권의 실정에 대한 민심 폭발과 정치권의 대통령 탄핵소추로 한국사회가 요동치는 가운데 어떻게 이 위기를 사회변혁의 계기로 전환해나갈 것인가라는 과제가 목전에 닥쳐 있다. 교육 분야도 마찬가지고 특히 본격적인 구조조정의 시기를 맞은 대학 문제가 그렇다. 대통령 탄핵소추로 이어진 최순실 게이트의 한 축이 이화여대의 학사부정이고 이화여대 사태가 교육부의 대학재정지원 사업이 초래한 교육현장 왜곡에서 촉발되었다는 것은 무엇을 말해주는가? 교육부가 그동안 대학통제의 채찍과 재정지원의 당근을 구사하여 어떻게 대학들을 줄 세우고 순응시켰는지 확연히 드러낸 이화여대 사태는 한국 대학들이 처한 상황의 축도라고 할 수 있다.

그렇다면 촛불민심이 확산되고 구악 청산을 요구하는 목소리가 높아가는 시기에 교육부의 관행이나 정책방향에 어떤 변화라도 있었는가? 전혀 아니다. 민심이 들끓던 지난 11월 말 교육부는 2주기 대학구조개혁 평가를 위한 연구결과를 공개하고, 평가를 통해 전국 대학을 이등분하여 상위 50%에 대해서는 조정을 면제하고 하위 50%에 속하는 대학들에만 대폭 정원감축을 요구한다는 안을 내놓았다. 1주기 평가방식이 전국 대학을 5등급으로 나누어 최상위인 A등급을 제외한 나머지 대학들에 차등적으로 정원감축을 요구한 것과는 달리, 절반에 달하는 하위 대학에 조정을 집중하겠다는 것이다. 만약 이런 방식의 구조조정이 실행된다면 군소대학들과 지방사립대 대다수는 궤멸적인 타격을 입을 것이 분명하다. 이는 한국의 대학생 절반을 황폐화된 교육환경 속에 방치하겠다는 것이나 마찬가지다.

이어서 교육부는 대통령 탄핵투표를 앞둔 지난 12월 8일, 내년 1학기부터 시행을 목표로 한 '대학 학사제도 개선방안'을 아무런 공론과정 없이 발표했다. 동시에 이를 위한 고등교육법 시행령 일부 개정안도 입법예고했다. '4차산업혁명'과 '인공지능시대'에 대응하는 '창의혁신인재 양성'을 내세운 이 개선방안은 그동안 교육부가 대학을 옥죄는 수단으로 삼아온 효율이나 생산성 위주의 기업체식 구조조정 정책의 연속이자 그 폐해를 심화하는 내용을 담고 있다. 그럼에도 탄핵정국 속에서 이에 대한 공론은 일체 생략되고 언론들은 학사운영을 유연하게 한다는 교육부의 홍보자료를 그대로 보도했다.

이 방안은 명목상으로는 개방적이고 탄력적인 학사운영을 허용하자는 것으로 실제로 규제완화를 지속적으로 주장해온 한국대학교육협의회 등 대학사회 일각의 요구를 반영하고 있다. 이를 위해 융합전공제를 비롯 대학 간 교류 활성화니 유연학기제니 원격수업이니 해외진출 지원 등 다양한 '개선방안'이 열거된다. 그러나 역시 초점은 융합전공제라고 하겠고 그 목적은 학과의 경계를 무너뜨리는 데 있다. "칸막이식 3차산업형 학사구조"로는 "4차 산업혁명시대의 통섭능력을 갖춘 융복합적 인재양성에 한계"가 있기 때문에, 대학은 학과전공을 넘어선 융합전공 개설을 자유롭게 하고 학생은 자신이 속한 학과의 전공필수를 이수할 의무 없이 신설된 융합전공을 선택하거나 스스로 전공내용을 구성하여 학위를 취득할 수 있게 한다는 것이 그 내용이다.

　얼핏 보면 이 개선방안은 기존 전공의 틀을 벗어난 융합을 촉진하고 학생에게 학과의 틀에 매이지 않을 선택권을 준다는 점에서 학생중심의 개혁으로 오인되기 쉽다. 그러나 해당전공에 대한 필수 수련조차 없이 다른 전공과의 융합을 해낼 역량이 학생에게 갖추어질 리도 없거니와, 교양과정을 제외하고 2~3년에 불과한 전공수업 기간 동안 학문체계도 채 형성되지 못한 신설 융합전공을 제대로 이수한다는 것은 거의 무망하다. 이 같은 방식이 효과를 거두려면 미국의 연구대학들이 그렇듯이 학부교육을 소양중심으로 하고 전문교육은 대학원에서 하는 체제가 갖추어져 있거나, 최소한 학생들의 선택에 부응할 수 있는 교수진의 충분한 확보가 필요하다. 그러나 교수 1인당 학생수가 OECD 평균의 두 배에 달하는 것이 한국 대부분 대학의 현실이다.

　이런 열악한 여건에서 학생들의 자유로운 선택을 통해 새로운 전공을 개발하고 학과의 벽을 허물겠다는 정책은 터무니없거니와 지금까지 산학 중심으로 추진하던 '통폐합'을 '유연화'로 포장한 것에 불과하다. 작년 3월 중앙대가 이와 흡사하게 학과를 없애고 학생의 선택에 의한 자율전공을 전면적으로 도입하겠다고 발표한 후 교수 학생의 극렬한 반대에 부딪혀 철회한 것도 그것이 진정한 자율화라기보다 기초학문을 고사시켜온 구조조정의 일환인 점이 명백했기 때문이다. 교육부의 이번 학사제도 개선방안은 중앙대의 시도를 모든 대학에 전면화하는 길을 열어놓은 것이나 다름없다.

　현재 한국 대학이 처해 있는 상황은 엄중하다. 이화여대 사태에서 극명하게 드러났다시피 현 정권 들어와 재정지원을 빌미로 한 대학통제가 극에 달하고, 구조조정의 명분 아래 극단적인 시장주의정책을 강행함으로써 기초학문의 토대가 무너지고 대학의 창의력과 주체적인 역량은 거의 소실되었다. 무엇보다 수도권 일류대를 정점으로 한 심각한 서열화와 고액등록금으로 유지되고 전근대적으로 운영되는 사립대 중심의 대학체제를 그대로 두고 지구화 시대에 한국의 대학이 제 역할을 하기는 불가능하다. 대학사회가 구체제를 바꾸고자 하는 시민들의 열망에 부응하는 길은 이 위기를 한국 대학의 구조적 병폐를 청산하는 계기로 삼는 것이다. 진정한 대학개혁은 어설프고 잡다한 '학사제도개선'이 아니라 뿌리 깊은 대학의 적폐를 어떻게 해소할 것인가에 달려 있다.(2016.12.21)

차기 정부 대학정책, 교육부 해체가 능사인가

대통령이 탄핵소추된 가운데 조기대선이 가시화됨에 따라 차기 정부의 정책방향을 둘러싼 논의가 급물살을 타고 있다. 선거일정이 확정되지 않았지만 후보자들의 출마선언이 이어지고 차기 정부의 정책의제에 대한 공약성 발언들도 속출한다. 정권교체만이 아니라 체제의 전환에 해당하는 변화와 개혁을 요구하는 것이 촛불민심이라면 이번 대선은 한국사회의 질적인 도약을 위한 발판이라고 할 수 있다. 그러나 촉박한 정치일정 자체가 당면한 의제들을 충분히 검토할 시간을 주지 않거니와 당선자는 인수위를 운영할 시간도 없이 곧바로 정책집행에 들어가야 한다. 대선과정을 통해 후보자들은 차기 정부의 개혁과제와 정책방향까지 그 어느 때보다도 현실성 있고 구체화된 정책을 내놓아야 하는 것이다.

　교육도 중요한 대선의제의 하나인 만큼 대권후보들이 차기 정부의 의제에 대한 입장표명이나 제안을 통해 교육공약을 내놓기 시작한 것은 당연하다. 민주당의 경우 문재인 전 대표는 "서울대를 포함한 국공립대 공동입학 및 공동학위제"와 함께 대학서열을 완화하는 방안으로 "공영형 사립대학체제로의 개편"을 말하고, 이재명 성남시장도 비슷한 맥락에서 대학서열구조를 벗어나기 위해 "국공립대 통합네트워크"와 공영형 사립대 체제 구축을 통한 "교육의 상향평준화"를 제시한다. 불출마를 선언하기는 했지만 같은 당의 박원순 서울시장은 교육부 해체 및 서울대 폐지, 그리고 교육부를 대체할 '국가백년대계위원회' 설립을 주창한 바 있다. 국민의당 안철수 전 대표 또한 진작부터 교육부를 폐지하고 '국가교육위원회'로 대체해야 한다는 주장을 폈다. 여권에서는 남경필 경기지사가 최근 사교육 금지 여부를 국민투표에 부치고 공교육을 정상화해야 한다는 입장을 밝혔다.

　대선 예비후보들의 교육공약이 대개 대학 문제에 초점을 두는 것에는 그만한 이유가 있다. 초중등교육은 시도교육청에 많은 부분이 위임되어 있거니와 보수정권 아래에서도 진보교육감들의 혁신정책을 통해 일정한 개혁의제가 추진되어온 데 비해, 교육부의 중앙통제식 정책 강행은 대학에 집중되어왔다. 대학정책만큼은 차기 정부에서 전면적인 방향전환이 필요한 소이다. 대통령 탄핵소추를 불러일으킨 민심악화가 이화여대의 입학 및 학사비리와 직결되어 있고, 애초 이대 사태가 교육부의 평생교육단과대학사업이라는 재정지원정책에서 촉발되었다는 것은 무엇을 말해주는가? 재정지원을 대학통제의 수단으로 삼아온 현 정부의 대학정책이 교육부의 관료주의와 대학의 야합으로 고등교육의 현장을 피폐하게 만들었고, 이 적폐가 학생들의 대학본부 점거농성을 불러일으킬 정도로 누적되어왔던 것이다.

　문제는 촉박한 정치일정 속에서 정치권이나 대권후보들의 대학정책 공약이 과연 현실성을 확보하고 있는가 하는 점이다. 공교육을 강화하고 입시제도를 개선하고 등록금 부담을 경감하겠다는 원칙이야 나무랄 데 없지만, 그 실현을 위해 혁신안으로 내놓은 공약에는 설익거나 더 검토되어야 할 문제들이 많다. 가령 안철수 전 대표를 비롯한 여러 예비후보들이 교육부 해체 및 국가교육위원회 설립을 주장하는 것만 해도 그렇다. 교육 부문에서 관료주의의 폐해가 심각한 것은 사실이나 그렇다고 교육부를 해체한다고 사라지거나 극복될 일은 아니다. 교육부의 역할을 국가교육위원회 혹은 국가고등교육위원회로 넘긴다고 하지만 "정파적 이해관계에서 자유롭고 정권교체와 무관한" 사회적 협의기구란 신기루에 불과하다. 촛불민심이 요구하는 적폐청산은 오히려 강력한 개혁의지를 가진 정권의 전면적인 정책전환이 없고서는 불가능하다. 국가교육위원회 설립 주장이 야권만이 아니라 교총을 비롯한 보수진영에서도 한목소리로 나오고 있는 것은 무엇을 말해주는가? 국가교육위원회를 통해 시민사회의 중의를 모아서 교육정책을 결정한다는 취지이지만, 위원회 구성 자체가 기득권세력들의 이해관계를 적절히 안배하는 방식이라면 그것을 통한 기득권 구조 해체란 공염불이 될 소지가 크다. 교육부를 없애지 않더라도 가령 대통령 직속의 '교육개혁위원회'에 한시적인 권한을 부여하여 정부의 의지를 반영한 개혁을 주도하게 하는 게 더 현실적일 것이다.

국립대 통합안이나 서울대 폐지론도 마찬가지다. 전국의 국립대를 통합하면 서열화의 정점에 있는 서울대가 사실상 없어지고 서열구조가 해소될 수 있다는 발상인데, 과연 그런가? 한국의 현실에서 전국의 국립대를 통합해서 운영한다는 목표 자체가 거의 실현이 어렵거나 요원하거니와, 서열의 정점에는 서울대만이 아니라 수도권 사립대들도 다수 포진해 있다. 또 세칭 일류대학들은 국가에 필요한 연구의 중추를 이루는 연구기관이기도 한데, 사회적 문제 해결의 방편으로 이를 폐지하고 평준화하자는 주장은 대학의 국가적 기능을 전체적으로 고려하지 못한 소치다. 더구나 서울대는 2011년 법인으로 전환되어 이미 통상적인 의미의 국립대도 아니기 때문에 국가가 통합을 강제할 방안도 마땅치 않다. 국립대 통합안은 프랑스 파리대학을 모델로 한 발상인데, 모든 대학이 국립인 프랑스와는 달리 국공립이 전체 대학의 20%도 되지 않는 한국 대학의 여건에서 설령 전국 국공립대를 통합운영한다 해서 평준화효과가 얼마나 있겠는가?

실상 한국 대학의 가장 큰 폐해가 사립대학이 80% 이상을 차지하는 기형적 구조에서 나온다는 것은 주지의 사실이다. 이로 인해 한국 대학생의 대다수가 높은 등록금에도 불구하고 부실한 교육환경을 감수할 수밖에 없는 것이다. 더구나 대부분의 사학이 족벌을 통해 세습되는 전근대적 운영체제를 가지고 있어서 고질적인 사학문제를 야기해왔다. 그렇다면 이 구조화된 병폐를 어떻게 청산할 것인가? 무엇보다 학령인구의 감소라는 환경의 변화로 한국 대학이 목하 겪고 있고 향후 10년간 지속될 구조조정이 그 돌파구가 될 것이다. 구조조정의 과정에서 부실 사립대학들이 대거 정리될 것이 예상되기 때문에, 이 위기의 시기는 한국 대학의 구조적 병폐를 청산할 수 있는 절호의 기회이기도 하다. 따라서 차기 정부의 대학정책에서 가장 긴급하고 필수적인 일은 사학들이 정리되는 가운데 어떻게 대학체제를 국공립이 중심이 되는 선진국형으로 개편하는가가 될 수밖에 없다. 현재 사립대학 예산의 60%는 등록금이고 정부지원이 20%에 이른다. 이런 여건에서 사립대학의 운영은 족벌 중심이 아니라 공공적인 방식으로 이루어져야 마땅하다. 문재인 전 대표나 이재명 시장은 사립대학들을 '공영형' 사학으로 전환시키겠다고 하는데, 이것이야말로 차기 정부 대학정책의 핵심에 놓여야 할 것이다.

교육정책 전반이 그렇지만 대학정책도 한국사회의 불평등구조를 완화시킬 수 있는 방안이 중심이 되어야 한다. 촛불민심은 기득권 구조의 개혁을 통해 경제적 불평등을 해소하고 공정한 사회를 이룩하자는 것이다. 대학정책도 기득권층에 몰린 자원을 축소하고 저소득층의 교육기회와 지원을 확대하는 방향으로 세워져야 할 것이다. 사학을 공영화하면 일정한 국가지원을 통해 실질적인 등록금 인하가 가능하다. 공사립 공히 상위 10개 대학에 국가재정지원의 40% 이상을 집중시키고, 대다수 학생들이 재학하는 중하위 대학에 징벌적 구조조정과 재정지원 제한을 가하는 지금의 재정지원정책은 철폐되어야 한다. 또 전문대는 저소득층이 주로 진학하는 기술교육기관이므로 국가가 재정을 책임지는 실질적인 국립대로 전환하고, 일반대의 대학 편입학제도를 유연하게 운영하여 선취업 후진학의 길을 활짝 열어야 한다. 인수위도 없이 집권해야 하는 대선후보라면 이 같은 당면한 정책과제들에 대한 분명한 입장이 있어야 마땅하다. 정책방향은 제시하지 않은 채, 교육부를 해체하겠다, 서울대를 폐지하겠다, 사교육 금지 여부를 국민투표에 붙이겠다는 식이라면 국민들을 현혹하는 내용 없는 헛공약이라는 비판을 피하지 못할 것이다. 촉박한 일정이지만 대학 부문에서 전면적인 정책전환 방향을 둘러싼 공론이 이루어져야 하는 것은 이 때문이다.(2017.2.1)

대학의 적폐청산, 재정지원 편중 해소가 관건이다

새 정부가 들어서면서 변화의 바람이 불고 있다. 대통령의 소통 행보와 개혁방향을 시사하는 인사, 그리고 국정교과서 폐지나 「임을 위한 행진곡」 제창 지시처럼 지난 정부의 잘못을 시정하는 조치 등이 국민의 지지를 얻고 있다. 정권교체 자체가 촛불항쟁의 결과라는 점에서도 새 정부는 변화에 대한 국민의 열망을 구현해야 할 책무를 진 셈이다. 그러나 당장 실현 가능한 시정조치들을 넘어서 기득권 구조를 해체하는 작업과 이어지는 순간 적폐청산의 도정도 험로에 들어설 것이 예상된다. 야당과의 협치가 불가피한 정치여건도 여건이지만, 우선 적폐를 무엇으로 규정하고 어디까지 청산할 것인지부터가 불투명하다.

대학 문제의 경우도 마찬가지다. 대학이 바뀌어야 한다는 것은 교육 분야만이 아니라 사회의 요구이기도 하다. 촛불항쟁의 계기 중 하나가 이화여대 사태였다는 것은 중요한 의미를 지닌다. 이화여대 사태는 직접적으로는 정부의 평생교육단과대학 재정지원사업에 대한 학생들의 불만에서 비롯된 것이지만, 근본에는 재정지원을 미끼로 한 정부의 대학통제라는 '적폐'가 깔려 있다. 대학들은 상호경쟁에 휘말려 대학의 본령을 상실했으며 이화여대 사태는 그 징후라고 할 수 있다. 또 대학 내외의 비민주적 풍토는 청년세대인 학생들의 삶을 옥죄고 미래에 대한 불안을 증폭시켰다.

다른 분야와 마찬가지로 대학개혁을 위해서도 적폐청산은 반드시 필요하다. 그러나 적폐를 무엇으로 보느냐에 따라 개혁의 방향과 정도도 달라진다. 가령 지난 정부의 폐해를 극명하게 보여주는 사례는 국립대의 경우 총장선거에 대한 정부개입, 사립대의 경우 사학분규였다. 새 정부에서 대학의 자율적인 총장선출권을 보장하고 비리사학을 엄단하는 것이 필요함은 물론이다. 그러나 과거처럼 교수들만의 총장 직선제를 복원한다 해서 적폐청산의 시대적 요청에 부응하는 것은 아니다. 대학의 거버넌스를 올바로 구축하려면 교수만이 아니라 학생과 직원 및 비정규직 교수까지 포함한 대학구성 주체들의 참여가 확보되어야 하기 때문이다. 사학문제도 마찬가지다. 비리사학을 정리하더라도 모든 사학에 구조화된 병폐가 사라지지는 않는다.

적폐청산의 목표가 사회의 불평등을 개혁하자는 데 있다면 대학정책도 마땅히 불평등구조 해소에 초점을 두어야 한다. 현재 대학은 민주시민을 길러냄으로써 사회통합과 민주주의에 기여한다는 본래의 사명에서 너무나 멀어져 있다. 오히려 사회의 불평등구조를 반영할 뿐 아니라 확대재생산하는 데 기여하고 있다는 비판이 비등하다. 지난 10여

년에 걸쳐 상위서열의 대학일수록 상위계층 출신 학생의 입학 비율이 현저하게 높아졌다. 서울대의 경우 올해 특목고 및 자사고, 서울 강남3구 출신이 전체 입학생의 거의 절반에 이른다.

학부모의 70% 이상이 교육의 가장 큰 현안으로 서열화 해소를 꼽은 한 설문조사(전교조)에서도 보이듯, 서열구조 해소는 국민적 요구라고 할 수 있다. 그럼에도 불구하고 지난 십수 년간 서열화가 완화되기는커녕 악화일로를 걸어온 이유는 무엇인가? 무엇보다 서열에 입각한 정부의 차별적인 재정지원정책과 이에 상응하는 대학 내외의 기득권 구조에 기인한다고 해야 할 것이다. 서열화의 원인을 사회에 만연한 일류병과 학벌주의에 돌리는 시각도 많지만 이는 본말을 전도한 것이다.

정부의 고등교육에 대한 재정지원이 철저하게 상위대 중심으로 이루어져온 것은 주지의 사실이다. 대학의 가장 긴박한 현안인 대학구조조정 정책만 보아도 이는 확연하다. 교육부는 구조조정을 재정지원과 연계하여 추진하면서 대학들을 일률 평가하여 상위 대학에는 정원감축을 면제하고 재정지원을 집중시키는 반면 하위 대학에는 정원감축을 강요하고 재정지원을 제한해왔다. 좋은 대학은 키우고 나쁜 대학은 도태시켜야 한다는 명분을 내세우지만 이는 국고가 상위계층 학생들이 주로 재학하는 상위대에 편중되는 결과를 빚는다. 반면 주로 중하위층 학생들이 다니는 지방사립대 및 전문대에 구조조정의 피해가 쏠리게 된다. 이를테면 상위 10개 대학이 사립대 재정지원 전체 예산의 46%를 독점하고 있다. 이 같은 재정지원 방식이 사회불평등을 재생산하는 결과를 빚고 있음에도 상위 대학 내부에서 이에 대한 문제제기는 물론 문제의식조차 없다는 것은 무엇을 말해주는가? 상위대 중심의 기득권 구조가 그만큼 공고한 탓이다.

서열화 해소를 목적으로 국립대 통합을 주창해온 진보학계의 대응도 역설적으로 서열구조에 따른 발상을 벗어나지 못한 점은 지적할 필요가 있다. 서열화와 학벌주의 해결을 핵심의제로 삼게 되면 일류대 중심의 서열구조와는 무관한 대다수 학생들이 정책의 고려 범위에서 벗어난다. 대학생의 38%에 달하는 전문대 재학생들과 애초부터 일류대 입학을 포기하고 지방사립대를 선택하는 대다수 4년제 지망학생들이 그러하다. 서열구조의 형성 자체가 국가적으로 전문기술교육체계가 제대로 갖추어지지 않은 탓이라는 사실은 도외시된다. 국립대 통합을 통해 일정한 평준화를 이루고 국립대를 새로운 일류대학으로 만들자는 구상은 장기적으로 필요하지만, 여기에 정부의 재정지원 편중이나 대학 내부의 기득권 구조에 대한 문제의식은 보이지 않는다.

나아가서 재정지원의 편중이 대학의 불평등구조를 심화시킬 뿐만 아니라 지원에 따른 소기의 성과조차 산출하지 못하고 있다는 사실도 짚어야 한다. 정부 재정지원이 집중되고 있는 상위대는 그에 걸맞은 기능을 하고 있는가? 국제환경에서 국가의 대학경쟁력은 그 사회의 학문수준을 보여주는 연구대학들의 경쟁력으로 드러난다. 그러나 한국의 세칭 일류대들은 서열구조에 안주하여 상위성적의 상위계층 학생들을 선발하는 것으로 행세할 뿐 정작 대학원은 거의 공동화되어 있다. 연구중심을 표방하고 BK, HK 등 정부의 대학원 지원을 독점하면서도 서울대까지 포함하여 외국 특히 미국 대학에 학생들을 보내기 위한 피더스쿨feeder school에 머물고 있는 것이다. 대미종속적인 학계구조야말로 대학이 해결해야 할 가장 심각한 적폐 가운데 하나다.

4년제 상위대에 대한 재정지원 편중을 해소하는 대신 전문대 지원을 강화하여 대다수 전문대를 국공립화하고 기술교육은 국가가 책임지는 체제를 갖추어야 한다. 구조조정이 집중되는 중하위권 사립대들을 공영화하는 데 재정이 투입되어야 하며, 연구중심 대학은 비대한 학부정원을 대폭 줄이고 학문재생산이 가능한 대학원을 형성하도록 구조조정을 유도해야 한다. 재정지원 배분 방식이 변하면 기득권 구조와의 충돌이 불가피할 것이나 이를 극복해야만 비로소 한국 대학도 주체적 학문역량을 가진 기관으로 거듭나게 될 것이다.(2017.6.14)

서남대 폐교가 말해주는 것
─신자유주의적 대학구조조정의 신호탄

교육부가 지난 11월 17일 서남대에 대한 폐교 방침을 확정하고 행정예고에 들어감으로써 서남대의 폐교가 임박했다. 대학의 강제폐쇄가 처음은 아니고 서남대의 경우 지난 8월 서울시립대와 삼육대가 제출한 인수계획을 교육부가 거부함에 따라 이미 예상된 수순이기도 하다. 그러나 서남대의 폐교는 교육부의 관료주의적 대학행정의 심각한 문제를 드러내는 동시에 향후 현 정부의 대학구조조정 정책의 기조를 보여준다는 점에서 단순히 한 비리대학의 폐교 조치에 그치지 않는다.

서남대 사태는 사학을 통제하면서 그와 결탁해온 교육부의 관료주의 행태가 적나라하게 드러난 사례다. 설립자 이홍하 씨의 비리로 불거진 서남대 사태는 대학의 공익성보다 사학재단의 소유권을 중시해온 교육부와 사학분쟁조정위원회의 미온적인 대처로 장기화되었다. 대학 구성원들은 그동안 비리재단과 싸우는 동시에 대학을 살리기 위해 갖은 희생을 치렀으나 폐교 결정으로 학생은 주변 대학 편입으로, 교수와 직원은 대책 없는 해고에 내몰렸다. 학생의 편입은 보장한다고 하지만 지금까지의 폐교 사례에 비추어 학생의 절반은 편입여부가 불투명해 보인다. 반면 문제를 야기한 구 재단 측은 현행법에 의거하여 부동산을 비롯한 잔여재산을 같은 계열의 재단에 귀속시킬 수 있게 되었고, 재단이 해산됨에 따라 333억 교비횡령액에 대한 변제의무도 사라졌다. 이 같은 해결방안이 얼마나 비교육적이고 불합리한가는 자명하다.

학생의 교육권과 교직원의 생존권을 박탈하면서 비리 당사자를 실질적으로 면책시키는 이 같은 조치는 교육부가 서남대 인수에 나선 대학이나 기관들의 제안을 수용하지 않으면서 비롯된 것이다. 교육부는 인수희망자들이 횡령액에 대한 변제책임을 분명히 하지 않는다는 이유를 들어 반려하곤 했는데, 대학교육의 공적인 의미보다 행정상의 기준을 우선하는 관료주의적 행태가 이런 파국을 초래한 셈이다. 또한 폐교가 비리재단에 대한 징벌임을 내세우지만 결과적으로 사학재단의 이해관계를 대변하고 있다는 혐의에서 얼마나 자유로운지도 의문이다. 구성원들이 대학을 살리려고 애쓰는 동안 구 재단 측이 앞장서서 폐교를 제안했다는 사실은 무엇을 말해주는가?

서남대 사태 자체도 문제가 많지만 더욱 심각한 것은 이 조치가 현재 교육부가 취하고 있는 대학구조조정의 방향과 맺어져 있다는 점이다. 서남대 폐교는 비리대학 정리라는 명분과 아울러 평가에서 하위를 받은 부실대학을 퇴출시킨다는 원칙을 충실히 따른 결정이기도 하다. 이것은 이번 폐교가 서남대 문제에 그치는 것이 아니라 향후 10년 이상 지속될 대학구조조정 과정에서 대규모로 일어날 폐교 사태의 신호탄임을 말해준다. 학령인구 감소로 대학의 입학정원 축소는 불가피한데, 이미 일정한 감축이 있었거니와 매년 그 폭은 확대될 것이다. 현재의 대학정원과 인구 감소 추세 및 진학률을 감안하면 10년 후 대학 전체의 규모가 적어도 현재의 3분의 2, 많게는 2분의 1로 축소될 것이 예상되기 때문이다.

이 피할 수 없는 구조조정 과정에서 교육부의 직분은 대학의 기능이 훼손되지 않고 학생의 교육권과 교수들의 연구 및 교육 활동이 제대로 이루어지도록 지원하여 대학이 겪을 피해를 최소화하는 일이다. 그러나 지난 보수정권은 평가를 앞세워 대학을 줄 세우고 하위등급에 속한 대학들에 정원축소와 재정지원 제한 등 징벌을 가하는 방식의 강제조정을 시행하였다. 이 때문에 전국 대다수의 대학들은 평가점수를 높이기 위해 갖가지 편법까지 동원하고, 대학 간에는 물론 학과 사이에도 사활을 건 경쟁이 격화되었다. 정부는 평가를 앞세우고 재정지원을 미끼로 이를 부추겼다. 결국 대학 본령의 훼손과 왜곡이 극에 달했으며 이것이 촛불혁명의 한 도화선이 된 이화여대 사태의 원인임은 주지의 사실이다.

그러나 촛불혁명으로 탄생한 이 정권은 아이러니하게도 대학정책에 관한 한 박근혜 정부가 수립한 경쟁 위주의 대학구조조정 정책의 기본

방향을 그대로 답습하고 시행할 의지를 보여왔다. 지난 정부가 수립한 2주기 대학구조개혁평가사업을 대학기본역량진단평가사업으로 이름을 바꾸고 지표를 조정하는 수준에서 확정한 교육부의 구조조정 정책이 곧 발표를 앞둔 것으로 알려져 있다. 권역별 평가 도입이나 자율조정 확대 등 제도를 일부 개선했다고 하나, 대학 간의 경쟁을 통한 하위대학 퇴출이라는 전 정권의 '신자유주의적' 틀은 그대로 유지하고 있는 것이다. 민주화를위한전국교수협의회를 비롯하여 대학노조, 비정규교수노조, 교수노조, 학술단체협의회 등 대학 관련 단체들이 청와대 앞에서 철야농성을 벌이고 있는 것도 이 방침에 반발해서다.

서남대 사태는 앞으로 이 같은 신자유주의적인 대학구조조정의 결과가 대학 현장을 어떻게 피폐하게 만들고 왜곡시킬 것인지를 보여주는 본보기라고 할 수 있다. 대개 비리사학은 부실대학을 운영하는 경우가 많고, 비리가 드러나지 않았다 해도 특히 지방 중하위권 대학은 학생 감소로 인한 부실성을 감수할 수밖에 없다. 결국 일차적으로는 이들이 퇴출 대상이 되겠으되 이어서 수도권의 중하위 대학들도 이 추세를 이겨내기 어려울 것이다. 이 대학들이 조정의 대상이 되거나 심지어 폐교로 내몰리는 과정에서 학생들은 정상적인 대학교육을 받지 못할 것이고, 교수들은 직분을 제대로 수행할 수 없을 것이다. 대학 현장의 이런 혼란을 막기 위해서는 공적지원이 필요하나, 현재로서는 이를 위한 기금도 예산배정도 일절 없기 때문이다.

물론 부실대학을 없애는 것이 무엇이 문제냐는 반론이 있을 수 있고 그것이 일반적인 정서인 점도 있다. 현 교육부도 사실상 이런 여론에 기대어 하위대 퇴출의 정당성을 내세우고 있다고 보인다. 그러나 이것이야말로 박근혜 정부가 대학을 줄 세우면서 내세운 바로 그 논리이기도 하다. 왜 이것이 문제인가? 동일지표에 따른 상대평가 방식은 최상위에 해당되는 일부 대학을 제외한 대다수 대학들 사이의 생존경쟁을 불러일으키고, 그 피해는 저소득층이 주로 재학하는 전문대 및 중하위 계층 출신이 다수를 이루는 4년제 중하위권 대학의 학생들과 학부모들이 주로 입게 된다. 반면 상위대에는 자율조정이 허용되고 재정지원이 집중될 전망이어서 대학 간의 위계와 서열구조는 더 악화될 것이 분명하다. 세칭 일류대일수록 상류계층 출신 학생이 다수를 이루게 된 현실에서 과연 이 같은 방식이 현 정부의 이념적 지향과 부합하는지 묻지 않을 수 없다.

대학들을 생존경쟁으로 몰아넣는 신자유주의적 대학구조조정은 중단되어야 하고, 장기적인 전망에 바탕한 새로운 대학정책을 수립할 필요가 있다. 앞으로 10년 넘게 지속될 조정기간 동안 전국 대학생의 반수 이상이 재학하는 중하위 대학들을 서남대처럼 방치하는 것은 온전한 국가의 교육정책이라고 할 수 없다. 또한 그 대학기관에 재직하는 교수를 비롯한 연구자들을 아무런 대책 없이 퇴출시키는 것도 마찬가지다. 당사자의 생존권도 생존권이지만 이것이 한 국가의 장기적인 연구정책일 수는 없기 때문이다.

구조조정하에서 대학교육이 무너지지 않도록 지키는 것은 교육부가 응당 해야 할 일이다. 아울러 구조조정 정책도 이를 통해 한국 대학의 구조적인 병폐를 바로잡는다는 목적을 분명히 해야 한다. 즉 대학의 과도한 서열구조를 어떻게 완화 내지 해소할 것인가, 그리고 사학 중심의 대학편제를 어떻게 공영체제로 개편해나갈 것인가에 초점을 두어야 한다. 집중적인 구조조정의 대상이 될 사립대학들 가운데 살릴 수 있고 또 살려야 하는 대학들을 정부지원을 통해 공영형으로 바꾸어나가는 것이 그 첫걸음이 될 것이다. 그러나 지금처럼 상위대 몰아주기와 하위대 징벌하기 방식의 과거 신자유주의 정책을 답습하는 한, 앞으로 수많은 서남대가 생겨날 것은 물론이거니와 대학서열은 더 굳어지고 대학이라는 기관 자체가 불평등의 산실이 되고 있는 현상도 심화될 것이다.(2017.11.29)

공공성 제고인가 시장화 촉진인가
─교육부 대학재정지원사업 개편을 보고

지난 3월 22일 교육부의 대학재정지원사업 개편계획이 확정 발표되었다. 새 정부가 출범한 후 교육부는 대학의 자율성을 강화하고 경쟁력을 제고하는 차원에서 대학재정지원정책의 획기적인 전환을 예고하였다. 작년 12월 초 대학기본역량진단 계획과 함께 내놓은 재정지원사업 개편시안에서 과거 정부 중심의 재정사업이 "시장주의적 사업 방식"으로 경쟁을 심화한 점, "개별 사업에 맞춘 분절된 추진"으로 대학경쟁력 제고에 한계가 있었음을 지적한 바 있다. 이번에 발표된 대학재정지원사업 개편은 이를 더 구체화한 것으로, 방만하게 운영되던 사업구조를 일반재정지원사업과 특수목적사업으로 구분하여 단순화하고, 이 중 일반재정지원사업의 경우 대학의 '중장기 발전계획'에 따라 자율적으로 운영하게 한 것이 핵심이다.

이번 개편이 과거 재정지원사업의 폐해를 개선하려는 의지와 조치를 포함하고 있는 것은 분명하다. 지난 정부에서 재정지원사업의 대부분을 차지하는 특수목적사업들이 관 주도로 졸속 추진된 결과 중복지원이나 부실한 준비, 무익한 실적 양산, 대학 간의 과도한 경쟁 등 갖은 폐단이 생겨났다. 오죽하면 대학에서 정부지원이 주기적으로 맞는 마약이라고 했겠는가. 그에 따라 1조 5천억 원에 달하는 대학재정지원사업이 대학의 발전에 도움이 되기는커녕 오히려 대학을 통제하는 데 쓰이고 국비를 낭비하고 있다는 비판이 비등하였다. 촛불의 한 도화선이 된 이화여대 사태도 이 같은 폐단이 대학의 기본질서를 훼손할 정도로 심각해진 상황에서 터져나온 것이다. 그런 점에서 자율성 강화를 통한 경쟁력 제고라는 방향 자체는 올바르다고 할 수 있다.

그러나 이 같은 방향 전환과 지원방식의 변화가 과연 실질적으로 현재 대학에 요구되는 변화에 부응하는 것인지는 짚어볼 필요가 있다. 재정지원사업은 정부의 대학정책을 뒷받침하고 추진하기 위한 수단이라는 점에서 현 정부의 대학정책 방향과 연동될 수밖에 없다. 또한 대폭적인 구조조정 국면에 들어선 한국 대학의 현실에 어떤 영향을 미치는지 고려해야 한다. 이번 재정지원사업 개편은 이 점에서 몇 가지 근본적인 문제를 안고 있다.

첫째, 재정지원은 대학의 구조조정 국면과 연계되어 있다. 자율성을 높여서 과도한 경쟁을 막겠다고 하나 대학의 자율성 신장은 모든 대학에 해당되는 것이 아니라 대학기본역량진단에서 상위 60%에 해당하는 대학에만 부여하기 때문에 상위권에 들기 위한 대학들의 생존경쟁은 더 치열해질 것이다. 더구나 15% 정도의 최상위 대학을 제외하고 모든 대학에 정원감축을 요구한 지난 정부와는 달리 상위 60% 대학에는 정원감축을 실질적으로 면제하기 때문에 하위권에 조정이 집중될 수밖에 없다. 물론 향후 3년간 감축규모 5만 명을 2만 명으로 낮추고 하위권에 대해서도 '합리적인' 규모의 정원감축을 권장한다지만 이는 나머지 감축분은 학생들의 선택, 즉 시장에 맡기겠다는 말과 다름이 없다. 자율성을 제고한다는 방침이 결국 시장화를 촉진하는 결과를 빚을 것이 우려되는 것은 이 때문이다.

둘째, 대학이 자율적으로 작성해서 제출하는 중장기계획이 신설된 일반재정지원 규모를 결정하는 관건이다. 강압에 의해서가 아니라 대학주체의 자율적인 참여를 통한 대학개혁이라는 점에서 진일보라고도 하겠지만, 문제는 그 자율성의 방향이 무엇인가 하는 점이다. 이번 개편계획에서 4차산업혁명시대를 앞세우고 경쟁력을 강조한 데서도 엿보이듯 그 방향은 산업이나 경제에 기여하는 쪽에 현저하게 기울어 있다. 중장기계획의 모범 사례로 든 미국의 두 대학도 창업이나 기술혁신이 중심인 점이 이를 말해준다. 자율성의 외양을 하고 있지만 결국 산업 중심의 대학구조조정을 요구해온 지난 정부의 기조를 그대로 이어받고 있다는 의구심이 들 수밖에 없다.

셋째, 고등교육의 공공성을 제고한다는 명분으로 새롭게 재정지원사업에 도입된 것이 국립대 지원 확대다. 거점국립대의 역할을 강화하여 지역균형발전에 기여하고 세계적 수준의 경쟁력을 갖춘 대학으로 육성한다는 것이다. 물론 국립대 양성도 필요하나 고등교육의 공공성 제고는 전체 대학의 85%를 차지하는 사립대학을 현재 상태로 두고서는 불가능하다. 대학구조조정 과정에서 상당수의 사립을 현 정부에서도 언명하고 있는 공영형 사립으로 전환하는 것이 필수적인데, 공영형 사립 기획은 거의 유명무실하게 되어 재정지원사업에서도 제외되었고 시범사업 정도로 명목만 남아 있다. 현 정부가 하위 대학들에 조정을 집중하는 정책방향을 택한 이상 공영형 사립 기획은 거의 무산되었다고 보아야 할 것이다. 공영형 사립은 운영위기에 처한 지방의 중하위 대학들을 공영화하여 살리는 것을 목적으로 하기 때문에 정부의 기본 역량진단사업과 정면으로 배치된다.

자율성 강화와 공공성 제고를 앞세우고 단행된 정부의 대학재정지원사업 내용을 들여다보면 결국 경쟁력과 사업성 혹은 시장성에 방점이 놓여 있다고 보인다. 대학의 구조조정 과정에서 피해가 불 보듯 한 학생과 교수 및 연구자에 대한 교육부의 배려가 필수적이나 재정지원 계획에는 이에 대한 예산항목도 없고 배정도 없다. 이것은 무엇을 말해주는가? 하위 대학이 어떤 혼란을 겪더라도 도태시키고 상위 대학에 지원을 집중하여 경쟁력을 높인다는 것이 이 정부의 대학정책인 셈이다. 줄세우기식 기업체 구조조정 방식이라고 비판받아온 과거 정부의 대학구조개혁과 얼마나 다른지 의문이다. 이런 방식으로는 지금도 심각한 서열화를 더 부추길뿐더러 대학의 경쟁력도 제대로 형성될 수 없다. 대학생의 절반이 제대로 된 교육을 받지 못하는 상황을 방치하고서 대학의 경쟁력을 말하기는 어렵기 때문이다.

대학 문제는 교육분야만이 아니라 사회 경제 정치 문화 등 국가 전반의 문제와 중첩되어 있다. 무엇보다 굳어진 대학의 서열체계는 우리 사회의 불평등구조와 결합되어 대학이 이 구조의 재생산기제가 되어 있다는 우려와 비판이 높다. 새 정부의 대학정책과 재정지원사업 개편이 과거 정부의 폐해를 일부 개선하고는 있지만, 이 구조적 문제와 정면으로 대결하지 않고는 대학은 변하지 않을 것이다. 촛불의 정신을 토대로 한 정부라면 지금이라도 좀더 근본적인 변화를 위한 모색을 시작해야 할 것이다. (2018.3.28)

교육부 장관 교체를 바라보는 시각

문재인 정부의 제2기 내각구성을 위한 교체 대상에 김상곤 교육부 장관이 포함되고 민주당 소속의 유은혜 의원이 장관 후보자로 지명됐다. 인사청문회 절차가 남아 있기는 하지만 불과 1년 남짓 지난 시점에서 대통령이 교육부 장관을 교체키로 한 조치 자체가 가지는 의미는 작지 않다. 개각이 논의될 때마다 교육부 장관이 교체 대상에 포함될 것인가가 세간의 관심거리가 되어왔고, 특히 최근 입시제도 개편과정에서 보여준 교육행정의 난맥상으로 여론의 질타를 받은 것이 직접적인 계기가 된 것은 부정할 수 없을 듯하다.

그러나 교육 분야만큼 단기간의 실적보다 좀더 장기적인 정책방향을 마련하는 일이 긴요한 분야도 없거니와 정권초기는 그 백년지대계의 초석을 놓을 적기이기도 하다. 그렇기 때문에 교육부 수장의 이른 교체는 단순히 행정상의 무능력이나 혼선 탓으로 돌리기 힘든 면이 있다. 주지하다시피 김상곤 장관은 민교협과 교수노조 같은 진보적 교수단체의 원로이자 교육계에서 진보개혁적인 입장을 대변하는 인물로 여겨져왔다. 실제로 대선 당시 문재인 캠프의 교육정책을 총괄했고 그의 입각은 공교육 강화와 평준화 등 진보적인 교육의제들을 추진하겠다는 새 정부의 의지로 읽혔다. 그러나 지금까지 교육 부문에서 이렇다 할 개혁이 전혀 이루어지지 못한 상황에서 교육부 수장이 정치인으로 교체되는 사태가 발생한 것이다. 청와대는 이번 개각의 의미를 '심기일전'이라는 말로 정리했지만, 교육부 장관의 경질을 두고 일각에서 '토사구팽'을 거론한 것도 이 때문일 것이다.

　교육부 장관의 경질이 문책성인 것은 분명하지만 그것이 무엇에 대한 '문책'인지는 따져볼 일이다. 촛불정권으로 일컬어지는 이 정부의 초대 교육부 장관이라면 마땅히 교육현실에 구조화된 불평등을 해소하고 유치원에서 대학까지 전 교육 과정에서 국가의 책임성을 높이고 공교육을 강화하기 위한 초석을 놓을 것으로 많은 이들이 기대했다. 실제로 정권 출범 이후 정부는 공교육 강화와 대학 서열구조의 완화를 국정과제에 포함했고 국공립대 통합네트워크 건설이나 사립대의 공영화를 혁신 방안으로 내세웠다. 그러나 김상곤 교육부에서 전자는 '장기과제'라는 이름으로 유보되고, 후자는 시범사업으로 축소되어 거의 명목상으로만 추진되던 끝에 최근 시범사업조차 예산 전액이 삭감됨으로써 사실상 난파 지경에 이르렀다. 그렇다면 이 개혁과제 추진에서의 미진함이 교체 이유인가? 그렇다고만 보기 힘든 것이, 혁신 방안의 좌초가

장관의 역량 부족 탓만이 아니라 근본적으로 새 정부가 이를 추진할 의지와 실력을 갖추었는지 회의하게 만들기 때문이다.

교육 부문의 가장 큰 국가적 현안이라고 할 수 있는 대학구조조정 정책부터가 그렇다. 정부 출범 초기에 김상곤 장관 체제의 교육부는 진보개혁 진영에서 일관되게 비판해오던 박근혜 정부의 '기업체식' 대학구조조정의 틀을 거의 그대로 답습했다. 인구 감소로 불가피해진 대학 규모 축소의 위기는 그동안 한국 교육의 병폐였던 과도한 서열구조를 완화하고 사학 중심의 대학체제를 공공적인 대학 중심으로 재편할 기회이기도 하다. 그러나 교육부가 전국 대학을 일률적인 기준에 따라 평가하여 하위권에 조정을 집중하는 기존 방식을 고수함으로써, 그 기대는 물거품이 됐다. 주로 중하위층 출신 학생들이 수학하는 지방대와 전문대의 몰락이 가속화되면서 서열구조는 더 굳어지고, 대학이 사회 불평등구조를 반영하고 재생산하는 추세도 악화될 것이 예상된다. 민교협을 비롯한 진보교육단체들이 지난 겨울 한 달 가까이 청와대 앞 철야농성을 진행한 것도 이 정책방향에 항의해서였다.

교육혁신의 적임자로 여겨지던 초대 교육부 장관의 이 같은 실패는 어디서 비롯한 것일까? 혹자는 현실정치의 한계를 지적하고 관료주의의 강고한 벽을 언급하면서 김상곤 교육부의 무기력을 변호하기도 한다. 문제는 그것이 교육수장의 지도력이나 추진력의 부족에 그치지 않고 현 정부가 교육 부문의 기득권 구조를 혁신해낼 역량과 의지가 부족함을 역설적으로 드러내고 있을 가능성이다. 장관 경질의 가장 직접적인 원인으로 거론되는 대학입시제도 개편의 혼선만 해도 그렇다. 입시제도에 대한 뚜렷한 정책방향을 세우지 못한 채 '여론'에 맡긴 것부터가 파탄의 출발이었으며 그 결과 헛된 논란과 낭비만 초래했거니와, 더 큰 문제는 입시제도를 둘러싼 이 소동이 더 근원적인 문제를 숨기는 결과를 빚는다는 점이다. 대학입시제도가 정치적으로 민감한 '뇌관'이 된 근저에는 과도한 대학 서열화 체제와 일류대 진학욕구에 바탕을 둔 공교육의 왜곡이 있다. 서열화 혁파를 위한 정책 마련 없이 입시제도 개편에 매달리는 것은 본말을 전도한 격이며 서열화 문제에 정면으로 대처하지 못하는 무능력을 호도하고 있을 뿐이다. 서열구조에 대한 정부 차원의 혁신방향이 분명히 제시될 때에야 비로소 입시를 둘러싼 과도한 논란도 어느 정도 정리될 것이다.

한국사회의 불평등구조를 바로잡는 것이 촛불혁명이 문재인 정부에 부과한 가장 큰 책무의 하나라면 지금이라도 국정과제로 제시한 서열화 완화와 교육격차 해소를 위한 큰 그림을 그려야 하고 이를 위해 교육정책 및 재정배분에서 획기적인 변화를 추구할 필요가 있다. 유은혜 내정자는 6년이 넘는 오랜 교육위원회 활동으로 이해관계가 상충하는 교육현안들을 조정할 수 있는 적임자라는 것이 청와대의 설명이고, 사학비리 문제 등에 대한 개인적 관심도 크다고 알려져 있다. 물론 이해관계의 조정도 중요하고 사학비리 척결도 필요하다. 그러나 앞으로 교육부가 가장 역점을 두어야 할 과제는 김상곤 장관이 하지 못한 일, 즉 분명한 교육개혁의 비전을 확립하고 일관되게 이를 추진하는 작업이 되어야 한다. 무엇보다 향후 10년 이상 진행될 대학구조조정의 방향을 재검토하여 서열구조와 사학 중심의 대학편제를 개편할 장기구도를 마련해야 한다. 김상곤 장관 체제의 실패는 또한 교육개혁 과제에 대한 정권 차원의 실패이기도 하다. 한국 교육의 구조적 병폐를 청산할 근본적 변화의 토대를 이번에도 구축하지 못하고 여론의 이름을 한 기득권의 목소리에 휘둘린다면, 그것은 두고두고 이 정권의 발목을 잡을 것이다. 앞으로 임명될 새 장관은 그야말로 심기일전 촛불정신에 입각하여 교육개혁의 틀을 새롭게 짜야 할 것이다.(2018.9.12)

한국 사학, 왜 무엇이 문제인가

1. 사학문제, 그 현상과 심층

근년 들어 한국 교육에서 가장 큰 현안으로 떠오른 것은 대학구조조정과 반값등록금 문제라고 할 수 있다. 대학구조조정은 대학의 국제경쟁력을 높여야 한다는 명분 아래 국립대 법인화와 통폐합 등이 지속적으로 추진되어 왔고 최근 학령인구의 감소라는 절대조건이 부각되면서 과도한 대학수와 정원을 축소 정리하는 방향으로 진행되고 있다. 물론이 위로부터의 구조조정이 문제 많은 성과지표를 토대로 한 결과 해당 대학 뿐만이 아니라 대학교육 자체의 위기를 심화시키고 있지만, 10년 후면 대학입학 대상인 고교졸업자가 현재의 3분의 2 수준으로 줄어든 다는 현실이 이 구조조정 정책에 어떤 불가항력에 가까운 힘을 실어준다. 반값등록금 의제는 등록금이 가계에 타격을 줄 정도로 치솟은 탓에 민생과 복지의 요구와 결합하여 중요한 정치 사안이 되었다. 등록금 인하 문제는 단순히 가계부담의 경감이라는 차원을 넘어서 고등교육의 공적인 성격에 대한 새로운 주목을 불러일으키고 있다.

그런데 이 두 가지 현안에 묻혀서 그 못지않은 비중을 가진 교육과제 하나가 합당한 주목을 받지 못했는데 그것이 바로 사학문제다. 과거 비리나 전횡을 저지르고 분규 끝에 퇴출되었던 족벌 구재단을 복귀시키는 현 정권의 정책으로 많은 대학들에서 갈등이 재연되었다. 2009년 영남대가 구재단측인 박근혜 전 이사의 추천권 행사로 정이사체제로 전환된 이후 상지대, 세종대, 조선대, 광운대, 동덕여대, 대구대 등 대표적인 분규사학들에서 '정상화'의 미명 아래 구재단이 복귀하였다. 이것은 이명박 정부의 캐치프레이즈였던 "잃어버린 10년" 논리가 사학현장에 그대로 작용한 결과 생겨난 퇴행과 혼란이라고 할 것이다.

중요한 것은 이 사학문제가 앞의 두 현안과 별개가 아니라 긴밀히 결합되어 있으며 그것들이 제대로 실행되기 위해서는 반드시 짚어야 할 사안이라는 점이다. 우선 대학구조조정이 대학과 학생의 수에 대한 재편성을 요구한다면, 그 주된 대상은 대학 수의 80%, 학생수의 85%를 차지하고 있는 사학이 될 수밖에 없다. 실제로 교육부의 퇴출 대상 명단에 오른 대학의 전부가 사학이다. 반값등록금 현안은 물론 국공립과 사립 모두에 해당되지만, 국공립 대학은 현재 사립대학 등록금의 57% 수준이므로, 사학에 비하면 이미 '반값'에 근접해 있다고 할 수 있다. 반값등록금을 실현하려면 사학에 대한 공적 자금의 투입이 필수적인데, 그것이 효과를 얻기 위해서는 사학운영을 민주화하고 투명한 관리시스템을 확립하는 것이 중요한 조건이 된다.

사학문제는 사학재단의 비리나 횡포 때문에 사회적 물의가 일어나는 가운데 드러나는 것이 일반적이다. 한국 사학에서 비리와 부패는 거의 일상화 구조화되어 고질적인 양상을 보여왔다. 최근 복귀한 구재단들은 과거에 하나같이 재정, 입시, 인사 등에서 비리와 불법을 저지른 끝에 대학구성원들의 문제제기와 법적 제제에 따라 퇴출되었다. 그러나 작년에 명지대 재단의 2,500억 원 횡령사건이 터졌고, 지금도 족벌재단의 각종 부패 및 비리로 심각한 분규의 와중에 있는 수원여대의 예에서도 보이듯, 그 폐습은 여전하다. 상대적으로 본다면 국민의 정부와 참여정부 시절에 구재단들이 잇달아 퇴출된 결과 사학비리의 발생 빈도가 줄어들고 어느 정도 정상화가 이루어진 셈이지만, 근년의 구재단 복귀사태로 대학사회의 혼란은 앞으로 더욱 커질 전망이다.

그렇다면 왜 사학비리나 분규는 근절되지 않고 이렇게 지속되고 또 빈발하는가? 사학문제라는 이 고질적인 현상의 밑바닥에는 몇가지 요소가 중첩된 심층적 구조가 자리잡고 있다고 보아야 할 것이다. 이 심층구조는 세 겹으로 구성되어 있고 그 기본골격은 한국사회의 기득권 세력의 이해관계와 사학의 지배구조가 결합 고착된 형태를 취하고 있는 것으로 보인다.

① 한국 사학의 형성과 그 전개과정에서 굳어진 형태로, 가족적이고 폐쇄적인 사학 운영 구조다. 해방 이후 미군정이 고등교육 수요에 맞추기 위해 민간자본가에게 학교설립을 허용하고 이를 지원하는 가운데, 당시 토지개혁 대상이던 지주층이 토지매각 의무를 피하고 세금감면 등 특혜를 노려 대학을 설립하였다. 설립 자체가 교육이 아니라 재산유지의 성격이 짙었던 탓에 운영은 가족이나 인척중심으로 이루어졌고,

이 형태는 이후의 역사과정 속에서 점점 더 확고한 틀로 굳어지게 된다.

② 족벌형의 사립대학 운영구조는 보수권력의 지배질서와 맞물려 있다. 사학운영자들 자신이 한국사회의 기득권 세력이 되고 또 보수적 정치권력과 결탁하여 성장하였고 지배권을 보장 받는다. 즉 사학재단은 학교를 지배할 뿐 아니라 의회, 언론, 정치권력과 직간접으로 결탁된 튼튼한 연결망을 가지고 있어서 기득권을 대변하는 한국 보수권력의 한 축이 된다.

③ 마지막으로 사학족벌세력은 한국 자본주의의 천민성과 결합되어 있다. 한국 자본주의가 가지는 천민적 성격에 부합하여 공공성을 기본으로 해야 할 교육에서조차 개인의 사적 소유권이 강조되는 것이다. 사학비리 척결 차원에서도 교육의 공공성에 입각한 정책이 없던 것은 아니지만, 사학의 소유권 논리는 법조계의 지배적인 보수성향의 뒷받침을 받아 지금까지도 최종심급에서 우위를 점하고 있다.

즉 한국 사학이 부패와 비리의 온상이 되어온 이면에는 이처럼 사학 내부의 가족적 폐쇄적 운영구조, 한국사회 권력과의 긴밀한 연계구조, 한국 자본주의의 천민성을 뒷받침하는 법적 옹호의 틀이라는 세 겹의 심층구조가 깔려 있다. 이 같은 구조는 오랜 기간의 반민주적인 권위주의 체제 아래서 점차 고착되어 왔다. 국민의 정부 이후 사회민주화의 흐름에 따라 많은 대학에서 분규가 발생한 것도 이 억압구조가 대학 현장에 끼친 악영향 때문이며, 대부분의 대학에서 구재단이 퇴출되면서 사학의 반민주적 심층구조도 흔들리게 된다. 근년 비리사학 복귀를 추진한 현 정권의 기도는 과거의 구조를 재확립하고자 하는 기득권세력의 반격이라고 할 것이다. 결국 사학비리나 부패라는 현상적 문제에 대한 일시적인 처방만으로는 사학문제를 해결할 수 없으며, 현상의 심부에 도사린 세 겹의 심층구조를 변화시키는 실천이 동반되어야 할 것이다.

2. 한국 사학의 후진적 성격과 개혁과제

이처럼 고질화된 사학비리나 부패 현상이 언제까지나 지속되어서는 안 되고 또 그럴 수도 없다는 것이 저자의 생각이다. 무엇보다도 오랜 기간 형성되고 작용해온 사학의 심층구조가 현재의 교육여건이나 한국 사회의 변화수준에 적합하지 않을 뿐 아니라 이제 더 이상 방치될 수 없을 정도의 모순을 발생시키고 있다고 보기 때문이다.

첫째, 대학교육의 단계 자체가 가족적인 경영이나 족벌체제에 얽매여 있을 수준을 이미 지나 있다. 해방 이후는 말할 것도 없지만, 80년대만 해도 30%에 불과했던 대학진학률이 지금은 80%에 가까울 정도로 폭발적으로 증가하여 대학교육이 더 이상 엘리트교육의 장이 아니라 보편화된 국민교육의 시대로 접어든 것이다. 가족단위의 작은 규모로 운영하는 행태로는 감당할 수 없게 대학의 사회적 자리나 책무도 엄청나게 확장되었다. 대학교육이 일반화되어 고교졸업생의 대다수가 진학하는 시대에, 그 학생들의 85%가 늘 비리나 전횡의 가능성에 노출된 족벌 세습구조를 가진 사학으로 진학해야 한다는 것은 학생 자신에게도 손실이지만 커다란 국가적인 문제가 아닐 수 없다.

둘째, 우리 사회는 비록 현 정권에서 민주주의의 퇴행을 경험하고 있지만 기본적으로 과거의 권위주의 체제와는 다른 시민사회가 자리잡았고 시민들의 민주의식 또한 진전되어 있다. 반면 한국 사학은 보수적인 소유권 논리를 앞세워 독단적이고 폐쇄적인 운영구조를 유지하고 있을 뿐더러, 다른 어떤 영역보다도 더 시대변화에 따르지 못하거나 역행하고 있다. 지속적으로 터져나오는 사학비리 및 부패 사건들이 그것을 입증한다. 족벌식의 굳어진 사학지배체제가 10여 년 전 민주정권이 들어서면서 전국적으로 벌어진 사학분규사태를 낳았다면, 시민사회의 성장에 따라 조만간 이 고착된 비민주구조는 문제를 야기하고 해소될 수밖에 없다.

셋째, 세계화 시대 혹은 근대사회를 넘어서서 탈근대를 지향해나가는 시대에 대학의 족벌구조는 이 시대변화를 따르지 못하거나 이에 반하는 전근대적인 장애요인일 수밖에 없다. 진정한 경쟁력이 다양성과 민주주의, 창의성의 기반에서 나온다고 할 때, 족벌 세습의 폐습이 존속하는 대학이 이 새 국면에서 생존하기는 어려울 것이다. 시대는 탈근대를 향하고 있는데 시대착오적인 봉건적 세습질서를 고수하고 있는 사학구조는 시대와의 괴리로 존속하기 힘들 것이다.

말하자면 한국 사학을 둘러싼 이 세 가지 모순—대학교육의 보편화와 대학의 사유화 구조 사이의 모순, 민주화의 진전 흐름과 사학 사유화로 인한 억압체제 사이의 모순, 세계화 및 탈근대화 추세와 봉건적인 세습구조 사이의 모순—은 현재도 이미 심화되어 있지만, 앞으로 그 간극은 점점 커질 수밖에 없을 것이다. 그럼에도 이 같은 모순이 왜 한국사회에서 해결되지 못하고 더 악화되는 경로를 밟고 있는가? 그것은 바로 이 사학문제가 비단 사학 자체만이 아니라 한국사회 기득권층의 이해관계와 철저하게 결합되어 있고 이들이 최대한 변화의 순간을 힘으로 가로막고 있기 때문이다. 사학비리를 촉발하는 낡은 틀이 새로운 국면에서 더 이상 유효하지 않음에도 앞에서 말한 세 겹의 심층구조가 이를 유지시키고 있다. 즉 사학문제를 개선하거나 개혁하려는 시도는 늘 '사학수호'라는 구호 아래 기득권 세력의 결집을 불러일으키는 빌미가 되어온 것이다. 주지하다시피 이 같은 현상은 한국사회에 특이한 후진성을 말해주는 것으로, 고등교육의 공공적인 성격이 진작부터 확립된 서구에서는 있을 수 없는 일이거니와, 우리처럼 사립이 대학의 다수를 차지하는 일본에서도 사학운영의 공적 성격이 확립된 지 오래다.

물론 최근에 더욱 강화되어온 신자유주의적 흐름에서 교육도 예외가 아니어서 대학을 가치나 공공성의 관점에서 보는 시각이 회의되고 영리나 경쟁의 시각에서 보는 관점이 세를 얻고 있다. 일견 이것은 한국의 사학이나 보수 법조계가 대학의 사유재산권을 강조하는 시각과 통하는 면이 있다. 엉뚱하게도 한국 사학의 봉건성이라는 시대착오적 현실이 세계화의 이념이라고 할 신자유주의적 경쟁논리와 오히려 맞아떨어지는 아이러니가 발생하는 것이다. 세계 각국에서 공공기관의 민영화가 촉진되는 가운데 개인이든 기업체든 대학을 영리적 목표로 경영하는 것이 오히려 이 흐름에 부응하는 듯도 보인다. 신자유주의적 교육정책은 이전 정부들에서부터 지속적으로 추진되어온 추세로 그것이 현 정권에서 더욱 심각해진 것은 주지의 사실이다. 국공립도 법인화에서도 보이듯 이 추세의 영향을 일정하게 받지만, 사학들은 더 필사적이다. 근래 한국 사학들은 바로 이 신자유주의적 정책에 부응하여 대학의 덩치를 키우는 등 경쟁력 강화에 사활을 걸어왔다고 할 수 있다.

그러나 교육에서 과연 신자유주의적인 경쟁강화가 올바른 방향인가라는 원론적 물음은 차치하고라도, 신자유주의가 구현되는 방식이나 정도는 가령 서구의 대학과 우리 대학 사이에 현격한 차이가 있다. 유럽의 대학들은 일찍부터 대학의 공공적 성격이 확립되어 있기 때문에, 이 같은 경쟁논리가 대학의 본령이나 공공성을 모두 삼켜버릴 정도의 강도로 관철되지 못하게 하는 안전판이 있다고 할 수 있다. 신자유주의적 혁신책의 하나로 제안된 등록금 징수 허용법안에도 불구하고 이것이 실행되는 주가 거의 없는 독일의 경우는 제쳐두더라도, 대학에 공적 기금의 투입을 줄이고 등록금을 계속 상승시키는 등 미국식 대학정책과 가장 가까운 영국의 경우에도 이 흐름에 맞서는 '공공대학public university'을 위한 범사회적 운동이 광범하게 일어나는 등, 대학의 이념을 되짚어보는 논의 또한 활발하다. 정작 신자유주의의 본산이라고 할 수 있는 미국 대학들조차 대학 본래의 기능과 민주적 거버넌스에 대한 존중이 신자유주의 추세와 일정한 긴장을 이루고 있다고 해야 할 것이다.

그에 비하면 한국 사학들은 그 낡은 구조 때문에 오히려 신자유주의적 개혁을 유일한 가치로 추구하는 맹목성을 보이게 된다. 그로 인해 한국의 대학은 지표달성과 경쟁에 매몰되어 진리추구와 민주시민 양성이라는 더 폭넓은 사회적 가치를 창출하는 기능이 현저히 약화되는 위기를 겪고 있는 것이다. 이 위기는 사학이 비민주적 폐쇄적인 운영체제를 가지고 있고 교육이념이 부재한 천민적 자본에 지배되고 있기에 더욱 악화된다. 대학의 본래적 가치를 지키자는 목소리는 대학 내부의 민주적 풍토의 부재로, 신자유주의적 보수화의 물결 속에서 억압되고 잦

아들 수밖에 없다. 사학에 뿌리박힌 세 겹의 심층구조는 우리 사회의 발전단계로 보아서도 시대착오적인 낡은 틀이거니와, 세계자본주의질서 내에서 과도한 신자유주의적 추세에 대한 대응에서도 대학이라면 마땅히 수행해야 할 비판적 사유는 생략한 채 그 추세에 매몰되는 천민성과 교육철학의 빈곤을 보여준다.

한국 사학이 처한 현실이 이러하기 때문에 교육개혁에서 사학의 해묵은 문제는 반드시 청산되어야 하지만, 겉으로 드러난 비리를 처벌하는 것만으로는 그 심층의 구조까지 변화시킬 수 없다. 사학개혁은 단순히 사학만의 개혁이 아니라 교육 전반을 혁신하는 과제와 같이 갈 수밖에 없고, 나아가서 사회구조의 기득권 질서를 해체하는 실천운동을 통해서 혹은 그것과 결합해야만 진정한 진척을 이룰 수 있다. 이것은 사학개혁이 우리 사회의 개혁과제의 핵심에 도사리고 있다는 점을 환기시킨다. 그만큼 사학재단과 그 지배구조는 우리 사회의 보수 기득권세력의 이해관계와 깊숙이 결합되어 있기 때문이다.

그 가장 확연한 증거는 지난 참여정부에서 추진된 사립학교법 개정을 둘러싼 전말이 그대로 보여준다. 2005년 공공성이 강화된 사립학교법이 국회를 통과하자 박근혜 한나라당 당시 대표는 등원을 거부하고 장외투쟁에 나섰으며, 여기에 사학재단측은 물론이거니와 종교계와 언론계의 주류인 보수세력이 총결집하여 격렬한 저항에 나섰던 것이다. 이 정도의 보수층 결집과 저항은 드문 일로, 그만큼 사학민주화나 공공성 제고가 기득권 보수세력의 존재근거를 위협하는 사안임을 입증한다.

보수세력의 결집과 저항 과정에서 사학의 민주화를 '좌파'의 책동이

자, 체제를 부정하는 빨갱이들의 발상으로 모는 전형적인 색깔론이 여당 대표나 종교계 등을 통해서 표출된 것은 의미심장하다. 이것은 사학문제의 제기가 한반도에 수립된 분단체제를 통해 기득권을 행사해온 수구세력과의 싸움을 불가피하게 한다는 것이다. 즉 사학문제는 분단체제를 고착시키느냐 해체하느냐 하는, 사회전체의 변혁에 대한 본원적 물음과도 이어진다. 실상 우리 사학은 족벌세습이 3대째에 이를 정도로 봉건성을 가지고 있어서, 거의 북한체제에서나 가능할 법한 폐쇄구조를 가지고 있다. 경제 영역의 재벌과 같은 이 전근대적인 세습관행이 영리와는 무관한 교육영역에 구조화되어 있는 것이다. 일각에서 얘기되고 있는 "2013년 체제"가 일정한 근대적인 성취를 바탕으로 민주 평화 복지 정의가 제대로 정착되는 새로운 질서를 만들어나가는 과정을 지칭한다면, 그 체제는 이 같은 교육의 봉건구조를 온존시키고서는 이룩되지 못할 것이다. 그런 점에서 사학개혁은 민주화과정에서 사회개혁의 핵심고리를 이룬다고 할 수 있다.

3. 사학문제 해결을 위한 전제들

사학문제는 달라진 교육환경에 어울리지 않는 시대착오적인 지배구조 탓에 발생하는 것이기 때문에 늦든 이르든 해결의 방향을 취할 것으로 예상된다. 그러나 기득권 세력의 이해관계와 밀접하게 결합되어 있는 까닭에 변화 흐름에 맞선 물리적 저항이나 이념적 공세도 치열할 수밖에 없고, 더구나 정치권력이 보수화되어 있는 경우 강압적인 수단까지 동원될 여지조차 있다. 사학문제의 해결은 이처럼 사회 전체의 민주화와 개혁과제와 결합되어 있지만 그렇다고 사학현장이 중요하지 않다거나 정치영역에서의 싸움만이 사태를 풀 수 있다는 말은 아니다. 다만 각 개별대학의 분규가 해결의 전망을 가지려면 결국 교육을 사유화하려는 세력에 맞서 그 공적 성격을 확립하려는 세력과 연대하는 정치적 싸움을 동반할 수밖에 없다. 즉 사학문제는 특정 대학의 비리나 부패 등 개별문제를 해결하는 차원에 한정되지 않고 사학의 공공성 이념을 확산하고 국민적 공감대를 얻는 정치적 실천 속에서 오히려 개별 대학의 문제도 풀리고 법조계의 보수적 흐름에도 변화를 초래할 수 있을 것이다.

따라서 대학교육의 사유화 논리와 공공성 논리 사이의 담론투쟁을 중요한 정치이슈로 이끌어내는 활동이 필요하다. 무엇보다 우리의 교육여건이 더 이상 교육의 사유화를 용납할 수 있는 단계를 넘어서 있기 때문에 이것이 이데올로기적 왜곡을 꿰뚫고 정치쟁점으로 떠오르기만 하면, 족벌 세습사학을 옹호하는 보수세력이 얼마나 전근대적인 사고에 얽매여 있는 낡은 과거세력인가를 극명하게 보여줄 수 있다. 그런 점에서 사학개혁 문제는 '2013년 체제'를 수립하는 데 결정적인 관건이 될 올해 대통령선거의 핵심쟁점 가운데 하나로 부각되어야 할 것이다. 참여정부가 추진한 4대 개혁입법 가운데 유일하게 성사되었으나 수구세력의 저항으로 후퇴할 수밖에 없었던 과거를 기억한다면, 새롭게 구축될 체제에서는 그간의 교육현실의 변화까지 감안한 진전된 개혁방안이 나오고 추진되어야 할 당위성도 생긴다.

물론 수구세력이나 사학재단 옹호자들에게도 이 같은 담론투쟁에서 주로 힘입고 있는 관념들이 있다. 과거의 사립학교법 개정과정에서도 그랬고 현재의 사학구조를 옹호할 때마다 동원되기도 하는데, 대개 세 가지 정도로 정리될 법하다. 즉 ① 일부 비리부패 사학과 소위 건전사학을 구분해야 한다는 논리, ② 사학에는 주인이 있어야 발전한다는 논리 ③ 사학문제는 사학내부의 문제로 풀어야 한다는 논리가 그것이다. 사실 이런 식의 주장은 어느 정도 상식화되고 사학구조를 이해하지 못하는 일반국민들의 정서에 호소하는 측면이 있다. 그러나 그 각각을 들여다보면 이 같은 논리가 얼마나 허구적인 전제에 기반하고 있으며 교육개혁을 위해 반드시 극복해야 할 관념인지가 드러난다.

우선 비리사학을 건전사학과 구별하는 논리는 사학개혁의 요구에 대해 "사학비리는 일부의 문제인데 대다수의 건전한 사학까지 문제 삼아서는 안 된다"는 주장으로 나타난다. 그러나 이는 비리의 표출이 그 사학의 개별적 상황이나 이사진의 특성 때문만이 아니라 이 같은 전횡이나 독단을 가능하게 하는 구조에서 발생한다는 점을 외면하고 있다. 사립학교법 개정 요구가 늘 이 같은 사학사유화를 통어하고 민주적 거버넌스의 요소를 살려내고 구성원 참여와 외부 감시를 보장하려고 하는 것은 이 때문이다. 대부분의 대학이 국공립화된 서구는 공적체제가 확립되어 있거니와, 가령 미국의 사립대학(전체 대학의 25% 정도) 경우에도 법인이 사학의 법적 주체인 것은 맞지만 늘 공적인 통제가 작용하고 일방적인 지배가 아니라 구성원들의 공유 거버넌스shared governance가 이루어지고 있어서, 사학분규의 가능성은 원천적으로 차단되어 있다. 사학이 한국보다 조금 낮은 75%에 달하는 일본의 사립대학도 공익적인 이사회를 비롯하여 구성원들이 참여하는 거버넌스 구조를 가지고 있다. 겉으로 드러난 비리나 분규는 우리 사학의 구조에 생겨난 조직경화가 겉으로 표출된 사례일 뿐 그런 징후를 치유한다고 해서 경화된 조직이 복원되지는 않는다. 이런 상황에서 건전사학이라는 말은 어불성설이며 비리사학과 건전사학을 구별하는 것부터가 수구세력의 이데올로기라고 할 것이다.

둘째, 사학에는 주인이 있어야 한다는 관념이나 주장도 근거 없기는 마찬가지다. 그 주인이 누구냐에 따라서 대학운영에 영향을 미치는 것은 사실이지만, 대학은 주인이 있어야 발전한다는 주장은 거짓이다. 상지대, 경기대, 덕성여대 등 많은 대학들이 입증하다시피 분규 이후 구재단이 물러나 소위 주인이 퇴출되고 나서 대학은 안정되고 대학의 민주주의는 신장되었으며 대학풍토가 활발해지고 장족의 발전을 이룩하였다. 이는 소위 주인이 군림하던 시기의 혼란스런 대학과 현저한 대조를 이룬다. 더구나 한국 대학에서 사학의 비율이 지나치게 과대하고 이미 대학교육이 소수 대상이 아니라 국민교육의 차원으로 이행했기 때문에, 이를 문제 많은 사학에 맡겨둘 것이 아니라 공립화하자는 주장이 당위성을 획득하고 있는 현실에서, 아무리 교육자적 자질이 없고 심지어 비리를 저지른 자라도 설립자 가족이라면 대학운영의 자격이 있다는 식의 '소유권' 논리는 반드시 혁파되어야 할 것이다.

셋째, 사학문제는 사학 내부의 일로 교육 일반이나 여타 영역과 무관하다는 주장은 사학이 한국 교육에서 차지하는 압도적인 비중과 그것이 미치는 사회 일반에 대한 영향을 도외시한 것이다. 앞에서 지적한 것처럼 교육에서 가장 큰 현안 가운데 하나인 반값등록금 문제도 제대로 실현되려면 사학이 투명하고 민주적으로 운영되는 변화가 동반되어야 한다. 또 이 문제는 등록금을 조달해야 하는 학생과 학부모 등 전 국민에게 해당되는 문제라고 할 것이다. 한국 교육 전체를 입시와 경쟁에 몰아넣은 대학서열 문제나 입시지옥의 문제도 사학개혁을 통해 공공성을 제고하는 과제와 긴밀하게 맺어져 있다.

이상의 세 가지 관념의 허구성은 좀더 구체적으로 한국 사학의 실태를 짚어보면 쉽게 드러난다. 가령 한국 사립대학을 운영형태를 기준으로 다섯 가지 정도의 유형으로 대별해보자. ① 소위 분규를 겪었거나 겪고 있는 중소 규모의 분규대학들 ② 족벌지배의 폐해가 심각함에도 저항의 목소리조차 억압되고 있는 중소 규모 사립대학들 ③ 대규모 분규의 발생은 없으나 사학의 후진적인 지배구조가 온존하는 중대 규모 사립대학들 ④ 서울 소재의 세칭 일류사립들 ⑤ 기업에 인수된 사립대학들 로 구분될 수 있을 법하다. 이 가운데서 ①이 좁은 의미의 분규대학이라고 불릴 수 있으나, ②, ③의 경우도 대학 현실과 지배구조의 괴리나 모순 때문에 언제든 분규발생의 잠재성을 가지고 있는 곳이다. '건전사학'이라고 좀더 자신있게 말할 수 있는 사립대학이 ④의 유형이라고 할 수 있겠으나, 이 유형의 대학들도 심각한 거버넌스 상의 구조적 문제를 내포하고 있음은 최근의 연세대, 고려대, 숙대 등에서 벌어진 경영상의 분쟁이나 독단 등을 통해서 드러난 바다. 한편 ⑤의 유형이 대학교육에 미치는 폐해는 기업논리를 대학교육에 강제하려는 시도로 심각한 분규를 야기한 중앙대의 사례에서 확인된다.

이 같은 다양한 형태의 대학들에 공통적인 것은 이들이 공유하는 사학의 지배구조가 가지는 비민주적 폐쇄성이며, 대학이 사적 재산이 아니라 공공재이자 공익기구라는 성격이 충분히 반영되지 않은 후진적인 대학거버넌스를 유지하고 있다는 것이다. 가령 연세대, 고려대, 이화여대 등 주요대학들이 사립학교법에 규정된 대학평의회와 개방이사제조차 시행하지 않고 있는 것도 이들의 이사회 구조가 가진 폐쇄성과 보수성을 말해준다. 결국 새롭게 성립될 '2013년 체제'에서 이 같은 사립대학 현실을 근본적으로 혁신하려면 교육개혁이라는 시대적 과업에 사학의 전근대적 기존질서가 얼마나 큰 장애요인인가를 국민들에게 설득하고 그 같은 공감대를 바탕으로 교육공개념에 기반한 강력한 개혁이 추진되어야 한다. 새로운 체제의 한 축이 될 고등교육의 공적인 전환을 어떻게 이룩할 것인가의 구체적인 방법이나 정책대안을 내놓는 것은 또 다른 지면이 필요할 것이다. 다만 이 시점에서 강조하고자 하는 것은, 반값등록금과 사학의 공적 성격 강화를 연계시키는 정책이든, 사립학교법 개정을 통한 지배구조의 민주화든, 대학구조조정 과정을 활용해서 문제사학을 (준)공립화하는 정책이든, 그 모든 구체적인 대안이 제대로 추진되기 위해서도 대학 소유권 논리의 시대착오성이 광범하게 인정받고 사학개혁이 새로운 체제를 이룩하는 데 필수적이라는 사회적 합의를 이끌어내야 한다는 점이다.

한국 사립대학의 공공성 회복을 위하여
2013년 이후 대학개혁의 이념

1. 사학개혁의 사회적 의미

지난 7월 12일 제79차 사학분쟁조정위원회는 '구재단'을 대학운영에 복귀시키는 방식의 이사진 구성을 경기대와 덕성여대에도 적용함으로써 현 정부 들어와서 진행된 분규대학 '정상화'를 실질적으로 마무리지었다. 사학운영의 전권을 가진 법인 이사회 구성에 분규 당시 운영진이었던 소위 종전이사들의 추천권을 인정한 것인데, 두 대학 모두 종전이사 추천 4인, 구성원 추천 2인, 교과부 추천 1인으로 구성하되 다만 경기대의 경우 종전이사 추천 몫 가운데 1인을 교과부가 임시이사 형식으로 파견키로 했다. 종전이사에게 과반수 추천권을 부여하는 이 방식은 구재단 복귀정책의 시발점이라 할 2009년 영남대 '정상화'에서부터 일관되게 채택되어온 것으로, 그 후 조선대·상지대·세종대·광운대·대구대 등 전국 10여 개 주요 사립대학들에서 과거 분규로 퇴출되었던 구재단이 사실상 복귀하는 결과를 빚었다. 분규 사학들이 관선임시이사회를 통해 혼란을 수습하고 정상적 운영과 일정한 발전을 이루어왔던 터에, 분규 당사자들을 복귀시킨 명목상의 '정상화'는 교육현장을 분규가 야기되었던 그 상황으로 되돌려놓은 꼴이며, 이 때문에 사학분쟁조정위원회는 사학분쟁을 '조정'하기는커녕 오히려 '조장'한다는 비판을 받아왔다.

　사학분규와 정상화 문제는 단지 해당 사립대학들의 내부갈등에 따른 운영권 다툼의 차원이 아니라 우리 고등교육의 고질적인 병폐와 관련된 것이며, 이는 단순히 비리사학을 징벌하거나 퇴출한다고 사라지지 않고 우리 사회의 구조 내지 체제와 맞어져 있는 점에 주목해야 한다. 특히 1990년대 이후 전국적으로 수십 개 대학에서 극심한 분규가 잇달아 발생해왔는데, 서울 소재 종합대학만 하더라도 경기대·광운대·단국대·덕성여대·동덕여대·성신여대·세종대·한국외대·한성대 등 10여 개에 이르고, 전국적으로 계명대·대구대·동의대·상지대·서원대·조선대 등등 모든 지역에 걸쳐 있다. 연쇄반응처럼 일어난 이 사학분규들은 사학의 설립자나 그 인척 중심의 족벌경영이 굳어져 그 폐해가 대학교육 현장에서 용인하기 힘든 지경에 이른 곳에서 발생했다는 공통점이 있다. 대개 족벌재단의 비리나 전횡에 대한 교수·학생 등 구성원들의 항의가 단식농성이나 수업거부, 나아가 징계와 고소·고발 등 법적다툼으로 이어지는 이러한 극단적 형태의 대학분쟁은 세계적으로 희귀한 일로, 한국 사학 특유의 구조적 문제가 한계에 이른 징후라 할 수 있다. 그러나 임시이사 파견으로 갈등이 미봉된 상황에서 현 정권이 다시 사학 지배구조를 복원하는 퇴행을 강제한 것이다.

현 정권의 퇴행적 행태를 '87년체제' 말기의 혼란상으로 이해하고 이를 대체할 새로운 체제의 계기로 2013년을 제시하는 '2013년체제' 론이 주목받는 가운데, 올해 말 대선 이후 한국사회의 지향에 대한 논의가 분분하다. 물론 2013년이 새로운 체제의 시작이 되려면 이번 대선에서 민주개혁세력이 승리해야 한다는 전제가 있다. 정권교체에 실패한다면 다시 일정한 혼란과 조정을 거칠 수밖에 없겠지만, 성공하는 경우 새 정부는 그간의 퇴행을 되돌리는 정도로 그쳐서는 안 된다. 1987년 시민혁명이 군부독재의 종식과 사회민주화 추세의 시발점이 되었듯이 2012년 대선 승리는 한국사회의 현상現狀을 근본적으로 혁신하는 원동력으로 작용해야 할 것이다. 고질화된 사학문제도 단순히 현 정권의 퇴행적 정책을 시정한다거나 참여정부의 개혁 시도를 이어받는 수준의 것이어서는 달라진 환경에 부응하지도 못하거니와 교육 민주화와 선진화라는 시대적 과제도 감당할 수 없을 것이다.

실상 족벌사학의 지배로 인해 고질화된 사학비리나 전횡은 한국 사학의 형성 배경과도 유관한 특히 후진적인 교육 현실로, 대학교육이 국내적으로 보편화되고 국외적으로 경쟁과 교류가 필수적이 된 '탈근대적' 환경에서 더이상 지탱할 수 없는 봉건유습이라 할 수 있다. 사학비리를 없애려는 정부 차원의 규제나 사회적 문제제기가 늘 있어왔음에도 그것이 근절되지 않는 것은, 사학경영자들의 자격미달과 의식부족 탓도 있겠으나 근본적으로 사학재단이 우리 사회의 기득권 구조와 긴밀하게 결합되어 있기 때문이다. 이 고질병을 근절하고자 사학개혁 입법을 추진하였으나 당시 야당이던 한나라당의 장외투쟁과 범보수 세력의 격렬한 저항으로 결국 개악되고 만 참여정부의 사례가 그것을 입증한다. 이 갈등 과정에서 개정 사립학교법에 대한 당시 한나라당의 색깔론적인 태도나 "인민위원회의 사학접수 전야" 운운하는 보수단체의 구호는 교육이념의 차이만이 아니라 사학재단이 분단체제 유지세력의 양보할 수 없는 보루 같은 것임을 말해준다. 결국 사학비리의 근절이나 사학지배구조의 개혁이라는 과제는 분단체제를 극복해 나가는 운동과 결합되어 있을 수밖에 없다. 사학은 2013년체제 수립을 위한 가장 첨예한 싸움터의 하나라고 할 수 있다.

2. 사학문제와 대학개혁의 이념

한국에서 사학은 고등교육 기관 수로 87%, 학생 수로 75%(일반대학의 경우만 보면 79%)를 차지하면서 고등교육의 대부분을 담당하고 있는 만큼 한국 교육에서 차지하는 비중이 무척 크다. 사학의 이 압도적인 비중은 사정이 우리와 비슷한 일본 대학의 경우(76%)만 제외하면 세계적으로도 유례가 없다.[1] 이 같은 높은 비중과 역할에도 불구하고 지금

---

1   유럽의 대학은 영국의 경우를 제외하면 적어도 90% 이상 거의 100%가 국공립의 성격을 띠고 있고 영국도 법인의 형태를 취하고 있지만 정부기금에 주로 의존하기 때문에 내용적으로는 공립이라 할 수 있다. 미국 대학생도 72%가 국공립에 재학 중이다.

에 이르러 사학이 한국 교육을 혁신하기 위해 반드시 해결해야 하는 '문제'로 부각되는 것은 왜인가? 한국 사학은 근대화 과정에서 필요한 고급인력에 대한 사회적 수요와 국민의 높은 교육열에 대한 해결책으로 육성되고 지원받아왔는데, 고질화된 사학비리와 분규가 말해주다시피 이 과정에서 공공적인 교육기관에는 합당하지 않은 폐습을 구조화해왔기 때문이다. 저자는 이 폐습이 "가족적인 폐쇄적 운영구조, 권력과의 긴밀한 연계구조, 한국 자본주의의 천민성을 뒷받침하는 법적 옹호의 틀"이라는 세 겹의 중첩요인을 가진다고 정리한 바 있다.[2] 이 폐습구조 자체는 한국 사학 모두에 해당되는 것으로 분규사학들은 말하자면 그 터진 상처라고 보아야 할 것이다. 교육개혁의 과제 가운데서 사학개혁이 중요한 몫을 차지하는 것은 당연하다.

그런데 우리가 짚어보아야 하는 것은 교육에서의 '개혁'이 과연 무엇을 말하느냐 하는 것이다. 사학개혁이라는 과제가 사학비리를 척결하는 문제를 넘어 기득권 질서와 결합된 사학의 지배구조 및 그 폐습을 혁신해 나간다는 의미에서 운동성을 지닌다면, 현재 대학교육에서 흔히 이해되는 개혁의 방향은 이러한 취지와는 무관하거나 상반되기 때문이다. 1990년대 이후 세계화가 시대적 과제가 되면서 대학을 대상으로 한 정부 차원의 개혁정책이 잇달아 제시되고 이에 부응하여 각 대학마다 '개혁'이 앞다투어 추진되었다. 이른바 세계화시대의 국제경쟁력을 강화한다는 취지의 개혁 드라이브가 대학에 몰아닥치면서 교과부가 설정한 평가지표를 높이기 위해 대학들 간 그리고 대학 내부의 경쟁이

---

2   윤지관, 「한국 사학, 왜 무엇이 문제인가」, 『사학문제 해결을 위한 연구회 학술대회 자료집』, 2012.6, 4쪽.

치열해지고 신자유주의적 경쟁논리가 대학을 지배하게 되었다. 그러나 '개혁'의 이름을 한 이 신자유주의의 지배가 대학의 이념과 기능을 오히려 위기에 빠뜨리는 결과를 낳았고, 이미 두 번에 걸친 등록금 자율화조치로 급등한 등록금을 다시 인상할 빌미를 제공하기도 했다. 학생들은 과중한 경제적 부담으로 학업에 전념할 수 없고 교수들은 본래 의미의 학문연구보다 평가지표를 높이는 일에 우선적으로 동원되었다.

문제는 이러한 신자유주의적 개혁추세가 한국 사학의 구조적인 문제와 결합하여 더 악화되는 양상을 보인다는 점, 그리고 그로 인해 사학의 왜곡된 지배구조를 바로잡는 진정한 의미의 개혁과제가 흐려지거나 혼선을 빚는다는 점이다. 이 현상은 한국 사학이 고등교육에서 차지하는 압도적 비중 때문에 더욱 심각하고 서구의 대학들과 비교해볼 때 더 선명해진다. 실상 신자유주의의 대학 지배는 한국만의 상황이 아니라 구미의 대학들에서도 마찬가지다. 성과 중심의 경쟁이 강화되면서 대학 본래의 이념인 학문탐구나 창조적 지식생산 및 비판적 사고의 훈련이라는 목표가 흐려지고 대학이 기업체처럼 이윤창출의 도구가 된다는 비판이 구미 학계에서 속출하는 것만 보아도 알 수 있다. 그러나 구미 대학에는 이 흐름에 맞서거나 전적으로 굴복하지 않는 저항력이 존재한다. 가령 프랑스와 독일 그리고 북유럽 여러 나라의 대학들은 공적 고등교육 개념이 확립되어 있고 미국 방식을 좀더 지향하는 영국조차 최근 등록금 상한선을 올리는 등의 정부의 개혁조치들에 대해 그 반교육성을 비판하면서 학계를 중심으로 '공공대학public university'을 위한 운동이 활발하게 일어나고 있기도 하다.[3] 더구나 정작 신자유주의의 본산인 미국에서조차 대학의 공적 성격에 대한 전통과 인식이 일정한 힘을 발휘하고 있다. 가령 대규모 연구중심대학들이 대형 연구프로젝트의 수주 등 자본력에 의존하는 경향이 커진 것은 사실이나 미국 고등교육의 근간을 이루는 주립대학체제의 기본틀은 여전히 유지되고, 사립대학의 경우에도 인문교육 중심의 대학liberal arts college들은 차치하고라도 대표적으로 연구중심대학인 하버드가 그런 것처럼 기초교육을 중심으로 하는 학부과정의 교육틀도 튼실하다.

이에 비해 한국 대학들이 별다른 제동장치도 없이 신자유주의적 교육개혁에 앞장서고 소비자 중심의 교육이라는 명목하에 학생들을 경쟁력 강화의 희생물로 삼을 수 있게 된 것은 왜인가? 심지어 한국과학기술원(KAIST)에서 일어났듯이 가령 영어강의 전면화와 징벌적 등록금제 등 맹목적인 경쟁력 추구가 학생들의 목숨조차 희생하게 한 것은 왜인가? 한편에서는 국가 교육정책이 국제화 내지 세계화를 내세우면서 신자유주의 추세를 맹종한 탓이고, 다른 한편에서는 우리 대학이 그렇게 휩쓸릴 수 있는 구조적인 취약성을 갖고 있기 때문이다. 국립대학은 국립대학대로 완강한 정부방침에 제대로 제 목소리를 낼 역량을 갖추지 못했다면, 사립대학의 경우 의사결정 구조의 일방성과 폐쇄성 및 취약한 재정과 교육이념의 부재라는 한계가 있다 보니 추세에 따라 지표경쟁으로 내몰릴 수밖에 없었다. 족벌체제로 운영되는 다수 사학들은 말할 것도 없지만, 그렇지 않은 사학들조차도 중요한 의사결정 과정이 불투명하고 구성원들의 참여가 제한되는 비민주적인 양태를 가진 탓에

---

3   영국정부의 대학 재정지원 예산 삭감과 등록금 인상 등 신자유주의적 고등교육정책에 맞서 대학의 공익성을 강조하는 교수 및 대학원생들을 중심으로 이루어진 '공공대학 운동(Campaign for Public University)'을 가리킨다.

가령 최근 고려대의 적립금 투자손실의 사례처럼 대학운영상의 장애를 초래하게 된다.[4] 사학의 압도적인 비중이 오히려 한국에서 교육상황 전체를 악화시키고 그 구조적인 거버넌스의 비민주성이 역설적이게도 대학의 이념과는 무관하게 경쟁과 이윤추구의 자본주의 논리에 휩쓸리게 만드는 요인이 되는 것이다.

대학교육에서 가장 긴급한 현안이라고 할 수 있는 대학구조조정과 반값등록금의 실현 문제도 마찬가지로 공·사립의 불균형한 구성비율이라는 근본문제와 얽혀 있다. 참여정부에서 국공립대학의 정원감축과 통폐합을 유도하면서 시작된 대학구조조정은 현 정부에 들어와 부실사학을 선정하고 정리하는 방식의 강제퇴출 절차에 돌입했다. 출산율 저하의 영향으로 앞으로 10년 후면 대학진학 대상자가 현재 입학정원의 3분의 2 정도로 줄어드는 절대 여건 때문에 구조조정은 불가피한 면이 있고, 이는 과도하게 팽창한 사립대학에 거의 전적으로 집중될 수밖에 없다. 워낙 사학의 비중이 크긴 했지만 김영삼 정부 시절인 1995년 대학 설립을 거의 자율화한 대학설립준칙주의가 채택됨으로써 이후 2004년까지 37개의 일반대학이 신설될 정도로 사학은 폭발적으로 증가했다. 이 근시안적인 신자유주의 교육정책의 예정된 결과로 이제 존폐의 기로에 놓인 대부분의 사립대학들은 평가지표를 높이는 데 사활을 거는 식의 왜곡된 교육환경에 처하게 된 것이다.

등록금 상승도 사학의 부실한 재정과 교육이념의 부재가 그 한 원인

---

4 교과부가 신자유주의 정책의 일환으로 2007년 사학법인에 적립금을 50% 한도에서 금융투자를 할 수 있게 허용한 것이 화근으로, 고위험 자산투자로 100억 원 이상의 손실을 본 대학만도 고려대를 비롯해 여러 대학이다.

을 이룬다. 대학운영에서 등록금에 대한 의존율이 70%에 가까운 반면 재단전입금은커녕 의무적인 법정부담금조차 납부하지 않는 대학이 절반에 육박할 정도로 한국 사학은 재정구조상으로 취약하다. 이러한 여건에서 역대정권은 사학비중을 오히려 높이고 교육재정 부담을 학생과 그 가계에 떠넘겼다. 1989년의 사립대 등록금자율화 조치로 90년대초 사립대의 등록금 폭등이 있은 후 2003년 국립대에도 같은 정책을 시행함으로써 국립대의 등록금 또한 폭등했다. 여기에 신자유주의적 교육정책이 대학 간 경쟁을 부추김으로써 등록금을 상승시킬 요인을 제공한 결과 한국 대학의 등록금은 상대적으로 열악한 교육환경을 감안하면 세계 최고라는 불명예를 안게 된 것이다.[5]

한국 교육의 두 현안, 즉 대학구조조정이 요구되고 등록금 대폭인하가 국민복지 차원에서도 필요하게 된 근원에는 이처럼 한국 교육에서 사학이 차지하는 과도한 비중과 그로 인한 대학교육의 공적 성격의 미비가 자리하고 있다. 결국 이 불균형을 시정하지 못하면 두 현안 또한 좌초할 수밖에 없다. 더구나 사학문제는 사회기득권 구조와 긴밀하게 결합되어 있기 때문에 그 구조를 해체하는 사회개혁의 과제와 이어진다. 사학문제의 근원적 해결을 위해서는 사학의 사유화 관행을 타파하고 공적 성격을 회복하는 것이 관건이라고 할 것인데, 교육에서 2013년체제를 수립하는 일은 이 문제와 정면대결하지 않고는 불가능하다.

---

5   2011년 OECD 교육통계에 따르면 한국 대학의 등록금은 공·사립 각각 세계 최고인 미국 다음으로 높다. 반값으로 낮추더라도 세계 7위 수준이라고 평가된다.

3. 사학개혁 정책에 대한 모색

사학개혁이 단순히 사학비리를 근절하거나 줄이는 문제라면 2013년 들어설 새 정부가 기존의 사립학교법(2005년 개정)을 복원하는 것으로도 어느 정도 해결될 수 있다. 참여정부의 4대 개혁입법 가운데 유일하게 개정·적용된 사립학교법은 사학의 고질적인 비리가 설립자 중심의 족벌경영의 폐해에서 오는 것이라고 보고 그 권한을 제한하며 투명경영을 위한 공적 감시를 강화하고 구성원들의 경영참여를 일부 보장하는 형태로 사학의 공익성을 높이고자 했다. 이사회에 개방이사를 4분의 1 이상 포함시키고 개방감사 1인을 두는 것을 골자로 하는 거버넌스 개혁과 이를 위해 구성원을 대표하는 대의기구인 대학평의원회 설치를 의무화하는 것이 핵심이었다. 실상 개방이사 및 감사의 추천권과 학사의 중요사항에 대한 의결권을 가진 대학평의원회가 제대로 기능하기만 하면, 폐쇄적인 족벌경영 폐해의 상당 부분은 개선될 여지가 있을 법하다.

그러나 주지하다시피 2005년의 개정 사립학교법은 제대로 시행도 되기 전에 당시 야당을 위시한 보수세력의 반발로 불과 2년 만에 재개정되고 만다. 대학평의원회의 심의권한을 대폭 축소시키고 개방이사 또한 추천권을 일부 주되 이사회가 최종 결정하게 하여 취지를 약화시켰고, 사학분쟁조정위원회를 따로 설치하여 분규사학 문제를 다루도록 했다. 이 위원회는 대법원장 추천자가 11인 중 5인으로 거의 반수에 육박하는 데서도 보이듯 사학문제를 교육적 차원이 아니라 경영권을 둘러싼 법적 다툼으로 치환함으로써 현 정권 들어 과거 분규 끝에 퇴출된 비리재단을 모두 복귀시키는 역할을 맡게 된다. 실제로 2007년 개정법은 사학개혁의 퇴행이며, 그나마 기능이 약화된 대학평의원회조차 일부. 대학은 설치하지 않고 버티거나 설치했더라도 대개 명목상으로만 운영함으로써 참여정부의 사학개혁 의도를 거의 무산시켰다.

그렇다면 새 정부에서 2005년 수준의 사립학교법 개정을 재추진하는 것이 사학개혁의 시발점이 될 것인가? 그렇지 않다고 본다. 현실적으로 사립학교법 개정 추진 당시의 참여정부와는 달리 의회권력이 사학개혁에 적대적인 쪽이 다수를 차지하고 있거니와, 참여정부 시대에 비해 교육환경도 변했기 때문이다. 대학교육의 보편화와 국제화가 더 확산되었고 국내적으로 대학의 전반적인 구조조정이 불가피한 현실에서 여기에 총체적으로 대응하지 않고는 사학비리 척결조차 이루어지기 힘든 것이 지금의 상황인 것이다.

입법 차원의 개혁에 치중하는 것이 한계가 있다면, 행정적인 조치는 어떤가? 많이 훼손된 상태지만 현행 사립학교법에도 가령 대학평의원회의 조직 자체는 법제화되어 있기 때문에, 비록 교수협의회 등 구성원 단체들이 법적 지위를 보장받지 못했지만 근본적인 개혁작업이 본격화되기 전에는 현행법을 모든 대학이 지키도록 강제성을 발휘하기만 해도 일정한 개선은 이루어질 수 있다. 가령 연세대·이화여대·고려대·성균관대 등 수도권의 큰 규모 법인 가운데는 개방이사 선임을 미루고 대학평의원회조차 구성하지 않는 곳도 있기 때문이다. 또한 분규 사학의 경우 관선이사를 파견할 근거가 마련되어 있으므로 이를 엄격하게 적용하고 사학분쟁조정위원회를 개혁적 인사들로 재구성하여 제 역할을 하도록 할 여지는 있다. 그러나 이러한 수준의 변화로는 사학비리 척결에도 한계를 지니거니와 교육의 새로운 체제를 구성하는 것과는 거리가 멀 수밖에 없다.

결국 진정한 사학개혁의 계기는 대학의 구조조정과 반값등록금 문제라는 현안을 풀어나가는 과정과 결합하면서 만들어질 수밖에 없다. 즉 공·사립의 구성을 공립의 비율을 높이는 방향으로 조정해나가고 동시에 사학의 거버넌스를 민주적으로 바꾸어나가는 정책 전환이 그것이다. 여기에는 대학교육을 공공성의 관점에서 바라보는 교육이념의 쇄신이 동반되어야 하고, 경쟁과 효율을 중시하는 신자유주의적 편향에서 벗어나 대학교육 본연의 목적을 살려나가는 장기기획이 뒷받침되어야 할 것이다. 물론 대학교육의 경쟁력을 강화해나갈 필요는 있지만, 대학을 사유화하고 학문연구와 교육의 원뜻과는 거리가 있는 경쟁구조로 밀어넣는 방식이 아니라 지식생산과 민주시민 양성이라는 대학의 본 기능을 활성화시켜야 진정한 의미의 경쟁력이 확보될 것이다. 이 전환을 위해 새 정부는 시민사회의 교육운동적 요소를 수합하고 여기서 동력을 얻어낼 필요가 있는데, 문제는 과연 이 과업을 관할청인 교과부가 감당할 수 있을까 하는 점이다.

실상 교육관료들은 현 정부에서뿐 아니라 애초부터 사학세력과 밀착되어 있다는 혐의를 받아왔고 퇴직한 관료들이 사립대학의 총장이나 이사, 교수 등으로 임명되는 사례는 매우 흔하다. 참여정부에서 사학개혁이 실패하게 된 연유 중의 하나도, 일찍이 고故 이수인李壽仁 의원이 교육마피아라고 표현한 반개혁세력, 즉 "부패 사학재단과 일부 교육관료의 카르텔"[6]과 정권 초기부터 정면대결하지 않고, '사립학교법 개정을 위한 국민운동본부'를 중심으로 한 교육시민운동의 압박으로 집권 후반기에 이르러서야 이를 추진한 탓이 크다. 2013년이 사학의 근본개혁을 위한 원년이 되려면 새 정권은 과거의 실패를 거울삼아 집권 초기부터 이명박 정부의 교육정책에 맞서서 광범하게 일어나고 있는 교육개혁운동의 동력을 정책 내부로 끌어들이는 제도적 장치를 만들고 이를 중심으로 교육 전반을 혁신하는 가운데 사학개혁의 쟁점들에 대응해나가야 한다. 교과부가 혁신의 주체가 되기 어렵다면 현재 교육운동단체나 학계에서 논의 중인 '국가교육위원회' 구상이 사학개혁을 위해서도 의미를 가진다고 본다. 민간 참여로 구성되는 이 위원회가 일정한 독립성을 갖고 사학문제를 포함한 국가의 교육이념과 정책방향을 결정하는 역할을 담당하고, 교과부는 이를 실행하는 행정기구로 개편될 수 있을 것이다.

어떤 형태가 되든 사학개혁의 주체가 핵심적으로 추진해야 할 정책방향은 기형적으로 비대한 사학비중을 줄이고 대학의 구성비율을 선진국형으로 전환하는 것이다. 이 문제에 대해서는 통합민주당의 4·11 총선 공약인 '공·사립대학 50대 50'의 추진이 일정한 의미를 가진다고 본다. 이는 유럽이나 미국의 수준에는 미치지 못하지만, 사학 중심의 대학교육구조가 굳어져온 우리 현실에서는 일차적으로 추진해가야할 목표라는 점에서 평가할 만하다. 사립대학의 과도한 비중을 줄이는일은 비단 사학문제 해결의 단초일 뿐 아니라 고등교육 전체의 균형을잡아 보편교육의 성격을 가지게 된 대학교육의 공적인 성격을 확립하

---

6   이수인, 「교육개혁전쟁에서 어떻게 승리할 것인가」, 『창작과비평』, 1999.여름, 377쪽.

는 과정이겠기 때문이다. 물론 대학교육의 체질을 개선하는 이 같은 작업은 사학이 지금까지 누려온 기득권에 비추어볼 때 상당한 저항이 예상되고 법적인 뒷받침도 필요할 것이다. 그렇지만 현 정권에서 진행되고 있는 성과지표 중심의 대학구조조정 작업을 공·사립의 비율을 조정하는 장기기획과 결합하여 대학의 공익성을 높이는 방향으로 전환한다면 고등교육의 체질개선 작업은 추진력을 얻을 수 있을 것이다.

통합민주당의 4·11총선 공약은 아직 구체적인 정책으로 뒷받침되고 있는 것은 아니지만, 집권할 경우 실천의지만 있으면 실현이 가능하다고 본다. 반값등록금 추진과 대학구조조정의 필요성에 공감하는 이상 이를 대학교육의 불균형을 시정하는 계기로 삼는 것은 당연하다. 관건은 과연 이 공약을 실현하기 위한 재정이 어떻게 마련되느냐 하는 점인데, 큰 문제가 안 될 것이라는 것이 저자의 판단이다. 어차피 반값등록금을 실현하기 위해서는 대학교육에 공적 기금을 투입하는 것이 필수적이고 마침 통합민주당이 이를 위해 현재 고등교육재정교부금법을 추진 중인 것으로 알려졌다. 이 교부금법이 제정되거나 다른 방식으로라도 고등교육예산이 확보되면[7] 이를 대학의 구성비율을 조정하는 정책과 결합하는 것은 그리 어렵지 않을 것이다. 즉 고통스러울 수도 있는 대학구조조정도 대학교육의 공적 성격을 강화하는 전기로 활용한다면 이 과정에서 사학의 과도한 비중을 줄여나가 한국 고등교육을 정상화하는 기회일 수 있다.

다만 사학의 공적 개념이 수립되는 과정에서 사학 기득권세력의 반

---

[7]   가령 현재 GDP의 0.6%인 고등교육예산을 OECD 평균인 1%로 증가시켜야 한다는 주장이 설득력을 얻고 있고 현 정부도 이를 장기계획으로 발표한 바 있다.

발이 예상되고 이를 극복하는 것이 중요한 정치적 과제 중의 하나가 될 것이다. 그러나 그 반발 자체는 과거 사립학교법 개정을 좌초시킨 정도로 여론의 지지를 얻거나 확산되지는 못할 것이다. 반값등록금의 추진과 대학구조조정의 필수성에 대한 국민적 공감대가 올해 대선을 통해 확인된다면, 족벌세습구조를 혁파하고 대학교육을 선진화하는 정책수행에 필요한 여론의 동력을 충분히 끌어낼 수 있을 정도로 교육환경이 달라져 있기 때문이다. 문제사학에 공적 기금을 투입하는 데 찬성할 국민은 별로 없을 것이고, 족벌경영으로 문제를 일으켜 공적 기금 투입이 제한된 사학에 자식을 보내고 싶은 국민도 별로 없을 것이다.

　문제는 실제로 사립대학의 공적 성격을 어떻게 강화하는가와 구체적으로 이 전환대상 대학들을 어떻게 선정할 것인가인데, 현재 교육단체나 학계에서 논의되는 방안 가운데 '정부책임형' 사립대학의 구상이 현실성 있어 보인다.[8] 국공립을 더 설립하거나 부실사학을 환수하여 국공립으로 전환하는 방식도 있을 것이다. 그러나 현재 공급이 넘치는 상황에서 국공립 신설이 쉽지 않거니와 부실사학을 환수하는 것은 국가재정의 부담만 키울 것이다. 따라서 경영이 한계에 이른 부실사학은 달리 정리하더라도, 여타의 사학법인의 경우 선택에 따라 등록금 대폭 인하가 가능한 수준의 대학운영비를 지원하되 가령 공익이사를 3분의 2 이상으로 한다든가 하는 식으로 교육의 공공성을 강화한 거버넌스를 갖추는 것을 조건으로 하면, 사학비리를 비롯해 대학경영의 비민주적 폐쇄구조는 근본적으로 해소될 수 있을 것이다. 이때 법인의 형태이지

8　사립대학이 법인의 형태를 유지하고 일정하게 운영의 자율성을 가지되 국공립에 버금가는 정부지원을 받는 경우를 지칭하는 용어로, 때로는 '정부의존형'이라고 하기도 한다.

만 준공립이라고 할 이러한 전환을 원하지 않고 사학 고유의 특성을 살려나가고자 하는 사립대학에는 정부지원은 최소화하되 그 설립목적에 맞게 대학을 운영할 권리를 보장하면 된다. 만약 문제있는 족벌사학이 이 조건부의 정부지원을 선택하지 않는다면 구성원의 반발도 반발이지만 대학구조조정 국면에서 생존하기 어려울 것이다. 다만 자체적으로 유지가 가능할 정도로 재정이 건실한 사학이나 종교재단이 운영하는 학교법인 등 특수성이 있는 곳은 일종의 독립형 사학으로 운영될 수 있도록 더 많은 자율성을 부여할 수 있을 것이다.

대학교육의 공적 성격을 강화해나가는 정책을 실현하기 위해서는 교육계의 숙원인 고등교육재정교부금을 제도화한다거나 관련된 법적 장치들을 갖춘다거나 하는 행정 및 입법상의 난제들이 도사리고 있다. 또 기왕에 제기된 대학교육 개혁방안 가운데서 가령 국립대학 통합네트워크를 형성하여 여기에 정부책임형 사립대학을 포함시킨다는 제안과 같은 좀더 장기적인 기획이 사학개혁의 당면과제와 어떻게 연계될 수 있는지 등등 더 검토해야 할 문제도 적지 않다. 그렇지만 당장은 통합민주당의 총선공약처럼 공·사립의 비율을 재조정하는 사학개혁이 다음 정권이 우선적으로 실천할 만한 정책이라고 한다면, 이를 실제로 추진할 수 있기 위해서라도 대학교육의 대다수를 차지하는 사학이 더 이상 족벌체제라는 전근대적인 구조에 갇혀 있어서는 안 된다는 국민적 공감대를 확보하는 것이 중요하다. 사학분쟁조정위원회가 현 정권에서 다시 복귀시킨 구재단은 문제의 설립자 자신보다도 그 친족을 통해 지배권을 가지는, 말하자면 세습구조를 형성하는 경우가 더 많다. 사학의 족벌체제가 세습구조로 이어지는 이러한 퇴행으로는 한국 대학이 새로운 시대에 제 역할을 감당하지 못하리라는 것이 자명하다. 개혁의 여건은 형성되어 있다고 본다. 차기 정부에 필요한 것은 사학문제를 비리나 전횡을 해결하거나 개선하는 차원이 아니라 대학교육을 근원적으로 개혁해나가는 과정과 결합시키고 이를 실천하고자 하는 의지라고 할 것이다.

한국 사학의 형성과 지배구조
영남대는 누구의 것인가

1. 사학의 '소유권'과 영남대 문제의 의미

"영남대는 누구의 것인가?"라는 물음은 논쟁적인 성격을 띨 수밖에 없다. 그 전신인 대구대[1]와 청구대의 원래 설립자 가문이든, 현재 대학의 정관에 설립자로 규정되어 있는 박정희 전 대통령의 집안이든, 아니면 대학의 현 구성원이나 지역사회든, 이 질문에 답하는 사람의 입지나 이해관계에 따라서 다른 답이 나올 수 있고 그 간격은 좀처럼 좁혀질 수 없다고 여겨지기 때문이다.

여기에 이 물음 자체가 성립될 수 없다는 입장까지 고려하면 문제는

---

[1] 여기서는 미군정기에 설립되고 이후 영남대로 통합되어 사라진 대구대를 지칭하며 현재의 대구대와는 무관하다. 이 글의 초점은 전자이기 때문에 명칭을 그대로 쓰되, 후자를 지칭할 때는 따로 '현 대구대'라고 표기한다.

더 복잡해진다. 영남대는 사학재단에 의해 운영되고, 모든 사립대학의 법적인 주체는 학교법인이지 어떤 개인이나 가족이 될 수 없다. 현행 사립학교법에 의해서도 학교법인은 공공성을 원리로 하기 때문에 통상의 재단법인과 달리 국가의 통제와 동시에 재정지원을 받을 근거가 마련되어 있다.

따라서 설립자일지라도 학교법인 이사회 참여를 통해 운영에 관여할 수는 있어도 개인의 소유권은 인정되지 않으며, 만약 이사회가 학교법인의 목적을 제대로 수행하지 못하는 경우 정부가 운영권을 박탈할 수 있게 되어 있다. 사학에는 주인owner이 있는 것으로 일반에서 오해하고 있으나, 설립자에게조차 법적인 소유권은 없고 단지 주인 역할 내지 행세를 할 뿐이다. 영남대만 하더라도 대학의 '주인'으로 인정되고 대우받던 박근혜 당시 이사가 1988년 입시부정 등의 비리로 물러난 후 2009년 이명박 정부에 의해 구재단의 실질적인 복귀가 이루어지기 전까지 20여 년 동안 설립자 집안과 무관한 관선이사체제로 운영되어온 것이다.

영남대가 '정상화'된 지금의 소유관계도 마찬가지다. 이명박 정부는 과거 사학비리나 분규 등으로 문제를 일으킨 사학재단이 퇴출되고 관선이사체제로 운영되던 전국의 20개 대학들을 '정상화'하는 과정에서 '종전 이사'들에게 이사회의 과반수 추천권을 인정하는 방식으로 구재단을 실질적으로 복귀시켰다. 사학분쟁조정위원회의 결정으로 포장되어 있지만, 사학을 개인의 사유물로 간주하는 뿌리 깊은 보수 기득권집단의 관점을 정권 차원에서 관철시킨 결과다. 구재단의 복귀는 분규 당사자나 그 인척이 직접 복귀하는 방식(상지대·세종대·광운대 등)과 이사 추천권을 행사하여 간접적으로 복귀하는 방식(영남대·경기대·조선대 등)으로 나누어진다. 그러나 어느 경우든 비록 '소유권' 의식은 강화되었을지언정 구재단이 운영에서 일정한 혹은 지배적인 지분을 가지게 된 것뿐이지 사학을 재소유하게 된 것은 아니다. 박근혜 대통령이 후보시절 이 문제가 제기되자 자신이 "영남대와 무관하다"고 해명한 것도 법적인 차원이나 형식논리로서는 틀린 말이 아니다.

물론 구재단이 복귀한 많은 대학들이 그렇듯이 이사회 과반추천권을 통해서 실질적으로 대학을 지배하게 되었다고 할 수 있겠고, 그런 과거 회귀의 결과 상지대를 비롯한 여러 대학들이 다시 분규의 고통을 겪게 되었지만, 영남대의 경우 이보다 더 특수하다면 특수한 정황이 작용하고 있다. 즉 다른 어느 지방의 대학보다도 '주인'에 대한 의식, 다시 말해 대학이 박정희 일가의 '소유'라는 의식이 대학 구성원까지 포함한 지역사회에서 거의 관습적으로 받아들여진다는 것이다. 영남대는 이명박 정부에서 '정상화'가 가장 먼저 추진된 곳으로, 구성원들의 협의 과정에서 구재단 복귀에 다수가 찬성하고 심지어 박근혜 이사의 복귀조차 원했다는 특이한 현상도 이와 유관하다.[2] "영남대는 누구의 것인가?"라는 물음이 현실성을 가진 물음으로 다가오는 것은 이 때문이다.

사실 영남대는 수년 전까지만 해도 대학의 사적 소유를 인정하지 않는 현행법에 어긋나게 재단 정관에 "교주 박정희"를 명문화하고 있었고, 당사자의 부인에도 불구하고 그 상속인인 박근혜 현 대통령이 실질적인 소유자라는 인식이 널리 퍼져 있다. 박정희가 대통령 재임 시절에

---

2   물론 여기에는 지방대의 불리한 여건을 권력에 의존하여 극복할 수 있을 것이라는 구성원들의 기대감도 작용하였다. 박근혜 전 이사에게 과반수 정이사추천권을 부여하는 정상화 방식을 반대하면서 '정치적 영향력'에 대한 구성원들의 기대를 비판한 영남대 교수들의 의견서 참조. 『학교법인 영남학원 정상화 백서』, 영남대학교 교수회, 2010.4, 393쪽.

대구대 및 청구대의 운영진으로부터 두 대학을 헌납 받아 영남대로 통합한 점에서 설립에 관여한 것은 사실이다. 그러나 그렇다고 영남대가 그의 소유물이 될 수 없는 것이 현행법이기도 하거니와, 민주사회에서 어떤 권력자도 재임 기간에 권력을 이용해 획득한 재산, 그것도 공공기관인 대학을 국가에 반환하기는커녕 거기에 대한 영구적인 소유권을 주장하는 일은 있을 수 없다. 가령 김대중이든 김영삼이든 이명박이든 그 어떤 후대 대통령이라도 유사한 행위를 했다면 국민적 지탄의 대상이 되고 국민감정상 결코 용납받지도 못했을 것이다. 그런데 왜 영남대의 경우 이런 식의 관념이 통용되고 있는가?

상식적이고 합리적인 사고로는 이해하기 어려운 이 관행은 대구경북 특유의 '지역정서'를 떠나서는 설명될 수 없다고 본다. 대구경북 지역에서 박정희 집안이 가지고 있는 상징적 권력과 여기에 동조하는 지역민들의 특이한 정서상태가 이 비상식적 현실을 큰 거부감 없이 수용하게 한 것이다. 영남대의 경영진 또한 보수정권이 지속되는 내내 박근혜의 실질적인 지배권을 학내에서 확보하고 심지어 박정희새마을대학원을 설립하는 등 박정희를 앞세운 운영을 노골화함으로써 대구경북 지역감정이라는 반反 문화에 편승하고 또 그것을 부추기고 있다. 그 같은 정치적 이념적 편향이 과연 보편성을 지향하는 대학의 본령에 합당한 것인가? 더구나 영남대의 전신인 대구대와 청구대가 당시 민족적이고 시민적인 성격을 가진 사학이었음을 고려하면 이 편향 문제는 더욱 심각하다. 영남대 사례는 그 나름의 특수성에도 불구하고 한국 사학 일반에서 제기되는 소유권과 공공성 사이의 대립뿐 아니라 지역사회를 대표하는 대학의 존립의의를 심문하게 한다는 점에서 고찰의 대상이 될 만하다.

2. 한국 사학의 형성기와 대구 지역

영남대로 통합되기 전 그 전신인 대구대와 청구대는 각각 미군정기인 1947년과 정부수립 후인 1950년에 설립되었다. 양 대학은 곧이어 발생한 6·25전쟁으로 위기를 겪게 되지만, 전후戰後 국립경북대학교가 설립되고 비슷한 시기에 효성여대(현 대구가톨릭대 전신), 계명기독대(현 계명대 전신) 등 사립대학들이 인가를 받아 대학이 늘어났던 50~60년대에 들어와서도 여전히 이 지역을 대표하는 사학들이었다. 이 두 대학을 통합한 영남대의 출범과 그 전개에 대한 해석을 위해서는 해방 직후 및 건국 초기의 사회적 정치적 상황 속에서 한국 사학이 어떻게 형성되었고, 그 형성기에 대구 지역의 사학 설립이 지녔던 의미는 무엇인지 짚어볼 필요가 있다.

1945년 해방 당시 남한 지역에는 19개의 고등교육기관에 908명의 교원, 6,948명의 학생이 있었으나 1948년 정부수립 시에는 고등교육기관 42개, 교원 1,286명, 학생 24,000명에 달했다. 이 통계만으로도 대학 수가 미군정기 3년 동안 두 배 이상 급증한 셈인데, 실제로는 1946년 국립서울대학교 설립으로 기존의 10개 기관이 통폐합되었으므로 증가폭은 이보다 훨씬 컸고, 늘어난 대학의 거의 전부가 사립이었다. 해방 이후 1950년까지 5년간의 증가폭을 보면 총 25개의 대학이 신설되었는데 그 가운데 국립이 9개이고 나머지 16개가 사립이었다. 전체적으로 사립대의 비율은 전체 고등교육기관 가운데 70%를 상회하였다.

이러한 사립대 팽창의 원인으로는 ① 일제하에서 억눌려 있던 고등교육 수요의 폭발, ② 국가의 방임주의 대학정책, ③ 미군정 정책개입, ④ 토지개혁을 위한 농지개혁법(1949)의 영향 등을 드는 것이 일반적이다.[3] 실제로 식민지시대에는 초등교육에 역점을 두었고 중등교육이 형성되던 수준이어서 고등교육에 대한 관심과 배려는 매우 부족했다. 경성제국대학이 유일한 대학기관으로 존재하고, 보성이나 연희 등 여타 고등교육기관들은 전문학교로 분류되었으며, 그 외에 기술전문학교 수준의 기관들이 있었다. 해방 이후 국가체제가 미비한 혼란 상태에서 미군정의 고등교육정책은 경성제국대학을 국립서울대로 개편하는 데 치중했을 뿐 서울 지역 전문대학들의 대학 승격 요구나 각 지역에서 일어나는 대학설립 움직임에는 개방적이고 자유방임적[4]인 측면조차 있었다.

그러나 군정기의 국내 정치상황은 탈식민과 근대적 국가수립의 과제를 제대로 감당하지 못한 채 식민유제 청산의 실패로 식민시대의 인프라와 인적 자원을 그대로 활용하는 왜곡성을 띠고 있었고, 그것은 한국 고등교육을 정초하는 데도 그대로 반영되었다. 미군정은 교육 문제를 자체적으로 해결할 전문성과 경험이 없었기 때문에 당시 교육 분야의 명망가들로 구성된 조선교육심의회가 교육체계를 세우는 실질적인 역할을 맡았다. 이 심의회는 과거 대학과 전문학교로 이원화되어 있던 고등교육체제를 일원화하여 미국식 교육제도의 틀을 도입하는 등 주도

---

3   오성배, 「사립대학 팽창과정 탐색—해방 후 농지개혁기를 중심으로」, 『한국교육』 31-3, 2004, 54쪽.
4   신현석, 『한국의 고등교육 개혁정책』, 학지사, 2005, 14~15쪽.

적 역할을 하였던바, 고등교육 분야 책임자가 김성수金性洙였던 데서도 드러나듯 친일경력이 있거나 중도보수적인 인사들로 구성되었다.

미군정 문교당국이 역점을 두어 추진한 국립서울대 설립은 새로운 국가를 대표하고 학문적 역량을 결집할 '거대한 종합대'를 건설한다는 취지에도 불구하고, 대학을 중심으로 광범하게 일어난 국대안 반대파 동을 거쳤으며, 그 과정에서 대학에 자리잡고 있던 진보 지식인들이나 학자들을 축출하고 대학의 이념갈등을 통해 미군정에 대한 정치적 반대 움직임을 차단하고 보수세력을 결집시키는 효과를 거두었다.[5] 그런 한편 전국적으로 국대안에 항의하는 동맹휴업이 확산되고 좌우대립의 정치적 혼란과 불안정으로 각 지역에서 일어나는 고등교육기관 설립활동에 대해서는 방임하다시피 한 것이다.

해방 이후 각 지역별 대학기관 설립활동이 전국적으로 일어나게 된 것은 수요에 비한 고등교육기관의 부족이 근본요인이었지만, 여기에는 격변기에 대토지 소유자 중심의 식민지시대 상층이 재산권과 기득권을 지키기 위한 한 방편으로 사학 설립을 적극 추진한 점도 있다. 대개 학계에는 미군정기 한국 사학의 초기 형성에서 토지개혁법의 영향이 컸다는 데 대한 동의가 이루어져 있다. 당시 남한사회의 탈식민정책에서 토지개혁이 화두로 떠올랐고, 북한이 토지몰수와 무상분배를 먼저 실행함에 따라 남한에서도 민중들 사이에 기대감이 커졌으며, 이에 불안감을 느낀 토지소유자들이 토지의 강제수용을 피하기 위한 방책 가운

---

5   이를 서울대와 김일성대학으로의 '대학의 분단'으로 파악한 논의로는 김기석, 『한국고등교육연구』, 교육과학사, 2008, 99~201쪽 참조. 미군정의 국대안과 반대파동의 경과에 대해서는 손인수, 『미군정과 교육정책』, 민영사, 1992, 365~405쪽 참조.

데 하나로 대학에 토지를 기부하여 재산권을 지키고자한 것이 무분별한 대학 설립의 한 원인이었다는 것이다.[6] 실제로 1949년 농지개혁법안에 "문교재단의 소유지는 별도의 정하는 바에 의해서 매수한다"는 단서조항이 달린 데 이어, 이후 실제로 추가보상규정이 담긴 보상법이 나왔고 그 혜택의 대부분을 학교기관이 받게 된 점에서, 한국 사학의 초기 형성에서 지주세력의 역할이나 기여를 빼놓을 수는 없다.

그러나 이 당시 한국 사학의 형성을 주로 토지소유자의 재산권 보호 차원에서 설명하는 것은 문제가 없지 않다. 우선 대학 설립 요건을 갖추는 데서 토지 부문이 절대적이 아니라 오히려 교사校舍 마련이나 적산재산을 활용한 운영 등이 중요하였고, 지역에 따라서는 친일적 지주 계급이 아닌 민족의식을 토대로 고등교육에 대한 신념을 가진 뜻있는 개인이나 집단이 대학 설립을 추진한 사례들이 적지 않기 때문이다. 대구대와 조선대가 그 대표적인 예로, 대구대는 일제강점기 독립운동에 재정적 지원을 해오던 경주최씨 가문의 민족주의자 최준이 중심이 되고 여기에 향교재단을 비롯한 지역 유지들과 식자층이 결합하여 대학 설립운동을 벌인 결과였다.[7] 광주 조선대도 전라 지역을 중심으로 7만 명에 달하는 시민들이 십시일반으로 모은 기금으로 설립된 전형적인 민립대학의 형태를 띠었다. 그런 점에서 지주계급의 토지기부에 절대적인 의미를 부여하거나 그들의 재산권 유지 차원에서 초창기 사학설

---

6   오성배, 앞의 글, 8~10쪽.
7   대구대 설립에는 지역 지주들도 참여했으며 이들 가운데는 친일의 면제부를 받기 위한 방편으로 참여한 경우도 적지 않았으나 최준이 설립을 주도한 사실은 인정된다. 최염, 「증언─영남대는 누구의 것인가?」, 『한국의 사학지배구조 형성 과정 사례 고찰─영남대는 누구의 것인가?』(한국대학학회 주최 심포지엄 자료집), 22쪽.

립운동을 해석하는 것은 일면적이라고 할 것이다.[8]

대구 지역 대학설립운동에서 주목되는 것은 대구대만이 아니라 이보다 좀 늦은 청구대의 설립도 기득권 유지 목적과는 무관하게 이루어졌다는 점이다. 청구대는 해방 이후 독립정신의 기치를 내세운 청년운동가 최해청(당시 독립촉성경북청년총연맹위원장)이 주도하여 개설한 대중야간강의에서 촉발되고, 이것이 근로자들을 대상으로 한 야간대학기성회의 발족으로 이어져 전국 최초의 야간대학으로까지 발전한 경우다. 여기에 지역의 피혁공장조합인 경북포화조합이 참여하여 재단이 설립되었으며, 1950년 4월 인가 당시 설립취지문에서는 "이 지방의 적지 않은 병폐의 하나인 보수성"을 넘어서고자 하는 지향도 엿보인다.[9]

미군정기부터 정부수립 초기에 걸쳐 남한사회는 친일잔재 청산에 실패하고 보수정치세력들이 미군정의 정책방향에 부응하던 시기로, 교육부문에서도 친미적 교육체제의 틀을 구성하는 데서 나아가 이에 반하는 진보 혹은 민족주의적 지향을 저지하거나 방해하는 흐름이 자리잡았다. 대구 지역은 당시 미군정의 실정(식량정책 실패와 친일파 복귀, 반공주의적 좌익사냥 등)에 대한 민중의 불만이 팽배해 있었고, 이것이 1946년 10·1사태를 야기한 저항의식의 표출로 나타났다. 대구 지역의 사학설립 운동은 이 같은 밑으로부터의 열망을 어느 정도 반영한 측면이 있고, 대구대와 청구대가 여러 가지 재정적인 어려움과 군정청의 억압에도

8 이런 각도에서 당시 사학 형성 과정을 재검토한 논문으로는 강영숙, 「미군정기 사립 대학 설립과 고등교육 기회의 확대」, 『아시아교육연구』 4-1, 서울대 교육연구소, 2003, 155~170쪽.
9 「영남대학교 50년사, 1947~1997」, 『학교법인 영남학원 정상화 백서』, 547쪽에서 재인용. 설립자인 최해청 자신은 일제강점기에 아나키스트로 활동하기도 했다.

불구하고, 특히 대구대를 국립종합대에 편입시키려는 정부의 시도에 끝까지 저항하여 결국 사립으로 남게 된 것[10]도, 설립자 개인의 의지나 욕심만이 아니라 이런 배경과 무관하지 않다고 보아야 할 것이다.

3. 개발독재와 분단체제의 고착, 그리고 사학권력

대구대와 청구대는 각각 다른 경로로 박정희 당시 대통령에게 헌납되었고, 1967년 양교의 통합으로 영남대가 탄생했다. 독자적으로 설립된 대구 지역의 두 대표 사학이 이런 방식의 강제통합에 이르게 된 발단은 5·16 군사쿠데타를 통한 군사정부의 수립이었다. 군사정부는 각 사회 분야에 강력한 통제정책을 취하는 동시에 사회혼란을 바로잡는 '혁명'을 시도했는데, 대학 분야도 예외가 아니었다. 대학에 대한 관리체제는 대학정비안에서부터 시작되는 바, 정비의 이유로 ① 대학생 비율이 지나치게 높은 점, ② 대졸생의 실업상태로 사회불안이 야기되고 있는 점, ③ 사회수요에 맞지 않는 교육 내용, ④ 사립대학이 기업화되어 부정부패의 온상이 되고 있는 점을 내세웠다. 군사정부는 1961년 9월 1일 '교육에 관한 임시 특례법'을 통해 확정된 정비안에서 부정 분규대학 정비를 비롯 대학정원 대폭 감축, 국공립대 통합, 소규모 대학 폐지를 통한

---

10   1950년대 초 대구대의 국립대 편입 파동에 대해서는 위의 책, 554~558쪽.

사립대 정리 등, 말하자면 강력한 구조조정 정책을 내놓았다.[11]

이 정비안은 큰 반발에 부딪쳐 대폭 수정되거나 취소되기도 했지만 정원 감축은 그대로 추진되어 1961년 4년제 대학 71개교 91,920명의 정원이 이듬해 50개 대학 61,164명으로 격감했다. 전란의 위기를 거치면서도 버텨 오던 대구대와 청구대도 정원 대폭 감축이라는 타격으로 심각한 재정위기가 닥치자 경영이 힘들어지면서 내부적으로 갈등이 일어났고, 이것이 두 대학 몰락의 원인이 되었다. 대구대는 새로운 경영자를 찾아서 1965년 삼성의 이병철 회장에게 대학의 운영권을 넘겼고, 삼성은 그 2년 뒤 사카린 밀수사건으로 인한 기업의 위기를 타개하기 위한 방편으로 대학을 청와대에 진상해버리고 만다. 1966년 신축 건물붕괴 사고로 위기에 빠진 청구대 또한 설립자 최해청의 반대에도 불구하고 당시 이사들의 작당으로 청와대에 진상되었다.

군사정부의 강제 구조조정은 명분이 없지 않았지만 수정을 거듭한 끝에 새로운 형태의 고등교육기관들을 설립함으로써 양적 팽창을 막지 못한 결과를 빚었다. 고등교육에 대한 정부의 관리체제가 확립되고 사학에 대한 본격적인 통제도 이 시기에 시작되었으며, 팽창된 대학의 비리나 부패 등에 대한 사회적 지탄을 배경으로 1963년 사립학교법을 제정하여 사립대학에 대한 국가의 감독권을 분명히 하였다. 그러나 이 사립학교법은 사학 운영에서 이사회에 인사 및 재정의 모든 권한을 부여함으로써 재단의 지배권을 확고하게 한 점에서, 사학에 대한 통제이자 사학재단의 지배세력이 대학의 절대권력으로 행세할 근거를 마련해주기

---

11 김정인, 「1960년대 근대화정책과 대학」, 『한국근현대사연구』 63, 한국근현대사학회, 2012, 252~253쪽.

도 한다. 즉 사립학교법을 통해서 박정희 정부는 국가의 대학통제권을 확보하는 한편 친족지배가 가능하도록 보장함으로써 사학권력이 합법적으로 지배할 수 있도록 하는 이중적인 관리체제를 확립한 것이다.[12]

지역의 대표적인 대학 두 개가 현직 대통령에게 헌납되어 통합된 종합대로 발족하면서 대통령의 직접 지시에 따라 이사회가 구성되고 스스로 대학의 최고 고문이 되는 희귀한 사태는 당시 3선개헌을 추진하던 집권세력의 권력의지와 당시의 사회 분위기가 그대로 투영된 것이었다. 그 자체가 비상식적인 일이었지만, 이 시기를 하나의 변곡점으로 한국 사학들에 족벌체제가 굳어지는 전기가 마련되었다는 점은 주목할 만하다. 사학재단은 독재정권과 공존하고 협력하면서 외부적으로 정치적 힘을 획득하고 내부적으로 대학에 대한 절대적인 통제와 지배, 횡포를 자행하는 무소불위의 권력을 행사하게 된다. 한국 사학의 이 같은 족벌성이 확립되고 강화되는 추세에 발맞추어 권력자의 노골적인 대학 탈취와 소유가 이루어진 것 자체가 독재정권과 사학권력의 유착관계를 적나라하게 보여주는 사례다. 대구대와 청구대가 영남대로 통합됨으로써 대구 지역사회에 필요한 일정 규모의 사립 종합대학이 실현된 측면도 있지만, 최해청의 회고에서도 볼 수 있듯이 두 대학의 통합에 대한 논의는 그 전에도 있었고[13] 어디까지나 두 대학의 전통과 설립이념을 구현해온 주체 간의 협의를 통해 이루어지는 것이 정상이다. 그러나 그 통합이 두 사학 설립주체의 의사와 무관하거나 그것을 억누르고 이루

---

12   김종엽, 「한국의 사립대학과 민주적 개혁과제」, 윤지관 외, 『사학 문제의 해법을 모색한다—한국 사학의 역사 현실 전망』, 실천문학사, 2012, 58쪽.

13   최해청, 『청구유언』, 야청선생기념사업회, 1978, 13쪽.

어짐으로써, 원래의 설립취지는 군사정부와 박정권으로 이어지는 제3 공화국의 교육이념, 즉 '조국 근대화'를 위한 산업역군을 배출한다는 개발독재의 대학관에 의해 변형 왜곡되었다. 이런 대학관이 이에 부응하는 사학재단의 족벌성을 보장하고 그것을 통해 대학이 사유화되면서 세습이 일반화되는 방식으로 사학권력의 전근대적인 폐해가 심화되어 왔다.

실제로 대구대의 경우, 설립자 최준이 대학을 사유물로 여기지 않고 그 공공적 성격에 대한 깊은 신념을 지니고 있었다는 사실은 그가 대학 재정의 어려움을 극복하기 위해 운영권을 삼성에 넘기면서도 아무런 보상을 바라지도 받지도 않은 것만 봐도 알 수 있다.[14] 청구대 최해청 또한 대학이 '공기公器'라는 투철한 인식이 있었고, 그것을 세습재산으로 결코 생각하지 않는 교육실천가적 소명의식이 있었다. 이는 그가 당시를 회고하고 증언하면서 자신의 경영방식이 달라진 현실에 맞지 않게 '가부장적인 성격'이 있었음을 진술하게 고백하고 반성하는 대목에서 오히려 분명해진다.[15] 그러나 동시에 이는 초창기 사학 설립자들의 교육자적 사명의식과 민족의식을 통한 육영사업의 충정이 대학에 대한 국가적 통제강화와 심화되는 자본의 논리에 부딪쳐 그에 대한 대응에서 한계를 드러낸 현실을 말해주기도 한다.

영남대 설립 후 70년대로 접어들어 박정희 정권이 삼선개헌과 유신헌법 제정을 통한 장기집권을 획책하면서, 냉전체제와 반공주의에 토대를 둔 분단체제가 더욱 굳어지고 남한과 북한의 지배세력 모두 이 체

---

14 최염, 앞의 책, 28~30쪽.
15 최해청, 앞의 책, 54~57쪽.

제의 고착을 해당 지역에 대한 기득권 지배를 공고히 하는 데 활용하게 된다. 남한에서는 경제성장 제일주의와 결합된 소위 '한국적 민주주의'의 이름으로 개발독재가 갈수록 악화되는 가운데, 대학도 국립은 국립대로 사학은 사학대로 철저하게 정권의 뜻에 복종하면서 동시에 재정적 지원을 통한 대학 팽창을 시도하는 유착관계를 형성하였다. 반면 대학을 근거로 하는 비판적 사고와 실천은 교수재임용제를 비롯한 정치적 탄압과 재정지원의 차별 등 자본을 통해 통제하고, 독재에 대한 저항을 주도하던 학생운동은 강제입영조치나 경찰력을 동원한 폭력으로 진압코자 하였다. 이런 가운데 사학권력은 독재정권을 뒷받침하는 기득권세력의 중요한 터전이자 그 일부가 되었고, 분단체제에 기생하는 보수이념의 가장 강력한 수호자가 되었다.

1987년 6월 시민혁명으로 군부지배가 끝나고 민주주의의 단초가 마련되자 그동안 억눌려왔던 대학 내부의 민주화 열망이 교수협의회나 총학생회 조직운동에서부터 비리와 전횡을 일삼던 사학권력에 대한 투쟁으로 발전하는 일이 광범위하게 일어났다. 전국적으로 수많은 대학들에서 사학 분규가 발생하면서 그 결과 20개에 달하는 대학들의 사학재단이 퇴출되고 임시이사의 이름을 한 공익적인 관선이사진이 파견되는 사태로 발전하게 되었으며, 영남대학도 그 가운데 하나다. 당시 박근혜 이사를 비롯한 이사진들이 부정과 비리, 그리고 교수 및 학생들의 항의시위 등으로 물러나게 된 것이다.[16]

독재정권이 지속되는 동안 굳어져 근대적인 대학 발전을 가로막고

---

16 영남대 민주화투쟁과 그 경로에 대해서는 『학교법인 영남학원 정상화 백서』(2010)에 상세하게 기록되어 있다.

있던 사학족벌체제는 이러한 민주화의 흐름 속에서 그 일각이 무너지고 대학의 민주적 운영의 기틀이 세워지기 시작하며, 이후 참여정부가 추진한 사립학교법 개정작업에 이르러 사학민주화는 우리 사회의 가장 중요한 정치의제 중 하나로 부각된다. 그러나 2005년 대학의 족벌지배를 완화하고 민주적 거버넌스의 장치들을 마련한 개혁적인 사립학교법 개정안[17]이 통과되자, 당시 야당인 한나라당 박근혜 대표의 6개월에 걸친 장외투쟁을 중심으로 보수진영이 총결집하다시피 하여 반대운동을 펼친 끝에 이 개정법은 제대로 시행되지도 못한 채 2년 만에 재개정되었다. 이로써 사학권력이 기득권세력을 뒷받침하는 중심세력 가운데 하나이고 사학문제가 우리 사회 권력투쟁의 핵심 가운데 하나임이 드러났다. 이 재개정의 결과, 개방이사 추천권이 대학평의원회에서 사실상 이사회로 환원되었고, 이사장의 인척도 총장이 될 수 있는 길이 열렸으며, 대학의 중요사항에 대한 대학평의원회의 의결기능이 심의 혹은 자문기능으로 축소되었다. 또 법률가가 다수를 이룬 사학분쟁조정위원회를 두어 대학 문제를 교육이 아닌 소유권과 법의 차원에서 다루는 단초를 만들었다. 즉 이 재개정을 통해 사학의 족벌 지배를 가능케 하는 법적 근거가 존속하게 된 것이다.[18]

그리고 다음 이명박 정부에 들어와서 사학 정상화의 이름으로 사분

---

17 2005년 개정된 사립학교법은 대학평의원회 설치 의무화 및 개방이사와 개방감사제도 도입이 그 중추를 이룬다. 대학평의원회에 대학의 중요사항을 의결할 권한을 부여한 이 2005년 법은 사립학교의 족벌지배를 막고 민주적 운영의 원칙을 관철시킨 중대한 진전으로 평가할 수 있다.

18 사립학교법 개정과 그 의미에 대해서는 김종서, 「사립학교법 개정으로 본 사학정책의 변화」, 윤지관 외, 앞의 책, 244~267쪽 참조.

위를 통해 구재단을 복귀시키는 작업이 이루어짐으로써, 사학권력 개혁시도는 무산되고 다시 과거로 회귀하였으며, 영남대를 비롯해 현 대구대 등 대구 지역의 대표적인 관선이사체제 사립대학들에도 구재단이 실질적으로 복귀하거나(영남대) 과거와 같은 갈등구도 속에 놓인 것(현 대구대)이 지금의 현실이다.

4. 지역감정의 극복과 영남대 공영화 과제

지금까지 기술해온 것처럼 역사적으로나 현실적으로 영남대 문제는 한국 고등교육 논의에서뿐 아니라 한국의 정치사와 권력의 성격에 대한 해석, 지역대립구도와 지역감정의 극복 문제 등을 내포하는 점에서 중요한 연구대상이다. 구한말에서 식민지시대에 이르기까지 한국의 근대가 시작되던 시기에 걸쳐 대구경북 지역은 민족민중적인 저항의식이 두드러졌고 일제에서 해방되고 새로운 국가를 건설하는 초창기에도 그 전통이 살아 있었다. 해방 이후 대구대와 청구대가 설립된 것도 사학 형성기 기득권 세력의 재산보존을 위한 방편으로 일반화될 수 없고, 실질적인 민족독립의 추구와 시민 혹은 민중적 이념을 구현하기 위한 목적이 더 컸던 것도 이와 유관하다고 하겠다.

그러나 박정희가 주도한 군사쿠데타 이후 근대 한국사의 전개는 대구 지역의 이런 문화적 배경이나 전통을 허물었고, 이제 대구경북 지역은 소위 'TK 정서'라고 알려진 배타적이고 보수적인, 한 논자의 표현을 빌면 '망국병'이라고 할 지역이기주의의 장소로 변해버렸다.[19] 물론 지역주의나 거기서 발원한 지역정서 자체는 자연스럽다고 할 수 있고, 어떤 지역에서나 공동체 성원들 사이의 긴밀한 유대관계와 그에 기반한 이해관계의 공통성이 어떤 심리적 문화적 동질성을 낳는 것은 당연하다. 그러나 그것이 타지역에 대한 우월의식이나 연고주의 및 배타적인 태도와 결합될 때, 지역과 중심의 변증법적 관계에서 발생하는 전체 사회의 발전동력을 저해하는 악영향을 미치게 된다. 무엇보다 대구경북 지역의 지역정서에는 한국사회에 굳어진 분단체제에 바탕을 둔 완고한 반공이념이 결탁되어 있다는 점에서 이데올로기적 편향성이 강하다. 지역의 정치적 성향이 아무리 지역민의 여론을 반영하더라도, 개혁적 혹은 진보적이라면 대통령조차 '빨갱이'로 규정할 정도의 몽매주의가 일반적으로 통용되는 지역 분위기와 집단심리상태는 분명히 문제적이다.

영남대 문제가 중요한 의미를 가지는 것은 바로 그 창립 자체가 이런 대구 지역의 정서를 고착시키는 데 결정적인 역할을 한 박정희 정권 독재화의 초기 국면에서 발생한 사건이라는 점이다. 독립적인 사학을 권력자에게 헌납하는 일은 민주국가에서 상상할 수조차 없는 것임에도, 그것을 용인할뿐더러 거기에 맞서는 견해가 소수로 몰리게 된 것은 이 지역정서의 특이한 왜곡을 고려하지 않고는 설명되기 힘들다. 홍덕률이 정리한 것처럼 대구의 지역정서는 '박정희 패러다임'의 핵심요소라

---

19   김규원, 「대구 지역정서와 시민운동」, 『경제와 사회』 29, 1996, 126쪽.

고 할 '성장주의, 국가주의, 반공주의' 이데올로기와 긴밀하게 결합되어 있다.[20] 민립대학의 전통으로 세워진 대구의 양대 사립대의 '소유권'이 권력자 박정희에게 넘어가면서 이루어진 영남대의 창립은 이런 대구경북 지역 이념의 편향성의 기원이기도 한 것이다. 결국 현재 박정희 가문의 소유물처럼 간주되는 영남대를 어떻게 공영적인, 혹은 시민적인 전통에 기반을 두는 대학으로 변모시킬 것인가의 문제는, 고착된 지역정서를 어떻게 극복해 나갈 것인가의 과제와 맞물려 있다.

현재 한국의 대학은 구조조정이 본격화된 국면에 있다. 학령인구 감소로 인한 대학 정원의 감축이 필연적이고, 그에 따라 정부 주도로 전국 대학의 등급평가를 통한 구조조정이 거의 강제적으로 진행 중이다. 이는 특히 서울 중심의 대학 서열화가 확고하게 굳어진 현실에서 지방대의 위기를 야기하고 있으며, 대구경북 지역도 거기서 예외가 아니다. 이 지역에서도 다른 지역과 마찬가지로 각 대학의 생존을 위한 경쟁이 벌어지고, 산업계의 요구에 부응하여 정원을 축소하려는 정부의 조정 정책이 구조개혁의 이름으로 진행되고 있다. 군사정권 시절의 대학정비령과 거의 흡사한 이유를 내세운 위로부터의 조정 요구에 대학들이 복종하는 방식이 되풀이되는 셈이다. 이 정원감축은 결국 재정위기를 불러올 것이고, 그 재정위기는 과거 대구대나 청구대가 겪었던 것처럼 대학의 통폐합을 통한 퇴출을 야기할 수도 있기 때문에 대학마다 여기에 사활을 거는 형국이다.

그러나 이런 방식의 정원감축 중심의 기업체식 구조조정에 대한 학

20 홍덕률, 「대구경북의 지역주의적 정치행동」, 『황해문화』 2004.가을, 51쪽.

계나 사회의 반발도 거세게 일어나고 있다. 특히 한국대학학회는 학계의 연구결과를 종합한 '대학구조조정 정책대안'을 작성하여 지난해 5월 국회에서 발표한 바 있다. 이 정책대안에서 학회는 현재의 구조조정 위기가 대처하기에 따라서 한국 대학의 구조적 병폐나 후진성을 개혁할 호기이기도 하다는 전제 아래, 이 조정 과정을 통해서 한국 대학의 고질화된 두 가지 문제, 즉 ① 서울 중심의 고착된 서열화, ② 지나친 사학 중심의 대학 편제라는 근본 문제를 해결 내지 완화할 수 있는 대안적인 방안을 제시한 바 있다. 그 핵심은 현재 85%에 달하는 사립대학의 비중을 향후 10년 동안 50% 수준으로 감소시키고, 대신 국공립을 늘리거나 공영형 사학[21]으로 변모시키는 방향이다. 이를 통해 지역 대학의 경쟁력을 높이는 동시에 고질화된 사학문제를 근원적으로 해결하여 전근대적 대학지배체제를 개혁하고 학부모의 부담을 실질적으로 줄일 수 있다는 것이다.[22]

대구경북 지역에서도 중소도시의 소규모 대학들을 폐지할 것이 아니라 지역민의 여망을 반영하여 특성을 갖춘 공립이나 공영형 사학으로 변모시켜야 하겠거니와, 대형 사립대학들도 일부는 공영화할 필요가 있다. 영남대가 그 일차적인 대상이 될 수 있는데 그 이유는 다음 세 가지로 정리된다. ① 대학의 '소유권' 문제가 사회적 정치적 쟁점이 되고 있기 때문에 이를 명확히 하는 방법은 공영적 이사회를 구성하는 것뿐이라는 점, ② 현재 영남대는 지역정서에 편승하여 지나치게 박정희

---

21 '공영형 사학'이란 사학의 운영 방식을 가지되 운영비의 일부를 정부가 지원하고 이사회 구성을 공공적으로 하는 대학을 일컫는다. 영국의 대학들이 대표적이다.
22 한국대학학회, 『대학구조개혁 정책대안』(국회발표문), 2015.5.15, 27~30쪽.

를 활용한 운영으로 대학다운 보편성을 상실할 위험에 처해 있으므로 그런 지방주의provincialism를 탈피할 필요가 있다는 점,[23] ③ 역사적으로 대구대와 청구대의 민립대학적 성격을 회복하여 지역주체의 교육전통을 되살려야 한다는 점이다.

영남대의 공영화운동은 편협한 지역정서를 극복하기 위한 좀더 광범한 운동으로 이어진다는 점에서도 중요하다. 현재 대구경북 지역의 언론이나 대학 등 이 왜곡된 지역감정의 극복에 기여해야 할 지식사회가 오히려 그것을 부추기거나 거기에 편승하는 현실에 대한 지적과 자성도 없지 않거니와, 좀더 보편적인 건강한 지역정서를 되살리는 데 지역문화의 중심이 되는 대학의 역할은 결정적이다.[24] 지역주의에 대한 한 연구는 지역 정서에 함몰되는 경향은 학력이 높을수록 세대가 젊을수록 상대적으로 작다는 조사결과를 내놓기도 한다.[25] 대학의 공공성을 제고하려는 개혁운동이 대구경북 지역공동체의 갱생을 위해서도 중요한 것은 그런 의미에서이며, 대학구조조정 국면을 거치게 될 향후 10년 동안 영남대의 공영화 추진은 광주의 조선대를 비롯 민립대학의 전통을 공영화를 통해 확립하려는 전국적인 대학개혁운동과 맺어질 수 있을 것이다.

---

23 학문으로 정립되지 않은 새마을학으로 석사학위를 수여하는 영남대의 학사운영은 학문 영역의 세계적 관행과는 어긋나는 일로 비아카데미적인 '촌스러운(provincial)' 발상에서 비롯된 것이다. 가령 미국의 뉴딜정책은 세계적으로 파급되었지만 이를 위한 연구소가 있을 뿐 학위수여는 논외에 속한다.

24 홍덕률, 앞의 글, 59쪽.

25 김용철·조영호, 「지역주의적 정치구도의 사회심리적 토대―'상징적 지역주의'로의 진화?」, 『한국정당학회보』 4-1, 한국정당학회, 2015, 121쪽.

민족·주체·교양
식민지 여성교육과 차미리사

1. 차미리사가 제기하는 문제

차미리사는 식민지시대의 여성교육운동가로, 덕성여대의 전신인 근화여학교의 설립자로 알려져 있다. 그의 활동이나 사상에 대한 학계의 관심은 최근까지 전무하다시피 하였으나, 덕성여대의 분규 과정에서 새롭게 발견되고 연구의 대상으로 떠오르게 되었고, 일본 제국주의에 대한 불복종과 민족교육을 위한 일관된 노력과 활동을 인정받아 2002년 독립유공자로 추서되었다.[1] 차미리사의 생애에는 남다른 면모가 엿보인다. 식민지시대의 여성교육자 가운데 드물게 친일행적을 보이지

---

[1] 차미리사에 대한 재평가는 한상권 교수의 노력에 힘입은 바 크다. 차미리사에 대한 사료수집과 일차적인 평가는 2009년 덕성여대 차미리사연구소에서 간행한 『차미리사 전집』 I, II에서 이루어졌다.

않았으며 무엇보다도 귀가 잘 들리지 않는 신체적 약점을 이겨내면서 구식 가정부인들을 위한 야학을 설립한 데서 출발하여 거의 혼자 힘으로 결국 그가 원하던 '여자실업학교'를 일구어낸 일평생의 집념이 그렇고, 수많은 난관을 꿋꿋하게 돌파해 낸 뚝심에서 그렇다. 근화학원의 기반을 세우기 위해 "84일간 67개 고을 만여 리"를 여행하면서 여성들만으로 전국 순회강연회를 펼친 사건은 "조선 여성계에 여명이 다가오고 통절한 절규가 일어났다"[2]는 당시 언론의 표현 그대로 감동적인 면이 있다. 식민지 시대의 대개의 선구적 교육운동가들이 선교단체나 정부지원을 받아 학교를 세운 것에 비해 차미리사는 강연회 등의 활동으로 국민모금을 통해 이를 이룩해냈다는 점에서도 교육운동사적 의미를 지닌다. 차미리사는 단순히 한 특정 여자대학의 설립자로서만이 아니라 그 설립의 과정 자체가 식민지시대의 여성교육을 이해하는 흥미로운 학문적 과제가 될 수 있는 인물이다.

차미리사의 활동에서 남다른 특성이나 정신을 식별하고 그 현재적 의미를 새겨보는 것은, 좁게는 사학의 방향성과 교육이념을 점검해보는 일과도 통하고 넓게는 이 '탈근대' 시대에 근대성의 문제를 근원적으로 재고할 계기가 될 수 있다는 것이 저자의 생각이다. 차미리사가 본격적인 교육운동에 나선 1920년대는 한반도에서 근대교육의 토대가 구축되던 시기였다. 근대로의 변화가 시대적 과제로 떠오르고 교육운동이 사회개혁의 핵심적인 방책으로 인식되던 시기였던 동시에, 일본 제국권력의 지배가 문화의 차원에 미치면서 식민주의가 일상에 뿌리를

---

2   『동아일보』, 1921.9.1.

내리던 시기였다. 당시 총독부의 소위 '문화정치' 아래서 교육과 언론 분야의 문화운동이 활발하게 일어났지만, 한국인들에게 열린 이 주체적인 활동의 공간이 다름 아닌 일제의 한반도 지배 및 동화정책의 일환으로 확보된 것이라는 데서 어려움이 비롯된다. 이 복합성이 '식민지 근대colonial modernity'의 모든 문화적 논의를 근대냐 전통이냐, 혹은 저항이냐 타협이냐의 이분법적 차원에 머물지 못하게 만든다.[3]

여성교육에 대한 차미리사의 입장이 얼핏 보아 상반된 성격을 띠고 있는 것처럼 보이는 것도 이 시대적 난점과 유관하다. 그의 입장은 구한말의 자강운동을 이어받은 20세기 초 민족주의적인 실력양성론의 흐름에 닿아 있는 동시에 서양의 종교이념에 바탕을 둔 기독교 계몽주의와도 결합되어 있다. 또한 일각에서는 그를 비타협적 민족주의자로 분류하기도 하지만 실제로 정규학교를 설립하고 운영하는 과정에서 총독부 정책과의 일정한 타협이 불가피했을 것이다. 그에게는 전통과 인습에 맞서는 '신여성'의 자기주장이 있는 한편으로 정조와 여성다움의 가치를 견지하는 데서는 구습에 얽매인 봉건주의자와 흡사한 면모도 엿보인다. 무엇보다 차미리사의 삶과 활동에서 두드러지는 이 같은 이중성에 부가되어 있는 것은 성별gender 문제다. 그의 의식을 평생 장악하고 있었던 것이 교육이지만 여기에는 반드시 '여성'이라는 수식이 붙어 있다. 성별 범주는 계급이나 민족 범주의 작용과는 꼭 일치하지 않는 고유영역을 가지고 식민지 근대의 공간에 개입하기 때문에, 근대성

---

3   식민지 시대가 근대와 가지는 착잡한 관련성에 주목하는 국내외의 연구가 최근 들어 '식민지 근대'에 대한 문화론적 논의를 낳고 있는데, 대표적으로는 신기욱·마이클 로빈슨 편, 도면회 역, 『한국의 식민지 근대성―내재적 발전론과 식민지 근대화론을 넘어서』, 삼인, 2006.

에 대한 대응과 사고가 더욱 복합적일 것을 요구한다. 식민지의 근대성 문제 자체가 처음부터 단순화할 수 없는 속성을 가지고 있었거니와, 여성교육 영역에 치중된 차미리사의 입지나 활동에 대한 해석이라면 이 중층적인 양태를 감당하는 것이 되어야 할 법하다.

차미리사는 이론가나 사상가는 아니며 스스로도 거듭 밝히고 있다시피 실천가나 활동가라고 해야 할 것이다.[4] 초창기 미국 유학파 신여성이고 수많은 제자를 길러낸 교육자이지만 자신의 생각을 담은 독립된 글조차 거의 남기지 않았을 정도로 문필을 통한 지적 활동은 최소로 한 대신 학교 운영을 위해 필요하다면 궂은일을 도맡아서 해낸 진정한 일꾼이었다. 그렇지만 저자가 주목하는 바는, 차미리사의 '실천주의'와 '실행'에서의 선택 속에, 그리고 그 선택을 구현해내는 과정에 투여된 판단과 행동에는 식민지 근대의 핵심문제들과 고투한 흔적들이 묻어있다는 점이다. 차미리사의 활동에는 대개 그가 포함되어 있다고 여겨지는 계몽적인 기독교 지식인 혹은 민족주의 우파의 사고방식과 구별되거나 합치하지 않는 요소들이 존재한다. 그를 단순히 민족주의자나 기독교 계몽주의자라고 일반화할 수 없게 만드는 그 나름의 강한 실천의식은 여성교육에서 근대성의 의미를 다시 생각하게 만든다. 근대의 형성이나 전개와 뗄 수 없이 연결되어 있는 것이 '민족nation'과 '주체subject'의 문제인데, 차미리사를 비롯한 식민지 활동가들에게도 이는 늘 근대성의 추구에서 관건이었다고 할 수 있다. 근대적 체제와 개인적 삶

---

4 "입으로 남녀평등을 외치지 말고 우선 남녀평등이 되고 여자의 권리를 가지도록 실천주의를 써서 실행이 되도록 하여야 합니다."(『조선일보』, 1933.1.4), "아는 데만 그치면 죽은 지식이며, 인간의 실제생활에 있어서 이론이란 그리 필요 없습니다."(『매일신문』, 1936.4.18).

을 연결시키는 '교양culture'의 기획 또한 그가 교육을 화두로 삼을 때부터 근저에 깔고 있던 전제였다. 저자는 이 글에서 주로 이 민족 · 주체 · 교양이라는 근대성의 핵심영역들이 어떻게 차미리사의 여성교육 활동 속에 자리잡고 있으며, 그것이 당대의 상황에서 어떤 의미를 가지는지를 살펴보고자 한다.

이 검토는 물론 차미리사의 특성이나 정신이 가지는 현재적 의미에 대한 물음과 이어진다. 지금이 지구화(혹은 세계화globalization)가 중심적인 흐름을 이루고 있는 시대임을 부정할 수 없다면, 근대의 가치와 영역들이 이 시대에 변화하고 해체되는 양상을 목격하게 되는 것은 당연하다. 민족 · 주체 · 교양이라는 근대적인 범주들이 '탈근대적'인 흐름 속에서 그 해방적인 의미를 상실하고 오히려 억압기제로, 해체되어야 할 근대적 구성물로 받아들여지는 것이 현재의 이론적 추세다. 저자는 지구화 내지 세계화를 탈근대의 양상이라고만 보지 않고 오히려 '탈근대적'이라고 지칭되는 현상 자체가 근대의 확장이자 심화국면이라고 이해하는 편이지만, 명칭이 무엇이든 100년 전 식민지 상황 속의 근대 국면에서 현금의 상황과의 연속성이 아닌 차이를 보는 것은 자연스럽다. 식민지 현실에 대한 차미리사의 대응이 근대성의 실현이라는 과제에 집중되어 있었다면, 근대가 극복의 대상이 되고 있는 세계화의 국면에서 민족 · 주체 · 교양의 의미를 되짚어보는 것은, 이 시대에 근대성을 새롭게 사유할 수 있는 한 계기가 될 것이다.

2. 식민지 근대성과 여성 교육의 이념

1) 차미리사 정신과 근대인식

차미리사는 중국과 미국을 거치면서 11년간의 유학생활 끝에 1912년 34세의 나이로 귀국하여 여성교육과 교육운동에 투신한 대표적인 신여성 가운데 한 사람이었다. 1920년대 초반 특히 신여성에 대한 담론이 성행하였고 당시 신여성은 대개 봉건적인 구습을 벗고 서구적인 지식과 생활방식을 가진 새로운 유형의 근대 여성을 의미하였다. 물론 신여성을 범주화하는 시각에 따라서는 중등교육 이상의 정규교육을 받은 엘리트 여성에 한정할 수도 있고 교육정도나 계급적 위상과는 무관하게 근대의식을 갖춘 여성을 통칭할 수도 있되,[5] 어떤 각도에서 보든 긴 유학생활을 마치고 귀국한 차미리사가 신여성으로 불릴만한 자격을 갖춘 것은 당연하다. 그럼에도 흥미롭게도 유학파 신여성인 차미리사의 주장과 활동은 당시 지배적인 신여성담론의 경향과는 거리가 있거나 심지어 상반되는 것이었다.

차미리사가 귀국 후 역점을 두었고 특히 삼일운동으로 열린 문화운동의 공간에서 처음으로 주구한 것이 여성교육, 그것도 구식 가정부인

---

[5] 신여성의 실체에 대한 해석과 범주화를 시도하면서 한 연구자는 신여성을 급진적 자유주의 신여성, 사회주의 신여성, 기독교 계몽주의 신여성으로 나눈다. 임옥희, 「신여성의 범주화를 위한 시론」, 태혜숙 외, 『한국의 식민지 근대와 여성공간』, 도서출판 여이연, 2004, 84~99쪽. 차미리사는 이 가운데 세 번째 그룹에 속할 터인데, 그 같은 분류에 동의하더라도 차미리사의 경우의 '독특성'은 감안되어야 한다는 것이 저자의 생각이다.

을 위한 야학활동이었음을 주목할 필요가 있다. 그는 배화학당에 재직 중이던 1919년 동료 선교사들의 만류와 불만을 무릅쓰고 종다리 예배 당 지하방을 빌려 부인야학강습소를 시작하였으며 결국 그 이듬해 4월 학교를 떠나서 조선여자교육회를 창립하고 여성을 대상으로 한 지식 및 교양 보급 등 여성교육운동에 뛰어들게 된다. "가정부인 중에서도 특히 남편에게 버림받은 여성, 과부가 된 여성, 남편에게 압제 받는 여 성, 천한 데서 사람구실 못 하는 여성"[6]을 교육의 대상으로 삼는 이 민 중성은 조선여자교육회의 일관된 정신이라고 할 수 있고, 1925년 근화 여학교로 정식인가를 받은 후에도 이 보통교육과정은 일정기간 존속하 였다. 여성교육에 뜻을 두되, 이처럼 새 취학아동도 아니고 상대적으로 나은 여건의 여성이 아니라 기회를 잃고 버림받은 여성들을 대상으로 한 것부터가 차미리사의 당시 현실에 대한 인식과 판단이 민중적이었 으며, 부르주아 계층의 정서와 이해관계를 주로 대변하는 민족주의 우 파 및 기독교계 여성론자들과 애초부터 구별되는 측면을 지니고 있었 음을 말해준다.

민중성을 띤 차미리사의 활동방향은 1920년대 당시 대표적인 신여 성 담론을 형성한 일군의 자유주의적 논자들의 입지와는 선명하게 대 조된다. 이들은 대개 일본유학생 출신의 엘리트 여성들로 여성의 해방 과 남녀평등을 자유연애와 이혼의 자유를 비롯한 사적 차원의 해방에 두었다. 나혜석을 비롯한 이 그룹의 페미니스트들의 욕망 해방의 논리 에 '선구적'인 의미가 없는 것은 아니며, 가령 연애와 결혼과 정조에 대

---

6   한상권, 『차미리사평전』, 푸른역사, 2009, 158쪽.

한 견해에서 보이는 이들의 주장 즉 평등한 관계와 사랑이 없으면 정조와 결혼은 무의미하다는 주장에는 관습의 사슬에 얽매인 여성의 진정한 삶에 대한 열망이 담겨 있다.[7] 그런데 차미리사는 이에 반해 여성정조의 가치를 내세우고 가정의 행복이 중요함을 주장하였으며, 현모양처로서의 여성의 가정 내 위상을 강조하였다. 이 같은 차미리사의 입장 자체가 특별한 것은 아니며, 1920년대 중반이 되면서 여성해방의 논리에서 현모양처론으로 선회하던 민족주의 지식인들의 태도와도 합치되는 면이 있기도 하다.[8] 그렇다면 얼핏 보아 여성해방의 대의에 어긋나는 듯한 차미리사의 입장을 어떻게 이해할 것인가?

우선 현모와 양처에 대한 1920년대 당시의 요구가 봉건적인 유습의 확인이라기보다 근대적인 가족의 형성과 그 속에서의 여성의 역할을 정립한다는 의미에서 근대성 기획의 일환이었음을 염두에 두어야 할 법하다. 그런 점에서 현모양처론은 단순히 전통이념이 아니라 전통의 변형이자 가정이데올로기를 수용한 근대적 담론이라고 이해하는 편이 옳을 것이다.[9] 물론 현모양처론 자체가 구한말부터 이어진 실력양성론과 결합되어 있고 가정 내 교육담당자로서의 모성의 중요성을 말하는 민족주의적 혹은 가부장주의적 입장이 깃들어있음을 부정할 수 없지만, 이 같은 조선적인 특수성을 반영한 현모양처론이 특히 차미리사의 경우처럼 민중적 관점에서 교육운동을 시작한 신여성에게서 나오는 사례에 유의할 필요가 있다고 본다. 핍박받는 구식 부인에 대한 배려에서

---

7   임옥희, 앞의 글, 84-91쪽.
8   가령 『동아일보』의 논조의 변화가 지적된 예로는 김부자, 『학교 밖의 조선여성들—젠더사로 고쳐 쓴 식민지 교육』, 일조각, 2005, 230~231쪽 참조.
9   김수진, 『신여성, 근대의 과잉』, 소명출판, 2009, 343쪽.

나타나듯이 차미리사는 당대 사회의 여성교육이 조혼이나 축첩 등 가부장제의 피해에 가장 적나라하게 노출된 계층의 여성에게 주어져야 한다는 의식에 투철했으며, 가정 내에서의 위상을 확보하고 나아가서 자기실현을 이루기 위해 현모가 되고 양처가 되는 실력의 도야가 이들에게 긴요하다는 인식이 있었던 것이다. 여성의 정조에 대한 강조 또한 남성과의 상호성을 전제하고 있다. 실상 근대의 일정한 시기, 특히 봉건적인 구조가 여전히 강고한 근대초기에는 정조에 대한 중시가 전통적인 친족제도의 일각을 무너뜨리는 일정한 진보성을 띨 수도 있다는 것은 다름 아닌 서구 페미니즘의 원조로 일컬어지는 울스톤크래프트 Mary Wollstonecraft 또한 정조와 충실성을 여성권리 주장의 요건으로 제시한 데서도 엿보인다.[10]

여성의 억눌린 성애sexuality의 문제를 제기한 자유주의적 여성론자들의 '진보성'과 여성정조를 중시한 차미리사의 '보수성'을 말하기는 쉽지만, 문제는 당대 식민지 조선의 여성문제의 핵심이 어디에 있는가에 대한 판단이다. 여성의 대다수를 이루던 구식가정 부인들의 변화를 운동의 과제로 삼은 차미리사의 선택이 당대 식민지 조선의 현실에 대한 객관적 판단에 근거한 것이라면, 기성관념을 혁파하려는 자유주의자들의 열망은 그 절실함에도 불구하고 현실적 기반이 미비한 나머지 급진

---

10   Mary Wollstonecraft는 "A Vindication of the Rights of Woman"(1791~1792)에서 여성이 성적 존재임을 인정하면서, 그러나 결혼관계의 안정을 위해서 여성의 정조가 필요하며 이 의무는 남성에게도 마찬가지로 요구된다고 하였다. 물론 차미리사의 경우 '조선 여자의 정조'를 높이 치는 발언도 하고 있어 서구 페미니즘과 바로 연결 짓기에는 한계가 있다. "여자의 정조는 세계에 비교할 데가 없습니다."(『개벽』, 1925.7) 한상권 편, 『차미리사 전집』 II, 덕성여대 차미리사연구소, 2009, 90쪽.

적 주장으로 떨어졌고 결국 개인적인 삶의 경로에서나 사회적인 방책으로서 파탄에 이르고 말았다. 이 실패를 두고 근대의식을 지향하는 남성지식인에게조차 강하게 존재하던 보수적 성의식에 탓을 둘 수도 있고, 심지어는 이들에 대한 거부심리가 권력을 타민족에게 빼앗긴 남성의 상실감에 기인한다는 해석조차 나오지만,[11] 자유주의적 여성론자들 자신의 관념적인 과격성, 즉 가부장적인 제도와 관습이 당시의 식민권력과 결합되어 존재하는 방식을 몰각한 점도 간과할 수 없을 것이다.

당대의 모더니스트 시인 중의 한 사람인 김기림은 "바다와 나비"라는 시에서 "아모도 그에게 水深을 일러준 일이 없기에 / 힌나비는 도무지 바다가 무섭지 않다 / 靑무우밭인가 해서 나려갔다가는 / 어린 날개가 물결에 저러서 / 공주처럼 지쳐서 도라온다"고 노래한다. 이 시를 급진주의 여성들의 현실적 판단력과 사고의 순진함에 대한 풍자로 읽은 해석도 있거니와[12] 바로 이 '수심'에 대한 측정과 대응이 없는 여성문제 제기는 식민지 근대에 여전히 뿌리박힌 봉건유습과 남성중심적이자 식민주의적인 근대성의 중층적인 모순구조에 대응하지 못한 채 '나비'와 같이 무력한 나르시시즘의 감옥에 갇히고 만다.[13] 여성해방을 관념적으로 주장하기에 앞서 식민지 보통교육이든 개량서당교육이든 어느 곳으로부터도 기회가 열려 있지 않던 구가정의 희생물인 일반여성을

---

11 Wells, Kenneth M., 「합법성의 대가—여성과 근우회 운동, 1927~1931」, 신기욱 · 마이클 로빈슨 편, 앞의 책, 294쪽.

12 임옥희, 앞의 글, 85쪽.

13 다만 급진주의 여성론자가 당시 가족관계의 현실과 무관했다는 것은 물론 아니며, 가령 나혜석이 가정사에 충실하려고 노력했음에도 결국 남성지배적 구조에 좌절한 경과에 대해서는 김경일, 『여성의 근대, 근대의 여성』, 푸른 역사, 2004, 104~108쪽 참조.

위한 보통교육의 장을 열어나가야겠다는 착안과 실행 자체가 이 '수심'에 맞서는 현실적 운동의 방책이었던 셈이다.

여성문제에 대한 좀더 구조적인 접근으로 사회주의 여성론이 1920년대 중반부터 부각되는데, 여기에도 여러 갈래가 있지만 기본적으로 가부장제의 기원을 사유재산의 발생으로 이해하고 계급해방을 통한 가부장제 철폐와 더불어 여성의 해방이 이룩될 수 있다는 전제를 깔고 있으며, 실제로 허정숙을 비롯한 당시 대표적인 사회주의적 입장의 여성론자들의 경우도 그러했다. 이들은 여성문제를 사적인 차원에 한정한다는 이유로 성애문제에 집중하는 급진적 자유주의자들을 비판하는 동시에, 구조적인 변화가 아닌 제도 개선이나 의식 변화를 통해 점진적 혹은 개량적으로 여성문제에 접근한다는 이유로 민족주의적인 기독교 계열의 여성론에 대해서도 비판적이었다. 차미리사의 여성교육관은 물론 이 가운데 후자의 계열에 속한다고 이해되는 것이 일반적인데,[14] 한때 차미리사의 제자로 순회강연회의 주요 멤버였던 허정숙이 중도에 그를 떠나서 사회주의운동에 투신하게 된 것도 이 같은 인식과 무관하지 않을 법하다.

이 대목에서 우리가 고려해야 할 것은 차미리사가 말하는 여성의 자각과 독립은 경제적인 차원의 홀로서기가 필히 뒷받침되어야 한다는 점이다. 여성의 독립에 대한 관심은 차미리사에게 일관된 것으로, 초기 야학에서부터 근화여학교 설립 후의 교과과정, 그리고 무엇보다도 여자실업학교로의 전환(1934)에 이르기까지 실기교육과 기술습득을 중

---

14   한상권, 『차미리사평전』, 푸른역사, 2009, 110쪽.

시하였다. 물론 이 같은 여성의 경제적 자립이나 독립성의 추구가 사회
구조의 혁명을 통한 남녀의 사회적 평등 실현이라는 이념과는 다른 것
이며 역시 개량주의의 혐의를 벗기 어렵다 할지라도, 여기에서도 차미
리사의 현실주의적 접근이 가지는 힘이 엿보인다. 가령 1924년 사회주
의 여성운동단체인 여성동우회 결성을 주도한 허정숙의 경우, 애초에
가졌던 경제적 독립과 자립의 중요성에 대한 인식을 계급투쟁의 논리
와 결합하였으나, 결국 선언차원에 머물고 구체적인 현장실천의 미비
로 한계를 노정할 수밖에 없었다. 아울러 1927년 신간회의 좌우합작에
부응하여 결성된 여성 통일전선이라고 할 근우회가 사회주의적 여성론
자들의 주도권이 확립되고 민족주의파가 소외되면서 해소된 후 실제로
이들이 현실적으로 실행할 수 있는 일들이 거의 아무것도 없게 되었다
는 혹독한 비판이 중도파에서 나왔다는 점도 주목할 만하다.[15]

결국 차미리사의 교육사상과 활동에서 두드러지는 특성을 세 가지
로 요약하면, 실천성·민중성·독립성이라고 할 수 있을 것이다. 여성
가운데서도 배울 기회조차 잃고 주변에 밀려난 여성들을 중심 대상으
로 삼았다는 것이 민중성의 핵심이라면, 여성이 실제적으로 평등한 자
신의 삶을 영위할 수 있는 경제적 정신적 힘을 갖추게 하겠다는 것이
독립성의 핵심이라고 할 수 있다. 이 두 가지 특성의 밑바탕에는 그리

---

15 Wells, Kenneth M, 앞의 글, p.311. 아울러 여기서는 사회주의 여성들이 (가령 허정숙이
   그러했듯이) 남성 운동가와 결혼을 통해 이념적 현실적 기반을 쌓은 후 사회주의의 쇠퇴
   와 함께 공적인 영역에서 사라진 반면, 대개 기독교계의 계몽주의적 실천가들 가운데서
   오히려 미혼으로 남아서 남성의 전유물처럼 여겨지는 사회사업에 전 생애를 바친 경우가
   적지 않음을 지적하기도 하는데(위의 글, p.304), 차미리사는 그 대표적인 경우라고 할
   수 있다.

고 그것을 이끌어가는 힘으로서 실천성이 존재한다. 이론적인 추구나 혹은 이념으로서의 평등과 자유에 대한 주장보다 바로 현실에 직접하여 들어가서 사회의 핵심문제와 씨름하는 것이 차미리사의 방식이며, 부인야학에서부터 근화여학교의 설립 그리고 그것을 실업여학교로 발전시켜나가는 그 모든 과정 속에는 바로 이 실천적인 혹은 실행적인 성격이 깃들어 있다고 하겠다.

2) 실천주의의 식민지 근대적 의미

차미리사의 이 같은 실행적인 혹은 실천적인 정신은 식민지 근대의 상황에서 어떤 의미를 가지는가? 근대사회로의 변화와 개혁이 식민권력의 제국주의적 기획과 결합되어 구현되는 식민지 근대의 착잡한 현실은 차미리사의 '실천주의'가 식민권력과 가지는 관계를 일종의 애매함 속으로 몰아넣는 위험이 있다. 한국사회의 근대성은 애초부터 식민주의와의 착잡한 관계 속에서 배태되었으니, 구한말에서부터 대한제국 시기 그리고 한일강제병합에 이르기까지는 준식민지 상태로 제국주의 열강의 쟁패 속에 노출되었고, 일제의 식민지로 편입되고 난 이후에는 한층 체계화된 식민권력의 기획 아래 근대적인 변화들이 이루어졌다. 교육과 여성의 문제에서도 근대적인 혁신 요구는 피식민자인 조선인에게서만이 아니라 총독부의 정책을 통한 식민체제의 관리 차원에서도 생겨났다. 가령 국가주도의 보통교육 확장(3면 1교 정책에서 1면 1교 정책으로 발전해나간)은 다수 조선인의 문맹탈피와 근대의식 각성을 목적으로 한 정책이며, 여성문제에서도 축첩과 조혼을 비롯한 폐습에 대한 민풍개선운동이 총독부의 주관으로 추진되었다.[16] 이 같은 상황에서 차미리사의 여성관이나 여성교육의 지향이 제국주의 권력의 계몽정책과 상통하거나 결합할 수 있는 여지가 생긴다. 여성문제에 있어서 가령 급진주의나 사회주의적인 접근이 타협이나 결탁의 혐의를 상대적으로 덜 받을 수 있는 것도, 현실성이 떨어짐에도 적어도 이념 차원에서는 식민권력의 근대화 기획을 부정하고 있기 때문이다. 근본적으로는 여성교육을 포함하여 이 모든 운동의 근저에 있던 1920년대의 사회개조사상 자체에 문제가 있었다. 당시 사회개조의 분위기 팽배는 삼일운동 이후 서구를 중심으로 일어난 사회변화의 세계적인 흐름에 부응한 것으로, 여기에는 가령 윌슨으로 대변되는 민족자결주의의 영향도 있지만 더 크게는 근대 자본주의 문명에 대한 양면에서의 공격, 즉 한편에서는 사회주의 및 공산주의에 의한 자본주의 근대 혁파의 추구와 다른 한편에는 자본주의의 부정적 현실에 대응하는 대개 모더니즘이라고 통칭되는 문화적 변혁운동이 자리하고 있었다. 서구의 사회개조에서 그 사회란 것이 일차적으로 자본주의 사회 혹은 제국주의 단계의 자본주의 체제라면, 식민지 조선이 개조의 대상으로 삼은 것은 봉건사회이며 사회개조를 통해서 도달하고자 하는 이상적 모델이 오히려 자본주의 근대였다.[17] 사회개조라는 지배적인 시대정신에서 엿보이는 이 같은 괴리가 식민지 근대의 문제성을 말해주고 그 해결책의 모색을 더욱 어렵게 만

---

16 박찬승, 『한국근대정치사상사 연구—민족주의 우파의 실력양성론』, 역사비평사, 1991, 128~134쪽.
17 이같은 이중성이 실력양성론과 결합되어 전개된 정황에 대해서는 위의 책, 제3장 「1920년대 '문화운동'과 '문화운동론'」 참조.

든다. 원래적인 의미에서의 사회개조라고 할 근대비판 혹은 근대극복이라는 문제의식이 식민지 조선에서는 사라진 대신 자본주의적 근대의 수용이 바로 개조의 과정이 된 특수성이 있는 것이다.

이 같은 사회개조 이념의 수용상의 괴리는 서구사상에 대한 당시 지식인 사회의 이해 수준 자체가 높지 않았고 일본을 통해 번역된 차원에 주로 머물고 있었다는 지적 한계에서 비롯되는 면도 없지 않았지만, 그 괴리의 근원에는 조선사회와 서구사회 사이의 시차時差가 존재한다. 이 시차가 식민지 조선의 현실의 '수심'을 더욱 깊게 만들었다면, 이 특수한 사회구성을 깊이 이해하지 못한 관념적인 과격성보다는 현실적으로 드러난 사회문제의 핵심과제에 천착하여 이를 실천해나가는 차미리사의 선택 속에서 착종된 식민현실과의 더욱 진정한 대결의식을 발견할 가능성을 고려해야 할 것이다. 가령 전국 순회강연회에서 차미리사의 강연내용은 '가정의 행복'의 중요성과 여성에게 '실력 양성'의 필요성에 대한 것이었다. 이 주장 자체는 당시의 현모양처론과도 부합하고 문화통치 아래서 민족독립을 괄호 친 타협적인 '실력양성론'과 만날 여지조차 있다. 또한 구습타파 가운데서도 차미리사가 역점을 둔 복장이나 차림문제에서 백의白衣를 배격하자는 계몽활동은 당시의 총독부에서 진행하던 생활개선운동의 한 항목이기도 하였다. 그러나 여기서도 중요한 것은 현실주의가 철저하게 작용하게 되면 운동의 결과와 실제 내용이 달라질 수 있다는 점이다. 가령 복장의 문제에서 차미리사는 일체의 백의에 반대하기보다 특히 겨울 백의의 문제점을 지적하고 있는데[18]

---

18 가령 『신여성』 1924년 11호에 실린 다음과 같은 발언. "여름 의복은 세탁하기도 좋고 그리 힘드는 것도 아니니 별로 색옷을 입어야 한다고는 못하겠으나 겨울의복은 색옷을

민중의 생활상의 체험을 중시하는 이러한 차미리사의 태도는 경제성만을 앞세운 백의 철폐운동과는 다르고 심지어 이를 통해 민족의식의 약화를 기대하는 식민권력의 의도와는 어긋난 결과를 빚는다. 현모양처론에 대한 동조에서도 이는 마찬가지다. 당시 식민지 현실에서는 근대적 가정의 모형을 수립하려는 노력 자체에 일정한 진보성이 실릴 여지가 발생하는 것이다. 식민지하에서 근대화의 기획이 식민성을 띠는 것은 부정할 수 없지만, 근대가 열어놓은 일종의 해방공간을 통해서, 말하자면 '해방적 근대성'과의 접촉을 통해서, 제국권력에 저항할 근거와 여지도 열리는 것이며, 그 가장 중요한 예 가운데 하나가 바로 교육의 영역이다.

근대성과 식민성의 결합양태를 극복할 수 있는 계기 가운데 중요한 것이 다름 아닌 민족과 주체의 문제가 될 수 있는 것도 이 때문이다. 서구에서 근대의 성립은 근대적 의미에서의 (민족)국가의 형성과 뗄 수 없이 연결되어 있다. 자본주의 체제의 진행과 함께 다수 민중을 민족의 이름으로 단일한 국가체제에 통합시키는 과정에서 중요한 역할을 맡고 있는 것이 바로 국민교육이다. 국가가 주도하는 보통교육이 근대국가의 작동에서 가지는 기능은 식민지 체제에서는 왜곡될 수밖에 없다. 식민지 조선의 상황에서 그 구성원들은 통상적인 의미의 국민 자격을 부여받지 못하면서도 식민체제의 일원이 되기를 요구받는다. 다시 말해 식민지 하의 보통교육은 근대화를 위한 국민교육의 하나이되 내용적으로는 총독부의 교육령 제1조에서도 드러나듯 제국의 '충량한 신민'을

입어야만 하겠다고 생각합니다." 한상권 편, 『차미리사 전집』 II, 덕성여대 차미리사연구소, 2009, 84쪽.

만드는 목적을 가지게 된다. 일제의 교육과정에서 훈육의 강제성이 높아지는 등 교육방식에서의 식민성이 자리잡게 된 것도 이와 유관하다. 일제가 열어놓은 문화정치의 공간은 한편으로는 식민지적 국민의 형성을 통한 이데올로기 작업의 일환이기도 한 것이다. '국민'이 아닌 '민족'에 대한 관심과 의식이 피식민지 성원이 자기주체를 확립함에 있어 중요한 관건이 되는 것은 이 때문이다.[19]

차미리사는 유학시절 미국에서 민족주의 이념에 입각한 독립운동에 참여하였고 합방 이후 귀국한 후에는 안창호, 윤치호를 비롯한 민족주의자들의 실력양성론에 동조하는 가운데 1920년대 이후의 교육운동 내내 민족주의적 입장을 견지해왔다고 보인다. 민족주의 계열이 식민지하에서 독립을 차후의 과제로 넘기는 일종의 단계론에 빠졌다는 비판을 받고 있고, 이들 가운데 대다수가 일제의 파시즘이 강화되면서 타협적 혹은 친일적인 입장으로 돌아섰던 것이 사실이다. 여성교육계의 경우에도 김활란을 비롯한 민족주의적 입장의 여성지도자들이 1930년대 후반부터 적극적인 친일행위를 벌인 것은 널리 알려져 있다.[20] 그러나 차미리사는 이 같은 노골적인 친일행위에는 일체 가담하지 않았으며 오히려 협조하지 않는다는 총독부의 핍박을 받고 결국에는 강제로 덕성여자실업학교의 교장직에서 쫓겨나게까지 되었다. 그렇다면 김활란과 차미리사를 구별 짓는 것은 무엇인가?

---

19 일제시대에 '국민'과 '민족'이라는 개념이 대척적으로 쓰인 사정에 대해서는 박명규, 『국민 인민 시민—개념사로 본 한국의 정치주체』, 천화, 2009, 98~99쪽을 참조.

20 교육계의 친일행위자 가운데 여성은 국가기구인 반민진상위원회에서 지명한 김활란, 고황경, 배상명, 이숙종 등이 있고, 친일사전에 등재되기로는 이들 외에 박마리아, 황신덕, 송금선 등이 있다.

차미리사가 터놓고 민족운동을 주장하고 실천한 것은 아니지만, 그의 실행과 판단과 활동 속에 민족해방에 대한 강한 지향이 내재해 있었음은 주목을 요한다. 차미리사는 1927년 조선교육의 이상을 말해달라는 요청을 받고, "정치적 자유를 잃고 경제상의 파멸이 심화"되는 현실에서 "교육문제의 결함여부를 운위하는 것" 자체가 무용하다고 하면서, 이상을 세우지도 못하고 세워도 망상에 불과할 뿐이며 결국 "인격함양과 개성발휘가 교육의 목표라면" "우리 현실로 보아 이 임무에 가장 적응하는 교육제도는 없다"고 단언한다.[21] 이 발언은 당시의 교육현실에 대한 백 가지 제언보다도 오히려 당대의 식민지적 현실의 교육상황을 절실하게 증언하고 있다. 여기에 숨어 있는 비타협의 정신에서 그는 원칙을 버리지 않되 현실 속에서 변화를 이루어내고자 하는 현실주의자이기도 하며, 이 원칙의 힘으로 현실주의자라면 응당 마주칠 수밖에 없는 타협과 적응에서도 일정한 선을 지킬 수 있었던 것이다. 가령 김활란의 친일행위를 두고 그것이 학교를 지키기 위한 일념에서 나온 행위였다고 하는 변론이 있지만, 차미리사와의 차이는 후자에게는 당시 식민지 현실에서 양보할 수 없는 원칙으로서의 민족주체에 대한 믿음이 있었다는 점이다.[22]

보통교육의 문제는 또한 국민을 교양하는 문제이기도 한데, 차미리사가 내세운 교육의 이념도 여성이 삶에 필요한 식견을 가지고 인격을

---

21 한상권 편, 『차미리사 전집』 II, 덕성여대 차미리사연구소, 2009, 128쪽.
22 김활란의 친일행위에 대해 그 모두가 이화여전을 지키기 위한 노력이었다는 김옥길의 변호를 비판하고 그 맹목성이 서구선망과 맺어진 기독교 신앙과 무관하지 않다는 임우경의 지적도 참조할 만하다. 임우경, 「식민지 여성과 민족 / 국가 상상」, 태혜숙 외, 『한국의 식민지 근대와 여성공간』, 도서출판 여이연, 2004, 63~68쪽.

수련해야 한다는 교양 이념과 맺어져 있다. 당시 사회개조의 흐름이 일본에서 유행하던 문화주의의 영향을 받았고, 이 문화주의는 독일적인 의미에서의 교양(Kultur, culture)으로서의 인격완성과 수양을 목표로 하는 것이었다.[23] 여성의 인격과 개성의 수양이나 완성, 즉 교양을 기르는 일 자체가 당시 식민권력의 의식화 작업에 동참하는 결과를 빚을 수 있다는 데 차미리사의 교육이념에서의 난점이 생긴다. 그러나 그가 단순히 국가 주도의 교양 확산에 맹목적으로 부응한 것이 아니라, 조선민중의 관점에서 그 나름의 교육방향을 고민하고 추구해나갔던 점은 짚어야 할 것이다.[24] 당시 여성현실에서 차미리사가 여성에게는 일반적인 교양 못지않게 실생활에 필요한 기술교육이 수반되어야 한다는 생각을 견지했음도 눈여겨 볼 필요가 있다. 여성이 이 현실에서 진정으로 홀로 서기 위해서는 가정 내부에서든 사회에서든 확실한 역할을 할 수 있는 실제적 능력을 갖추는 길밖에 없다고 본 것이다. 교양이란 것이 워낙 한 인간이 완성된 자기인격을 가지고 독립적인 주체가 되는 과정을 지칭한다면, 민중적인 처지의 일반 여성들에게 기술의 획득은 다름 아닌 여성적 교양의 필수항목이 될 수 있다. 물론 이 또한 당시 총독부의 조선인에 대한 차별정책, 즉 조선인의 교육을 보통교육에 한정하되 기능 습득에 치중하고 그것을 상급교육을 위한 과정이 아니라 완성교육이 되게 한다는 정책에 일정정도 부합한다는 시각이 있을 수 있다. 그러나

---

23 박찬승, 앞의 책, 81~183쪽.
24 가령 차미리사의 교육확산 노력은 이광수가 당시 사회개조론적 관점을 민족개조론으로 확장해나가면서 총독부의 보통교육 정책에 대해서 전폭적으로 지지하고 선전에 나선 행동과는 차이가 있다. 이광수와 통상의 실력양성론 사이의 차이에 대해서는 박찬승(위의 책, 148~154쪽)이 상세하다.

식민지적 근대의 복합적인 국면에서는 보통교육이나 교양 확산이 얼마나 '민족적인' 혹은 '주체적인' 입지를 견지하며 이루어지는가가 중요하며, 그 같은 주체성의 정도에 따라 그 발현양상이 달라질 수 있다는 점을 고려해야 할 것이다.

3. 차미리사 정신의 현재적 의미

치미리사의 활동이 근대성의 과제에 던지는 질문은 과연 세계화의 시대라 할 현재에도 유효한가? 만약 그렇다면 그것이 현금의 여성교육 방향에서 시사하는 바는 무엇인가? 저자는 앞에서 차미리사 정신의 특성을 실천성·주체성·독립성으로 정리하였는데, 이 세 가지 속성은 흥미롭게도 그가 근화여학교의 교훈으로 삼은 명제 속에 축약되어 있다. "살되 네 생명을 살아라, 생각하되 네 생각으로 하여라, 알되 네가 깨달아 알아라"라는 교훈은 이 자체가 일종의 철학적 명제로 여겨질 정도로 깊이 있는 교육이념을 내장하고 있을뿐더러 근대성 실현이 시대적 과제로 제기되던 당대의 식민지 현실에서 적실한 인간적 실현과 그 실천의 방향을 제시하고 있다고 본다. 그리고 차미리사의 정신이 세계화 시대에 가지는 현재적 의미도 다름 아닌 이 교훈의 해석과 어떤 식으로든 연관되어 있다. 이 명제는 살고 알고 생각하는 일이 타자의 것으로서가 아니라 '너 자신'의 것으로서 하라는 의미에서 주체성에 대한 지향이자 독립성에 대한 주장이면서, 주체적이고 독립적인 인간으로서 살고 알고 생각해야 한다는 실천의 요구이기도 한 것이다. '알고 생각 하는' 주체에 대한 강조는 데카르트적인 의미에서의 계몽주체를 연상 시킬 소지가 충분하고 주체의 확립이라는 근대 계몽주의의 철학적 명 제와 이어질 수 있다. 근대적인 주체관을 토대로 한 이성중심주의나 이 와 연관된 일체의 근대주의를 넘어서고자 하는 것이 현대철학의 주된 흐름이며, 주체가 타자와의 관계 속에서 구성되는 것이 아닌 실체로서 존재한다는 본질론적 주체개념에 대한 비판은 일반화되었다고 볼 수 있다. 그런 점에서 '너 자신'의 삶과 앎과 생각이 타자와 맞서서 따로 존재한다는 식의 차미리사적인 관념이 근대주의적이라는 지적도 가능 할 법하다. 역시 주체나 독립이나 실천이라는 용어들이 가지는 근대적 함의를 부정하기는 어려울 것이며, 탈근대시대라고 일컬어지는 21세 기의 세계에서 주체성을 말하는 것 자체가 시대착오적인 것처럼 여겨 질 수도 있다. 세계화시대를 꼭 탈근대로 볼 필요는 없지만, 세계가 하 나로 통합되고 경계를 넘어서 상호교환을 확산시켜 나가는 지구화의 추세 속에서 주체성을 말하는 것이 바람직한 교육의 방향이고 대응인 가라는 물음이 나올 수도 있다. 그렇기 때문에 오히려 이 시기에 차미 리사의 특성과 관련하여 근대성의 핵심범주라고 할 민족·주체·교양 의 문제를 짚어보는 것이 의미를 가진다. 근대성과 탈근대성, 식민성과 탈식민성, 그리고 민족과 탈민족이 새로운 의미를 띠면서 충돌하는 이 시대의 교육방향을 가늠하는 지표가 될 수도 있기 때문이다.

　이 문제에 대해서는 우선 저자가 세계화가 진행되고 심화되는 현실 에서 이 같은 근대적인 범주들과 그 가치가 더 이상 유효하지 않다는 해체론적 논리에 동의하지 않는다는 점부터 밝혀야겠다. 세계화가 민족의 경계를 허물고 민족범주는 이미 의미를 잃었다는 주장이 힘을 얻고 있는 현실이고, 여기에는 이산과 이민 등 유동성이 증가하면서 세계가 하나로 통합되고 있는 현상과 대중문화나 전자매체를 통한 지리적 거리를 넘어선 동시성이 강화되는 현상이 뒷받침하고 있지만, 세계화가 강화될수록 한편에서 민족주의의 새로운 발흥과 국가단위로 작용하는 국제적 경쟁이 더 격화되는 현실도 존재하고 있기 때문이다. 세계화의 진행에도 불구하고 민족 혹은 민족국가는 거기에 소속된 구성원의 삶의 실현에 여전히 중요한 요소로 남아 있고, 그 영향이 단순히 경제적 정치적 차원만이 아니라 문화와 심리의 면에까지 미치고 있다는 점에서 필수적인 삶의 계기로서 작용하고 있다.[25] 주체에 있어서도 마찬가지다. 최근의 담론에서 실체로서의 주체가 회의되고 탈중심화되고 파편화된 양상에 대한 논의가 중심이 되면서 주체는 확고한 것이 아니라 유동적이고 구성되고 상상된 것이라는 해체의 논리가 주도하고 있지만, 비록 구성되고 상상되는 측면이 있다하더라도 단지 타자의 구성물로만 떨어질 수 없는 자기됨selfhood의 요소를 끌어안을 때에만 개별적 삶의 특별하고도 창조적인 국면이 열리고, 그 같은 자기실현은 타자와의 진정한 관계맺기를 이룩할 토대가 되는 것이다. 그런 점에서 민족적 주체이든 개인적 주체이든 주체의 문제는 세계화의 시대에도 여전히 중요한 사유의 고리라고 할 것이다.

교양의 범주는 특히 교육과 직접적인 연관성이 있는 만큼 반드시 짚어

---

25 이 점에 대한 더 자세한 논의는 윤지관, 「지구화에 대한 한 고찰―근대성, 민족 그리고 문학」, 『놋쇠하늘 아래서―지구시대의 비평』, 창비사, 2001 참조.

볼 필요가 있는데, 역시 여기서도 이를 지배계급의 이데올로기나 체제에 부합하는 시민의 양성이라는 차원에서만 바라보는 것은 문제가 있다고 본다. 교양에 대한 비판은 그것이 국가의 기획으로서 현존질서의 유지를 위한 지배 이데올로기의 확산이라는 점에 대개 초점이 가 있다. 그러나 교양의 기원이 무엇이든 구성원의 자기완성의 과정이 사회적 완성과 상호작용한다는 이 근대적 기획은 반드시 체제순응적인 인간형을 생산하는 부정적 효과만을 낳지는 않는다. 세계화가 그 기본에서는 자본주의 체제의 세계화를 말하는 것이라면, 교양 개념 속에 깃들어 있는 비평정신 속에는 이 같은 세계체제에 대한 합당한 비판의식도 존재하기 때문이다.

근대적인 범주와 가치들이 탈근대적인 시대에도 여전히 의미를 가지고 있다는 이 같은 생각은 근대성이 가지는 복합적인 양상들에 맞선 차미리사와 같은 근대초기의 대응들의 현재적 의미를 떠올리게 한다. 근대화가 봉건 유제의 극복이면서 동시에 근대 자본주의의 도입과정이기도 하다는 점을 상기하면, 애초부터 근대는 추구되어야 할 가치이면서 동시에 진정한 삶을 위해서 극복되어야 할 장애이기도 했다. 식민지 근대를 통해서 확인하다시피, 근대 자체가 봉건적인 친족구조를 해체하는 동시에 새로운 형태의 가족 제도를 구성해내며, 남녀 역할의 분리, 공적인 영역과 사적인 영역의 분리 등 이에 따른 문제들이 배태되고 심화되기도 한다. 또한 한국의 경우가 대표하듯이 근대성의 달성이 식민주의와 결합하여 이루어진 점에서 근대화 자체에 내재된 식민성 또한 고려해야 할 것이다. 무엇보다도 근대가 자본주의체제의 전일적 지배를 지칭하는 한, 근대는 인간의 창조적이고 진정한 삶을 위해 궁극에서는 극복되어야 할 체제이기도 하며, 탈근대로 불리든 아니든 근대자본주의 체제가 정점에

다다른 세계화의 국면에 대한 진정한 극복의 전망까지 사고하는 대응이 교육에서도 중요하다는 점을 말할 수 있다. 차미리사의 교훈은 세계화 담론이 지배하는 이 세기에 타자에 의해 규정되지 않는 창조적 삶의 전망을 끌어안고 있다는 점에서 여전히 유효한 명제로 남아 있다.

참고문헌

김경일, 『여성의 근대, 근대의 여성』, 푸른역사, 2004.

김부자, 『학교 밖의 조선여성들―젠더사로 고쳐 쓴 식민지 교육』, 일조각, 2005.

김수진, 『신여성, 근대의 과잉』, 소명출판, 2009.

박명규, 『국민 인민 시민―개념사로 본 한국의 정치주체』, 천화, 2009.

박찬승, 『한국근대정치사상사 연구―민족주의 우파의 실력양성론』, 역사비평사, 1991.

신기욱·마이클 로빈슨 편, 도면회 역, 『한국의 식민지 근대성―내재적 발전론과 식민지 근대화론을 넘어서』, 삼인, 2006.

윤지관, 「지구화에 대한 한 고찰―근대성, 민족 그리고 문학」, 『놋쇠하늘 아래서―지구시대의 비평』, 창비사, 2001.

임옥희, 「신여성의 범주화를 위한 시론」, 태혜숙 외, 『한국의 식민지 근대와 여성공간』, 도서출판 여이연, 2004.

임우경, 「식민지 여성과 민족 / 국가 상상」, 태혜숙 외, 『한국의 식민지 근대와 여성공간』, 도서출판 여이연, 2004.

한상권 편, 『차미리사 전집』 I·II, 덕성여대 차미리사연구소, 2009.

한상권, 『차미리사평전』, 푸른역사, 2009.

Wells, Kenneth M, 「합법성의 대가―여성과 근우회 운동, 1927~1931」, 신기욱·마이클 로빈슨 편, 『한국의 식민지 근대성―내재적 발전론과 식민지 근대화론을 넘어서』, 삼인, 2006.

Wollstonecraft, Mary, *A Vindication of the Rights of Woman*, New York : Norton, 1988.

한국 사립대, 현실과 해법[*]

족벌 사학, 그 낡은 갑옷

한 평범한 직장인이 어느 날 아침 문득 징그러운 갑충으로 변해버렸다는 카프카의 악몽 같은 이야기가 있다. 그렇다면 가령 이런 광경은 어떨까? 한 대학의 아침, 학교에 나온 학생과 교수들은 교실마다 책걸상이 굵직한 쇠사슬로 서로 단단히 묶여 있는 것을 보고 눈을 의심하게 된다. 자유와 지성의 공간이어야 할 대학 교실에 쇠사슬이라니, 기괴하고 생소한 풍경이어서 현실이라고 믿기 힘들 법하다. 그러나 불과 10여 년 전 저자가 재직하는 대학에서 실제로 발생한 일이다.

당시 교정에는 구舊재단의 횡포에 맞선 교수들이 농성 중이었고 학

---

[*] 이 장은 저자의 대학 관련 칼럼 중 사학문제를 다룬 글들을 모은 것이다.

생들은 총투표로 전면 수업거부를 결정한 터였다. 결의의 표시로 학생들이 그 전날 책걸상을 복도로 들어낸 것인데, 놀랍게도 그것들은 밤새 쇠사슬을 휘감은 채 교실로 돌아와 있었다. 수업시간에 교실에 들어간 교수들은 기가 막혔다. 철컥거리는 쇠사슬로 엮인 책걸상에 억지로 학생들을 앉히고 무슨 강의가 가능하겠는가? 결국 구재단이 퇴출되고 나서야 이 참담한 상황이 끝나고 대학은 안정을 찾는다. 비단 이 대학만이 아니라 그 당시 분규를 겪은 끝에 퇴출된 족벌사학재단은 수십 곳에 이른다.

그러나 관선체제로 제자리를 찾았던 대학들이 수년 전부터 다시 흔들리고 있다. 현 정권이 사학분쟁조정위원회를 통해 구성원들의 반발이나 대학의 혼란을 도외시하고 구재단을 하나하나 복귀시켜왔기 때문이다. "잃어버린 10년"을 되찾겠다는 구호의 직격탄이 바로 이 사학들에 떨어진 셈이다. 돌아온 구재단 이사 중에는 지난 세월의 한을 풀겠다고 공공연히 말하고 다니는 자도 있다고 한다.

시대착오가 심하면 기괴한 느낌이 드는데 근래 구재단의 복귀 행렬이 바로 그런 예다. 대개 족벌을 이룬 구재단은 대학을 세습권까지 있는 개인재산으로 여긴다. 탈근대를 말하는 이 세계화의 시대에, 대학을 사유물처럼 세습하려는 사람들이 득세하는 현상만큼 기괴한 시대착오도 드물 것이다. 진작 대학교육의 공개념이 확립된 서구는 물론, 우리처럼 사학비중이 높은 일본에도 소유권을 내세워 분란을 불러일으키는 설립자는 없다.

이처럼 유독 후진적인 이 현실은 해방 이후 사학의 과도한 팽창에서 기인한 폐습 때문이다. 설립자 개인이나 가족 중심의 대학운영이 점점 고착된 결과 대학환경이 현격하게 달라진 지금에는 교육현장을 억누르는 낡은 틀이 된 것이다. 10여 년 전 분규사태들이 이 틀이 깨지는 과정에서 빚어진 불가피한 진통이었다면, 최근의 구재단 복귀사태는 대학을 다시 족벌체제라는 낡은 족쇄에 채우려는 기득권 세력의 반격이다.

최근 통합진보당 내 '당권파'의 구태가 비난받고 있지만, 시대착오라면 "잃어버린 10년" 운운하며 시민사회의 기반을 흔들어온 현 정권에 비할 바가 아니다. 유례없이 장기화된 방송사 파업이 그렇듯이 도처에서 이 역행이 파열음을 내고 있다. 그러나 변화의 흐름에 맞서서 낡은 갑옷을 고수하는 자들은 도태되기 마련이다. 현재 진보당 사태는 바로 이 구각舊殼을 벗는 과정이라고 할 수 있다. 그에 비해 수구보수세력의 낡은 갑옷은 기득권이라는 단단한 쇠사슬로 감겨 있어 더욱 문제적이다.

사학 영역만큼 이 연계가 뚜렷한 곳도 드물다. 구재단 복귀행렬의 시발점인 영남대부터가 그렇다. 군부정권에 의해 이사장이 되었다가 재단비리로 이사직에서 물러났던 박근혜 씨가 현 정권의 방침에 힘입어 정이사의 과반수를 추천함으로써 사실상 대학은 다시 박씨 집안의 것이 된다. 여권의 유력 대권후보부터가 퇴행의 수혜를 톡톡히 누린 것이다.

그런 낡은 갑옷을 껴입은 채로 미래를 말하는 것은 우스꽝스럽다. 더구나 사회의 공기公器라고 할 대학을 사유물로 간주하는 고루한 사고로는 교육선진화는커녕 지도자로서 국가를 경영할 자격도 없을 것이다. 교육개혁이 절실히 요청되는 시기다. 행여 낡은 갑옷의 통치자가 등장하는 비극이 없기를, 다시 카프카의 '변신'에 버금가는 기괴한 광경이 대학에서 재연되지 않기를 바랄 뿐이다. (『경향신문』, 2012.6.8)

사학문제의 꼬인 매듭, 어떻게 풀 것인가

사학문제가 고질적이라는 것은 누구나 알고 있다. 그리고 그 고질병이 고쳐져야 한국 교육이 선진화할 수 있다는 것도 누구나 알고 있다. 사학문제는 왜 한국 교육의 고질적 병폐가 되었는가? 초기 사학은 식민지시대에 근대적 계몽을 위한 토대였고 건국 초에는 문제가 있는 대로 국가의 부족한 교육재정을 보완하는 역할을 맡았다. 한국 교육에서 사학이 차지해온 비중은 그만큼 컸다. 그러나 대부분의 사학경영자들이 비중이 커진 만큼 공적인 책무도 커진다는 것을 몰각하면서 비극이 시작되었다. 족벌지배, 전횡, 부정, 비리, 분규 등으로 점철된 사학의 역사는 왜곡된 한국의 교육현실을 늘 환기시킨다.

그렇지만 사학문제는 개별 사학경영자들의 자질부족 문제만은 아니다. 구조화되어 있기 때문에 고질적으로 끊이지 않고 되풀이되는 것이다. 매듭이 꽉 물려서 고착되어 있으면 도저히 풀기 어려워지는데 사학문제가 바로 그런 것이다. 저자는 고약하게 꼬여 있는 사학문제를 기득권이 세 겹으로 중첩된 구조라고 분석한 적이 있다. 즉 가족적이고 폐쇄적인 운영 방식, 보수권력과의 연계, 사학의 소유권을 옹호해온 법적 뒷받침이 그것이다. 상습적인 비리가 드러나 대학이 극심한 분규를 겪고 교육현장이 황폐화되는 재앙이 발생해도 그 당사자인 사학권력은 건재했다. 그 꼬인 매듭은 교육을 걱정하는 입장에서는 풀어내야할 숙제이지만, 사학권력에게는 무슨 짓을 저질러도 보호해주는 동아줄 같은 것이다.

그런데 지독하게 꼬여 있어서 도저히 풀릴 것 같지 않던 그 매듭이 해체될 기미가 보이기 시작했다. 바로 대학에 닥친 구조조정이라는 위기국면이다. 구조조정이 교수와 학생을 비롯한 구성원들에게 위기로 다가오는 것은 당연하다. 아울러 대학 자체가, 한국 교육 자체가 위기에 빠진 것도 분명하다. 그러나 무엇보다도 절실하게 위기에 봉착한 쪽은 바로 사학재단이다. 지금까지는 온갖 비리를 저지르고도 불사조처럼 살아나 군림해왔지만, 이제 바야흐로 그런 사학들이 구조조정의 칼날을 피하기는 어려울 것이기 때문이다. 부실한 대학들도 알고 보면 족벌경영의 폐해와 무관한 것이 아니다.

시대를 거스른 지난 정부의 만행으로 문제를 일으키고 쫓겨났던 구재단들이 대거 복귀한 것이 현 상황이다. 그러나 상지대와 대구대 사태가 그렇듯 복귀한 구재단의 횡포로 행정은 거의 마비되고 대학은 내부 갈등으로 아수라장이 되어 있다. 당장은 과거와 같은 행태를 삼가고 있는 곳도 있지만 구재단의 속성 상 언제 그런 일이 발생할지 알 수 없는 불안한 긴장이 지속되는 곳도 많다. 도처에서 분규가 발생할 가능성이 크고 그렇게 되면 보수정권조차도 문제사학을 더 이상 비호하기 어려운 국면이 올 것이다.

저자가 누구나가 다 우려하고 불안해하는 대학구조조정을 예찬하는 것은 아니다. 그러나 이 위기야말로 대처하기에 따라서는 한국 교육의 고질적 병폐를 일거에 해소할 절호의 기회이기도 한 것이다. 분명히 해둘 것은 사학의 퇴출이란 그 운영진인 재단이 물러난다는 것일 뿐 대학 자체를 쉽게 없앨 수는 없다. 따라서 역점은 재단이 퇴출된 문제사학이나 부실사학들을 어떻게 할 것인가에 두어져야 한다. 사실 답은 나와 있다. 그런 사학들을 공공대학public university으로 전환하여 고등교육의 공공성을 높여서 선진화는 길이다.

박근혜 정부에는 그런 의지가 없기 때문에 기업식 구조조정에 불과한 현재의 구조개혁안을 고수하고 있는 것이다. 그러나 대학구조의 개편을 둘러싼 10년 전쟁은 이제 시작일 뿐이다. 과연 10년 후에도 한국 대학이 족벌사학의 지배 아래서 신음할 것인지 아니면 공공대학을 중심으로 하는 선진화된 고등교육체제로 일신될 것이지는 이 싸움의 승패에 달려 있다. 이 시기 대학교육의 주체인 교수들의 책무는 그만큼 크다.(『한국대학신문』, 2014.1.19)

박근혜 정부의 사학정책을 묻는다

일정한 거리두기를 시도하고 있기는 하지만 박근혜 정부가 이명박 정권이 확보해놓은 기득권 구조의 토대 위에서 출발하고 있는 것은 부정할 수 없다. 고등교육 부분에서 전 정권의 유산은 크게 두 가지며 둘 다 사학문제와 깊이 연관되어 있다.

하나는 관선이사체제로 운영되던 분규사학들에 구재단을 복귀시킨 일이다. 대통령 자신이 당사자이기도 한 영남대에서부터 전국의 대표적 분규사학 10여 곳에 구재단의 실질적인 지배권이 수립되었다. 극심한 분규 끝에 전횡이나 비리를 저지른 구재단을 퇴출시키고 안정을 찾았던 대학들에 다시 과거의 구조가 복원된 것이다. 이는 비단 해당 대학만이 아니라 사학일반에서 대학의 소유권 개념이 강화되었음을 말해준다.

다른 하나는 신자유주의적 방향에서 추진된 대학의 구조조정이다. 학령인구의 감소로 불가피한 면이 있으나, 전 정권은 이를 대학사이의 경쟁을 통한 도태라는 방식으로 해결하고자 하였다. 취업률 등을 기준으로 삼는 이 평가제 때문에 대학들은 교육의 본령보다 지표경쟁으로 내몰리고 있다. 장기적인 교육수요에 무관하게 사학설립을 마구잡이로 허용한 정책적 실패에 대한 책임을 교수 학생 등 대학구성원에게 전가하는 셈이다.

이 두 가지 유업은 각각 달리 추진되어 왔으나 실은 상호 긴밀하게 맺어져 있다. 역시 전체 대학의 80%에 이르는 사립들이 구조조정의 대상이기 때문에 앞으로 대학교육의 현장이 생존경쟁의 혼란에 휩쓸릴 것이라는 우울한 전망이 지배적이다. 바로 이 상황에서 사학들에는 소유권을 내세우는 기득권 세력이 득세하게 된 것이다. 즉 불행하게도 고질적인 사학문제를 유발시켜온 당사자들이 이 구조조정의 칼자루를 쥐게 되었다.

향후 5년간 보수정권 아래서 대학교육에는 커다란 지각변동이 예상된다. 구조조정이 불가피한 현실이 한편으로는 한국 대학의 구조를 개혁할 수 있는 계기가 될 수도 있다. 이 위기국면에서 고등교육의 체제를 올바로 개편하여 위기를 기회로 바꾸는 것, 그것이 집권세력이 해야할 일이다. 실제로 현 정부도 무너진 공교육을 살려내는 것을 정책목표로 설정하고 있기는 하다. 그러나 고등교육 부문의 경우 전 정권에서 구축된 기득권 구조 및 강화된 사학권력을 그냥 두고 이 목적이 관철될 수 있을지는 의문이다.

부실대학 정리든 대학 간의 통폐합 과정에서든 중요한 것은 교육의 이념이나 현장이 훼손되지 않아야 하고 그것을 위해 가장 필요한 것이 교육주체들과의 소통이다. 그러나 보수정권이 재창출된 이후 사학들에서 민주적인 논의 분위기는 현저히 후퇴하고 있다. 고질적인 사학비리의 근원인 지배구조를 공공적인 방향으로 전환하여 한국 고등교육을 한 단계 도약시켜야 할 국면임에도 오히려 대학 내에서 사학권력과 구성원 사이의 모순은 심화된다. 현재는 표면 아래 가라앉아서 분규로 나타나는 사례가 적고 여기저기 연기를 내는 정도이지만 사학내부의 갈등이 앞으로의 구조조정 국면에서 활화산처럼 폭발할 가능성은 더 커지고 있다.

박근혜 정부가 이 파국을 피하려면 대학의 공공성을 강화하고 사학 우위의 대학편성을 국공립 위주로 변화시키는 방향으로 구조조정을 추진해야하고, 전 정권이 밀어붙이기 식으로 강화시켜놓은 사학권력의 지배권을 약화시켜나가야 한다. 그러나 현 정부가 이 방향을 취할 가능성이 크지 않다는 데 비극이 있다.(『한국대학신문』, 2013.5.6)

비리 재단의 복귀와 등록금 문제

대낮 서울 광화문 정부청사 앞에서 곡소리가 울려퍼졌다. 상복을 입은 여학생들이 비리재단을 비호하는 교육부의 죽음을 애도하는 장례식을 치른 것이다. 이 학생들을 경찰이 끌어낼 당시, 교정에서는 교수·학생·직원·동문 등 모든 구성원들이 농성 중이었다. 오랜 단식투쟁으로 탈진하여 쓰러지는 학생과 교수가 속출하였다. 수년을 끌었던 이 참혹한 사학분규를 치른 끝에, 전횡을 휘두르던 옛 재단이 물러나고 관선이사가 파견됨으로써 대학은 비로소 회생의 과정을 밟게 된다. 저자가 봉직하는 대학에서 불과 9년 전에 일어난 일이다.

올해 봄 다시 대학은 크게 술렁거렸다. 학생총회에서 학생 대표들이 삭발식을 거행한 것이다. 여학생들의 긴 머리카락이 땅에 떨어지자 지켜보던 학생들은 오열하였다. 왜 이런 일이 벌어지는가? 지난해부터 '정상화'를 내세워 악명 높던 옛 재단을 차례로 복귀시키던 교육부 산하의 사학분쟁조정위원회가 우리 대학을 다음 희생물 중의 하나로 삼았기 때문이다. 환영받아야 할 '정상화'가 오히려 대학을 동요시키고 분노하게 하고 있다. 비유컨대 횡포를 일삼던 골목대장을 동네 아이들이 힘을 합쳐 가까스로 몰아내고 골목의 평화를 찾았더니, 싸움을 조정한다는 기관이 나서서 이제 조용하니까 다시 그 골목대장을 불러들이는 것이 '정상화'라는 꼴이니 누군들 기가 막히고 화가 치밀지 않겠는가?

이 문제는 해당 대학의 고통만이 아니라 우리 대학교육 전반의 현안이나 위기와 구조적으로 맞물려 있다. 현재 사회적·정치적 의제가 되고 있는 반값등록금 문제도 그렇다. 등록금 문제가 어떻게든 해결되려면 사학 자체의 노력도 필요하고 정부의 공적기금이 대학에 더 투입될 수밖에 없다. 그러나 사학의 운영이 투명하고 민주화되어 있지 않으면 사학 내부의 노력도 불가능하고 오히려 국민세금으로 이루어진 지원금부터 이른바 족벌사학의 쌈짓돈이 되어버리고 만다. 등록금 문제를 해결하기 위한 일이 사학의 공공성을 더욱 높이는 과제와 결합되어 있을 수밖에 없는 이유이다. 지금은 한나라당조차 등록금을 줄이겠다고 공언하고 있고 정부는 사학운영이 투명해져야 한다며 대규모 감사까지 벌이고 있다.

그러나 이러한 도도한 흐름을 정면으로 거슬러서 지금까지 그래왔던 것처럼 비리를 저지르고 쫓겨났던 옛 재단들을 복귀시키겠다는 시대착오적 기관이 있으니 그것이 바로 사학분쟁조정위원회다. 이들의 논리는 아주 단순하다. 사학에는 주인이 있으니 그들에게 돌려주는 것이 정상화라는 것이다. 재정비리를 저질렀든 대학운영을 마구잡이로 했든 파렴치범이나 현행범만 아니면 대학운영을 맡겨야 한다는 것이다. 이것은 졸속 4대강 공사 못지않은, 아니, 학생과 교수들의 교육현장을 초토로 만들기 때문에 더 위험하고 심각한 밀어붙이기다. 심지어 이들은 현장 방문을 한 번도 하지 않고 탁상공론만으로, 거의 등록금과 정부지원으로 유지되는 대학을 주인한테, 주인이 아니면 그 주인의 아들한테, 아들이 없으면 조카한테, 며느리한테 돌려주는 것이 정상화라고 강변하고 있다. 언제까지 우리 사회가 이런 행태를 용납해야 하는가?

대학을 사유물로 여기는 자들이 사학법인의 이사진으로 있는 한 정부의 지원은 밑 빠진 독에 물 붓기의 결과를 낳을 것이며, 등록금 반값의 의미도 크게 퇴색할 것이다. 현재 사학분쟁조정위원회는 오는 23일 회의에서 다시 대구대·덕성여대·동덕여대 등의 옛 재단 복귀를 추진하고 있다고 한다. 그럼에도 이 기구의 활동을 묵과한다면 이는 야당은 물론 등록금 반값 추진을 내세운 집권 여당이 얼마나 표리부동한지, 사학비리를 근절하겠다는 정부가 얼마나 무능한지를 말해주는 징표가 될 것이다.(『한겨레』, 2011.6.20)

고등교육이 무너지는 징후―중앙대 사태를 보고

최근 중앙대가 학사구조 선진화라는 이름의 대학구조개혁 방침을 발표하여 교내외적으로 물의를 빚고 있다. 대학당국의 발표를 보면, 중앙대는 학과를 폐지하여 2016학년도 입시부터 단과대학 단위로 학생을 모집하고 1년 반 후 전공을 정하게 한다는 것이다. 입시제도와 학사과정은 변화할 수 있고 또 끊임없는 개혁도 필요하다. 사실 이런 방식의 입시제도는 과거 학부제라는 이름으로 인문계열 사회계열 자연계열식의 계열별로 모집하던 방식과 별로 다르지 않기 때문에 아주 새로운 것도 아니다.

그러나 중앙대의 경우 놀라운 사실은 이처럼 교수 및 학생, 그리고 학과목 운영 전반에 큰 영향을 미치는 계획을 교수사회의 공론과정 없이 일방적으로 진행하여 발표하였고, 학문적인 고려는 말할 것도 없거니와 행정적 대비조차 제대로 되어 있지 않다는 것이다. 정상적인 대학이라면 있을 수 없는 이런 식의 대학 운영은 이 계획이 선진화라는 이름을 앞세운 기업식 구조조정 정책의 일환이라는 혐의를 사기에 충분하다.

사실 중앙대는 두산그룹이 재단을 인수한 이후 대학구조를 개선한다는 명목으로 무리한 학과통폐합을 선도적으로 강행해왔다. 대학의 분과학문 구조는 오랜 지식의 축적과 전문가 양성 및 숙고된 교과과정을 통해서 이루어진 것이기 때문에 이에 대한 조정은 교육 및 학문의 관점에서 이루어져야 고등교육의 이념과 현실에 부응한다. 대학구조의 개편을 이윤중심으로 움직이는 기업체처럼 마구잡이로 해버리면 교육현장도 망가지고 학문체계도 무너진다.

중앙대의 이번 개편이 교육적 차원에서 이루어지려면, 교양과 전공의 비중, 교수진 구성, 학생 교육에 미치는 영향 등을 신중하게 분석하고 전문성을 가진 교수진과 협의를 거치면서 철저하게 준비해야 한다. 그래야 고등교육의 체계도 유지되고 학생도 피해를 입지 않는다. 그러나 중앙대는 그 어느 것도 하지 않았고, 중앙대 교수들의 증언에 의하면 학장조차도 발표 하루 전날 알았을 정도로 일방적으로 단행하였다. 이런 방식의 비교육적인 운영 방식 때문에 중앙대는 수년 전에도 "대학은 기업이 아니다"라고 항의하는 학생들이 타워크레인 농성을 벌이는 등 심각한 교육현장의 폐해를 초래했던 것이다.

그러나 문제는 이것이 중앙대라는 일개 대학의 일만이 아니라는 데 있다. 인구 감소를 빌미로 현재 교육부에서 진행하고 있는 구조개혁정책 자체가 이런 식의 마구잡이 통폐합과 구조조정을 각 대학에 강요하고 있는 것이 현실이기 때문이다. 교육부의 구조개혁 정책은 한국 대학의 구조적 병폐는 내버려둔 채 기업체 구조조정 식의 축소지향 방식으로 한국의 고등교육을 벼랑으로 내몰고 있다는 것이 학계의 일반적인 인식이다. 중앙대는 대기업이 인수한 이후 그야말로 앞장서서 이 방침을 따르고 있을 뿐이다. 얼마 전 "취업을 중심으로" 대학교육을 개편해야 한다는 취지의 황우여 교육부 장관의 발언을 계기로 이런 흐름이 심화되는 과정에서 중앙대 사태가 발생한 것이다.

물론 장관은 취업이 중요한 학생들을 위한다는 명분을 내세우고 중앙대 당국도 학생들에게 선택권을 넓힌다고 주장할 수 있지만, 이런 식으로 교수와 학생들의 이해관계가 충돌하는 것처럼 포장하는 것이 교육부나 대학의 할 일이 아니다. 대학이 제 기능을 하기 위해서는 교수와 학생의 만남을 통한 지식의 소통이 가장 중요하기 때문이다. 중앙대는 졸속한 정책을 철회하고 대학주체들과의 대화를 시작해야 하고, 교육부는 대학들에 이런 식의 마구잡이 구조개혁을 하게끔 강요하는 정책을 재고해야 할 것이다.(『한겨레』, 2015.3.4)

수원대 사태, 다시 문제는 민주주의다

얼마 전 교수협의회에 대한 과도한 탄압으로 인권문제까지 제기된 수원대학교에 다녀왔다. 수원 지역 4개 대학의 교수협의회가 연대하여 공동으로 수원대 사태를 비판하는 성명서를 발표하는 자리였다. 수업 시간 지키기를 철칙으로 삼고 있는 저자가 학생들에게 양해를 구해 수업을 조금 일찍 마치고 수원까지 가게 된 것은, 평소 사학문제에 관심을 가지다보니 맡게 된 역할도 역할이지만 수원대 교수들이 겪고 있는 일이 남의 일 같지 않았기 때문이다.

수원대 교수들은 이번 학기 초 26년 만에 교수협의회를 결성했지만 대학당국의 탄압을 받았다. 교수들에 따르면 교수협의회 대표들에 대해 상시적인 사찰 등 감시가 이어졌고 일반 교수들에게 교수협의회 반대 성명서에 서명하게 하여 교수사회를 분열시키고자 하였다. 지성의 전당에서 이런 해괴한 일이 버젓이 벌어지는 것이 한국 사학의 현실이다. 저자가 재직하는 대학도 15년 전 유사한 일을 겪었다.

당시 재단의 눈에 벗어난 교수가 누가 보아도 부당한 재임용 탈락을 당해 사회문제가 되었음에도 캠퍼스에는 "재임용 탈락은 정당하다"는 내용의 교수 성명서가 도처에 나붙었다. 이는 대학 풍토가 극도로 억압적임을 말해주는 징표로 결국 참다못한 교수들의 반발로 분규가 터졌고 구성원들이 엄청난 고통을 치른 끝에 전횡을 휘두르던 재단이 퇴진함으로써 대학이 안정되었다.

왜 이런 일이 되풀이되는 것일까? 당시에는 저자가 재직하던 대학만이 아니라 영남대·상지대·조선대·광운대·세종대·경기대·대구대 등 전국 수십 개 대학에서 잇달아 분규가 발생하였고 그 결과 사립대학을 지배하던 족벌재단들이 대거 물러났다. 분규란 것이 교수나 학생 모두에게 얼마나 고통스러운지, 얼마나 대학교육의 현장을 황폐하게 하는지 경험한 저자로서는 수원지역 교수들의 하소연과 결의를 들으면서도 착잡한 심정이 들었다. 그러나 오죽하면 교수들이 신분위협까지 감수하며 학교를 살리겠다고 나설까 하는 공감은 컸다.

사실 한국에서 대학의 75%를 차지하는 사학들이 대부분 족벌체제로 운영되면서 비리·부패·전횡 등을 저질러왔다는 것은 누구나 아는 일이다. 이것이 분규로 비화되어 사회문제가 되자 대학운영을 민주화하고 공익성을 강화하기 위해 사립학교법을 민주적으로 개정하고자 하는 시도들이 이어졌다. 그러나 사학재단과 결탁한 보수세력의 반발로 결국 사립학교법 개혁이 후퇴한 결과 사학문제는 여전히 개선되지 않은 채 오늘에 이르고 있다.

수원대 사태는 한국 대학이 처해 있는 위기, 나아가 한국사회가 처해 있는 위기를 극명하게 드러내 보인다. 그것은 바로 민주주의의 위기다. 저자의 대학을 비롯하여 과거 문제를 일으키고 퇴출된 옛 족벌재단들이 지난 이명박 정부에서 '정상화'라는 이름으로 모두 복귀한 것이다. 이것은 대학에서 다시 족벌과 세습이라는 전근대적인 지배구조가 복원되고 있음을 말해주며, 대학을 옥죄는 이 구조가 굳어질수록 대학이 또다시 소용돌이에 휩싸일 가능성이 높아진다는 점을 말해준다. 수원대 사태가 보수정권 10년의 의미를 심문하는 한 징후가 될 수 있는 것은 이 때문이다.

선진 외국에서는 있을 수 없는 이 봉건유습이 아직도 한국 대학을 지배하고 있고 그것이 보수적인 정권에 의해 비호 받고 오히려 강화되고 있는 것은 한국 민주주의가 심각하게 후퇴하고 있음을 방증한다. 정부가 대학의 구조조정과 개혁을 아무리 외쳐도 이 같은 족벌구조를 해체하거나 최소한 완화하지 않고는 공염불이 될 것이다. 억압적 실상이 알려진 바로 그 수원대가 불과 2년 전 중앙일보 등 보수언론들에 의해 교수연구년을 자진 반납한 개혁의 모범사례로 꼽혀 상찬되었다는 것은 무늬뿐인 개혁의 단면을 선명하게 보여준다. 현 정부는 보수정권임에도 전 정권과의 일정한 차별성을 부각시키고자 해왔는데, 그것이 말뿐인지 아니면 내실을 가지는지 가늠할 척도 가운데 하나는 바로 사학문제에 대한 해결의지라고 할 것이다.(『경향신문』, 2013.6.7)

대학구조조정, 학부모들도 알아야 할 사실

교육부가 학령인구의 감소를 내세우며 대학구조조정을 추진하고 있고 그 때문에 각 대학에서 학과통폐합을 비롯한 조정이 벌어지는 것은 대부분 학부모들도 알고 있을 듯하다. 그러나 그 자세한 내막은 모를 것이고, 대개는 대학과 대학생이 너무 많으니 줄여야 하고, 연구 안하는 '철밥통' 교수들은 정리하는 것이 좋고, 부실대학은 없애고 좋은 대학은 남겨야 하며, 취업중심으로 대학을 바꾼다니 나쁠 것 없다고 여기기 십상이다.

물론 한국 대학의 현실을 알게 되면 한 꺼풀만 벗겨도 이런 상식 아닌 상식이 얼마나 위험스런 단순화인지 드러나지만, 일반 시민이 대다수인 학부모들이야 그러려니 할 정도로 정부나 보수언론들이 떠들어댄 것도 사실이다. 그러나 조정이 필요하다고 해서 그것이 현재 교육부가

하는 식이어야 한다는 법은 없다. 더구나 지금대로라면 우선 학생들이 엄청난 피해를 보고 학부모 또한 '호갱' 노릇을 하게 된다는 사실을 당사자들은 거의 모르고 있다. 몇 가지만 짚어 보겠다.

첫째, 정부는 전국 대학을 5등급으로 나누어 등급이 높은 대학에는 혜택을 주고 낮은 대학은 재정지원을 제한하고 대폭적인 정원감축도 요구해서 불이익을 주겠다고 한다. 겉보기에는 부실대학을 없애고 일류대학을 키우겠다니 학부모들로서야 환영일 수도 있다. 그러나 대학들을 이렇게 줄을 세워서 차별대우하게 되면, 대개 전체의 4분의 1 정도로 추산되는 1~2등급 대학을 제외한 나머지 대학의 학생들은 학업에 심각한 타격을 입게 될 것이다. 3등급 이하에 분류되면 정원을 30%에서 50%까지 감축할 것이 요구되고, 대학에는 재정지원도 끊어버리고, 학생에게는 국가장학금도 주지 않으며 심지어 등록금대출조차 제한받는다. 당연히 교육환경이 급격하게 악화될 것은 물론 폐과나 폐교라도 되면 엄청난 피해가 불 보듯 하다. 즉 이 나라의 대학생 절대다수는 앞으로 정상적인 고등교육은커녕 혼란만 겪다가 대학을 나올 것이다.

둘째, 정부는 대학구조조정을 통해 한국 대학의 질을 높이고 선진화하겠다고 한다. 대학을 선진화하려면 국공립이 중심을 이루는 선진국의 고등교육체제에 근접한 방식으로 대학을 바꾸어나가야 할 것이다. 주지하다시피 한국 대학은 사립이 85%나 차지하는 기형적 구조이고 그렇다 보니 등록금 부담은 세계 최고면서도 사학들의 부실한 재정과 족벌경영으로 인한 고질적인 폐해로 열악한 교육여건을 감수해왔다. 그럼에도 정부여당은 구조조정으로 교육과 연구환경이 나빠질 교수나 학생에 대한 대책은 거의 없이 부실경영으로 퇴출이 예상되는 사학재단에는 특혜를 잔뜩 안겨주는 구조개혁법안을 국회에 제출하여 추진하고 있다. 도대체 교육부가 학생교육을 위해 존재하는지 사학재단을 위해 존재하는지 모를 지경이다.

셋째, 최근 황우여 장관이 산업현장의 필요와 대학이 공급하는 인재 사이의 '미스매치'를 말하면서 취업중심으로 대학을 개편해야 한다고 하자 각 대학들은 앞다투어 공학계열 중심의 학과통폐합 등 구조조정을 서두르고 있다. 학부모의 귀에는 대학이 취업을 중시한다니 솔깃할 수도 있겠다. 물론 취업은 중요하고 대학도 그것을 위해 노력해야 한다. 그러나 사회에 좋은 일자리가 안 나오면 대학끼리 아무리 경쟁해도 전체 취업률이 높아질 리 없다. 더구나 미스매치니 하는 것도 사실과 어긋난다. 한국 대학생 가운데 공대생이 차지하는 비율은 미국의 무려 네 배다. 현재 이공계 출신 취업률은 인문계보다는 높지만 60% 대에 머물고 있는데, 정원을 더 늘리면 취업률은 이보다 떨어질 것이 뻔하다. 정부와 사회가 해결해야할 청년실업 문제를 대학에 전가한다고 없는 일자리가 생기겠는가.

대학진학률이 20%를 넘지 못했던 30년 전에 비해 지금은 대부분의 고교졸업생들이 대학에 진학하는 고등교육 보편화 시대이며 미래 지식 중심사회에서 이는 세계적인 추세이기도 하다. 한국도 이번 구조조정을 계기로 문제 사학재단들을 퇴출시키고 대학교육을 선진국처럼 공영화할 절호의 기회지만, 여기에 역행하는 교육부의 그릇된 구조조정 정책이 그대로 시행되면 학부모들은 고액등록금에 시달리면서도 자식들의 기본적인 교육권도 지키지 못하는 딱한 처지를 면하지 못할 것이다.(『다산포럼』, 2015.3.31)

대학구조조정, 학부모들도 알아야 할 사실 2

지난번 칼럼에서 저자는 같은 제목으로 대학의 구조조정에 대한 세 가지 사실을 밝혔다. 그 가운데 하나는 한국 대학에는 사립이 너무 많고 전근대적으로 운영되고 있어서 학생이나 학부모가 피해를 보고 있으므로 구조조정을 통해 한국 대학도 국공립이 중심인 선진국형으로 바뀌면 고액등록금이나 교육부실을 어느 정도 해결할 수 있다는 것이다. 많은 분이 호응해주셨지만, 여기에 맞서는 견고한 상식 하나가 학부모들 뇌리에 박혀 있다는 것은 부인할 수 없을 듯하다. 즉 그래도 사립대학에는 '주인'이 있고 또 있어야 한다는 것이다.

이것이 상식으로 통하고 우리 사회에서 힘을 발휘하는 한, 대학을 앞으로 선진국처럼 공영화해나가야 한다는 주장이 먹힐 리 없다. 그런데 이 상식이 과연 사실과 부합하는 것일까? 전혀 그렇지 않다. 몇 가지 짚어보겠다.

우선, 그런 생각은 현행법과 배치된다. 현 실정법에서 대학의 법적 주체는 사학법인이지 어떤 개인이나 가족이 아니다. 물론 사학재단 설립자나 그 가족이 이사회에 참여할 수는 있으나 재단이 제 기능을 못하면 교육부는 이들을 모두 해임하고 다른 이사진을 파견할 수 있다. 혹 '주인'으로 행세하던 사람이 있어도 소유권은커녕 운영에조차 참여할 수 없다. 현행법이 이렇게 되어 있는 것은 교육기관을 세울 때 기부된 재산은 기부되는 순간 공익적인 것이기 때문이다. 대학을 운영하던 '주인'이라도 대학에 대한 소유권이 없는 것은 가령 대통령이 국가를 운영할 권한을 위임받았지만, 소유권은 없는 것과 마찬가지다.

둘째, 대학의 재산은 대부분 학부모가 낸 등록금으로 형성된 것이지 개인의 것이 아니다. 대학은 엄청난 부동산을 보유하고 있다. 물론 애초 설립자의 기부가 토대이긴 하나 이후 팽창하는 과정에서 국가의 세금혜택과 인프라 지원, 등록금 적립을 통한 캠퍼스 확장 등을 통해 수백 수천 배의 지가상승이 이뤄진 덕분이다. 더구나 대학운영도 대부분 학부모가 내는 등록금으로 하고 있다. 이렇게 천문학적으로 늘어난 재산을 개인이나 그 가족의 '소유물'로 간주한다는 것은 자본주의 원리에서도 용납되기 어려운 발상이다.

셋째, 대학운영에서의 국제적인 인식과도 현격한 괴리가 있다. 세계 어느 나라도 대학을 개인이 '소유'하는 곳은 없다. 대부분이 국립으로 구성된 유럽대학들은 말할 것도 없지만, 미국의 사립도 개인소유란 상상조차 할 수 없고 운영도 공익이사들이 한다. 설립자 가족이 일부 운영에 참여한다 하더라도 가령 코넬대학처럼 설립자 가문은 수십 명 이사진 가운데 한 명만 상징적으로 포함되어 있을 뿐이다.

마지막으로 사학에 주인이 있어야 하는 이유로 대학 발전을 든다. 그러나 이것은 한국 현실과 너무나 어긋난다. 누군가가 주인 행세를 하는 대학일수록 문제가 많고 비리가 빈발하고 부실한 반면 어느 정도 운영의 공공성이 보장된 곳은 건실하게 성장해왔다. 족벌 사학이 지배하던 상지대가 '주인'이 비리로 쫓겨나고 관선이사가 운영하던 시기에 비약적인 발전을 한 것이나 두산이 '주인 행세'를 하는 중앙대가 오히려 혼란에 휘말려 있는 것은 일부 사례일 뿐이다.

법적으로나 현실로서나 세계적인 기준에서 그야말로 비상식적인 이런 주장이 어찌하여 상식인 것처럼 횡행하고 있을까? 굳어진 사고습관과 관행과 편견이 아직까지 우리 사회에서 승리를 구가하고 있기 때문이다. 토마스 페인은 "세금을 내는 국민이 그 정부를 구성할 권리가 있다"는 '상식'을 설파하여 미국독립운동에 큰 영향을 주었다. 한국 사립대학도 등록금이 운영비 대부분이고 소위 '주인'은 물론 재단조차도 재정적인 기여가 거의 없다. 사립대학에 주인이 있다면 등록금을 내는 학생과 학부모인데, 정작 그 주인들이 대학의 주인은 따로 있다고 생각한다면 참으로 한심하고 답답한 노릇이다.(『다산포럼』, 2015.5.26)

학부모의 힘은 어디에서 오는가

세월호의 희생자가 학생만은 아니고 그 가족들이 모두 비통한 시간을 보냈겠지만, 단원고 학부모들의 의연한 대응은 국민들의 가슴을 울렸다. 말로 표현 못할 절망과 고통을 겪으면서도 그 슬픔을 서로 나누면서, 국가의 책무에 대해서 추궁하고 모금 운동을 거부하는 등 시민으로서의 상식을 보여주었다. 그 또래의 아이를 가진 부모는 물론이고 자식들을 학교에 보내고 있는 대다수 국민이 자신의 일처럼 느끼며 이들에게 공감했던 것은 누구에게나 생죽음을 겪었을 어린 생명들에 대한 안타까움이 컸기 때문이다.

일찍이 4월혁명의 실패에 좌절했던 시인 김수영은 그의 시 「사랑의 변주곡」에서 이런 역사의 배반을 겪으면서도 살아 있는 '사랑'의 힘에 대해서 노래한다. "욕망이여 입을 열어라 / 그 속에서 사랑을 발견하겠다"고 시작하는 이 절창은, 사회변혁을 이루지는 못했지만 그 흐름을 탄생시킨 '사랑'이라는 기원을 불러낸다. 이제 '소리내어 외치지는' 않아도 "복사씨와 살구씨와 곶감씨의 아름다운 단단함"을 노래하는 시인이 지금 살아 있다면 어떻게 그 사랑의 씨앗이 싹을 틔워 아이들을 살려내야 한다는 간절한 소망을 불러일으키고 이들을 수장시키고 만 집권세력의 부패와 무능력에 대한 분노로 이어지게 되었는가를 목도했을 것이다.

그러나 전체 사회가 사랑의 이름으로 하나가 되는 경험은 통상의 것은 아니며 오히려 일상을 일시적으로 넘어선 영역에서 생겨나기 마련이다. 아이들에 대한 사랑으로 이루어진 이 뜨거운 연대가 학부모들 사이에 늘 존재하는 것은 아니다. 단원고 학생들의 꿈에 부푼 수학여행이 고3이 되기 전 마지막 젊음의 축제였다는 말이 아프게 상기시키듯, 학생들은 학생들대로 대학입시에 목을 매고 학부모들은 자식이 그 경쟁에서 이기게 하기 위해서라면 못할 일이 없을 듯하다. 어린 학생들의 비통한 죽음이라는 엄숙한 현실 앞에서 이 욕망이 잠시 가라앉았을 뿐이다.

학부모라는 이름의 이 수수께끼와 같은 범주가 보여주는 이 같은 이중성은 어쩌면 자연스러울지도 모른다. 무한경쟁이 부추겨지는 사회에서 자식이 잘되기를 바라는 부모 마음을 누가 탓할 수 있겠는가? 그렇기 때문에 그들은 자식을 좋은 대학에 보내서 출세시키려는 것이 인지상정이라는 구실에 기대어, 교실붕괴를 한탄하면서도 사교육에 열중하고, 대학 서열화와 그로 인한 입시지옥을 비판하면서도 그 아수라장에

아득바득 뛰어든다. 그러다가 자식의 생명이 위태로워지는 세월호의 참사를 마주치고서야 잠시 그 너머를, 생명을, 사랑을, 문득 돌아보는 것이다.

사실 세월호에 국민의 시선이 집중된 틈을 타서 앞으로 대학사회와 한국의 교육 전반에 엄청난 파장을 몰고 올 법안이 지난달 말 여당의원들에 의해 발의되었다. 교육부가 추진 중인 강제적인 대학구조조정을 뒷받침하고자 하는 이 법안은 사학재단에 상식을 뛰어넘는 특혜를 주는 반면 대학의 학생과 교수 등 구성원들에 대한 대책은 미약하기 짝이 없는 내용으로 물의를 빚고 있다. 이 법안에 따르면 족벌경영에서 비롯된 잦은 부정과 비리로 대학을 어렵게 하던 부실사학들은 언제든지 대학을 마치 자신의 사유물처럼 처분할 수 있게 된다.

출산율 저하로 학령인구가 감소함에 따라 대학에 일정한 조정은 불가피한 면이 있다. 그런데 이 구조조정의 위기는 한국 대학의 구조적인 병폐, 즉 지나친 서열화에 인한 입시과열을 완화하고 고액등록금과 사학비리를 초래하는 사학중심의 대학편제를 선진국처럼 공교육 체제로 개편할 기회이기도 하다. 그러나 현 정부는 이 같은 개혁의 길을 마다하고 대학을 기업체처럼 구조조정하려고 든다. 마치 도산하는 업체의 경영진만 살리고 직원들은 쫓아내듯이, 교육현장의 교수와 학생은 거의 방치하면서 기득권층과 유착관계에 있는 사학재단에는 '특례'를 도입하여 현행법에도 어긋나는 특혜를 부여하려 한다. 이 법안이 통과되고 시행되면 대학교육의 현장은 혼란에 빠지고, 사학재단들은 마치 세월호의 선장처럼 여차하면 재산을 처분하고 빠져나가려고 할 것이다.

대학이 문을 닫으면 학생을 대학에 보낸 학부모들에게 결국 피해가 돌아가게 될 것은 당연하다. 한국 대학의 85%를 차지하는 사립대학들에서는 지금도 일방적인 학과통폐합 등으로 학생들이 고통을 당하고 있고 앞으로 상황은 더욱 악화될 것이다. 그러나 대부분의 학부모에게 이 사태는 아직 남의 일일 뿐이다. 과연 학부모들이 욕망의 쳇바퀴에서 벗어나서 교육부의 이 마구잡이 구조조정 계획에 맞서는 날이 올 것인가? 어쩌면 자식들이 다니는 대학들이 표류하다 침몰하는 참극이 도래해야만 가능한 일일지도 모른다. 그러나 시인의 말처럼 누구나의 마음속에 간직된 그 '단단하고 아름다운 복사씨와 살구씨'의 존재를 믿는 사람으로서는, 그 씨앗들이 어느 날 마치 혁명처럼 터져 나오면서 "한번은 이렇게 / 사랑에 미쳐 날뛸 날"이 오리라는 것도 믿고 싶다.(『다산 포럼』, 2014.6.3)

초출일람(수록순)

1. 「변혁기 대학체제 개편과 국공립대통합네트워크 담론 비판」, 『비교문화연구』 49, 경희대 비교문화연구소, 2017.12.
2. 「현단계 한국 대학의 위기양상과 대학체제 개편 논의」, 『동향과 전망』 99, 한국사회과학연구회, 2017.봄.
3. 「대학은 왜 바뀌지 않는가―분단체제적 인식과 대학개혁」, 『창작과비평』 180, 2018.가을.
4. 「지구적 자본주의와 대학개혁의 이념―하버드대를 중심으로」, 『동서인문』 6, 경북대 인문학술원, 2016.10.
5. 「구조조정 속의 인문학과 대학―무엇을 할 것인가」, 『안과밖』 39, 영미문학연구회, 2015 하반기.
6. 「대학의 폐허화, 이대로 방치할 것인가―대학 구조조정의 정치학」, 『안과밖』 36, 영미문학연구회, 2014 상반기.
7. 「대학에 대한 한 경제학자의 질문」, 『창작과비평』 166, 2014.겨울.
8. 「비정규 교수 문제와 대학의 이념」, 『대학 : 담론과 쟁점』 6, 한국대학학회, 2018.8.
9. 「현정부 대학정책, 제대로 가고 있는가―고등교육의 공공성과 경쟁력 사이에서」, 『안과밖』 44, 영미문학연구회, 2018 상반기.
10. 「대학 구조조정은 한국 대학을 쇄신할 기회다」, 『교육비평』 39, 2017.5.
11. 「대학정책 : 비판과 전망」(창비주간논평, 2012~2018).
12. 「한국 사학, 왜 무엇이 문제인가」, 『사학문제의 해법을 모색한다』, 실천문학사 2012.
13. 「한국 사립대학의 공공성 회복을 위하여―2013년 이후 대학개혁의 이념」, 『창작과비평』 157, 2012.가을.
14. 「한국 사학의 형성과 지배구조―영남대는 누구의 것인가」, 『역사비평』 114, 역사비평사, 2016 봄.
15. 「민족・주체・교양―식민지 여성교육과 차미리사」, 『페미니즘연구』 11-1, 한국여성연구소, 2011.4.
16. 「한국 사립대, 현실과 해법」(『경향신문』, 『한겨레』, 『한국대학신문』 등의 칼럼).